1일 1페이지
짧고 깊은 지식수업
365
✦ 통찰력 편 ✦

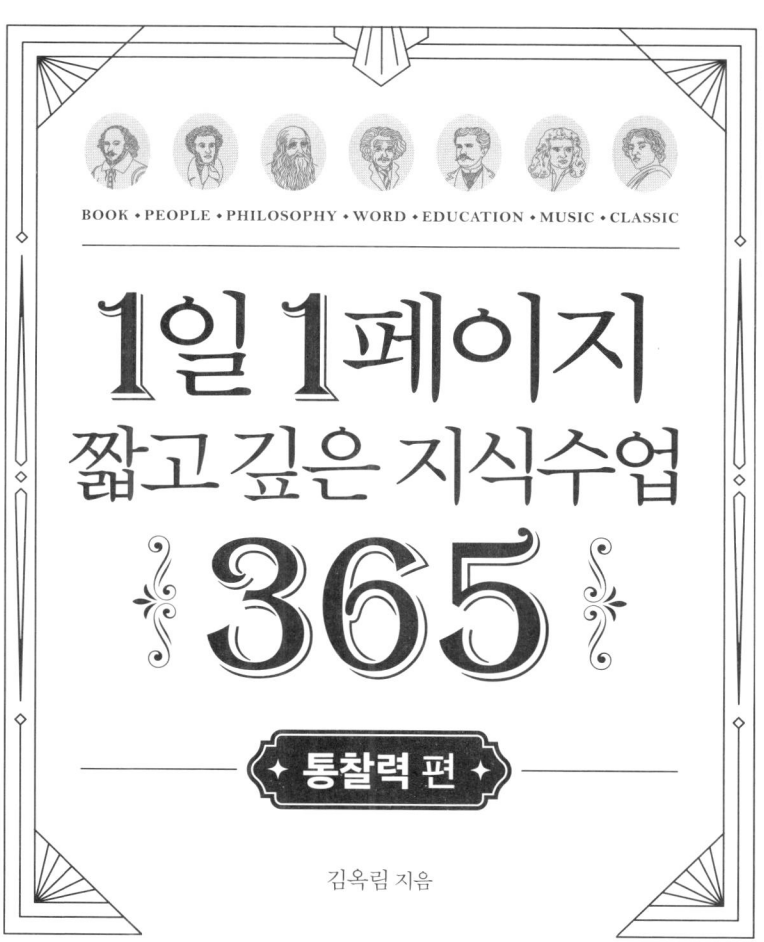

BOOK • PEOPLE • PHILOSOPHY • WORD • EDUCATION • MUSIC • CLASSIC

1일 1페이지
짧고 깊은 지식수업
365

✦ 통찰력 편 ✦

김옥림 지음

MIRAE
BOOK

LUCIUS ANNAEUS SENECA

신은 지식 그 자체를 인간에게 주지 않고
지식의 씨앗을 우리에게 주었다.

세네카

모든 삶의 근원이 되는 지식

   지식의 사전적 의미는 '교육이나 경험, 연구를 통해 얻은 체계화된 인식의 총체'이다. 즉 '앎'을 뜻하는 말이다. 안다는 것은 지금보다 더 나은 새로운 발전임은 물론 새로운 자신으로 발전시킬 수 있는 '힘'을 갖는 일이다. 그래서 예로부터 학문이 발달하고 교육에 힘씀으로써 많은 것을 아는 나라가 강국強國으로 발전하여 세상을 지배했으며, 사람 또한 많은 것을 아는 사람이 선각자로서의 삶을 지향해 나감으로써 존경을 받고 훌륭한 업적을 남길 수 있었던 것이다. 이처럼 안다는 것은 인간에게 있어 가장 근원이 되는 삶의 필수요소이다. 그런 까닭에 인간이라면 배우고 익혀 지식을 쌓는 일에 정진해야 하는 것이다.

   지식을 습득하는 방법으로는 제도권 학교 교육은 물론 비제도권 교육, 독서, 경험, 연구 등 아주 다양하다. 특히, 독서는 마음만 먹으면 누구나 쉽게 접할 수 있는 방법으로 지식을 습득하는 데 있어 매우 효과적이다. 책은 우리가 필요로 하는 것을 언제나 친절하게 알려준다. 다만 책을 읽는 시간만 투자하면 된다. 책은 말없는 스승이며, 삶의 가치를 드높이는 고요와 침묵의 가르침인 것이다. 이 책은 이러한 책의 효율성을 극대화함으로써 책이 주는 지식의 가치를 높이고, 지식의 갈증을 느끼는 독자들과 배움에 힘쓰는 이들을 위해 작은 도움이라도 되었으면 하는 마음으로 쓰게 되었다.

   이 책은 총 일곱 가지의 분야에 걸쳐 쓰였다.

   첫째는 책이다. 인문, 역사, 철학, 소설, 자기계발, 정치, 경영, 종교, 자서전, 시, 그림책, 우화 등 아주 다양한 책들이 소개되어 있어, 이 책을 읽는 것만으로도 알찬 지식을 습득할 수 있다.

   둘째는 사람과 사람이다. 유비와 제갈량, 프랭클린 루스벨트와 루이하우, 성종과 김종직, 윈스턴 처칠과 알렉산더 플레밍, 김구와 윤봉길, 마크 저커버그와 셰릴 린드버그, 조지 W. 부시와 콘돌리자 라이스 등 인류 역사에 있어 훌륭한 업적을 남긴 사람들과 지금 자신의 인생을 성공적으로 살아가고 있는 사람들, 그리고 그들이 그렇게 할 수 있도록 빛과 소금이 되어 준 사람들에 대한 이야기이다. 즉 인간관계에 대한 이야기가 아주 흥미롭게 전개되어 있어 삶을 지혜롭게 살아가는 데 있어 큰 도움이 될 것이다.

   셋째는 철학과 사상이다. 공자, 묵자, 맹자, 쇼펜하우어, 토머스 칼라일, 니체 등 동서양의 철학자와 존재론, 인식론, 페미니즘, 헬레니즘, 헤브라이즘, 형이상학, 형이하학 등의 철학에 대해 소개되어 있어 생각의 깊이를 키우는 데 빛이 되어 줄 것이다.

넷째는 말과 글이다. 흑인 인권 운동가인 마틴 루터 킹의 명연설문인 '나에게는 꿈이 있다'를 비롯해 링컨, 처칠, 패트릭 헨리 등의 세계적인 명연설 명문장과 심지心地를 바르게 하는 한마디로 인생을 성공적으로 살았던 사람들의 이야기가 생생하게 표현되어 흥미를 줄 것이다. 또한 그로 인해 몸과 마음을 가다듬는 데 많은 도움을 줄 것이다.

다섯째는 교육과 학문이다. 유대인들의 독특한 교육방법인 하브루타, 독서교육의 산증인 마르바 콜린스, 몬테소리 교육법의 창안자인 마리아 몬테소리와 인문학, 미학, 수사학, 교육 심리학을 비롯해 페스탈로치, 엘렌 케이 등 교육 개혁자 등의 이야기가 상식의 폭을 키워줄 것이다.

여섯째는 음악이다. 헨델의 명곡 메시아와 바흐의 무반주 첼로 모음곡, 드뷔시의 달빛, 기차는 8시에 떠나네, 몰도바 등의 클래식, 대중음악과 베토벤, 쇼팽, 푸치니와 비틀스, 마돈나, 존 덴버 등의 클래식, 대중음악가와 칸타타, 록, 포크 음악 등을 비롯해 전반적인 음악이 소개되어 있어 음악의 상식을 쌓는 데 힘이 되어 줄 것이다.

일곱째는 고전 명언이다. 학문을 굽히어 세상에 아첨한다는 '곡학아세'와 잘못을 알고도 고치지 않으면 그 또한 잘못이라는 '과이불개'와 입은 재앙의 문이니 말을 조심해야 한다는 '구시화문'과 바다는 모든 물을 가리지 않고 다 받아들인다는 '해불양수' 등 우리가 일상에서 쓰는 말이지만 왜 이 말이 생겨났는지는 잘 모른다. 이 말들이 생긴 유래가 재미있고 흥미롭게 펼쳐져 있어 글의 익힘은 물론 그 말이 생긴 유래를 알게 됨으로써 읽는 것만으로도 뜻깊은 시간이 되어 줄 것이다.

이 책엔 방대한 양의 지식이 담겨 있고 읽는 것만으로도 풍부한 지식과 교양을 쌓을 수 있어 삶을 살아가는 데 많은 도움이 되리라고 생각한다.

이 책을 대하는 모든 이들에게 평안과 행복이 함께하길 기원드린다.

김옥림

CHAPTER 2

인간관계 _ 사람과 사람   PEOPLE

CHAPTER 3

생각의 숲을 걷다 _ 철학과 사상   PHILOSOPHY

CHAPTER 4

심지心地를 기르다 _ 말과 글   WORD

CHAPTER 5

배움의 가치 _ 교육과 학문

CHAPTER 6

삶과 희열 _ 음악

CHAPTER 7

인생의 지혜 _ 고전명언

CHAPTER 1

독서의 기쁨

———

책

DAY 001 톨스토이 인생론

1970년 노벨문학상을 수상한 러시아의 소설가 알렉산드로 솔제니친은 단 한 권의 책을 선택한다면《톨스토이의 인생론》을 갖겠다고 말했다.

이 책은 톨스토이가 소설가로서가 아니라 '톨스토이즘'이라는 자신만의 사상적 체계를 확립한 사상가로서 자신이 직접 쓰고, 때론 여기저기서 가려 뽑은 문장들로 구성한 책이다. 이 책은 총 3권으로 구성되었는데 1권은 '인생'에 대해, 2권은 '사랑'에 대해, 3권은 '행복'에 대해 말한다.

1권은 인생에 대해 말한다. '나는 누구인가'라는 물음에서 '나는 무엇을 아는가, 나는 어떻게 살 것인가'에 대해 말하고 있다. 톨스토이는 "그리 중요치 않은 평범한 것을 많이 알기보다는 참으로 좋고 필요한 것을 조금 아는 것이 더 낫다"고 말한다. 이는 효율적인 지식을 갖는 것이야말로 인생을 살아가는 데 더 큰 도움이 된다는 것을 말한다. 인생에 대한 지혜가 곳곳에 영롱한 가을 햇살처럼 반짝인다.

2권은 사랑에 대해 말한다. 사랑은 인간이 살아가야 할 이유이자 삶의 핵심이다. 사랑이 없다면 '인간은 무엇으로 사는가'에 대해 혼란을 겪게 된다. 인생에서 남녀 간의 사랑이든, 부부간의 사랑이든, 친구 간의 사랑이든 또는 절대자, 즉 하나님에 대한 사랑만큼 가치 있는 것이 있을까. 사랑은 인생의 모든 것이라 할 만하다.

3권은 행복에 관해 이야기한다. 행복이란, 인간이 바라는 기쁨의 순간이며 삶의 목적이다. 인간이 행복을 느끼지 못한다면 살아가야 할 이유가 없다. 행복은 인간에게 삶의 동기이자 과정이며 목적인 것이다. 그런데 행복이 손상을 입는다면 어떻게 될까. 그것은 파멸을 의미한다. 행복이 없는 삶은 존재할 이유가 없기 때문이다.

《인생이란 무엇인가》는 인생, 사랑, 행복 세 가지를 키워드로 하여 그에 대한 생각을 다양하게 펼쳐 보임으로써 사람들이 삶을 살아가는 데 어떻게 하면 인간다운 삶을 살 수 있는지 생각하게 하고 그에 대한 방향을 제시하고 있다.

이 책은 톨스토이가 쓴 그 어떤 책보다도 의미가 있다. 청빈한 삶을 살고, 가난한 이들의 친구였으며, 사랑을 실천함으로써 자신만의 색깔인 '톨스토이주의' 사상을 잘 보여주었다는 점에서 그 의미가 크다고 하겠다.

◆ 레프 N. 톨스토이 1828~1910
러시아 소설가. 사상가. 문명 비평가. 저서로는《전쟁과 평화》,《안나 카레니나》,《부활》외 다수가 있다.

DAY 002

카네기 처세술

커뮤니케이션의 바이블이라고 할 수 있는 데일 카네기의 《카네기 처세술》은 소통에 대한 전반적인 문제를 심도 있게 다루고 있다. 특히 이 책이 많은 사람들에게 읽히는 것은 저자의 철저한 경험을 바탕으로 했다는 데 있다. 또 이 책은 성공적인 인생을 살았던 수많은 사람을 예화로 들고 있어 설득력을 높인다는 게 장점이라고 할 수 있다.

이 책은 제1부 〈사람을 다루는 근본적 테크닉〉, 제2부 〈남이 당신에게 반하게 하는 법〉, 제3부 〈적극적 사고방식〉, 제4부 〈인생의 전환점〉, 제5부 〈편지의 힘〉, 제6부 〈행복한 가정〉으로 구성되어 있다. 그리고 각 부마다 3개에서 12개에 이르는 소제목으로 이루어졌다.

이 책은 인간이 살아가는 데 필요한 모든 처세의 방법이 집약되어 있다. 그리고 다양한 사례들이 구체적으로 제시되어 있어 읽는 재미를 줌은 물론 실천해야겠다는 마음이 들도록 만든다. 이 책의 특성을 한마디로 함축하여 말한다면 '소통의 기술'이라고 할 수 있다. 이 책이 제시하는 소통의 기술은 크게 다섯 가지로 나눌 수 있다.

첫째는 상대방의 자존심을 세워주기이다. 자존심을 세워준다는 것은 상대를 존중하는 것과 같이 상대방에게 좋은 이미지를 심어준다. 둘째는 상대방을 존중하기이다. 누구나 자신을 존중해주는 사람에게 깊은 관심을 갖게 되고, 상대적으로 그를 존경하게 됨으로써 친밀한 인간관계를 이어갈 수 있기 때문이다. 셋째는 상대의 말을 경청하기이다. 대개의 사람들은 자신의 말을 잘 들어주는 사람을 신뢰하기 마련이다. 넷째는 상대를 친절하게 대하기이다. 사람들은 누구나 자신에게 친절한 사람에게 흥미를 갖는다. 친절한 사람은 마음이 따뜻하고 어떤 잘못도 용서해줄 거라고 믿기 때문이다. 다섯째는 상대의 장점을 파악하여 칭찬하기이다. 칭찬을 들으면 기분이 상승되고 긍정의 에너지가 솟아난다. 칭찬은 칭찬을 하는 사람이나 칭찬을 받는 사람 모두를 즐겁게 만드는 소통의 묘약이다.

《카네기 처세술》은 소통에 대한 수많은 사례가 잘 정리되어 있어 인간관계를 유기적으로 이끌어 내기 위해서 반드시 숙독해야 할 책이다.

◆ 데일 카네기 1888~1955
미국 출생. 자기계발 전문가이자 강연가. 〈데일 카네기 연구소〉 소장. 주요 저서로 《카네기 처세술》, 《카네기 성공철학》 외 다수가 있다.

DAY 003 백범일지

대한민국의 영원한 자유와 평화의 등불이자, 칠십 평생을 온 힘을 다해 조국의 독립과 민족을 위해 헌신한 우리의 위대한 스승 백범白凡 김구. 그 어떤 미사여구로도 그의 우뚝하고 정결한 민족정신을 표현한다 한들, 다 할 수는 없을 것이다. 그만큼 김구는 우리나라의 근대사에서 매우 중요한 위치를 점하고 있다.

김구는 가난한 집에서 태어나 어린 시절 혼자서 한글을 깨치고 천자문을 익힐 만큼 배움에 목말라 했다. 그는 비록 짧은 기간이었지만 여러 차례 글방 선생에게 글을 익혔다. 김구는 그 자체만으로도 즐거워했으며, 배움의 가치를 깨달았다. 김구는 열여덟 살 때 동학東學에 입도하며 접주가 되어 해주성을 공격하는 등 애국정신에 깊이 몰입했다. 안중근 의사의 아버지 안태훈의 소개로 평생 스승이 된 고능선을 만나 자연과 삶의 이치 등에 관해 폭넓게 배웠다. 또한 민족의 존엄성과 자주정신, 그리고 무엇보다도 의리에 대해서 흥미를 갖고 배웠다. 김구는 의리를 중시하여 사람을 대할 땐 이를 근본으로 삼았다. 김구는 일본군을 죽이고 감옥에 갇혔는데 탈출 후 여기저기 숨어 지내다 중국 상해로 가 임시정부 경무국장을 맡아 본격적으로 독립활동을 시작했다. 윤봉길 의사와 이봉창 의사의 거사는 그 누구도 실행하지 못한 김구의 결단력에서 비롯된 것이었다. 이 두 사건으로 인해 대한민국의 독립활동은 전 세계에 알려지는 계기가 되었으며, 훗날 독립을 하는 데 크게 기여했다.

김구는 자주정신과 주체의식을 매우 중요하게 생각했다. 자주독립에 대한 김구의 철학과 사상을 알 수 있는 말이다.

"나라는 내 나라요, 남들의 나라가 아니다. 독립은 내가 하는 것이지 다른 사람이 하는 것이 아니다. 우리 민족 삼천만이 저마다 이 이치를 깨달아 행한다면, 우리나라가 완전한 독립이 아니 될 수 없고, 또 좋은 나라 큰 나라로 길이 보존되지 아니할 수 없는 것이다."

《백범일지》는 김구가 독립운동을 하는 가운데 틈틈이 쓴 일기를 모아 만든 책으로 임시정부의 활동과 당시의 애국지사들이 어떻게 보냈는지를 소상하게 알 수 있을 뿐만 아니라 김구의 사상과 철학이 잘 나타나 있어 역사적으로도 큰 가치를 지닌 책이라 할 수 있다.

◆ 김구 1876~1949
황해도 해주에서 출생. 대한민국임시정부 주석을 지냄. 저서로 《백범일지》가 있다.

DAY 004 소로와 에머슨의 대화

　헨리 데이비드 소로는 미국의 철학자이자 시인이며 수필가이다. 하버드 대학을 졸업하고 연필제조업, 교사, 측량 업무 등에 종사하기도 했다. 하지만 그는 문학과 철학에 깊이 심취해 집필활동에 열중했다. 그는 노예제도와 멕시코전쟁에 항의하여 월든의 숲에 작은 오두막집을 짓고 살았다. 그는 인두세 거부로 투옥당했으며, 노예운동에 헌신했다.

　랠프 왈도 에머슨은 미국의 사상가이자 시인이며 수필가이다. 에머슨은 유니테리언 교회 목사 아들로 태어나, 보스턴 공립 라틴어 학교에 입학해 시를 즐겨 썼는데 좋은 반응을 얻었다. 대학을 마친 그는 목사가 되었다. 그는 뛰어난 설교로 명성을 얻었지만, 아내가 죽고 신앙과 직업에 대해 깊은 회의에 빠졌다. 그는 결국 성직에서 물러났다. 그는 직접 신앙적인 체험을 위해 유럽여행을 떠났다 돌아와서는 영향력 있는 강연가가 되었다. 또한 그는 저서《자연》으로 명성을 얻었다. 그 후 수많은 강연을 통해 자신의 사상인 초절주의 사상을 널리 알린 당시 미국의 최고의 지성이다.

　《소로와 에머슨의 대화》는 소로와 에머슨의 사상적 교류에 대한 전반적인 삶에 대해, 둘의 우정과 인간관계성을 가감 없이 보여준다. 에머슨은 소로보다 열네 살이 많다. 그들이 처음 만났을 때 에머슨은 이미 명성이 자자한 지성이었다. 이에 비해 소로는 스무 살의 풋풋한 청년이었다. 소로는 에머슨을 동경했으며, 그의 말투와 몸짓 헤어 스타일까지 따라 할 정도로 깊이 몰입되어 있었다. 에머슨은 스무 살의 소로에게 범상치 않은 기운을 느꼈다. 그는 소로를 적극 지원했다. 소로의 문학적 성취는 에머슨의 영향이 크다. 또한 에머슨은 소로를 자신의 집에 와서 살게 했고, 2년 후 소로가 집을 나가겠다고 했을 때 형에게 말해 조카의 가정교사로 일하게 했다. 그리고 소로가 월든에 오두막을 짓겠다고 했을 땐 땅을 내어주었다.

　나이 차를 떠나 둘의 우정은 깊었지만 에머슨은 소로의 논쟁적인 기질을 느꼈다. 소로는 선생의 역할을 하는 에머슨의 그늘로부터 벗어나려는 독립적인 성향을 보였다. 그러나 둘은 초절주의 철학자로서의 뜻을 같이하며 25년 동안 멘토와 멘티로, 친구의 우정을 이어갔다.

　《소로와 에머슨의 대화》는 미국의 두 위대한 사상가의 인간적 면모와 삶과 사상을 엿봄으로써 인간이란 무엇인가에 대해 깊이 생각해보게 한다.

◆ 하몬 스미스
작가. 사회운동가. 저서로《소로와 에머슨의 대화》가 있다.

유배지에서 보낸 편지

조선 후기의 대학자인 다산 정약용은 봉건주의를 타파하고 이용후생을 통해 백성들에게 실질적인 도움을 주는 학문을 꾀한 실학을 집대성한 실학자이다.《유배지에서 보낸 편지》는 그가 뛰어난 학자인 이면에 깔린 따뜻한 부성애를 잘 보여준다.

이 책은 4부로 구성되어 있는데 제1부에는 〈두 아들에게 보내는 편지〉로 참다운 공부란 무엇이며, 세상에서 가장 악하고 큰 죄에 대해, 먼저 모범을 보이는 자세를 가져야 할 것에 대해, 허례허식을 경계함에 대해, 거짓말을 하지 말 것에 대해, 사대부의 도리에 대해, 막내아들의 죽음에 대한 아버지의 심정을 토로함에 대해, 어머니의 치마폭에 눌러쓴 아버지의 사랑과 교훈에 대해 때론 엄정하게 또 때론 함께하지 못함에 대한 미안함을 따뜻한 부성애로 담고 있어 읽는 이의 마음을 감동으로 물들인다. 제2부에는 〈두 아들에게 주는 가훈〉으로 임금이 존경할 수 있는 사람이 되기를 당부함에 대해, 저술에 관한 뜻에 대해, 시를 쓰는 방법에 대해, 넘어져도 반드시 일어남에 대해, 멀리 내다보는 눈을 가져야 함에 대해, 청운의 뜻을 꺾어서는 안 되는 이유에 대해 말한다. 이처럼 제1부와 제2부는 자신이 집을 비운 동안 두 아들이 지켜야 할 도리와 당부, 몸과 마음을 반듯하게 해야 세파에 휩쓸리지 않고 자신이 추구하는 것을 해 나갈 수 있음을 당부한다. 제3부에는 〈둘째 형님께 보낸 편지〉로 중국 요선시대의 고적법에 대해, 성인들의 책을 읽고 느낀 점에 대해, 형제간의 학문과 토론에 대해, 귀양살이의 괴로움을 잊는 법에 대해, 밥 파는 노파에게도 배운다는 배움의 진리에 대해, 아우인 약횡에게 당부하는 말에 대해 쓰여 있는데, 이는 형제의 우애와 배움, 그리고 삶의 가치성에 대해 말하고자 함이다. 제4부에는 〈제자들에게 당부하는 말〉로 윤종문에게 당부하는 것에 대해, 윤종억에게 당부하는 것에 대해, 이종영에게 당부하는 것에 대해, 정수칠, 윤종심, 의순, 이인영, 기어자홍에게 당부하는 것에 대해 쓰여 있다.

이 책은 정약용이 무려 18년이란 긴 세월 동안 억울하게 자유를 억압당한 채 살아야 했지만 불평하기보다는 오히려 자신의 학문의 틀을 세우고 완성하는 데 최선을 다했음과 냉철하고 엄격했지만 자애롭고 부드러운 부성애를 가진 아버지로서의 기품을 잘 보여준다.

◆ 정약용 1762~1836
조선 후기의 실학자. 반계 유형원 성호 이익의 학문과 사상을 계승 발전시켜 실학을 집대성했다. 지은 책으로 《목민심서》,《경세유표》 외 다수가 있다.

DAY 006 행복한 청소부

진정한 행복이란 무엇인가에 대해 생각하게 하는 책이 있다. 독일의 작가인 모니카 페트가 쓴 《행복한 청소부》이다. 이 책엔 3편의 글이 실려 있다. 표제작인 〈행복한 청소부〉, 〈생각을 모으는 사람〉, 〈바다로 간 화가〉이다. 이야기의 주인공은 하나같이 보잘것없는 가난한 사람들이다.

한 청소부가 거리 표지판을 닦았다. 그가 맡은 거리의 표지판은 음악가와 작가의 표지판이었다. 음악가의 거리엔 바흐의 거리, 베토벤의 거리, 하이든의 거리, 모차르트의 거리가 있다. 또 작가의 거리엔 괴테의 거리, 실러의 거리, 토마스 만의 거리, 브레히트의 거리 등이 있다. 그는 유명한 음악가의 표지판과 작가의 표지판을 닦는 것에 큰 자부심을 느끼며 그들을 알기 위해 열심히 공부해서 유명해졌다. 그는 교수 제의를 받지만 거절하고 청소부 일을 즐겁게 한다.

생각을 모으는 사람이 있다. 그의 이름은 부루퉁이다. 그는 길을 갈 때 예쁜 생각, 즐거운 생각, 기분 좋은 생각, 슬기로운 생각, 긴 생각, 짧은 생각, 슬픈 생각, 고운 생각 등 많은 생각을 모았다. 부루퉁은 날마다 생각을 모아 배낭에 담아 집으로 돌아와서는 생각을 꺼내 화단의 흙을 파고 심었다. 예쁘고 향기로운 꽃을 피우면 그 꽃들은 작은 알갱이가 되어 바람에 날아갔다. 그리고 집집마다 들어가 꿈을 꾸고 있는 사람들의 이마에 가만히 내려앉아 새로운 생각으로 자라났다. 부루퉁은 아무도 모르게 숨어 있는 생각을 모으는 일을 아주 행복하게 생각했다.

어느 도시에 가난한 늙은 화가가 살았다. 그는 거리의 카페를 그리고, 도시의 큰길, 골목길을 그렸다. 굴뚝에서 피어오르는 연기를 그렸고, 공원의 상수리나무들을 그리고, 동물원을 그렸다. 그는 바다로 여행을 가기 위해 돈을 모으기 시작했다. 그리고 마침내 화가는 그렇게 꿈꾸던 바다로 갔다. 그는 바다를 보면서 새로운 세계를 보는 듯했다. 화가는 날마다 바다로 나가 자신이 그릴 수 있는 모든 것은 다 그렸다. 화가는 다시 도시로 돌아왔다. 누군가가 그림을 사겠다고 말하면 안 된다며 거절했다. 그는 언제나 가난했지만 얼굴엔 늘 행복한 미소가 피어났다.

이 책은 행복은 돈이나 명예, 유명세에 있는 것이 아니며 스스로 만족할 줄 아는 데 있다는 걸 잘 알게 한다.

◆ 모니카 페트 1951~
독일에서 태어남. 동화작가. 지은 책으로는 《맑은 날 흐린 날》, 《바다로 간 화가》 외 다수가 있다.

DAY 007 내가 상상하면 현실이 된다

청소년 시절 아이디어만으로 영국 최대의 기업인 버진 그룹을 창립하고 CEO가 된 리처드 브랜슨. 그의 삶의 철학과 사상을 잘 알게 하는 책이 있다. 《내가 상상하면 현실이 된다》가 그것이다. 그는 자유분방하고, 파격적이며, 저돌적이면서 모험심이 강하고 상상력이 뛰어나고 낙천적이다. 한마디로 그는 입체적인 마인드를 가진 멀티형 인간이라고 할 수 있다.

지독한 난독증인 그는 열다섯 살 때 친구인 조니 젬스와 함께 학생을 대상으로 한 잡지 〈스튜던트〉를 창간했다. 가진 것은 열정과 아이디어뿐이었지만 그는 확신했다. 브랜슨은 취재의 대상을 선별하고 수백 명의 유명 인사들에게 편지와 전화로 인터뷰를 시도했는데 그의 열정에 감동한 장 폴 사르트르, 볼드윈, 앨리스 워커를 비롯한 유명인들이 취재에 응함으로써 잡지의 공신력을 높였다. 잡지 운영비를 마련하기 위해 광고주를 모집했으며, 친구들을 동원해 잡지를 파는 등 열다섯 살 소년이라고 하기에는 믿기지 않을 만큼 철저하게 계획적이었다. 잡지사가 안정적으로 운영되자 옥스퍼드에 버진 음반가게를 차렸는데, 매장 인테리어를 특색 있게 꾸며 학생들의 반응은 뜨거웠다. 그로 인해 가게는 호황을 누렸다. 그러자 그는 잇따라 주요 도시에 버진 음반가게를 열었고 음반 판매 수입은 날로 증가했다. 그 후 버진 애틀랜틱 항공사를 설립하여 자리를 잡자, 그는 유럽의 저가 항공사인 버진 익스프레스와 호주의 저가 항공사인 버진 블루, 나이지리아의 버진 나이지리아 항공, 미국의 저가 항공사인 버진 아메리카를 설립했다.

현재 버진 그룹은 30여 개 국가에 200여 개의 미디어, 모바일, 인터넷, 음료, 호텔, 레저, 여행, 라디오, 우주산업 등 다양한 분야에서 열정적으로 사업을 경영하고 있다. 뿐만 아니라 그는 열기구를 타고 태평양과 대서양 횡단에 성공했으며, 시시때때로 세계 일주 여행을 하는가 하면 비행기 무착륙 세계 일주 비행을 하는 등 모험가로서의 삶을 즐기는 활달함으로 사람들에게 무엇이든 할 수 있다는 도전정신을 불러일으키고 있다. 또한 그는 지구온난화에 따른 환경문제에 적극 가담하고, 헐벗고 굶주리는 아프리카 대륙을 비롯한 제3세계 국가의 가난한 이들을 위해 의료품과 식량 및 구호물자를 후원하는 데도 적극 가담하여 기업가로서의 사회적 책무를 다하고 있다.

이 책은 한 사람의 상상력이 얼마나 중요한지를 잘 보여준다고 하겠다.

◆ 리처드 브랜슨 1950~
영국 버진 그룹Virgin Group CEO. 2000년 영국 여왕으로부터 기사Knight Bachelor 작위를 받았다.

DAY 008

하버드대 52주 행복연습

행복도 행복해지기 위해 꾸준히 노력하면 습관이 된다는 것을 실험을 통해 보여주는 책이 있어 흥미롭다. 하버드대 긍정심리학과 교수인 탈 벤 샤하르가 쓴《하버드대 52주 행복연습》이다. 이 책에 대해 탈 벤 샤하르는 "이 책은 내 연구에 대한 기록인 동시에 독자 여러분을 위한 일종의 가이드북이다. 누구나 이 책을 안내자나 친구처럼 활용한다면 개인의 삶에 적용할 수 있을 것이다"라고 말한다. 그만큼 이 책이 행복해지기 바라는 사람들에게 큰 도움이 될 거라는 자기 확신이 잘 드러난다.

《하버드대 52주 행복연습》은 총 52편의 행복연습 방법이 담겨 있다. 그중 몇 가지만 소개해보기로 한다.

첫째, 감사하는 마음 갖기이다. 감사하는 마음을 갖기 위해서는 감사하는 마음을 적극 표현하라고 말한다. 그의 연구에 의하면 감사를 표현하는 사람들은 전반적으로 자신의 삶을 긍정적으로 수용하고 행복한 삶과 긍정적인 감정을 끌어올렸다는 것이다. 또한 매사에 활력이 넘치고 긍정적인 모습을 보였다고 한다. 그래서 감사하는 습관을 들이라고 말한다. 그러면 매사를 감사하게 됨으로써 행복을 느끼는 빈도가 많아진다고 한다. 둘째, 즐기면서 일하기이다. 같은 일도 즐기면서 하면 능률이 오르고 좋은 성과를 낸다. 그리고 일에 대한 만족도도 높아져 일하는 시간이 즐겁고 행복하다고 한다. 그러나 하기 싫어서 억지로 하면 능률도 오르지 않고, 좋은 성과를 내지 못한다. 그러다 보니 일에 대한 만족도 낮고 행복 또한 느끼지 못한다고 한다. 셋째, 자신을 돕는 것처럼 다른 사람을 돕는 것이다. 사람은 누구나 자신이 잘 되기를 바란다. 그래서 자기애가 강하고 그런 만큼 잘 되기 위해 노력한다. 하지만 남을 돕는 일에는 자신에게 하듯 그다지 관심을 기울이지 않는다. 그런데 자신을 돕듯 다른 사람을 돕게 되면 그가 좋아하고 행복해하는 모습에서 희열을 느끼게 되고 행복을 느낀다는 것이다. 그래서 행복한 에너지가 고스란히 자신에게 돌아오고 행복도 그만큼 커진다고 한다.

52가지 방법 중 세 가지만 보더라도 충분히 실행할 수 있다는 생각이 들 것이다. 그렇다면 문제는 간단하다. 매주 한 가지씩 52주 동안 실행해보라. 그러면 탈 벤 샤하르 말처럼 매사를 긍정적으로 생각하게 되고 충분히 행복해하는 자신을 발견하게 될 것이다.

◆ 탈 벤 샤하르 1970~
하버드 대학교 교수. 주요 저서 《하버드대 52주 행복연습》

DAY 009 역사란 무엇인가

《역사란 무엇인가》의 저자인 E. H 카는 '역사란 과거와 현재의 대화이다'라고 정의했다. 이는 지나간 역사는 지난 시대로써 평가되고 끝나는 것이 아니라 그것을 바탕으로 지금의 시대를 이어가고, 지금의 시대는 시간이 지나면 과거가 되고 미래는 지금, 즉 현재가 되는 것이다. 역사는 시대의 순환과도 같은 것이다. 다만 변화된 순환이 역사인 것이다. 이런 관점에서 볼 때 미래학자인 아놀드 토인비의 "인류에게 있어가장 큰 비극은 지나간 역사에서 아무런 교훈도 얻지 못하는 데 있다"는 말이 의미심장하다. 또한 톨스토이는 역사에 대해 "우리는 모두 역사라는 필연적인 도구가 되며, 눈에는 보이지 않지만 우리 후세의 사람들에게는 알려지게 될 일정한 작용을 거들고 있는 것이다"라고 말했다. 아놀드 토인비나 톨스토이는 표현만 다를 뿐 결국 역사는 과거의 사건이나 시대를 통해 현재를 반영하고 그것은 곧 인류와 사회를 새롭게 변화시키는 작용의 역할을 할 때 역사의 가치성을 지닌다는 것을 알게 한다.

카가 말하는 '역사란 무엇인가'는 역사의 법칙인 우연사관을 배격하고, 역사란 끊임없이 새롭게 변화하지만 그 처음과 끝을 말할 수 있는 법칙이나 목적은 없다고 부인한다. 왜 그럴까. 그렇게 함으로써 역사결정론을 배제할 수 있기 때문이다. 다시 말해 역사란 우연을 통해서도 아니고, '이것이다'라고 딱히 말할 수 없는 것이다. 그런 까닭에 역사는 끊임없이 과거와 현재가 대화, 즉 관계성을 이루고 새롭게 변화되어야 하는 것이다. 그리고 역사가가 이를 과거와의 대화를 통해서 새롭고 희망적인 미래를 위한 교훈을 이끌어 낼 때 역사가로서의 본분을 다하게 되는 것이다.

《역사란 무엇인가》는 총 6장으로 구성되어 있는데 제1장은 '역사가와 진실'이며 제2장은 '사회와 개인', 제3장은 '역사와 과학과 도덕', 제4장은 '역사에서의 인과관계', 제5장은 '진보로서의 역사', 제6장은 '넓어지는 지평선'이다.

《역사란 무엇인가》가 널리 읽히는 것은 여타의 역사서처럼 무겁고 딱딱하지 않으며, 마치 역사 에세이처럼 누구나 쉽게 읽고 이해할 수 있는 책이기 때문이다. 이 책을 읽고 나면 역사에 대한 인식을 새롭게 하는 데 큰 도움이 될 것이다.

◆ E. H 카 1892~1982
영국 출생. 역사가. 정치학자. 주요 저서로는 《20년의 위기》 외 다수가 있다.

DAY 010 적극적인 사고방식

 강연가이자 저술가인 노만 V. 필 박사의 《적극적인 사고방식》은 불가능도 가능하게 하는 마력을 갖게 하는 책이라고 해도 부족함이 없다. 그만큼 긍정적인 사고방식의 의미와 방법론을 잘 보여주는 책이라고 하겠다. 무엇보다 이 책은 성경 말씀을 바탕으로 했다는 데 의의가 있다. 많은 성경 구절의 인용은 필 박사의 논리를 더욱 분명하게 해줌으로써 독자에게 강한 확신을 심어준다. 필 박사가 《적극적인 사고방식》이라는 명저를 쓸 수 있었던 것은 그 역시 굳은 믿음을 가진 자로서 자신의 신앙적인 경험에 바탕을 두었기 때문이다. 특히 신앙을 바탕으로 하는 책은 저자의 경험이 가장 큰 밑거름이 되는 까닭에 읽는 이들에게 깊은 공감을 이끌어 내는 것이다.

 이 책은 자기 자신을 믿자, 기도의 힘, 행복해지는 방법, 패배를 믿지 말자, 하나님의 도움을 얻는 방법 등 총 17장으로 구성되어 있다.

 이 책의 중심 내용인 '적극적인 사고를 기르는 7가지 방식'에 대해 소개하면 첫째, 앞으로 24시간 동안 자신에게 일어날 모든 일에 대해서 희망을 갖고 낙관적으로 생각하고 행동하라고 말한다. 둘째, 24시간 동안 희망에 차 이야기하는 연습을 했으면 이것을 다시 1주일간 더 계속하라고 말한다. 셋째, 신체를 건강하게 하듯 정신을 건강하게 해야 하며 정신을 건강하게 하기 위해서는 건전한 사고를 갖고 적극적인 사고방식으로 바꾸라고 말한다. 넷째, 신앙에 관한 모든 문장에 줄을 긋고 마태, 마가, 누가, 요한 등 4복음서에 줄을 긋고 특히 마가복음 11장 22~24절은 외울 때까지 매일 읽어 암기하라고 말한다. 다섯째, 적극적인 생각을 하는 친구들의 리스트를 만들고 신중하게 그와 교제를 진행하라고 말한다. 여섯째, 논쟁을 피하되 소극적인 사람을 만났을 때는 적극적이고 객관적인 의견으로 대하라고 말한다. 일곱째, 감사한 마음으로 매일 기도하라고 말한다.

 삶을 살아가는 데 긍정적인 마인드는 매우 중요하다. 무슨 일을 하든 긍정적인 생각으로 할 때 좋은 결과를 낳기 때문이다. 필 박사의 《적극적인 사고방식》은 굳은 믿음과 실천에 따른 강한 확신으로 쓴 책이다. 이 책을 곁에 두고 숙독한다면 인생을 살아가면서 자신이 원하는 것을 실행하는 데 큰 도움이 될 것이다.

◆ 노만 빈센트 필 1898~1993
목사. 저술가. 자기계발 동기부여가. 주요 저서로는 《세상과 나를 움직이는 삶의 기술》 등 45권이 있다.

DAY 011 넬슨 만델라 자서전

남아프리카공화국 최초의 흑인 대통령인 넬슨 만델라는 남아프리카공화국 트랜스 케이의 수도인 움타타의 작은 마을 음베조의 추장 아들로 태어났다. 아버지는 분쟁에 휘말려 추장직과 재산과 지위를 모두 잃고 말았다. 살길을 찾아 쿠누로 갔지만 갑작스럽게 아버지가 사망했다.

만델라는 템부족 책임자인 욘긴타바 달린드예보의 후원으로 엥코보 지역에 있는 클라크베리학교와 보퍼트 요새에 있는 힐트타운 대학을 졸업했다. 그 후 시델스키 변호사 사무실에서 견습서기로 일하며 비트바테르스란트 대학교 법학과를 졸업했다.

1944년 아프리카민족회의ANC 청년동맹을 설립하고 흑인인권운동에 참여했다. 1952년에는 최초의 흑인 변호사 사무실을 열었다. 만델라는 아파르트헤이트(인종분리정책)에 대항해 싸우다 1956년 반역죄로 기소되었지만 1961년 무죄로 석방되었다. 1960년 '샤프빌 대학살 사건'의 충격을 받고 폭력투쟁을 벌이다 1962년 5년형을 받았다. 수감 중이던 그는 1964년 종신형을 선고받고 로벤섬에 있는 교도소에 수감되었다. 이로써 만델라는 27년을 감옥에서 보내게 된다. 1990년 2월 석방된 만델라는 1991년에 '아프리카민족회의'의장에 선출되었다. 만델라는 가능한 한 빨리 과도정부를 구성하는 것이 필요하다고 주장했다.

정부와 '아프리카민족회의' 그리고 공산당과 다른 단체와의 회담이 열렸다. 모든 단체가 처음으로 갖는 공식 회담이었다. 이는 매우 의미 있는 회담이었다. 민주화로 가는 중요한 과정이었다. 많은 어려움 속에서 논의를 거친 끝에 1994년 4월 27일 국회의원 400명을 선거에서 선출하기로 합의했다. 그리고 국회에서 대통령을 선출하기로 합의했다. 놀라운 결과였다. 만델라는 평화적인 업적을 인정받아 드 클레르크와 공동으로 노벨평화상을 수상했다.

1994년 4월 27일 드디어 역사적인 투표가 실시되었으며, 역사상 처음으로 흑인이 정권을 잡았다. 무려 340년 만이었다. 대통령이 된 만델라는 자신에게 고통을 준 사람들을 용서해주었다. 그것이야말로 진정한 민주주의로 가는 길이라고 생각한 것이다.

《넬슨 만델라 자서전》은 자유와 평화의 소중함과 그것을 위해 헌신하는 한 사람의 역량이 얼마나 중요한지를 잘 알게 한다.

◆ 넬슨 만델라 1918~2013
남아프리카공화국 최초의 흑인 대통령. 인권 운동가.

DAY 012
마르쿠스 아우렐리우스 명상록

마르쿠스 아우렐리우스는 로마제국의 16대 황제이자 스토아 학파의 철학자였다. 그는 양심적이고 진리에 이르는 한 인간으로서 거듭나기 위한 탐구와 성찰을 위해 열정을 다 바쳤다. 최고의 권력을 가진 황제였지만 그 역시 사람이기에 고뇌로부터 자유롭지 못했다. 그는 집무 중이나 전쟁터에서도 늘 사색하며 진실에 이르는 길을 찾고자 부단히 노력한 지성과 인품을 지닌 철학자였다.

《마르쿠스 아우렐리우스 명상록》은 총 12권으로 구성되었다. 이 중 1~3권의 주요 내용을 살펴봄으로써 이 책에 대한 이해를 높이고자 한다.

먼저 1권의 주요 내용을 보면 "아버지 안니우스 베루스에 대한 기억과 평판으로부터 겸손과 사내다운 기백을 길렀다. 어머니에게는 신에 대한 경건한 마음과 남을 위한 봉사와 나쁜 행동만이 아니라 나쁜 생각까지도 삼가야 한다는 것은 배웠다. 부유한 생활에 빠져들지 말고 검소해야 한다고 배웠다" 등 마르쿠스 아우렐리우스가 한 인간으로 살아갈 수 있도록 부모와 형제, 친척과 친구를 맺게 해준 신에 대한 감사로 구성되었다.

2권은 이성의 중요성에 대해 말한다. 이성이란 진리에 이르는 창구와도 같다. 깨달음을 통해 새로운 깨달음을 얻고, 또 그 깨달음으로 또 다른 깨달음을 얻게 하는 것이 이성이다. 이성이 마비되면 인간은 제대로 된 인간으로서의 삶을 구현할 수 없다.

3권은 훌륭한 인간이 되기 위해 노력을 기울여야 하는 이유와 자세에 대해 말한다. 이런 사람은 사제이며 신의 종이라 할 수 있다는 것이 마르쿠스 아우렐리우스의 생각이다. 그리고 이런 사람이야말로 그 어떤 격정에도 휘둘리지 않는 정의가 마음 깊이 가득 차 있다고 말한다.

마르쿠스 아우렐리우스는 인간이 진실에 이르는 길은 인간이 인간으로서의 정도에서 벗어나지 않는 일이라고 말하며 신의 가르침에 따라 이성적으로 생각하고 행동하라고 말한다. 우리는 그의 조언을 겸허히 받아들일 필요가 있다. 그렇게 할 수 있다면 진실에 이르는 길을 걸어가는 데 큰 도움이 될 것이기 때문이다. 그렇다. 진실한 인간이 되기 위한 탐구는 계속되어야 한다. 이는 인간이 우주에 존재하는 한 영원불변의 법칙이다.《마르쿠스 아우렐리우스 명상록》은 그런 관점에서 볼 때 반드시 읽어야 할 필독서이다.

◆ 마르쿠스 아우렐리우스 121~180
고대 로마 16대 황제이자 철학자이다. 저서로 《마르쿠스 아우렐리우스 명상록》이 있다.

마시멜로 이야기

반짝반짝 빛나는 멋진 리무진을 타는 조나단은 언제나 명품 정장으로 치장하는 멋쟁이다. 그는 언제나 활기가 넘치고 자신감에 차 있다. 그는 성공한 경영자로서 자신에 대한 긍지와 자부심이 넘친다. 그의 리무진 운전기사인 찰리는 지금 현재 운전기사라는 일에 만족하며 살아가는 젊은이다. 조나단은 그러한 찰리에게 의미 있는 이야기를 들려준다. 자신이 어린 시절 경험했던 일이다.

조나단이 어린 시절 스탠퍼드 대학에서는 아이들의 욕망과 자제심에 대한 실험을 했다. 그것은 아이들에게 맛있는 마시멜로를 주며, 먹지 않고 15분을 참으면 마시멜로 한 개를 더 준다는 실험이었다. 그 실험에 어린 조나단이 참여한 것이다. 아이들 중엔 15분을 참지 못하고 먹어치운 아이들도 있고, 조나단처럼 15분을 참고 한 개의 마시멜로를 더 받은 아이들도 있었다. 그리고 10년이 지난 후 실험에 참가했던 아이들을 조사해보니 15분을 참았던 아이들이 참지 못했던 아이들보다 학업성적이 우수했다. 또한 친구들과의 관계도 좋고, 스트레스를 효과적으로 관리한다는 사실이 밝혀졌다. 이는 한순간의 유혹을 참고 기다렸던 아이들이 더 성공적으로 성장한다는 놀라운 결과였다.

조나단의 말을 듣고 찰리는 그 말뜻을 이해하며 자신의 성급한 성격에 대해 생각하게 되었다. 그리고 미래에 대해 생각하지 않고 현실에만 만족하는 자신을 깨달았다. 찰리는 자신이 무엇을 해야 하는지에 대해 진지하게 돌아보았다. 찰리는 도서관에 가서 책을 읽고, 술도 줄이고, 좋아하던 포커도 줄이고, 돈을 절약하기 위해 회사 식당에서 밥을 먹었다. 그의 변화는 조나단을 흐뭇하게 했다. 찰리는 대학에 가기 위해 준비를 해나갔다. 그는 자신의 계획을 조나단에게 말했다. 조나단은 찰리의 말을 듣고 자신의 일처럼 기뻐해주었다. 조나단은 찰리에게 4년간의 대학 등록금을 선물로 주었다. 찰리는 조나단의 따뜻한 배려와 사랑에 뜨거운 눈물을 흘리며 조나단을 부둥켜안았다.

호아킴 데 포사다의《마시멜로 이야기》는 의미 있는 인생으로 산다는 것이 얼마나 아름답고 가치 있는 일인지를 잘 알게 한다. 그리고 사랑과 헌신이 함께 할 때만이 가능하다는 것을 잊지 말아야 할 것이다.

◆ 호아킴 데 포사다 1948~2015
브라질에서 태어남. 미국 마이애미 대학교 외래교수. 지은 책으로는《바보 빅터》외 다수가 있다.

DAY 014 페기 구겐하임 자서전

20세기 현대 미술사에 있어 탁월한 미술품 컬렉터이자 기획자로 이름을 날린 페기 구겐하임. 그녀는 현대 미술사에 한 획을 그은 산증인이다.

페기 구겐하임은 1898년 미국 뉴욕의 유대인 부모에게서 태어났다. 어린 페기는 미국의 명문 컬럼비아 대학에서 고전문학박사 학위 소유자인 가정교사 루실 콘으로부터 자유로운 사고방식과 진보의식을 길렀다. 루실 콘은 페기를 박물관 등에 데리고 다니며 고전미술에 대해 눈뜨게 했으며 프랑스 역사와 문학에 대한 상식을 길러주었다. 페기는 이를 통해 자연히 미술품에 대한 감각을 길렀다. 또 유럽 역사에 대한 폭넓은 지식을 쌓았고, 많은 문학작품을 읽음으로써 문학에 대한 이해를 키울 수 있었다. 그리고 페기의 마음 깊이 내재함으로써 그녀가 걸출한 컬렉터가 되는 데 있어 잠재적으로 작용하는 힘이 되었다.

페기는 사촌인 헤럴드 러브가 운영하는 서점에서 일을 거들며 많은 유명인사와 작가, 화가들을 만났다. 그녀는 친구인 페기 월드먼으로부터 화랑을 해보라는 권유를 받았다. 그녀는 자신의 계획을 위해 20세기 가장 영향력 있는 예술가로 평가받는 마르셀 뒤샹을 찾게 되고, 그의 도움으로 화랑을 시작했다. 페기는 화랑 이름을 '구겐하임 죈'이라고 붙였다.

첫 전시회는 파리 현대 미술의 선구자로 불리는 장 콕도 전이었다. 그리고 칸딘스키, 브랑쿠시, 레이몽 뒤샹비용, 알렉산더 콜더, 앙투안 페프스너, 아르프와 그의 아내, 앙리 로랑스, 존 터나드 이브탕기 등 잇달아 전시회를 열었다. 결과는 대성공이었다. 이로써 구겐하임 죈은 일약 런던 예술계의 중심으로 떠올랐다. 또한 그녀는 많은 예술가들을 지원해주며 그들의 예술 활동을 도와주었다.

미국으로 간 페기는 뉴욕 7번가에 '금세기 미술'이라는 화랑을 열고 파리와 뉴욕을 잇는 다리 역할을 하며 추상표현주의가 발전하는 데 크게 기여했다. 페기는 작품들을 베네치아로 옮기고 '페기 구겐하임 미술관'을 개관했다. 그녀는 많은 화가들의 작품을 전시하며 자신의 입지를 확고히 했다.

《페기 구겐하임 자서전》은 그녀가 현대 미술사에 있어 무슨 일을 했으며, 어떤 철학과 사상을 지녔는지 그리고 그녀는 왜 그토록 미술품을 수집하고 기획전을 열었는지에 대해 잘 말해준다.

◆ 페기 구겐하임 1898~1979
미국 뉴욕에서 출생. 미술품 컬렉터. 기획자. 저서로는 《예술중독자의 고백》이 있다.

기탄잘리

라빈드라나트 타고르의 《기탄잘리》는 신께 바치는 송가이다. 타고르는 《기탄잘리》로 동양인 최초 1913년에 노벨문학상을 수상했다. 157편의 벵갈어로 된 시를 타고르가 직접 103편을 골라 영어로 번역한 것을 1912년 영국에서 시집으로 발행했다. 이듬해 타고르는 노벨문학상을 받으며 세계적인 시인의 반열에 올랐다. 한 권의 시집으로 노벨문학상을 수상하고 세계적인 시인으로 인정받았다는 사실은 매우 놀라운 일이 아닐 수 없다. 예이츠, 라이너 마리아 릴케 등 당대의 유명 시인들은 《기탄잘리》에 대해 최고의 찬사를 보냈다. 그만큼 《기탄잘리》의 문학성을 높이 산 것이다.

《기탄잘리》는 연작시로 편편마다 신에 대한 사랑을 노래한다. 그러나 그의 시는 화려하지 않다. 시적 테크닉도 없다. 그의 시에 대해 예이츠는 "흙먼지가 눈에 띄지 않도록 적갈색 옷을 걸치고 있는 나그네"라고 평했다. 이는 타고르의 시가 갖는 소박함과 은은함, 드러내지 않고 안으로부터 들려오는 울림 등을 말한다. 시집 중 한 편을 소개한다.

님은 나를 언제나 새롭게 하시니,
여기에 님의 기쁨이 있습니다.

빈약한 이 그릇을 님은 비우고 또 비우시며,
언제나 신선한 생명으로 채우고 또 채우십니다.

언덕 넘어 골짜기 넘어 님이 가지고 다니는
이 작은 갈대피리는 님의 숨결을 받아
영원히 새로운 가락을 울려 왔습니다.

님의 불멸의 손길에 내 작은 마음은 기쁨에 젖어
그 한계를 잊고,
표현 불가능한 것들을 말로 바꾸어 놓기도 합니다.

님이 나에게 주는 무한한 선물은
오로지 아주 작은 이 두 손으로만 옵니다.
세월이 흘러도 여전히 님은 나를 채워주지만,
나에게는 아직 채울 자리가 남아 있습니다.

〈기탄잘리 1〉시이다. 이 시를 보면 자신을 새롭게 하시는 신에 대한 기쁨과 자신을 축복으로 채우는 신에 대한 감사함이 잘 나타나 있다. 그리고 여전히 신의 축복과 사랑을 받기를 갈구하고 있다. 신에 대한 이런 갈망이 신을 기쁘게 하고 신으로부터 인정받을 수 있게 한다. 신도 가만히 있는 자에게는 자신의 사랑과 축복을 주지 않는다. 그 사랑과 축복을 받기 위해 끊임없이 기도하고 신을 위해 노력하는 자에게 사랑과 축복을 선물로 주는 것이다. 마음이 갈급하거나 삶이 힘들고 어려울 땐《기탄잘리》을 읽어보라. 참평안을 얻음으로써 삶을 긍정적이고 행복한 시선으로 바라보게 될 것이다.

◆ 라빈드라나트 타고르 1861~1941
인도 출생. 시인. 노벨문학상 수상. 저서로는《아침의 노래》,《마나시》외 다수가 있다.

DAY 016 | 논쟁에서 이기는 38가지 방법

독일의 철학자 쇼펜하우어의 《논쟁에서 이기는 38가지 방법》은 논쟁을 할 때 필요한 방법을 38가지로 세분화하여 간단명료하게 전하고 있어 이해력을 높여준다.

논쟁은 시대를 불문하고 언제나 있어 왔고, 앞으로도 계속 이어져 갈 것이다. 논쟁은 삶에 있어 필수조건과도 같기 때문이다. 특히 논쟁은 정치, 학계, 문학, 예술, 철학 등 어느 분야든 필요한 장치와도 같다고 하겠다.

논쟁의 38가지 방법을 짧은 지면에 다 소개하는 것은 무리가 있어 몇 가지만 소개하는 것도 이 책을 이해하는 데 많은 도움이 될 것이다. 첫째, 자신의 결론을 상대방이 예측하지 못하게 해야 한다. 이는 상대방에게 공격의 빌미를 줄 수 있어 최대한 상대가 예측하지 못하도록 상대의 정신을 혼란스럽게 만들어야 한다. 예를 들어, 상대방이 자신이 내세운 전제에 대해 시인하지 않으면 지속적으로 다른 전제를 제시함으로써 상대가 시인하게 만드는 것이다. 둘째, 질문 공세를 통해 상대방의 항복을 받아내야 한다. 논제에 대해 끈질기게 질문을 퍼부으면 어느 단계에 가서 답변이 궁색해지거나 막히게 된다. 이때 자신의 주장을 입증시키는 것이다. 셋째, 상대방을 화나게 해야 한다. 사람은 화가 나면 이성을 잃고 감정적으로 나오게 된다. 감정적으로 나오면 판단력이 흐려지게 된다. 상대를 화나게 하는 방법은 트집을 잡고 뻔뻔스러운 태도를 취하면 상대방은 반박하게 되고 감정적으로 대응하게 된다. 넷째, 말싸움을 걸어 상대로 하여금 무리한 말을 하게 해야 한다. 반박과 말싸움은 상대방을 자극하게 되고, 상대방은 자신의 주장을 과장하게 된다. 이때 상대의 과장된 주장을 반박하면 상대방은 당황하게 된다. 그 순간 자신의 주장을 펼치면 긍정적인 효과를 거두는 데 도움이 된다.

이 밖에 '상대방의 궤변에는 궤변으로 맞서라, 은폐된 순환논증을 사용하라, 상대의 견해를 역이용하라, 상대의 논거를 뒤집어라' 등 다양한 방법이 구체적으로 서술되어 있어 이를 숙지해서 잘 적용한다면 논쟁에서 이김으로써 긍정적인 결과를 얻게 될 것이다.

논쟁의 시대에 《논쟁에서 이기는 38가지 방법》은 반드시 숙독해야 할 필요성이 있는 책인 것만큼은 분명하다고 하겠다.

◆ 쇼펜하우어 1788~1860
독일 철학자. 주요 저서로 《의지와 표상으로서의 세계》, 《윤리학》 외 다수가 있다.

DAY 017

임윤지당 평전

　조선시대 여성 성리학자로 이름을 떨친 임윤지당의 삶과 사상과 철학을 담은《임윤지당 평전》은 매우 의미 깊은 책이라고 할 수 있다. 남성 중심사회인 조선시대에 여성이 학문을 했다는 것은 금기와 같기 때문이다. 이 책은 조선시대 양반가의 여성들의 삶은 물론 윤지당의 의기를 엿볼 수 있어 흥미롭다.

　윤지당(1721~1793)은 조선 후기 영조와 정조시대에 원주에서 살았다. 아버지의 이름은 임적이고 어머니는 파평 윤씨이다. 아버지 임적은 함흥 판관을 지냈다. 판관은 종 5품의 관직으로 높은 벼슬은 아니지만, 풍천 임씨 가문은 대대로 관직을 지낸 문인 관료 집안일 뿐만 아니라 명망 있는 학자의 집안이었다. 어머니는 호종정랑으로 이조참판에 추증(나라에 공로가 있는 벼슬아치가 죽은 뒤 벼슬의 품계를 높여서 내리는 일을 이르던 말)된 윤부의 딸이다.

　어린 윤지당은 매우 총명하여 9살 때부터 둘째 오빠로부터《효경》,《열녀전》,《소학》,《여사서》,《논어》,《맹자》,《대학》,《주역》등을 배웠는데 그 영특함이 주위 사람들을 놀라게 했다.

　윤지당은 나이가 들어갈수록 학문의 깊이가 더해졌고, 생각도 깊어지고 자신만의 사상이 더욱 넓어졌다. 오빠들과의 토론에서도 밀리지 않았다. 윤지당은 19세 되던 해에 원주에 사는 선비 신광유와 혼인했으나 8년 만에 사별했으며 슬하에 자식을 두지 못했다. 남편 사별 후 본격적으로 학문에 정진했는데〈이기심성설〉,〈인심도심사단칠정설〉,〈극기복례위인설〉,〈오도일관설〉,〈예악설〉등 많은 글을 썼으며 그녀 사후《윤지당 유고》가 발간되었다. 윤지당이 주장하는 가장 중요한 핵심은 누구나 성인이 될 수 있다는 것이다. 그래서 여자도 노력하면 얼마든지 성인이 될 수 있음을 주장했다. 여성으로서 갖는 기개가 보통의 남성 학자들보다도 한층 더했으니, 참으로 놀라운 일이 아닐 수 없다. 그녀의 학문적 성과에 대해 이민보, 유한준 등 당대 학자들은 극찬했다.

　《임윤지당 평전》은 우리의 여성들이 새겨야 할 진보珍寶와도 같은 책이다.

◆ 김경미
이화여자대학교 이화인문과학원 교수. 지은 책으로《소설의 매혹》외 다수가 있다.

DAY 018

사랑의 등불 마더 테레사

키 150센티미터의 단신으로 평생을 가난한 자들을 위해 헌신하고 사랑을 바쳤던, 성녀로 추앙받은 마더 테레사 수녀. 그녀는 조국 옛 유고슬라비아를 떠나 아일랜드에 있는 로레트 수녀원에서 수도생활을 하며 수녀로서의 수업을 쌓았다. 그리고 1928년 낯설고 물설은 인도로 왔다. 테레사 수녀는 1929부터 1948년까지 캘커타의 성 마리아 고등학교에서 지리를 가르쳤다.

그 후 1950년 '사랑의 선교회'를 창설하여 가난하고 소외 받고 병든 자들을 위해 헌신했다. 그녀는 전 세계에 수백 개가 넘는 사랑의 집을 세웠다. 마더 테레사의 헌신적인 사랑과 봉사는 세계적으로 널리 알려졌고 '살아있는 성녀'라는 칭호를 들을 정도였다. 스웨덴 한림원은 이런 테레사 수녀의 공을 높이 사 1979년 노벨평화상을 수여했다.

테레사 수녀는 사랑의 실천을 철저하게 따랐다. 예수 그리스도가 행했던 것처럼 그녀도 그리했다. 테레사 수녀는 베네수엘라, 로마, 탄자니아, 미국 등에 사랑의 집을 지었고, 마약중독자와 매춘 여성들을 위한 사랑의 집을 세계 곳곳에 지었다. 또한 입양을 통하여 낙태 반대 운동을 벌이고, 고아원과 가난한 어린이들을 위해 학교를 세웠다. 그리고 환자들의 치료를 위해 곳곳에 병원을 세웠다.

이 모든 것은 오직 '사랑'을 실천하기 위해서였다. 한마디로 말해 테레사 수녀가 펼쳤던 사랑은 '헌신' 바로 그 자체였다. 그 어떤 대가나 물질이 따르지 않는 오직 자신의 모든 것을 다 바쳐 희생정신으로 일관해야만 하는 그런 사랑의 봉사였다.

"예수님께서는 우리의 삶, 고독, 고뇌, 죽음과 함께 나눔으로써 우리를 도와주려고 하셨습니다. 그분은 우리와 함께함으로써 우리를 구원하셨습니다. 우리도 예수님처럼 해야 합니다. 물질적인 가난뿐 아니라 영적인 가난 등 가난한 사람들의 고통은 모두 구원받아야 하고 우리는 그것을 함께 나누어야 합니다. 왜냐하면 그들과 함께할 때, 즉 그들 삶에 하나님을 모셔다 드리고 그들을 하나님께 데려다줄 때 비로소 그들을 구원할 수 있기 때문입니다."

테레사 수녀는 자신의 말처럼 언행일치의 삶을 살았다.

《사랑의 등불 마더 테레사》는 테레사 수녀가 살아오는 동안 그녀가 행했던 일과 일화, 그리고 그녀의 신앙관과 사상이 고스란히 녹아있어 감동의 깊이를 더해준다.

◆ 루신다 바디
《사랑의 등불 마더 테레사》 저자.

DAY 019 놓치고 싶지 않은 나의 꿈 나의 인생

사람은 누구나 꿈이 있다. 그런데 어떤 이는 꿈을 이루지만 또 다른 어떤 이는 꿈을 이루지 못한다. 그 이유는 무엇일까. 이에 대해 명쾌하게 제시하는 책이 있다. 성공철학의 최고 권위자이자 자기계발 동기부여가이며 저술가인 나폴레온 힐의《놓치고 싶지 않은 나의 꿈 나의 인생》이다. 이 책은 꿈을 이루고 싶은 이들에게 동기를 부여함은 물론 어떻게 하면 성공할 수 있는지에 대해 명쾌하게 보여준다. 이 책은 각 분야에서 성공한 이들의 성공요소를 철저하게 분석해 실었으며 실화를 바탕으로 해서 더욱 공감을 줌으로써 설득력을 높인다.

이 책의 저자인 나폴레온 힐 역시 평범한 기자에 불과했다. 그랬던 그가 세계적인 동기부여가가 된 데는 이유가 있다. 앤드류 카네기의 권유에 의해서다. 당시 앤드류 카네기는 만나는 사람마다 자신의 생각을 이야기하며 성공에 대한 연구를 해보라고 말했다. 그러나 어느 누구도 그의 생각을 따르지 않았다. 그런데 단 한 사람, 나폴레온 힐은 그의 말을 가슴에 깊이 새기고 자료를 수집하는 등 연구에 몰입했다. 그리고 마침내 성공한 사람들의 비법을 알아냈다. 그리고 그는 자신이 연구한 성공비법을 강연하며 사람들에게 들려주었다. 그러자 놀라운 일이 벌어졌다. 그의 강연을 듣고 많은 사람들이 새로운 길을 향해 달려간 끝에 성공을 했다. 이에 자신감을 가진 나폴레온 힐은 자신의 경험을 책으로 썼는데, 폭발적인 인기를 끌며 초판이 나온 지 70년이 지난 지금까지도 꾸준히 팔리고 있다.

《놓치고 싶지 않은 나의 꿈 나의 인생》은 모두 3권으로 이루어졌다. 제1권은 꿈을 실현시키는 성공철학을 13가지로 분석해 실었고, 제2권에는 긍정적인 정신자세를 통한 성공철학 10단계를 비롯해 나폴레온 힐이 평생을 연구한 끝에 완성한 성공을 위한 실천프로그램이 실렸으며, 제3권에는 자신의 가치를 높여주는 17단계의 성공철학을 철강왕 앤드류 카네기가 설명해주는 것처럼 문답식으로 실었다.

《놓치고 싶지 않은 나의 꿈 나의 인생》은 꿈을 이루고 싶은 사람들에게 훌륭한 성공 교과서이다. 이 책은 실화를 바탕으로 하여 깊은 공감을 주고 설득력을 이끌어낸다. 자신의 꿈에 대해 심도 있게 공부하고 싶다면 이 책을 읽어라. 이 책을 읽고 나면 읽기 전과 많은 차이점을 느끼게 될 것이다.

◆ 나폴레온 힐 1883~1970
자기계발 동기부여가. 저서《결국 당신이 이길 것이다》외 다수가 있다.

자유를 향한 위대한 행진

　미국에서 흑인들의 인권탄압은 오랜 세월 지속되었다. 링컨이 목숨을 바쳐 노예를 해방시켰지만 일부 백인들은 그런 일엔 아랑곳하지 않았다. 1900년대에 들어서도 흑인에 대한 탄압은 그칠 줄을 몰랐다. 이를 보다 못한 흑인 목사가 목숨을 걸고 인권운동에 헌신했다. 그의 이름은 마틴 루터 킹이다.《자유를 향한 위대한 행진》은 이런 마틴 루터 킹의 사상과 철학, 신념과 의지를 잘 담아낸 책이다.

　마틴 루터 킹은 3대째나 내려오는 침례교회 흑인 목사의 아들로 태어나 가난한 어린 시절을 보냈다. 당시에는 흑인에 대한 백인들의 인권유린이 지나쳐 그는 어린 시절부터 흑인을 그 고통으로부터 해방시켜야 한다는 꿈을 꾸었다. 그러기 위해서는 배워야 한다는 굳은 신념을 갖게 되었고, 배움에 대한 실천으로 그는 열심히 공부하여 1955년 보스턴 대학에서 신학박사 학위를 받고, 하버드 대학에서 철학박사 학위를 받았다. 공부에 대한 그의 집념은 집착에 가까울 만큼 열성적이었다. 그리고 그는 침례교 목사가 되었다. 마틴 루터 킹이 공부에 열정을 가진 것은 자신을 위한 것이기도 했지만, 그 이면에는 마음속 가득 흑인의 인권을 찾아야겠다는 강한 신념이 작용했기 때문이다.

　마틴 루터 킹은 비폭력 저항과 인종차별 철폐 및 식민지해방 등을 펼친 간디의 사상에 깊은 영향을 받았다. 목사가 되어 활동하던 그는 '몽고메리 시에서 운영하는 버스에 흑인은 탈 수 없다'라는 규칙에 반대하는 운동을 벌이며 본격적으로 흑인 인권운동에 뛰어들었다. 이른바 '몽고메리 버스 보이콧 투쟁'을 시도했던 것이다. 모든 노력을 기울여 투쟁한 지 1년 후인 1956년에 승리를 거두었다.

　그 후 그는 그리스도교 지도회의를 결성하고, 인종차별을 반대하는 투쟁을 지도했다. 그로 인해 수차례나 투옥되었지만 그는 굴하지 않고 계속해서 인권운동을 펼쳐나갔다. 이 일은 결국 존 F. 케네디 대통령의 민권법안 통과의 계기가 되었다. 이 일로 그는 흑인들에게 가슴 벅찬 희망을 안겨주었다.

　목숨을 건 그의 헌신적인 흑인 해방운동은 전 세계인에게 깊은 감동을 불러일으켰다. 그는 이 일로 1964년에 노벨평화상을 수상했다. 마틴 루터 킹은 인간의 참모습을 잘 보여준 진정한 인권 운동가이다.

◆ 마틴 루터 킹 1929~1968
목사. 인권 운동가. 저서로는《나에게는 꿈이 있습니다》외 다수가 있다.

DAY 021 문장강화

상허 이태준은《달밤》,《복덕방》등을 쓴 소설가이다. 그런 그가 글쓰기 책인《문장강화》를 써서 당시 소설가를 비롯해 작가를 꿈꾸는 이들뿐만 아니라 글쓰기에 관심을 가진 이들에게 안내서 역할을 해주었다.《문장강화》이후 나온 박목월의《문장백과》는 편저이지만《문장강화》는 편저가 아닌 이태준이 직접 썼다는 점에서 그 궤를 달리한다. 그런 만큼 그만의 창의성이 잘 드러난 책이라고 할 수 있다.

이 책은 총 9강으로 구성되었는데 제1강은 '문장작법의 새 의의'로 문장작법이란 것, 이미 있어 온 문장작법, 새로 있을 문장작법으로 짜여 있고, 제2강은 '문장과 언어의 제문제'로 한 언어의 범위, 언어의 표현 가능성과 불가능성, 방언과 표준어와 문장, 담화의 문장, 의음어, 의태어와 문장, 한자어와 문장, 신어, 외래어와 문장, 평어, 정어와 문장, 일체 용어와 문장으로 짜여 있고, 제3강은 '운문과 산문'으로 운문과 산문은 다른 것, 운문, 산문으로 짜여 있고, 제4강은 '각종 문장의 요령'으로 일기, 서간문, 감상문, 서정문, 기사문, 기행문, 추도문, 식사문, 논설문, 수필로 짜여 있고, 제5강은 '퇴고의 이론과 실제'로 퇴고라는 것, 퇴고의 고사, 퇴고의 진리성, 퇴고의 표준, 퇴고의 실제로 짜여 있고, 제6강은 '제재, 서두, 결사 기타'로 제재에 대하여, 서두에 대하여, 결사에 대하여, 명제에 대하여, 묘사와 문장력, 감각과 문장미, 같이, 처럼, 듯이에 대하여, 대상과 용어의 조화, 떼기와 부호 용법으로 짜여 있고, 제7강은 '대상과 표현'으로 인물의 표현, 자연의 표현, 사태의 표현으로 짜여 있고, 제8강은 '문체에 대하여'로 문체의 발생, 문체의 종별, 어느 문제를 취할 것인가, 문체 발견의 요점, 제9강은 '문장의 고전과 현대'로 문장의 고전, 문장의 현대, 언문일치 문장의 문체로 짜여 있다.

콘텐츠에서 보듯《문장강화》는 매우 구체적이고 세분화되어 있을 뿐만 아니라 소제목마다 그에 맞는 예를 들어 독자들의 이해를 돕게 했다. 이 책을 쓴 지가 상당히 오래되었지만, 지금 썼다고 해도 전혀 부족함이 없을 만큼 문장이 자연스럽고 매끄럽다. 다만 문장표현은 당시의 어투와 글투에 따랐다는 것 외엔 전혀 어색함이 없다.《문장강화》는 이태준이 소설가로서의 이면에 지닌 문학적 전반에 대한 지식과 역량을 한껏 드러낸 책으로써 오래도록 사랑 받기에 충분하다고 할 만하다.

◆ 이태준 1904~1970
소설가. 작품으로는《달밤》,《복덕방》외 다수가 있다.

DAY 022 | 크리스마스 캐럴

'인간은 물질 앞에서 진정 자유로워질 수는 없는 것인가'라는 물음에 자유로워질 수 있다고 자신 있게 말할 수 있는 사람은 과연 얼마나 될까. 이 물음 자체가 인간에겐 가혹할 수 있을 것이다. 물질에 대한 욕망은 인간에게 있어 절대로 떼어낼 수 없는 것이기 때문이다. 인류가 지구상에 존재한 이래 인간은 더 많은 물질을 지니기 위해 끊임없이 욕망을 불태워왔다. 더 많은 영토를 차지하기 위해 전쟁을 벌이고, 돈이 될 만한 것들은 어디든지 찾아다녔다. 같은 동족을 해치고, 사람의 목숨 따윈 아랑곳하지 않았다. 물질 앞에 윤리니 도덕이니 하는 것들은 거추장스러운 옷에 불과했다. 인간이 이처럼 물질에 집착하는 것은 한마디로 자신의 존재 가치를 만천하에 드러내기 위한 욕망의 작용이라고 할 수 있다.

이에 대해 잘 보여주는 소설이 영국의 대표적인 작가인 찰스 디킨스의《크리스마스 캐럴》이다. 이 소설은 유령이 수전노 스크루지 영감의 과거와 현재와 미래의 모습을 보여준다. 스크루지는 그동안 자신에 대해 몰랐던 사실을 알게 되면서 새로운 사람으로 변화한다. 돈 버는 재미 외엔 아무런 재미를 몰랐던 스크루지만 자신의 추악한 모습의 실체 앞에 무너지고 말았다. 인간은 본래 선하다는 맹자의 성선설이나 인간은 본래 악하다는 순자의 성악설은 누구의 말이 맞는다고 할 수 없다. 인간은 양면성을 가진 존재이다. 선한 쪽으로 마음이 더 기울면 선하게 행동하고, 악한 쪽으로 마음이 더 기울면 악하게 행동한다. 인간은 환경에 따라 얼마든지 변화하는 존재이다. 스크루지가 하룻밤 새 개과천선하여 새로운 사람이 된 것을 보더라도 환경이 인간에게 미치는 영향은 절대적이라고 할 수 있다.

이는 찰스 다윈의 진화론에서 보듯 환경에 적응하면 살아남고 적응하지 못하면 도태되는 것처럼 '환경'은 삶 자체를 완전히 바꾸는 마력을 가졌다.《크리스마스 캐럴》은 스크루지 같은 악인도 얼마든지 선한 사람으로 변할 수 있다는 긍정적인 메시지를 줌으로써 현재를 잘 못 살고 있는 사람들에게는 개선의 여지를 주고, 정의에 이르는 길에 서기 위해서는 선을 행해야 한다는 메시지를 준다. 찰스 디킨스의《크리스마스 캐럴》은 '선'이 무엇이며 '정의'는 무엇인가를 잘 알게 해주는 영원한 고전이다.

◆ 찰스 디킨스 1812~1870
영국 소설가. 주요 작품으로는《데이비드 코퍼필드》,《위대한 유산》외 다수가 있다.

DAY 023 어디로 갔을까 나의 한쪽은

쉘 실버스타인은 시인이자 일러스트레이터로 시적인 글과 간결한 그림으로 자신의 작품을 돋보이게 하는 장점을 가진 작가이다. 《어디로 갔을까 나의 한쪽은》역시 간결한 글과 그림으로 책 전체를 이루고 있다. 앞에서 말했듯이 이 책은 '완벽함'이 갖고 있는 모순이자 아이러니를 잘 반영한다. 이 이야기는 다음과 같다.

한 조각을 잃어버린 동그라미가 있다. 동그라미는 한 조각을 잃음으로 해서 '완벽함'에서 벗어나 불완전한 존재가 되어버렸다. 그래서 동그라미는 한 조각을 찾기 위해 길을 나섰다. 동그라미는 데굴데굴 구르며 노래를 불렀다.

"오, 어디로 갔을까, 나의 한쪽은 어디로 갔을까. 나, 이제 찾아 나선다. 잃어버린 나의 한쪽을."

뜨거운 햇살 아래서, 소나기를 맞으며, 또 어느 날은 눈 속에서 얼기도 하면서 잃어버린 한 조각을 찾기 위해 열심을 길을 갔다. 하지만 이가 빠져 빨리 구를 수가 없었다. 그러다 보니 벌레를 만나 이야기도 나누고, 꽃을 만나면 향기를 맡고, 어떤 때는 풍뎅이를 앞질러 가고, 또 어떤 때는 풍뎅이가 이가 빠진 동그라미를 앞질러 갔다.

동그라미에게는 꿈같고 행복한 나날이었다. 동그라미는 바다를 건너고, 노래를 부르며 들판을 지나갔다. 갈대숲을 지나고 언덕배기를 오르면서도 멈추지 않았다. 그러다 어떤 조각을 만났지만 자신의 조각이 아니었다. 동그라미는 다시 길을 떠났다. 다시 한 조각을 만났으나 이 또한 아니었다. 동그라미는 여러 조각을 만났지만 자신의 조각이 아니었다. 동그라미는 계속해서 자신의 조각을 찾아 나섰다. 길을 가다 구덩이에 빠지기도 하고, 돌담에 부딪치기도 했지만 포기하지 않은 끝에 마침내 자신의 조각을 만났다.

동그라미는 신이 났다. 완벽해진 동그라미는 빨리 굴러갈 수 있어 좋았다. 그러나 너무 빨리 굴러가게 되면서 벌레를 만나도 말을 못 하고, 꽃을 만나도 향기를 맡지 못했다. 너무도 완전해져서 노래조차 부를 수 없었다. 동그라미는 생각했다. 그리고 조각을 떼어냈다. 그러고는 노래를 부르며 천천히 굴러갔다.

완벽함을 좇다 보면 다른 소중한 것들을 놓칠 때가 많다. 이 책은 완벽하기 위해서 놓치게 되는 것들을 통해 진정한 삶의 가치를 잘 알게 한다.

◆ 쉘 실버스타인 1930~1999
미국에서 출생. 작가이자 일러스트레이터. 대표적인 작품으로 《아낌없는 주는 나무》, 《코뿔소 한 마리 싸게 사세요》 외 다수가 있다.

책 먹는 여우

책을 매우 좋아하는 여우 아저씨가 있다. 여우 아저씨는 어찌나 책을 좋아하는지 책을 읽고 나면 책에 소금과 후추를 뿌려 맛있게 먹었다. 여우 아저씨는 먹어도 먹어도 늘 배가 고팠다. 여우 아저씨는 집이 가난하여 책을 자신이 원하는 만큼 살 수 없었다. 여우 아저씨는 물건을 전당포에 맡기고 그 돈으로 책을 사서 먹었는데 이젠 맡길 만한 물건이 없었다. 그래서 여우 아저씨는 도서관에 가게 되었고, 도서관의 책을 빌려다 읽고는 먹어치웠다. 그런데 누군가가 책을 갉아먹는다고 사람들이 불평을 하기 시작했다. 또 책에서 짐승 냄새가 난다고도 했다. 사서는 곰곰이 생각하다 범인이 여우 아저씨라고 생각했다. 책을 빌려 가고 나서 한 번도 돌려주지 않았기 때문이다.

그러던 어느 날 아침, 사서는 책에 소금과 후추를 뿌려 맛있게 먹는 여우 아저씨를 보고는 깜짝 놀랐다. 사서는 여우 아저씨에게 도서관 출입금지령을 내렸다. 책을 못 먹자 영양실조로 여우 아저씨의 몸에서는 털이 빠지고 몰골이 형편없이 변했다. 여우 아저씨는 책이 너무 먹고 싶어 밤마다 책 꿈을 꾸었다. 여우 아저씨는 생각 끝에 뚱뚱이 할머니에게 털모자를 빌려 쓰고 길모퉁이 서점에서 책을 빼앗아 집으로 가지고 가서 먹다가 경찰에게 잡혀 교도소에 갇히고 말았다. 책을 먹을 수 없게 된 여우 아저씨는 교도관에게 종이와 연필을 얻어 책을 쓰기 시작했다. 열심히 쓴 끝에 923쪽이나 되는 책을 완성했다. 여우 아저씨가 책을 보여주자 교도관은 여우 아저씨가 쓴 책을 아주 재미있게 읽었다. 그리고 서점에서 팔 수 있는 책을 만들자고 말했다. 교도관 아저씨는 출판사를 차려 책을 만들었다. 소설은 베스트셀러가 되었고, 영화로도 만들어져 여우 아저씨는 부자가 되었다. 유명 작가가 된 여우 아저씨는 다른 책은 먹지 않고 자신이 쓴 책만 맛있게 먹었다. 자신이 쓴 책이 더 맛있기 때문이었다.

이 이야기에서 보듯《책 먹는 여우》의 작가 프란치스카 비어만은 상상력이 매우 뛰어나다. 남들이 미처 생각하지 못하는 것을 소재로 책을 쓰는 것은 작가로서 매우 바람직한 자세이다. 그것은 곧 자기만의 개성을 독자들에게 알림으로써 자기의 문학적 영역을 확실하게 굳힐 수 있는 좋은 계기가 되기 때문이다. 프란치스카 비어만은 이런 관점에서 볼 때 작가로서 확고한 위치를 굳혔다고 할 수 있다.

◆ 프란치스카 비어만
독일 출생. 작가. 주요 작품으로《두 여자 친구가 속을 터놓네》,《행운의 책》이 있다.

DAY 025 무소유

　많은 걸 가졌음에도 다 내려놓았던 사람, 그래서 많은 사람의 존경을 받았던 사람, 지금은 떠나고 없지만 자신의 존재를 확실하게 남긴 사람, 그는 에세이《무소유》로 잘 알려진 법정 스님이다.

　그는 아는 스님으로부터 선물로 난을 받았다. 그리고 3년 동안 정성을 다해 키웠다. 여름에는 시들지 않게 그늘로 옮겨주었고, 겨울엔 온도를 맞춰주었다. 아주 지극정성이 아닐 수 없었다. 그러던 어느 날, 일이 있어 나갔다가 부랴부랴 돌아왔다. 난초를 뜰에 내놓은 채 다래헌을 비웠는데 장마 뒤에 햇볕이 너무도 강렬하게 쨍쨍 내려쬐었던 것이다. 다래헌에 도착했을 때 난초 잎이 축 늘어져 있었다. 이 일로 법정은 집착이 주는 괴로움을 절실하게 느꼈다. 법정은 난 때문에 맘 놓고 어디든 갈 수 없다는 걸 깨달은 것이다.

　며칠 후 친구가 방문하자 그에게 선뜻 아끼던 난을 주었다. 비로소 법정은 얽매임에서 벗어날 수 있었다. 그리고 가진 것이 없어도 행복할 수 있다는 삶의 진리를 터득했다. 법정은 자신의 깨달음을 에세이〈무소유〉로 썼다. 그리고 이 수필은 다른 작품과 함께 묶여져 수필집《무소유》로 태어났다. 그때부터 법정은 최소한의 것만 놔두고 나머지는 모두 남에게 주었다.

　여기서 한 가지 분명히 할 것은 무소유란 아무것도 소유하지 않는 것이 아니라 필요치 않은 것을 소유하지 않는다는 뜻이다. 법정은 내놓는 책마다 베스트셀러가 되어 인세의 수입도 만만치 않았다. 그는 인세로 가난한 대학생들의 등록금을 대주는 등 소문 안 나게 무소유의 삶을 실천했다. 그는 불교계의 그 어떤 자리도 맡지 않았고, 스님들의 꿈인 주지 자리도 마다했다. 자리에 연연하게 되면 그 또한 집착이 되어 자신이 지향하는 불도佛道에 영향을 끼친다는 이유에서다.

　탐욕에서 벗어나는 힘은 무소유의 마음을 갖는 것이다. 그리고 스스로 만족할 줄 아는 마음을 갖는 것이다. 마음이 답답하거나 탐욕에 사로잡히거나 길이 보이지 않을 땐《무소유》를 읽어보라. 그러면 지금껏 해왔던 자신의 행동에 대해 진지하게 생각하게 된다. 그리고 자신이 어떻게 살아야 하는지에 대해 고민하게 됨으로써 지금까지와는 달라진 삶을 살아가게 될 것이다.

◆ 법정 1932~2010
전남 해남 출생. '맑고 향기롭게' 이사장. '길상사' 회주 역임. 수필집으로《오두막》,《버리고 떠나기》,《아름다운 마무리》외 다수가 있다.

DAY 026 체 게바라 평전

BOOK

체 게바라는 아르헨티나의 로사리오 중산층의 가정에서 맏아들로 태어났다. 그는 따뜻하고 부드러운 품성을 지닌 소년이었다. 그런데 체 게바라는 성장하면서 누구는 잘살고 누구는 가난하게 살아야 하는지에 대한 강한 의구심을 갖게 되었다. 이는 그가 훗날 성인이 되었을 때 그의 인생을 완전히 뒤바꾸어 놓는 결정적인 역할을 하게 된다.

체 게바라는 대학에 진학할 때 자신의 꿈을 위해 의대를 선택했고 입학 후 열정적으로 의학 공부를 마치고 의학 박사학위를 받았다. 그는 가난하고 병들고 어려운 이들을 위해 살기로 결심했다. 그러나 그는 의학박사라는 사회적 지위와 부를 축적할 수 있는 자리를 과감히 버리고, 오직 혁명이라는 그 사실 하나만을 위해 온몸을 바치기로 결심했다. 그는 혁명만이 라틴 아메리카의 사회적 불평등을 해결할 수 있다고 굳게 믿었던 것이다. 이런 생각에 빠져있던 체 게바라는 1954년 멕시코로 가서 그곳에 망명하고 있던 쿠바 혁명의 지도자인 피델 카스트로와 합류하여 의기투합하고, 쿠바 정부에 반기를 든 피델 카스트로와 반정부 활동을 벌였다. 체 게바라는 전쟁을 결코 두려워하지 않았다. 그는 폭탄이 빗발치는 전쟁터에서 그것도 남의 나라인 쿠바의 민주주의 혁명을 위해 아낌없이 몸을 던져 싸웠다. 치열한 싸움 끝에 마침내 쿠바의 독재자 바티스타를 축출하는 데 성공했다.

체 게바라의 공을 높이 산 피델 카스트로는 그를 산업부 장관에 임명했다. 그러나 체 게바라는 거기에 만족하지 않고 또 다른 일에 열정을 바치기로 결심한다. 그는 1965년 분쟁 중에 있던 볼리비아로 잠입하여 반정부군 지도자가 되어 전쟁에 참여했다. 그러던 중 볼리비아 정부군에 붙잡혀 1967년 발레그란데 근처에서 총살되었다. 그의 나이 39세 때의 일이다.

《체 게바라 평전》은 체 게바라라는 한 인간의 열망이 얼마나 위대한 역사를 만들 수 있는지를 잘 알게 하는 자유와 평화의 교과서라 할 만하다.

◆ 장 코르미에
프랑스 대표적 일간지 〈르파리지앵〉의 전문기자. 저서로 《체 게바라 평전》이 있다.

DAY 027 귀천

　세상 사람 누구나 바라는 부와 지위, 명예와 권력으로부터 자신을 해방시킨, 가난을 천직으로 알았던 시인 천상병. 그는 막걸리 한 사발에도, 그가 살던 의정부 수락산에서 인사동까지의 버스 왕복 차비에도, 한 갑의 담배에도 자족할 줄 알았던 천상의 시인이다. 그래서 많은 사람에게 아낌없는 사랑을 받았다.

　우리 문단사에서 천상병처럼 우여곡절이 많았던 시인도 드물 것이다. 그는 젊은 날 서울대 상대를 다닐 만큼 똑똑하고 예리한 눈을 가진 사람이었다. 그랬던 그가 1967년 동백림 간첩사건에 억울하게 연루되어 6개월간 심한 옥고를 치렀다. 고문 후유증으로, 심한 음주와 영양실조로 거리에 쓰러져 서울시립정신병원에 입원했다. 이 사실을 모르고 문우 민영 시인과 성춘복 시인의 주선으로 유고시집《새》가 발간되었다. 이로 인해 살아있는 시인의 유고시집이 발간되는 유명한 일화를 남겼다.

　시집《귀천》에는 순진무구한 그의 시가 시집 전체를 관통한다. 천상병은 시〈행복〉에서 자신을 세계에서 제일 행복한 사나이라고 말한다. 그의 행복의 실체를 보면 부인이 찻집을 해서 생활의 걱정이 없고, 시인이니 명예욕도 충분하고, 막걸리를 부인이 사다줘서 불평이 없다는 소소한 것들에 대한 감사함이다. 시〈들국화〉에서는 아내가 들국화로 꽃꽂이를 했는데, 은은한 향기와 고운 색깔로 인해 왜 이렇게 기분이 좋은가 하고 말한다. 들에 아무렇게나 피어있는 들국화 한 송이에도 만족할 줄 아는 그의 소박함은 탐욕에 물든 사람들의 생각을 여지없이 무너뜨린다. 〈나의 가난은〉이란 시에서 자신은 가난하지만 살아가는 데는 부족하지 않다고 말한다. 그 이유는 각 문학사에서 자신을 돌봐주고 몇몇 문우들이 도와주기 때문이라고 말한다. 그래서 자신은 불편을 모르고 감사할 뿐이라고 말한다. 또 그는 가난해도 자신은 가장 행복을 맛본다고 고백한다. 그리고 돈과 행복은 상관없다고 말한다.

　3편의 시에서 보듯 그는 보통 사람들이 생각하는 행복의 가치관과 많이 다르다는 걸 알 수 있다. 그가 느끼는 행복의 대상은 아주 작고 사소하고 보잘것없는 것들에게서다. 이처럼 천상병은 욕망을 버림으로써 남들이 느끼지 못하는 진정한 행복을 느낄 수 있었던 것이다.

　《귀천》은 참다운 행복이 무엇인지를 잘 보여준 시집이라고 할 수 있다.

◆ 천상병 1932~1993
일본에서 출생. 서울대학교 상대 중퇴. 1949년 문예지에〈갈매기〉로 등단했다. 시집으로《새》,《귀천》,《주막에서》외 다수가 있다.

DAY 028
언제까지나 너를 사랑해

《언제까지나 너를 사랑해》 작가 로버트 먼치는 미국에서 태어나 평범한 시절을 보내다 수도사가 되기로 결심을 하고 공부했다. 그러던 중 그는 자신이 정말 하고 싶은 일은 어린이들을 위해 자신의 노력을 바치는 거라는 것을 깨닫는다. 그 후 그는 아동학을 공부한 후 유치원 교사로 일하며 어린이들에게 자신이 지은 이야기를 들려주었는데, 아이들의 반응이 좋았다.

그는 10군데 출판사에 원고를 보냈고 그중 한 출판사에서 책을 내자고 했다. 그래서 나온 책이 바로《언제까지나 너를 사랑해》이다. 이 책은 1986년에 3만 부, 1987에는 7만 부, 1988년에는 밀리언셀러가 되었다. 그리고 지금까지 베스트셀러의 명성을 이어오고 있다.

아기 어머니는 아기를 품에 안고 언제까지나 너를 사랑한다고 말한다. 아기는 자라서 뒤집고, 앉고, 엉금엉금 기고, 걷기 시작한다. 두 살이 된 아기는 책장의 책을 꺼내 여기저기 늘어놓고, 냉장고 문을 열고 음식을 쏟아버린다. 또 어머니의 시계를 변기에 넣고 물을 내리기도 한다. 말썽꾸러기가 되어 온 집안을 쑥대밭으로 만들어 놓았다. 그 모습을 보고 어머니가 한숨짓는다. 하지만 밤이 되면 잠들어 있는 아기 방으로 가 "언제까지나 너를 사랑해" 하고 말한다. 아기는 무럭무럭 자라서 9살이 되었다. 아이는 노는 데 빠져 공부도 안 하고 할머니에게 버릇없이 굴어 어머니는 속상하지만 밤에 아이가 잠이 들면 잠든 아이 머리맡에서 언제까지나 사랑한다고 말한다.

아이는 자라서 소년이 되고 사춘기를 맞아 제멋대로 굴어도 소년이 잠이 들고 나면 어머니는 또다시 언제까지나 너를 사랑한다고 말한다. 어른이 된 아들이 독립을 해서 이웃 마을에 살게 되었을 때 어머니는 버스를 타고 아들 집으로 가 잠든 아들을 향해 역시 언제까지나 너를 사랑한다고 말한다.

세월이 흘러 어머니는 기력이 딸려 아들에게 전화를 걸어 도와 달라고 한다. 아들이 집에 도착해 어머니 방으로 들어가려다 "너를 사랑해 언제까지나" 하고 말하는 어머니의 목소리를 듣는다. 어머니의 목소리에는 힘이 없다. 아들은 어머니 방으로 들어가 두 팔로 늙으신 어머니를 감싸 안았다. 어머니를 안고 사랑한다며 노래를 부른다.《언제까지나 너를 사랑해》는 어머니의 헌신적인 사랑을 잘 보여준 감동적인 책이라고 하겠다.

◆ 로버트 먼치 1945~
미국에서 태어남. 주요 작품으로《우리 아빠 돌려줘》,《종이 봉지 공주》외 다수가 있다.

DAY 029

갈매기의 꿈

　자신이 좋아하는 일을 미친듯이 열정을 갖고 한다는 것은 아름다운 일이다. 그것이 배움이든 일이든 그 어느 것이라 할지라도 열정을 쏟는 일은 누구에게나 감동을 준다. 자신의 분야에서 최고가 된 사람들에겐 한 가지 공통점이 있는데 그것은 남을 의식하지 않고 자신이 좋아하는 일에 목숨을 건다는 사실이다. 어떻게 보면 무모해 보일 때도 있지만 단순하고 묵묵한 것이야말로 최고가 되는 데 있어 가장 필요한 방법이라고 할 것이다. 이를 잘 알게 하는 책이 있는데 그것은 미국의 작가 리처드 버크가 쓴 《갈매기의 꿈》이다.

　주인공 갈매기인 조나단을 비롯한 많은 갈매기가 등장한다. 다른 갈매기들은 먹는 것과 먹기 위해 사냥을 하는 것에 열중한다. 하지만 조나단은 나는 일에만 관심을 기울인다. 조나단의 그런 행동은 다른 갈매기들에겐 아무런 가치도 없는 그저 헛된 일처럼 보였다. 그래서 갈매기들은 조나단을 보고 비난을 해댔다. 아무짝에도 쓸데없는 짓을 한다는 게 갈매기들의 생각이었다. 심지어 어떤 갈매기는 잘난 체를 한다고까지 했다. 그러거나 말거나 조나단은 전혀 개의치 않았다. 자신의 마음을 알지도 못하고 떠들어대는 갈매기들과 맞설 필요를 느끼지 못했다. 오직 나는 일만이 전부인 양 푸르른 창공을 향해 힘찬 날갯짓을 해댔다.

　조나단은 하늘을 나는 것이 좋았다. 높이 날아오를수록 희열을 느꼈다. 그 희열은 느껴보지 않으면 그 맛을 알 수 없을 정도로 조나단의 마음을 사로잡았다. 한참을 날고 나면 온몸에서 새로운 에너지가 솟아났다. 날이 갈수록 조나단은 더 멀리 더 높이 날아올랐다. 그런데 뜻밖의 일이 벌어졌다. 어린 갈매기들이 조나단을 따라서 나는 연습을 하기 시작했다. 누가 시킨 일도 아니지만 어린 갈매기들에게 조나단의 행동이 감동을 주었던 것이다. 조나단은 자신을 따라서 날갯짓을 하는 어린 갈매기들의 모습에 흐뭇함을 감추지 못했다. 오랜 날기 연습 끝에 조나단은 세상에서 가장 멀리, 가장 높이 나는 최고의 갈매기가 되었다.

　자신의 인생을 값지게 살고 싶다면 자신의 신념을 위해 최선을 다해야 한다. 《갈매기의 꿈》은 자신이 하는 일에 신념이 얼마나 중요한지를 잘 알게 한다.

◆ 리처드 버크 1936~
미국에서 태어남. 작가. 지은 책으로 《우연은 없다》, 《기계공 시모다》, 《꿈꾸는 마리아》 외 다수가 있다.

DAY 030 월든

미국 국민들이 가장 존경하는 인물 중 한 사람인 헨리 데이비드 소로. 많은 걸 가질 수 있었지만 스스로 가난하게 살았던, 그러나 진실로 부자였던 소로. 그는 미국 매사추세츠 콩코드에서 태어나 하버드 대학을 졸업했다. 그는 한때 가업인 연필제조업, 교사 등에 종사했지만 초월주의자로서 어떤 직업에 매이지 않고 공부에 전념하며 집필 활동을 했다. 소로는 물질의 탐욕에 빠져 그릇된 관습에서 벗어나지 못하는 국가와 사회에 저항하여 자신이 지향하는 삶과 철학을 실행에 옮겼다. 그는 노예제도와 멕시코전쟁에 항의하기 위해 홀로 월든의 숲에서 2년 2개월 동안 작은 오두막을 짓고 살았으며, 인두세 납부를 거부하여 투옥되었다. 그 후 노예해방운동에 헌신했으며 그의 정신에 감동을 받은 마하트마 간디와 마틴 루터 킹 목사는 자신의 신념을 실행에 옮긴 것으로 유명하다. 특히, 최소한의 것으로 자신의 신념을 실천한 소로의 행동은 더욱 빛을 발할 수밖에 없다.

사람은 환경의 지배를 받는 동물이다. 그 환경을 지배하는 자가 되느냐, 환경에 지배를 받는 자가 되느냐 하는 것은 본인에게 달려있다. 환경을 지배하는 자와 그렇지 않은 자는 어떤 차이점이 있을까.

환경을 지배하는 자는 첫째, 자신을 컨트롤할 수 있는 능력이 있어 어떤 상황에서도 자신을 지켜낼 수 있다. 둘째, 신념이 강건하여 자신이 하고자 하는 일에 의지를 갖고 해나간다. 셋째, 좌로나 우로 치우치지 않고 중심을 잃지 않는다. 그러나 환경의 지배를 받는 사람은 첫째, 자신의 마음을 조율하는 데 익숙지 않아 작은 일에도 어쩌지 못해 난처해한다. 둘째, 신념이 약하고 우유부단하여 자신의 의지대로 하지 못한다. 셋째, 중심이 흐려 줏대 없이 이리저리 쏠리는 경향이 짙다. 그래서 무슨 일을 하더라도 시원하게 해내지 못한다.

소로가 소박한 음식을 먹고, 누추한 오두막 생활을 할 수 있었던 것은 스스로 환경을 지배했기에 가능했다. 자신의 신념대로 살기 위해서는 환경을 지배하는 능력을 길러야 한다. 삶을 지배하는 자는 삶을 소유함으로써 스스로 만족할 줄 알고, 행복한 인생을 살게 되는 것이다.

《월든》은 소로의 철학과 사상이 잘 녹아 있어 지금도 많은 독자들로부터 사랑을 받고 있다.

◆ 헨리 데이비드 소로 1817~1862
미국의 철학자. 시인. 수필가. 주요 저서로 《고독의 즐거움》, 《월든》 외 다수가 있다.

DAY 031

하버드식 교섭술

《하버드식 교섭술》의 원제는 《Getting to Yes》로 번역하기에 따라 '예스를 이끌어 내는 설득법' 또는 '예스를 이끌어 내는 교섭술'이라고 할 수 있다. 이 책은 하버드 대학교 로스쿨 교수이자 하버드 대학 교섭학 연구소 소장인 로저 피셔와 하버드 대학 교섭학 연구소 부소장인 윌리엄 유리가 공동으로 쓴 책이다.

이 책은 사람들이 살아가면서 겪게 되는 '교섭'이라는 것에 초점을 맞추고 있다. 대기업을 하든, 자영업을 하든, 공무원을 하든, 교수를 하든, 영업을 하든 자신이 원하는 것을 얻기 위해서는 상대를 설득시킴으로써 '예스'를 이끌어 내야 한다. 그러지 못하면 자신이 원하는 것을 얻을 수 없다.

이 책은 총 3부 8가지 소제목으로 구성되어 있다. 제1부는 '무엇이 문제인가'이다. 이에 대한 해법으로는 자기 입장만 내세우지 말라고 한다. 그 이유는 자기 입장만 내세우다 보면 상대방은 무시당한다는 생각을 하게 되고 그로 인해 불쾌하게 생각해 원만한 교섭을 하지 못한다는 것이다. 제2부는 '교섭에 있어서의 전술'이다. 이에 대해 사람과 문제를 분리시키라고 한다. 그리고 문제에 대한 정확한 인식을 가지라고 한다. 또 '입장이 아닌 이해관계에 초점을 맞추라'고 한다. 입장은 서로에게 있기에 그것보다는 '이해관계'를 조정하는 것이 옳다는 것이다. 그리고 '복수의 선택 방안을 준비하라'이다. 즉 교섭의 선택의 폭을 높여야 교섭에 성공할 확률이 높다는 것이다. 나아가 '객관적인 기준을 강조하라'이다. 교섭은 객관적인 데이터를 근거로 할 때 성공할 확률이 높다. 그러기 위해서는 객관성을 확보하는 것이 좋다. 제3부는 '상대방이 더 강하면 어떻게 해야 하는가'이다. 겁먹지 말고 준비했던 카드를 모두 사용하라고 한다. 다시 말해 자신감을 가지고 임해야 한다는 것이다. 그리고 '상대방이 들으려고 하지 않을 때는 어떻게 할 것인가'이다. 이때는 상대를 유도해 상대가 교섭에 응하게 하라는 것이다. 마지막으로 '상대방이 치사한 수법으로 나오면 어떻게 할 것인가'이다. 이럴 때는 계략적인 전술을 조심해서 교섭에 임해야 한다고 말한다.

현대는 교섭의 시대라고 할 수 있다. 교섭 여부에 따라 자신의 원하는 것을 얻게 된다. 《하버드식 교섭술》을 읽고 새겨서 교섭에 임하면 자신에게 큰 도움이 될 것이다.

◆ 로저 피셔 / 윌리엄 유리
하버드 대학교 로스쿨 교수이자 교섭학 연구소 소장. / 하버드 대학 교섭학 연구소 부소장

DAY 032 틀려도 괜찮아

공부를 잘하는 아이와 못하는 아이의 가장 큰 차이점은 바로 '자신감'이다. 공부를 잘하는 아이는 어떤 질문을 하더라도 기가 죽지 않는다. 자신이 알고 있다는 그 자신감이 아이를 당당하게 만드는 것이다. 그러나 공부를 잘하지 못하는 아이는 질문을 받는 게 두렵다. '선생님이 또는 누가 나에게 물으면 어떡하지' 하고 생각한다. 알지 못한다는 것이 아이의 기를 꺾어버리기 때문이다.

물론 이것은 공부에만 국한된 것이 아니다. 무언가를 안다는 것과 알지 못한다는 것의 차이는 확연하게 나타난다. 그래서 잘 알지 못하는 아이는 어떤 질문을 해도 겁부터 낸다. 이럴 때 필요한 것은 바로 아이에게 자신감을 길러주는 것이다. 사람은 누구나 틀릴 수 있다는 것, 틀리는 것은 나쁜 일이 아니라는 것, 틀려도 자신의 생각을 밝히는 것이 더 당당하다는 것을 가르쳐야 한다. 그리고 틀리면서 많은 것을 배우는 게 진짜 공부라는 것을 알게 해야 한다.

일본 작가 마키타 신지가 쓴 《틀려도 괜찮아》는 틀리는 것에 대한 두려움으로 가득한 아이들에게 틀리는 것은 잘못된 일이 아니라는 것을 알게 해준다. 마키타 신지는 초등학교 교사로, 중학교 교사로 아이들을 가르치면서 아이들이 무엇을 걱정하고 두려워하는지를 잘 알았다. 경험처럼 훌륭한 스승은 없듯 그는 자신의 경험을 바탕으로 해서 이 책을 썼다는 것을 잘 알 수 있다.

이 책에 대해 좀 더 자세하게 말해보기로 한다. 《틀려도 괜찮아》는 교실에서 흔히 벌어지는 상황을 직접 눈으로 보고 있는 듯 자연스럽게 이야기를 전개시켜 나간다. 마치 선생님이 아이들에게 말하는 듯한 친밀감 있는 이야기 전개가 그것을 잘 말해준다. 틀려도 괜찮아, 자신 있게 손을 들고 틀린 생각을 말하고 틀린 답을 말해도 좋다고 말한다. 그리고 친구가 틀렸다고 해서 웃으면 안 된다고 말한다. 그러면 틀린 아이는 자존심에 상처를 입어 그 어떤 질문에도 대답하지 않으려고 할 것이기 때문이다. 그러면서 틀린 답은 함께 찾는 거라고 말한다. 이는 아이들에게 함께 하는 마음, 함께 하는 행동의 중요성에 대한 인식을 심어주기 위한 것이다.

이런 점에서 볼 때 《틀려도 괜찮아》는 매우 유익한 책이라고 할 수 있다.

◆ 마키타 신지 1925~
일본에서 출생. 일본교육판화협회, 일본작문회 소속으로 활동함. 작품집으로 《판화로 보는 소년기》,《생명을 조각한 소년》 외 다수가 있다.

DAY 033 Yes를 끌어내는 설득의 심리학

상대방과의 협상에서 자신이 원하는 것을 얻어 내기 위해서는 상대로부터 'Yes!'를 이끌어 내야 한다. 그런데 그렇게 하기 위해서는 상대가 자신의 말에 공감하도록 설득해야 한다. 설득 심리학의 중요성을 잘 알게 하는 책이 있는데 인간관계 동기부여가이자 경영컨설턴트인 레스 기블린의 《Yes를 끌어내는 설득의 심리학》이다.

이 책은 대화나 협상에서 '예스'를 끌어내기 위한 다양한 방법에 대해 세세하게 잘 보여준다. 이 책은 레스 기블린이 자신이 운영하는 '인간관계연구소'에서 실험을 거쳐 검증된 것들로 매우 명쾌하고 명료하다.

이 책은 총 13개의 파트에 각 파트마다 2개에서 7개의 소제목으로 구성되어 있다. 제1은 '혼자서는 성공할 수 없다'이다. 성공하기 위해서는 인간관계를 잘 맺어야 한다는 것을 말한다. 제2는 '사람의 본성을 이해하라'이다. 사람의 본성을 이해하면 그에 대해 잘 대처할 수 있음을 말한다. 제3은 '상대방을 중요한 존재로 느끼게 하라'이다. 사람은 누구나 자신이 중요한 사람이기를 바라는 데 이를 잘 적용시켜야 함을 말한다. 제4는 '상대방을 컨트롤하는 방법'이다. 상대방을 잘 다루는 것은 곧 자신이 바라는 것을 얻게 되는 기회가 된다는 것이다. 제5는 '좋은 첫인상을 만드는 방법'이다. 첫인상이 좋으면 상대는 쉽게 마음을 열게 됨을 말한다. 제6은 '사람을 움직이는 3가지 방법'이다. 그 방법은 수용하고, 인정하고, 중시하는 것이다. 제7은 '세상 모든 사람들의 친구가 되는 법'이다. 그 방법으로는 '친근감'을 주는 것이 좋다. 제8은 '성공을 부르는 소통의 기술'이다. 매끄러운 소통은 상대와의 관계를 부드럽게 이어주는 묘약과 같음을 말한다. 제9는 '대인관계를 향상시키는 법'이다. 대인관계를 향상시키기 위해서는 '경청'을 중요시해야 한다. 제10은 '논쟁에서 백전백승하는 법칙'이다. 논쟁에서 이기는 법을 7가지로 말하고 있다. 제11은 '충분한 협조를 이끌어 내는 법'이다. 상대의 협조를 끌어내기 위해서는 자발적으로 온 힘을 쏟게 하는 것이다. 제12는 '인간관계에서 기적을 낳는 공식'이다. 그러기 위해서는 칭찬, 감사 표현을 잘 해야 한다. 제13은 '긍정적으로 충고하는 7가지 방법'이다.

이렇듯 《Yes를 끌어내는 설득의 심리학》은 설득을 하는 데 있어 필요한 기술을 집약한 설득의 심리서라고 할 수 있다.

◆ 레스 기블린
인간관계 동기부여가이자 경영컨설턴트. 저서로 《Yes를 끌어내는 설득의 심리학》이 있다.

탈무드

《탈무드Talmud》는 헤브라이어로 '깊이 배운다'는 뜻이다. 유대인은 무엇을 배워도 깊이 배운다. 수박 겉핥기식은 절대 용납하지 않는다. 배움의 진정한 가치이자 목적은 하나를 배워도 깊이 그리고 충만히 배우는 것이다.

《탈무드》는 5천 년 역사와 전통을 자랑하는 총 20권에 1만 2천 페이지, 2백 50만 단어로 이루어진 유대민족의 살아있는 지혜가 체계적으로 정리된 방대한 책이다. 《탈무드》에는 인간이 살아가는 데 있어 필요로 하는 예술, 법, 도덕, 상술, 처세술, 자기계발, 가정, 부부, 자녀, 성, 교육 등 각 분야의 상식과 지혜가 아침 햇살처럼 반짝이고 있다. 그리고 놀라운 것은 《탈무드》가 가르치는 지혜는 현재에도 그대로 적용되고 있다는 것과 미래에도 적용된다는 사실이다.

《탈무드》는 과거완료형이 아니라 언제나 현재진행형이며 미래지향적이라는 것이다. 그것을 단적으로 말해주는 것은 각 나라마다 번역 출간되어 널리 읽히고 있다는 점이다. 《탈무드》중 가장 중심이 되는 것은 '배움'이다. "만나는 사람 모두에게서 무엇인가를 배울 수 있는 사람이 세상에서 가장 현명한 사람이다"란 말과 "모르는 것을 묻지 않는 것은 쓸데없는 오만일 뿐 그것은 아무것도 아니다"라는 말이 있다.

유대인에게 있어 배움은 하나의 생활이다. 그들은 평생을 배우며 산다. 배움엔 일정한 기간이 없다는 것이 그들의 생각이다. 이것이 우리와 다른 점이다. 우리는 대학을 나오면 그것으로 공부는 끝이라고 생각한다. 이는 《탈무드》의 관점에서 볼 때 대단히 잘못된 생각이라는 걸 알 수 있다.

그리고 중요하게 생각할 것은 《탈무드》는 과거 어느 순간, 몰아서 쓰여진 것이 아니라는 것이다. 역사가 진행되는 동안 그 시대에 맞게 쓰여지고 수정되었다. 이것이 의미하는 것에 주목할 필요가 있다. 즉, 시대마다 그 시대에 맞는 삶의 지혜가 그대로 투영되었다는 것이다. 그러니까 《탈무드》는 언제나 현실을 반영하는 책이라는 거다.

유대인에겐 2,000년 전이나 1,000년 전이나 그것은 곧 현재이고 미래이다. 그들이 자랑하는 《탈무드》는 장구한 유대인 역사가 담겨 있고, 삶이 담겨 있고, 지혜가 담겨 있는 지혜서이다. 전 세계 어느 나라에서도 찾아볼 수 없는 지혜로운 '삶의 가이드북'이라고 할 수 있다.

◆ 탈무드Talmud
5천 년 전부터 내려오는 유대인들 삶의 모든 지혜를 담은 지혜서.

DAY 035 | 마케팅 불변의 법칙

　현대사회에서 마케팅은 매우 중요하다. 아무리 제품이 좋다고 해도 제품을 소비자들에게 제대로 알리지 않으면 제품을 판매하는 데 있어 비능률적으로 작용하기 대문이다. 마케팅은 '생산과 판매'라는 이분법적인 기업의 기능에 비춰볼 때 오히려 생산보다도 더 큰 비중을 차지한다. 어떻게 마케팅을 하느냐에 따라 판매가 좌우되기 때문이다. 마케팅에 관한 책이 다양하게 있는 걸 봐도 마케팅의 중요성을 잘 알 수 있다.

　알 리스, 잭 트라우트 공저 《마케팅 불변의 법칙》은 마케팅의 다양한 방법에 대해 매우 심도 있고 명료하게 전한다. 이 책은 22가지 마케팅 법칙으로 구성되어 있다. 첫째, 리더십의 법칙이다. 이는 더 좋기보다는 최초가 되라는 것이다 둘째, 영역의 법칙이다. 최초가 될 수 있는 새로운 영역을 개척하라고 한다. 셋째, 기억의 법칙이다. 소비자들의 기억에 최초가 되라는 것이다. 넷째, 인식의 법칙이다. 마케팅은 인식의 싸움이라는 것이다. 다섯째, 집중의 법칙이다. 소비자의 기억 속에 하나의 단어를 심어주라는 것이다. 여섯째, 독점의 법칙이다. 다른 회사가 따라오지 못하게 하는 것이다. 일곱째, 사다리의 법칙이다. 어느 부분을 차지하느냐가 관건이라는 것이다. 여덟째, 이원성의 법칙이다. 모든 시장은 두 마리의 말이 달리는 경주와 같다는 것이다. 아홉째, 빈대의 법칙이다. 2위 자리에 있다고 한다면, 그 전략은 리더의 브랜드에 의해 정해진다는 것이다. 열 번째, 분할의 법칙이다. 시간이 지나면 영역이 둘 또는 그 이상이 된다는 것이다.

　이 외에도 조망의 법칙, 라인 확장의 법칙, 희생의 법칙, 속성의 법칙, 정직의 법칙, 단일의 법칙, 예측 불가의 법칙, 성공의 법칙, 실패의 법칙, 과장의 법칙, 가속의 법칙, 재원의 법칙이 있다.

　"마케팅은 전쟁과 같다. 전쟁에 사용하는 무기들은 계속해서 변하지만 전략은 변하지 않는다."

　이는 저자인 알 리스의 말로 시대의 흐름에 맞는 전략을 개발하지 못하면 시장점유율을 잃게 된다는 것을 의미한다. 그렇다. 마케팅은 전략이 필수이다. 전략의 여부에 따라 마케팅의 성공 여부가 결정되기 때문이다. 《마케팅 불변의 법칙》은 크게는 대기업이나 작게는 자영업자들에 이르기까지 마케팅에 있어 큰 도움이 될 것이다.

◆ 알 리스 / 잭 트라우트
마케팅 전문기업 리스앤리스 회장 / 마케팅 전문기업 트라우트앤파트너즈 사장.

DAY 036 | 담대한 희망

《담대한 희망》은 미국 최초의 흑인 대통령으로서 재선에 성공한 버락 오바마의 인생을 기록한 책으로 그의 솔직하고 진술한 삶을 잘 알게 한다. 오바마는 케냐 출신의 흑인 아버지와 백인 어머니 사이에서 태어났다. 그런데 불행히도 부모가 이혼하는 바람에 재혼한 어머니의 보살핌을 받다가 외조부모와 같이 살기 위해 인도네시아에서 하와이 호놀룰루로 돌아왔다.

이혼 후 아버지가 케냐로 떠나는 바람에 그는 아버지의 사랑을 제대로 받지 못했다. 그러나 외조부모의 보살핌으로 1979년 고등학교를 졸업하고, 명문 컬럼비아 대학교와 하버드 대학교 법학대학원을 졸업했다.

그는 다민족이 사는 하와이에서 경험한 다양한 문화에 대해 자신의 세계관에 중요한 부분을 차지한다고 고백했다. 그의 이런 경험은 그에게 삶의 진정성과 가치에 대한 인식을 길러주었다. 오바마가 시카고에서 지역사회 운동가로 헌신하며 많은 것을 경험하고 익힐 수 있었던 것은, 그가 고백했듯이 하와이에서의 경험이 크게 작용했음을 알 수 있다. 시카고에서 펼친 지역사회 운동은 그가 대통령이 되고, 국정을 운영하는 데 크게 영향을 끼쳤다.

오바마는 시카고 사회활동 경험을 바탕으로 정계에 진출하여 1997년부터 2004년까지 일리노이주 상원의원 3선에 성공했다. 그리고 2004년엔 미연방상원의원에 출마하면서 그의 존재가 미국 전역에 알려짐으로써 미국인들의 관심을 끌기 시작했다. 그는 아프리카계 미국인으로서는 다섯 번째 상원의원이 되었다. 그리고 대권에 도전하여 승리했던 것이다. 그는 선거에서 '희망과 변화Hope and Change'와 '우리는 할 수 있다Yes We Can'는 슬로건으로 미국 유권자들을 감동시켰다.

그가 대통령으로 재임하는 8년 동안 이라크전을 종식, 알카에다 최고지도자인 오사마 빈 라덴 제거, 새로운 일자리 500만 개 창조, 주택가격 상승, 원유 해외 의존도 하락, 자동차산업 회복 등 많은 업적을 남겼다. 또한 정치적으로는 세계평화를 위해 노력했으며, 미국을 안정적으로 이끌었다는 평을 받는다. 2009년 노벨평화상을 수상했으며 지금도 미국과 세계의 자유와 평화를 위해 강연을 하는 등 동분서주하고 있다.

《담대한 희망》은 불가능을 가능하게 했던 오바마의 인간다운 면모와 정치철학 그리고 비전을 엿볼 수 있는 정치에세이다.

◆ 버락 오바마 1961~
미국 44~45대 대통령. 2008년 〈뉴욕타임지〉 선정 '올해의 인물'. 2009년 노벨평화상 수상.

DAY 037 | 파도야 놀자

 2008년 〈뉴욕타임스〉가 선정한 우수 그림책《파도야 놀자》의 작가 이수지. 그녀는 국내보다도 국외에서 더 알려진 그림책 작가다. 그녀는 2003년 스위스에서 출간된 그림책《토끼들의 복수》로 이탈리아 볼로냐어린이도서전에서 '올해의 일러스트레이터'에 선정되었고, 스위스 정부에서 주는 '가장 아름다운 책' 상을 받았다. 또한 국내에서 첫 출간된 그림책《동물원》은 미국에 판권이 수출되어 미국 영어교사협회가 주는 '우수 그림책'에 뽑혔다.

 미국에서 역수입되어 출간된《파도야 놀자》는 글이 없는 순수한 그림책이다. 이 책은 스페인, 프랑스, 일본 등 7개 나라에서 출판되었는데 그림 색도 단 두 가지이다.

 이 그림책은 목탄을 이용한 먹색과 파란색뿐이지만, 파도와 신나게 실랑이를 하는 어린이의 동심이 잘 나타나 있다. 어린 소녀는 바다를 향해 서서 파도를 바라본다. 그러다 파도를 향해 두 팔을 들고 금방이라도 달려들 듯 파도와 즐겁게 어울리는 아이, 파도도 그런 아이가 좋아서 한데 마구 뒤섞어 어울리는 듯한 모습은 보는 것만으로도 역동적이다. 그 모습을 보다 보면 아이와 파도가 마치 다정한 친구처럼 마음에 와 닿는다. 그러다 저만치서 파도가 밀려오면 아이는 뒤돌아서서 모래밭을 향해 달아난다. 마치 "파도야, 나 잡아봐라!" 하는 듯한 모습에선 저절로 미소가 지어진다.

 나는 이 그림책을 읽고 이수지의 독창성에 놀라지 않을 수 없었다. 글은 단 한 글자도 없이 그림으로만 그려진 그림책이라니. 그것도 먹색과 파란색 단 두 가지색으로 말이다. 내가 놀란 이유는 대개의 어린이들 책은 동시든 동화든 그 어떤 책이든 컬러풀하게 삽화를 그리는 것을 정석으로 한다. 그런데 이런 출판적인 관례를 깼다는 것은 그만큼 자신의 그림에 자신감이 컸던 것이다. 새로운 발상은 언제나 위험적인 요소를 안고 있지만, 그것이 잘 맞아떨어질 땐 놀라운 결과를 가져다준다.

 그림책은 아이들뿐만 아니라 어른들이 읽어도 참 매력적인 책이다.《파도야 놀자》를 부모와 아이가 함께 읽고 내 아이가 어떤 생각을 하는지 한번 들어보는 것도 썩 유쾌한 일이 될 것이다.

◆ 이수지 1974~
그림책 작가. 2008년 〈뉴욕타임스〉의 '올해의 그림책' 선정. 2005년 이탈리아 볼로냐어린이도서전에서 '올해의 일러스트레이터'에 선정.

DAY 038

나는 광고로 세상을 움직였다

《나는 광고로 세상을 움직였다》는 '광고의 천재', '현대광고의 아버지'로 불리는 20세기의 탁월한 광고인 데이비드 오길비에 대한 기록이다. 그는 옥스퍼드 대학교에서 제적을 당한 후 프랑스로 가 파리의 마제스틱 홀텔 요리사로 일했으며, 영국으로 돌아와 주방기구 세일즈맨 등을 하며 지내다 1935년 카피라이터로 일하는 형을 통해 광고계에 진출했다. 그 후 1938년 본격적인 광고 일을 하기 위해 광고문화가 발달한 미국으로 이민했다. 미국으로 간 그는 갤럽 여론조사원, 영국 첩보원 등의 직업을 가졌다. 그는 갤럽 일을 하는 동안 많은 것을 배울 수 있었는데, 특히 그는 갤럽과 함께 영화산업을 분석하며 관객이 좋아하는 영화의 성향과 무엇을 좋아하는지를 알게 되었다. 영국 출신인 그가 미국인들의 소비패턴과 사고방식을 터득하게 된 것이다.

오길비는 자신감을 갖고 광고계의 성지인 뉴욕 메디슨가에 진출했다. 미국의 산업 발달이 한창 이루어지던 시기여서 그 어느 때보다도 광고의 중요성이 크게 부각되던 시기였다. 그는 활달한 성격과 긍정적인 사고방식을 가졌으며 화술 또한 뛰어났다. 그는 광고인의 조건을 두루 갖춘 타고난 사람이었다.

오길비는 괴짜라는 말을 들을 정도로 다양한 모습을 갖고 있었지만 자기 직업관이 투철한 사람이었다. 그는 얼렁뚱땅 순간순간 넘기는 것을 적대시했다. 광고에 싸구려 이미지가 개입되어서는 안 된다는 철저한 광고인의 정신으로 무장된 사람이랄까. 그는 광고에 대한 기대감에 늘 부풀어 있었다.

"자신을 광고할 수 없다면 어떻게 남을 광고할 수 있겠는가."

이는 그가 가진 광고철학을 대변하며, 자신을 광고해야 한다는 이 자신감 넘치는 말에서 그의 열정이 느껴짐을 알 수 있다.

그는 산업의 발달 및 문화의 발달 등에 따르는 다양한 변화에도 광고를 맞춰야 한다는, 시대적 흐름을 앞서가는 광고정책을 펼친 것으로도 유명하다.

오길비는 C. F 해서웨이, 롤스로이스 자동차 광고, 세계 1등 클렌징 브랜드의 도브 등의 빅 아이디어를 통해 자신의 존재를 유감없이 드러내는 저력을 보이며 세계 광고계의 중심으로 우뚝 서며 일생을 풍미했다.

《나는 광고로 세상을 움직였다》는 광고학의 교본이라 할 만하다.

◆ 데이비드 오길비 1911~1999

광고대행사 오길비앤매더Ogilvy & Mather의 창업자. 광고인. 1977년 '광고명예의 전당'에 오름.

DAY 039

권태응 전집

권태응은 충북 충주에서 출생했다. 경성제일고등보통학교를 나와 1937년 일본 와세다 대학 정경학부에 입학한 후 1939년 '독서회 사건'으로 일본 경찰에 검거되어 1년 동안 옥살이를 했다. 귀국 후 1944년부터 시조와 소설을 쓰다 동시 쓰기에 전념했다. 《송아지》,《우리 시골》등 9권의 동시집을 직접 엮었다. 동시선집《감자꽃》도 있다.

권태응은 폐결핵을 앓으면서도 창작활동에 전념하여 어린이와 어른이 읽어도 좋을 동시를 썼다. 그러던 중 1951년 병이 악화되어 34세의 나이로 요절했다. 1968년 권태응을 기리기 위해 충주 탄금대에《감자꽃》노래비가 세워졌다. 1995년에는 동시선집《감자꽃》이 간행되었다. 그리고 2018년《권태응 전집》이 간행되었다.

동시는 어린이들이 읽고 쓰는 시로써 '동심'이 내재되어야 한다. 또한 어른들이 어린이들을 위해 쓰는 동시 역시 '동심'이 내재되어야 한다. 다시 말해 동시는 어린이들과 어른들이 쓰고 읽기에 참 좋은 시인 것이다. 이런 점에서 볼 때《권태응 전집》에 있는 동시는 본보기가 되기에 부족함 없다.

《권태응 전집》에 들어 있는 동시는 난해함과 모호함이 없다. 어떤 동시는 매우 순수하고 해맑고, 〈감자꽃〉 같은 동시는 단순하고 쉬운 말로 쓰였지만, 그 속에는 큰 의미가 담겨 있다. 일제의 탄압에도 절대 굴하지 않는 민족성과 민족혼이 푸른 소나무처럼 파릇파릇 빛을 낸다. 우리 민족의 주체성을 짧고 간결한 동시에 담아냈다는 것은 참으로 놀라운 일이 아닐 수 없다.

그리고 당시의 시대상을 알 수 있는 동시들을 곳곳에서 볼 수 있어 하나의 역사성을 이룬다고 해도 지나침이 없다. 어디 그뿐인가. 어떤 동시는 너무 귀엽고 어떤 동시는 너무도 사랑스럽고, 어떤 동시는 재치가 넘치고, 어떤 동시는 미소 짓게 한다. 한 권의 책에 이처럼 다양한 동시를 접할 수 있다는 것은 동시를 좋아하는 어린이들이나 어른들에겐 매우 신나는 일이다.

그리고 한 가지 더 추가한다면《권태응 전집》중에는 백 년 가까운 시대 차를 뛰어넘어 지금 썼다고 해도 전혀 어색하지 않는 동시가 전집 곳곳에 들어 있다. 또한《권태응 전집》에는 동요도 들어 있어 부모들이 자녀와 함께 읽기에 아주 그만이다.

◆ 권태응 1918~1951
충북 충주에서 출생함.《송아지》,《우리 시골》등 9권의 동시집을 직접 엮었다. 동시선집《감자꽃》도 있다.

DAY 040

아들아, 너는 이렇게 살아라

BOOK

자녀에 대한 인생지침서로 오랫동안 읽어져 왔던《아들아, 너는 이렇게 살아라》를 쓴 필립 체스터필드는 16세기 영국의 정치가이자 외교관으로 이름을 떨친 문필가이다. 그는 젊은 나이에 국회의원에 당선되어 정치계에 입문했다. 그는 뛰어난 지식과 언변으로 정치계를 사로잡았다. 그는 1726년 백작의 작위를 받았으며, 1728년 네덜란드 대사로 헤이그에서 지내는 동안 1732년 아들 필립 스탠호프가 태어났다. 그 아들이 성장하여 사회에 진출할 무렵 아들에게 인생의 지침이 될 수 있는 글을 써서 보냈다. 이 글들을 모아 엮은 책이《아들아, 너는 이렇게 살아라》이다.

이 책은 필립 체스터필드가 살아오는 동안 겪었던 수많은 일들 중 아버지로서 아들에게 해주고 싶은 다양한 인생의 지침이 있음을 알 수 있다. 아버지로서 아들이 사람다운 삶을 살기 바라는 마음에 가슴이 뭉클하기도 하고, 번뜩이는 혜안에 놀라움을 금치 못한다. 이 책은 나온 지 400년 가까이 되는 세월 동안 자녀의 인생지침서로 사랑받아왔다. 우리나라 출판계에서도 꾸준히 출간되어 사랑받고 있다. 이는 무엇을 말하는가. 그만큼 이 책이 전하는 메시지가 매우 의미 있다는 것을 뜻한다고 하겠다.

《아들아, 너는 이렇게 살아라》는 총 47편의 글로 구성되어 있다. 중요 부문 몇 가지를 살펴보면 지금 현재의 중요성을 강조하며 시간을 낭비하지 말아야 함을 말하고, 꿈을 크게 가져야 함을 말하며, 꿈을 이루기 위해서는 최선을 다해야 한다고 강조한다. 또한 작은 일에도 애정을 가져야 함을 말하며, 가치가 있는 일이라면 작은 일에도 열정을 가지라고 말한다. 그리고 한 가지 일에 심혈을 기울이는 것이 중요하다고 말하고, 돈을 제대로 쓰는 지혜를 길러야 함을 강조하며, 타인의 생각으로 사물을 판단하지 말고 자신의 생각으로 판단하라고 말한다. 이처럼 이 책엔 자녀들에게 지침이 되는 좋은 글들이 눈을 반짝이며 자신을 읽어주길 기다리고 있다.

좋은 책이란 보물과 같고 좋은 글이란 친구와 같다. 좋은 책을 읽고 좋은 글을 읽는다는 것은 좋은 보석을 몸에 지니고 좋은 친구를 두는 것과 같다.

내 아이가 잘 되기를 바란다면 부모가 먼저 이 책을 읽고 자녀에게 읽혔으면 한다. 그리고 나서 한번 진지하게 토론을 해보는 것도 참 의미 있는 일이 될 것이다.

◆ 필립 체스터필드 1694~1773
영국의 정치가. 저서로는《아들아, 너는 이렇게 살아라》가 있다.

나무를 심은 사람

　프랑스 작가 장 지오노가 쓴《나무를 심은 사람》은 장 지오노가 오트 프로방스를 여행하다 우연히 만난 혼자 사는 양치기 노인의 삶에서 큰 감동을 받아 쓴 단편소설이다. 그가 오트 프로방스 지방 알프스 산악지대로 여행을 하던 중에 어떤 노인이 그의 눈에 들어왔다. 그는 노인을 향해 가까이 다가가 물을 얻어 마셨다. 노인은 양치기였다. 그는 노인의 집에서 하룻밤 신세를 지기로 했다. 노인은 흠 없는 도토리를 골라냈다. 그는 노인이 왜 도토리를 골라내는지 알지 못했다.

　그 이튿날 장 지오노는 하루 더 묵어가겠다고 노인에게 말했다. 그는 노인에게 갑자기 호기심이 발동한 것이다. 노인은 어젯밤 골라놓은 도토리를 가지고 언덕 위로 올라갔다. 노인은 쇠막대기로 땅을 파고는 도토리를 넣고 흙으로 파묻었다. 노인은 백 개의 도토리를 심고 나서 점심을 먹었다. 그러고 나서 또다시 도토리를 골라내 심기 시작했다. 장 지오노는 왜 도토리를 심는지에 대해 묻자 노인은 3년 전부터 나무를 심어왔는데 그동안 심은 도토리가 10만 개라고 했다. 그리고 싹이 난 도토리가 2만 개나 된다고 했다. 노인의 이름은 엘제아르 부피에로 원래 평야지대에서 큰 농장을 했지만 아내가 죽고, 하나뿐인 아들이 죽자 산속으로 들어와서 나무를 심었고, 살아있는 동안 나무를 계속 심을 거라고 말했다.

　장 지오노는 다음 날 노인과 헤어져 집으로 돌아왔다. 그 후 그는 제1차 세계대전에 참전하여 5년 동안이나 전쟁터에 있었는데 전쟁이 끝나자 양치기 노인을 떠올리며 노인이 있는 곳으로 갔다. 노인은 여전히 건강한 몸으로 나무를 심고 있었다. 장 지오노는 그동안 자란 참나무 숲을 깜짝 보고 놀랐다. 참나무 숲은 세 구역으로 되어 있는데 그중 가장 넓은 곳은 11킬로미터나 뻗어 있었다. 장 지오노는 누구의 도움도 없이 노인 혼자서 그 모든 것을 했다는 데 놀라움을 감추지 못했다.

　장 지오노는 1945년에 마지막으로 노인을 만났다. 그곳은 만 명이나 사는 큰 마을로 변해 있었다. 노인이 처음 그곳에 나무를 심을 때 황무지였던 곳이 아름다운 숲의 마을이 되었던 것이다.

　이 책은 한 사람이 세상을 위해 얼마나 위대한 일을 할 수 있는지를 잘 알게 해준다. 이 책을 읽고 나면 깊은 감동에 물들게 될 것이다.

◆ 장 지오노 1895~1970
프랑스에서 태어남. 소설가. 지은 책으로《진정한 부》,《언덕》외 다수가 있다.

DAY 042 장사의 시대

현대는 다양한 직업군을 이루는 다양화, 다변화의 시대이다. 생각하고 상상하는 것은 그것이 무엇이든 제품화가 될 수 있고, 그것(유형적인 제품과 무형적인 제품)을 판매함으로써 자신이 원하는 인생을 살 수 있다. 한마디로 현대사회는 '판매의 시대'라고 할 수 있다. 판매에 대한 지혜와 방법론, 원칙과 사회적 변화에 따른 대처에 대한 모든 것은 담은《장사의 시대》는 '판매'라는 관점에 볼 때 매우 유익한 책이다.

이 책은 매우 구체적이고 정교하다. 이 책은 총 9장에 각 장마다 5꼭지에서 9꼭지의 소제목으로 구성되었다. 제1장은 '어느 모르코 상인의 놀라운 흥정의 기술'로 '흥정'이 판매에 미치는 영향을 알게 한다. 제2장은 '장사는 좋은 이야기꾼이 되는 일'로 판매를 잘하기 위해서는 고객을 사로잡는 재치가 있어야 함을 말한다. 제3장은 '어떤 사람이 세일즈를 잘할까'로 유능한 판매원의 조건에 대해 말한다. 제4장은 '세일즈맨을 위한 부흥회'로 판매방법에 대해 종교적 관점에서 이야기한다. 제5장은 '맨몸 이민자가 성공할 수 있는 길'로 이민자가 어떻게 성공할 수 있었는지에 대해 말한다. 제6장은 '아무에게나 팔지 않습니다'로 판매의 고단수적 기술에 대해 말한다. 제7장은 '가혹한 거절의 바다로 뛰어드는 일'로 불신과 술수를 넘어서는 것과 인간의 본성에 대해 말한다. 제8장은 '잡종강세'로 각 분야의 전문가를 통해 판매전반에 대해 말한다. 제9장은 '레모네이드 가판대-1달러를 버는 힘'으로 1달러를 벌기 위해서도 최선의 능력을 발휘해야 한다는 것을 알 수 있다. 왜 그럴까. 결국 그것은 자신이 원하는 것을 취하기 위한 것이기 때문이다.

이처럼《장사의 시대》에는 판매에 대한 다양한 이야기들을 실체적 일화를 통해 재밌고 흥미진진하게 전하고 있다. 이 책을 보면 마치 전 세계는 판매 전시장과 같다는 생각이 든다. 그만큼 현대는 국가든 기업이든 각각의 개인이든 자신이 지닌 능력을 바탕으로 무언가를 팔아야 하는 것이다. 그런 까닭에 국가는 국가적 브랜드를 갖춰야 하고, 기업은 기업의 브랜드를 갖춰야 한다. 개인 또한 그의 이름만으로도 브랜드가 되는 시대이다.

자신이 지금 무언가를 간절히 팔고 싶다면《장사의 시대》를 필히 읽어보라. 번뜩이는 혜안을 떠올리게 될 것이다.

◆ 필립 델브스 브러턴
영국 출생. 작가. 주요 저서로《하버드 MBA의 비밀》외 다수가 있다.

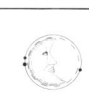

DAY 043
얼굴이 빨개지는 아이

프랑스 그림 작가로 유명한 장 자끄 상뻬의《얼굴이 빨개지는 아이》의 주인공인 마르슬랭 까이유는 태어날 때부터 얼굴이 붉은색을 띠었다. 마르슬랭은 얼굴이 빨개지는 것에 대해 '나는 왜 얼굴이 빨개지는 걸까?' 하고 언제나 의문을 갖곤 했다. 게다가 친구들이 "왜 너는 얼굴이 빨갛니?"라는 물음에 대답하기가 싫어 언제나 혼자 지냈다. 그러다 보니 마르슬랭은 자신감 없는 아이가 되어버렸다.

그러던 어느 날 집으로 오던 길에 재채기를 하는 아이를 알게 되었다. 그 아이 또한 갓난아이 때부터 재채기하는 병에 시달렸다고 했다. 그 아이 이름은 르네 라토인데 바이올린 연주자였다. 마르슬랭은 자신과 처지가 비슷한 르네 라토에게 큰 위안을 받았다. 르네 라토 역시 마르슬랭의 얼굴이 아무런 이유 없이 빨갛다는 걸 알게 되었다. 서로 비슷한 처지인 둘은 금방 친해졌다. 마르슬랭은 운동을 좋아해 르네 라토에게 운동을 가르쳐주었고, 르네 라토는 마르슬랭을 위해 바이올린을 연주해주었다. 둘의 우정은 깊어만 갔고, 함께 하는 시간이 참 행복했다. 르네 라토가 황달에 걸렸을 땐 마르슬랭이 그의 곁에 있어주었고, 마르슬랭이 홍역을 앓았을 땐 르네 라토가 그의 곁에 있어주었다. 좋은 친구가 자신 곁에 있다는 것은 무엇보다 감사한 일이라는 걸 알게 되었다. 그런데 어느 날 그러니까 마르슬랭이 할아버지 댁에서 일주일을 보내고 돌아왔을 때 슬픈 일이 그를 기다리고 있었다. 그가 없는 사이 르네 라토네가 이사를 간 것이다. 마르슬랭은 너무도 슬퍼 감정이 복받쳐 올라 엉엉 울면서 집으로 돌아왔다.

세월이 흘러 마르슬랭은 어른이 되었고, 어느 날 비를 맞으며 버스를 기다리던 중 쉴 새 없이 기침하는 남자를 보게 되었다. 순간 그가 그렇게도 그리워했던 르네 라토라는 걸 알게 되었다. 다시 만난 둘은 너무도 반가워했다. 르네 라토는 바이올린을 가르치는 교수가 되어 있었다. 둘은 어린 시절처럼 하루가 멀다 하고 만났고 즐거운 시간을 보낸다.

《얼굴이 빨개지는 아이》는 서로를 진정으로 이해하는 친구가 있다는 것이 서로에게 큰 위로와 희망이 되어준다는, 친구의 소중함에 대한 이야기이다. 더구나 비슷한 처지라면 더더욱 서로를 소중히 여기게 된다는 장 자끄 상뻬의 생각은 어린이들에게 친구의 소중함을 일깨우게 하는 데 부족함이 없다.

◆ 장 자끄 상뻬 1932~
프랑스 출생. 주요 작품으로는《랑베르 씨》,《자전거를 못 타는 아이》등 30여 권의 작품집이 있다.

DAY 044 헬렌 켈러

헬렌 켈러는 정상적으로 태어났지만 심한 열병으로 시력과 청력을 잃어버리고 말도 할 수 없었다. 한 사람이 감당하기에 그녀의 장애는 마치 천형天刑과도 같았다. 운명치고는 너무도 가혹했다. 그녀의 부모는 절망감에 사로잡혔지만 딸을 위해 방법을 찾기 시작했다. 그녀의 어머니가 꿈을 갖게 된 것은 찰스 딕슨이 쓴 시청각장애를 극복한 장애인인 로라 브릿맨에 대한 이야기를 읽고 큰 감명을 받고서이다. 그녀의 어머니는 딸에게 희망을 주기 위해 많은 사람을 만나 조언을 듣고 그대로 실천했다. 그리고 결정적으로 헬렌 켈러의 운명이 바뀌기 시작한 것은 앤 설리번을 가정교사로 맞고 나서다.

헬렌 켈러는 설리번으로부터 철저하게 교육을 받았다. 설리번은 단어 하나를 가르치기 위해 감각을 이용하고 손바닥에 글씨를 써주면서 반복하기를 거듭했다. 설리번의 학습법은 매우 효과적이었다. 헬렌 켈러는 단어를 익히고 의미를 익혀나갔다. 이런 노력을 통해 헬렌 켈러는 〈펄킨스 시각장애학교〉에 입학하여 공부했다. 그리고 뉴욕으로 이사하여 폭넓은 공부를 할 수 있었다.

그 후 헬렌 켈러는 케임브리지학교를 나와 레드클리프 대학교에 입학하여 좋은 성적으로 졸업하고 사회운동에 뛰어들었다. 그녀는 장애인들을 위해 그들의 입장을 옹호하고 그들이 사회로부터 외면 받지 않도록 노력했다. 또 그녀는 여성들의 참정권을 주장하고 자유와 평화를 위해 노력했다. 그녀는 조지 케슬러와 함께 '헬렌 켈러 인터내셔널'이라는 단체를 설립하여 비전과 건강, 영양연구에 집중했으며 '미국 자유인권 협회'를 설립하는 데 중추적 역할을 했다.

헬렌 켈러는 많은 여행을 통해 긍정적이고 희망적인 삶에 대해 이야기를 전했으며, 전쟁을 반대하고, 이주노동자의 인권을 보호하고 인종차별정책에 적극 대응하여 주목을 받으며 인권운동가로서의 역할을 훌륭히 해냈다.

장애의 몸으로 사회주의 운동가로, 교육자로, 작가로 열정적인 삶을 살았던 헬렌 켈러. 그녀는 역경을 디딤돌로 삼고 피나는 노력을 다한 끝에 희망의 역사가 되었다. 《헬렌 켈러》는 아무리 힘들고 어려운 환경에서도 희망을 잃지 않고 최선을 다한다면 반드시 승리할 수 있다는 메시지를 전해준다.

◆ 헬렌 켈러 1880~1968
미국 출생. 교육자, 사회주의 운동가. 작가. 프랑스 레지옹도뇌르훈장 수훈(1952), 자유의 메달(1964). 저서로는 《사흘만 볼 수 있다면》이 있다.

DAY 045 연금술사

　신학을 공부했지만 양치기를 하며 지내는 산티아고는 어느 날 버려진 낡은 교회에서 자다가 꿈을 꾼다. 어떤 어린아이가 그를 이집트 피라미드로 데려가 그곳에 오면 보물을 찾을 수 있다고 말한다. 산티아고는 동일한 꿈을 연이어 꾼 것을 이상히 여겨 노파에게 꿈 해몽을 부탁한다. 노파는 그의 이야기를 듣고 그 꿈은 신의 계시이며 피라미드에서 보물을 찾게 될 거라고 말하지만 노파의 말을 듣지 않는다. 그런데 산티아고 앞에 멜기세덱이라는 노인이 나타나 보물과 자아신화 등의 이야기를 듣고 그가 사기꾼이라고 생각하지만 경비를 마련하기 위해 양을 모두 팔아버린다.

　산티아고는 보물을 찾기 위해 떠난다. 그러나 산티아고는 가지고 있던 돈 모두를 사기꾼에게 잃고 만다. 산티아고는 고향에 돌아갈 심정으로 크리스탈 가게에서 일을 한다. 그는 열심히 일했고, 산티아고는 잃어버린 돈의 두 배를 벌었다. 그는 보물을 찾기 위해 다시 이집트로 간다. 그리고 그는 오아시스에 도착한다. 산티아고는 위험을 겪고 나서 연금술사를 만난다. 연금술사는 산티아고에게 계속 보물을 찾아가라고 말한다. 산티아고는 보물을 찾아 떠난다. 연금술사와 동행을 하던 산티아고는 군대를 만나 죽을 고비를 당하지만 슬기롭게 극복하고 피라미드에 도착한다. 피라미드에 도착하기 전 연금술사는 자신의 길을 떠났다. 산타아고는 피라미드 앞에서 감사의 눈물을 흘린다. 하지만 그 어디에도 보물은 보이지 않는다. 그때 한 무리의 군인들이 나타나 산티아고가 가지고 있던 금을 빼앗고 그를 구타했다. 산티아고는 살기 위해 자신이 이곳에 온 이유는 보물을 찾기 위해서라고 말한다. 그러자 군인들의 책임자는 2년 전 이곳에서 스페인의 쓰러져가는 교회 무화과나무 아래에서 보물을 찾는 꿈을 여러 번 꾼 적이 있지만, 자신은 보물을 찾기 위해 스페인으로 가는 어리석은 짓은 하지 않는다고 말하며 떠났다. 산티아고는 그가 말한 곳이 어딘지 알았다. 그의 입가엔 기쁨의 미소가 번졌다. 그리고 산티아고는 고향으로 돌아가 전에 꿈을 꾸었던 낡은 교회에서 보물을 찾는다는 이야기이다.

　이 소설은 꿈과 삶의 진실성은 무엇인가에 대해 생각하게 한다. 파울로 코엘료는 여러 사람이 겪음직한 일들을 다 겪었다.《연금술사》는 그의 이런 경험적 요소가 잘 나타난 환상적인 소설이다.

◆ 파울로 코엘료 1947~
브라질 출신 소설가. 1986년《순례자》로 데뷔. 저서로는《베로니카 죽기로 결심하다》,《피에트라 강가에서 나는 울었네》외 다수가 있다.

DAY 046 감사의 힘

《탈무드》에는 "세상에서 가장 지혜로운 사람은 배우는 사람이고, 세상에서 가장 행복한 사람은 감사하는 사람이다"라는 말이 나오는데, 이는 감사하는 일은 곧 자신을 행복하게 한다는 것을 알 수 있다. 그리고 괴테가 이르기를 "세상에서 가장 쓸모없는 인간은 감사할 줄 모르는 인간이다"라고 했다. 이는 무엇을 말하는가. 감사할 줄 모르는 것은 인간이 아니라는 것이다.

감사의 대상이 부모든 형제든 친구든 직장이든 국가든 감사할 땐 감사해야 하는 것이다. 감사가 삶에서 왜 중요한지에 대해 실생활에서 경험한 많은 사람들을 예로 들어 증명해 보인 책이 바로 미국의 대표적인 심층 뉴스 TV 프로그램 〈인사이드 에디션〉의 진행자로 널리 알려진 데보라 노빌이 지은 《감사의 힘》이다. 이 책은 총 3파트로 각 파트별로 10꼭지에서 15꼭지로 구성되어 있다. 첫째 파트는 '고마워요 당신에게'로 그 대상을 사람으로 하고 있다. 이 중 한 가지를 소개하면 '기적을 불러일으키는 그것은'이라는 제목으로 앤 혜절이란 여성이 친구와 산악용 자전거를 타고 숲속 오솔길을 가다 재규어의 공격을 받았는데, 친구와 주변 사람들의 도움으로 기적처럼 살아났다. 앤은 그 위기의 순간에도 힘을 낼 수 있었던 것은 남편 덕분이라고 했다. 수술에서 깨어난 그녀가 남편에게 한 말은 "고마워요"였다. 둘째 파트는 '고마워요, 세상에게'로 그 대상이 세상이다. 이 중 하나를 소개하면 '샌드위치 신세에서 벗어나기'라는 제목의 글이다. 짐 보일스는 금융 컨설턴트인데 일이 잘 풀리지 않아 여간 스트레스가 아니다. 그러다 보니 가정에서도 팀원들 간에도 늘 긴장 상태다. 그런데 어느 순간 감사하는 마음을 갖자 불평과 불만이 서서히 사라졌다. 그러자 일이 풀리기 시작했다. 그가 감사하는 마음으로 생활하자 부하직원들도 긍정적으로 변화했다. 물론 가정도 즐겁게 변화했다. 셋째 파트는 '고마워요, 나에게'로 감사의 대상이 바로 자신이다. 이 중 하나를 소개하면 '9.11에서도 감사한 것이 있었다'라는 제목의 글이다. 엘렌 니븐은 9.11테러로 남편을 잃고 절망에 빠졌다. 친구들이 위로해주었지만, 슬픔이 가시지 않았다. 그런데 "네겐 아이가 있잖아"라는 말을 듣고 감사함을 느꼈다. 아이는 그녀에게 희망이었다. 그러자 용기를 갖고 열심히 살아가게 되었다.

《감사의 힘》은 감사하는 생활이 삶에 미치는 긍정적인 영향에 대해 잘 보여준다. 이 책을 읽고 나면 감사의 중요성을 잘 알게 될 것이다.

◆ 데보라 노빌
미국의 대표적인 심층 뉴스 TV 프로그램 〈인사이드 에디션〉의 진행자.

DAY 047 | 누가 내 치즈를 옮겼을까

　스펜서 존슨의 《누가 내 치즈를 옮겼을까》는 변화가 왜 필요하며 변화를 좇기 위해서는 어떻게 해야 하는지를 생생하게 보여준다.

　생쥐 스니프와 스커리는 치즈가 떨어지자마자 머뭇거리지 않고 곧바로 새로운 치즈를 찾아 나선다. 우여곡절 끝에 마침내 새로운 치즈를 발견하는 기쁨을 누린다. 이는 변화를 시도함으로써 새로운 것을 추구하는 것을 의미한다. 변화란 변해야 되겠다는 강한 의지가 있어야만이 시도할 수 있다. 그저 생각만 갖고는 시도할 수 없다. 변화는 곧 실행에서 출발하는 것이다.

　하지만 꼬마 인간인 헴과 허는 치즈가 없어진 것에 놀라움을 감추지 못한다. 특히 헴은 과잉 반응을 일으키며 분노한다. 그러나 허는 그와 생각이 다르다. 허는 생쥐와 같이 새로운 치즈를 찾으러 가자고 제의한다. 그러나 헴이 자신의 생각에 따라주지 않자 허는 혼자서 치즈를 찾아 나선다. 역시 우여곡절 끝에 마침내 치즈를 찾고야 만다. 허는 새로운 것에 대한 열망으로 치즈를 찾았지만 헴은 꽉 막힌 생각으로 현실에만 집착하여 분개했던 것이다. 변화에 대한 준비가 전혀 되어있지 않은 헴은 변화할 수 있는 기회를 놓치고 만 것이다.

　현대 사회는 시시각각 새로운 모습으로 옷을 갈아입는다. 새로워진다는 것은 변화를 필요로 한다는 것이다. 변화하지 않으면 지금보다 더 나은 삶을 살지 못할 뿐만 아니라 지금보다도 퇴보할 수 있기 때문이다. 인간도, 사회도, 제도도, 법도, 교육도 새로운 시대에 맞게 새롭게 변화해야 한다. 새롭게 변화하기 위해서는 변화를 두려워하지 말고 변화를 이끌어야 한다. 남들이 '아니다'라고 할 때 '예'라고 말할 수 있어야 한다. 그리고 자신의 말처럼 실행에 옮겨야 한다. 변화는 긍정적인 마인드에서 오는 것이므로 늘 긍정의 에너지를 가슴에 품어야 한다.

　삶은 가만히 앉아서 기다리는 자에게는 결코 새로운 길을 열어주지 않는다. 아무리 힘들고 어려운 일이 닥친다고 해도 포기하지 말고 적극적으로 대처해야 한다. 그렇다. 삶은 새롭게 변화하기를 꿈꾸는 자에게 새로운 삶을 선물한다. 새로운 내가 되기를 바란다면 변화를 두려워 말고 새로워지기에 힘써야 한다.

◆ 스펜서 존슨 1938~2017
미국에서 태어남. 작가. 스펜서 존슨 파트너스 회장. 지은 책으로 《누가 내 치즈를 옮겼을까》, 《선물》, 《부모》, 《선택》 외 다수가 있다.

DAY 048 | 어머니 이야기

《어머니 이야기》는 최고의 동화작가 안데르센이 쓴 책이다.

아픈 아이를 보며 어머니는 마음을 졸인다. 혹 죽음이 아이를 데리고 가면 어쩌나 하고 말이다. 그런데 어머니의 이런 마음과는 달리 죽음은 아이를 데리고 간다. 어머니는 아이를 찾기 위해 길을 나선다. 어머니는 깜깜한 '밤'을 만나 밤의 요구대로 자장가를 불러주고 죽음이 간 숲으로 간다. 그리고 가시덤불을 만나자 가시덤불 요구대로 안아주었다. 어머니의 몸에서는 피가 흘렀다. 가시덤불이 가르쳐준 곳으로 가자 이번엔 커다란 호수가 나타났다. 호수를 건너야 하는데 나룻배가 한 척도 없었다. 어머니는 호수의 요구대로 두 눈을 호수에게 주고 호수를 건너갔다. 그리고 호수가 말한 집에 도착했다. 앞을 볼 수 없는 어머니는 쭈그렁 할멈의 요구대로 검은 머리를 잘라주었다. 그리고 할멈을 따라 온실로 들어갔다. 온실에는 많은 꽃들이 있었는데 그것은 모두 인간의 생명이라고 했다. 어머니는 아이를 찾기 위해 꽃들의 심장 소리를 들었다. 그리고 마침내 아이의 심장소리를 들었다. "이거예요!" 앞을 볼 수 없는 어머니는 크게 소리쳤다.

얼마 후 죽음이 돌아왔다. 죽음은 어떻게 여기까지 왔냐며 물었고, 어머니는 자신은 엄마니까요 하고 말했다. 어머니는 아이를 돌려달라며 애원했다. 죽음은 어머니의 눈을 내어주었다. 그리고 꽃들의 미래를 보여주겠다며 우물 안을 들여다보라고 했다. 다시 볼 수 있게 된 어머니는 우물 속을 들여다보았다. 그러자 한 생명이 세상의 축복이 되어 기쁨을 전하는 모습을 보였다. 그리고 다른 생명의 삶을 보았는데 온통 슬픔과 궁핍, 죄와 불행뿐이었다. 어머니는 아이를 구해달라고 말했다. 죽음은 어머니의 두 손을 꼭 잡은 채 기도를 했다. 그 순간 죽음은 아이를 미지의 땅으로 데리고 갔다.

자식을 위해서라면 죽음도 두려워하지 않는 게 어머니의 사랑이다. 《어머니 이야기》는 어머니의 헌신적인 사랑을 감동적으로 그리고 있다.

◆ 한스 크리스티안 안데르센 1805~1875
덴마크 시인. 동화작가. 주요 작품 《미운 오리 새끼》, 《성냥팔이 소녀》, 《인어공주》 외 다수가 있다.

DAY 049 이오덕 일기

《이오덕 일기》는 이오덕이 쓴 일기를 엮은 것으로 단순히 그의 일상만을 기록한 책이 아니다. 이 책은 그가 살아오면서 겪었던 일들을 연대별로 기록한 하나의 시대사라고 할 수 있다. 다시 말해 이 책은 우리 현대사를 담은 현대사회사라 할 만하다. 또한 교육자이자 우리말 글쓰기를 위해 평생 연구한 그의 철학과 사상을 담은 책이기도 하다. 그리고 평생을 교류하며 지낸 동화작가 권정생과 주고받은 편지를 읽는 재미는 그 재미를 넘어 두 사람의 우정과 인간과 자연에 대한 생각과 사회에 대한 생각을 알 수 있어 매우 깊은 의미를 지닌다고 하겠다.

《이오덕 일기》는 1962년부터 2003년 그가 세상을 떠나기 직전까지 쓴 일기를 연대별로 총 5권으로 엮은 책이다. 제1권은 '무엇으로 가르쳐야 하는가'로 1962년부터 1977년까지 산골학교를 옮겨 다니며 일하는 아이들의 삶을 가꾸며, 무능한 교육행정에 대한 이야기이며, 제2권은 '내 꿈은 저 아이들이다'로 1978년부터 1986년 학교를 떠날 때까지 힘써 행했던 글쓰기 교육에 대한 이야기이며, 제3권은 '불같은 노래를 부르고 싶다'로 1986년부터 1991년까지 아동문학과 교육, 우리말을 살리는 데 열정을 바쳤던 이야기이며, 제4권 '나를 찾아 나는 가야 한다'는 1992년부터 1998년까지 우리말을 살리는 것이 사람과 교육을 살리고 세상을 살리는 일이라고 쓴 이야기이며, 제5권은 '나는 땅이 될 것이다'로 1999년부터 2003년 8월까지 충주 무너미 마을에서 자연과 벗하며 자신을 돌아보며 쓴 글이다.

이오덕은 자신만의 생각이 분명하고 자신이 옳다고 생각하는 일엔 초지일관했다. 교육자 시절, 남들은 근무하기 편한 곳으로 가려고 하는데 그는 자청해서 산골 학교에서 근무를 했으며 오직 아이들만을 생각했다. 자신이 불이익을 당해도 개의치 않고 자신이 지향하는 교육이념을 신념으로써 행했다. 글은 억지로 꾸며 쓰는 것이 아니라 다소 거칠고 부족해도 느끼고 생각한 것을 솔직하게 쓰는 것을 장려했다. 또한 바른 우리말 쓰기를 위해 연구하고 이를 알리는 데 노력했다. 그리고 이름 없는 권정생을 알뜰히 살펴 책을 내게 하는 데 도움을 주고 여러모로 마음을 써준 그의 인간성이 잘 나타나 있다. 《이오덕 일기》는 참교육이 무엇이며 인간의 도리가 무엇인지, 무엇을 위해서 살아야 하는지를 잘 보여준 교육서이자 인생 교과서라 할 수 있다.

◆ 이오덕 1925~2003
경북 청송 출생. 교육자, 작가. 주요 작품으로는 《개구리 울던 마을》, 《글쓰기 교육서 이론과 실제》 외 다수가 있다.

빈센트 반 고흐

《빈센트 반 고흐》는 미술에 대한 그의 생각과 화가로서의 삶을 그의 그림과 더불어 기록한 방대한 분량의 책으로 면면마다 그의 그림이 들어있어 글과 그림을 보는 재미가 한층 더하다.

고흐는 네덜란드에서 태어나 17세에 암스테르담 대학 신학부를 다니다 나온 이후, 숙부가 경영하는 프랑스 파리에 있는 화상의 점원으로 일했다. 하지만 숫기가 없어 손님을 제대로 대하지 못해 화상에서 나온 그는 5년 동안 어학교사로 일했다. 어학교사를 그만둔 그는 서점 점원으로 취직을 했으나 얼마 후 서점 일을 그만두고 신학 연구생이 되었다. 그러다 1878년 복음을 전파하기 위해 보리나즈 탄광지에 부임하여, 열성적으로 복음을 전도하며 장티푸스 환자 간호에 열성을 보이다 건강을 해친 그는, 어쩔 수 없이 고향으로 돌아갔다. 그리고 그곳에 있는 동안 그림 그리기에 정진할 것을 다짐하고, 1880년 헤이그로 갔다. 고흐는 그곳 화상에서 일하는 동생 테오의 보조를 받아가면서 제작 활동을 했다. 그는 그림을 그릴 때가 가장 평안했고, 또 가장 행복했다.

고흐는 자신의 그림 모델을 작고 보잘것없는 것들이나 가난하고 소외 받는 사람들을 대상으로 했다. 그 후 파리로 간 고흐는 인상파의 영향을 받았지만, 차츰 독자적인 화풍을 전개하기 시작했다. 그리고 그의 인생에 대변환을 일으킨 고갱을 만났다. 둘은 서로에게 영향을 끼친 절친한 친구 사이로, 그들은 운명과도 같은 만남이었다고 널리 알려져 있다.

고흐가 그곳에 있는 동안 그린 그림으로는 그 유명한 그림인 〈자화상〉, 〈해바라기〉, 〈아를의 여인〉 등 많은 작품이 있는데 이때 그린 그림들이 걸작품으로 평가받는다.

고흐는 오래된 신경병이 도져 고갱과 말다툼을 벌인 후 자신의 귀를 잘랐다. 병원에 입원하여 치료를 받는 중에도 140점을 그렸고, 퇴원 후 그는 파리 근교에서 살면서 그림에 대한 열정을 이어가다 세상을 떠났다.

《빈센트 반 고흐》는 누가 알아주지 않아도 자신의 일을 사랑하고 최선을 다했던 고흐의 노력은 결코 헛된 것이 아니라는 것을 잘 알게 한다. 나아가 한 사람의 위대한 예술가가 어떻게 살았는가에 대한 기록이라고 할 수 있다.

◆ 라이너 메츠거
오스트리아 빈 언론사 〈데어 슈탄다트〉에서 순수미술저널리스트로 일함.

DAY
051 | **지각대장 존**

　어른들은 어린이들의 관점에서 생각하기보다는 자신의 관점에서만 생각하려고 한다. 이것이 어린이들에게 미치는 영향은 어른들에 대해 부정적으로 생각한다는 것이다. 이는 자칫 어린이들의 인격 형성에 부정적으로 작용할 수 있다는 것을 간과해서는 안 된다. 이런 관점에서 볼 때 어린이의 입장에서보다는 어른들의 입장에서 생각하게 하는 책이 있다. 세계적인 그림동화 작가인 존 버닝햄의 《지각대장 존》이다.

　존 패트릭 노먼 맥헤너시는 학교를 향해 가고 있었다. 그런데 그때 갑자기 하수구에서 악어가 나타나 존의 가방을 덥석 물었다. 깜짝 놀란 존은 가방을 힘껏 잡아당겼지만 꿈쩍도 하지 않았다. 위험을 감지한 존이 장갑 하나를 던지자 악어는 물고 있던 가방을 놓아주고 장갑을 물었다. 존은 그만 지각을 하고 말았다. 왜 지각을 했느냐는 선생님의 물음에 사실대로 말을 하자 선생님은 거짓말을 한다며 '악어가 나온다는 거짓말을 하지 않겠다'는 말을 300번 쓰라고 했다.

　다음 날 존이 학교에 가는 길에 사자를 만나 바지가 찢기고 말았다. 그 바람에 또 지각을 했다. 존은 사자 때문에 지각했다고 말했지만 선생님은 또 거짓말을 한다며 '다시는 사자가 나온다는 거짓말을 하지 않겠다'는 말을 큰 소리로 400번을 외치라고 했다.

　다음 날 존은 학교에 가는 도중 다리를 건너다 갑자기 밀려든 파도로 인해 또 지각을 하고 말았다. 파도 때문에 지각을 했다고 존이 말했지만 선생님은 믿지 않고 또 존에게 벌을 주었다. '다시는 강에서 파도가 덮쳤다는 거짓말을 하지 않겠다'고 500번 쓰라고 했다. 존은 자신의 말을 믿어주지 않아 속이 상했지만 어쩔 수 없이 500번을 써야만 했다.

　다음 날 학교에 갈 땐 존에게 아무 일도 일어나지 않았다. 그런데 놀라운 일이 벌어졌다. 선생님이 커다란 고릴라에게 붙들려 교실 천장에 매달려 있었던 것이다. 존은 선생님이 자신을 구해달라는 말에 "이 동네 천장에 커다란 털북숭이 고릴라 따위는 살지 않아요. 선생님." 하고 말했다.

　《지각대장 존》은 스토리가 지극히 단순하지만 많은 생각을 하게 한다. 마치 두툼한 장편소설을 읽은 것 같은 생각을 하게 만든다.

◆ 존 버닝햄 1936~2019
영국에서 태어났다. 1963년 첫 그림동화인 《깃털 없는 기러기 보르카》로 '케이트 그리너웨이' 상을 받았다. 1984년엔 《우리 할아버지》로 독일의 '쿠르트 마슐러 에밀' 상을 받았다.

DAY 052 노인과 바다

《노인과 바다》의 주인공인 샌디에고는 혼자 고기를 잡으며 살아간다. 그가 고기 한 마리도 잡지 못한 날이 무려 84일이나 계속되었다. 마을 사람들은 그를 한물간 어부라 놀려 댔지만 그는 꿋꿋하게 자신의 일에만 열중한다. 노인은 다시 바다로 나갔다.

노인은 낚시를 시작했다. 한참이나 지나 낚싯줄이 팽팽해지더니 고기가 달려가기 시작했다. 그러자 배도 고기가 이끄는 대로 딸려갔다. 노인은 엄청 큰 고기라고 생각하며 마음을 다잡았다. 한참이나 시간이 지나고 고기에 끌려가던 배의 속도가 줄자 그제야 고기를 보게 되었다. 순간 노인은 깜짝 놀랐다. 그 고기는 자신의 배보다 더 큰 청새치였다. 하룻밤과 하루 낮 사이를 꼬박 청새치에 끌려다녔다. 고기도 노인도 지쳤지만 서로를 포기하지 않았다. 시간이 지나고 청새치의 힘이 빠졌을 때 노인은 사력을 다해 고기를 끌어 올려 배에 붙들어 맸다. 노인은 즐거운 마음으로 부두를 향해 달려갔다. 그런데 뜻하지 않게 상어의 습격을 받았다. 상어는 청새치를 뜯어 먹었다. 노인은 노 끝에 칼을 매어 상어와 싸웠다. 그러나 그의 노력에도 불구하고 부두에 돌아와 보니 고기는 앙상한 뼈만 남아 있었다. 하지만 노인은 자신의 패배에도 만족해했다. 그는 집으로 돌아와 깊은 잠에 빠져들었다.

노인은 오랜 경륜을 지닌 어부임에도 84일 동안 고기를 잡지 못했다. 그가 수많은 실패와 패배에도 만족할 수 있었던 것은 자신으로서는 최선을 다했기 때문이다. 최선을 다했다는 것은 자신의 모두를 바쳤다는 것을 의미한다. 물론 청새치가 온전했다면 그 기쁨은 더할 나위가 없었을 것이다. 하지만 최선을 다했다는 것만으로도 그로서는 충분히 보상받은 기분이 드는 건 당연하다.

헤밍웨이는 주인공인 늙은 어부의 수많은 실패를 통해 최악의 순간에도 자신이 목표로 하는 일에 최선을 다해야 한다는 메시지를 전하고 있다. 헤밍웨이 또한 살아생전 곡절 많은 삶을 살았다. 《노인과 바다》에는 그의 곡절 많은 삶이 녹아 흐른다고 할 수 있다.

《노인과 바다》는 헤밍웨이에게 노벨문학상과 퓰리처상을 안겨주었다. 실패는 긍정적인 인생, 성공적인 인생으로 살아가는 데 있어 좋은 보약이다. 그 어떤 실패에도 두려워하지 말고 최선을 다해야 하겠다.

◆ 어니스트 헤밍웨이 1899~1961
미국 출생. 주요 작품으로 《무기여 잘 있거라》, 《누구를 위하여 종은 울리나》 외 다수가 있다.

DAY 053

절대로 실수하지 않는 아이

《절대로 실수하지 않는 아이》는 실수하지 않는 것에 대한 강박 관념이 아이에게 얼마나 부정적인 영향을 미치는지 잘 말해준다. 이 책의 주인공인 여자아이 베아트리체는 실수를 한 번도 하지 않은 아이다. 그러다 보니 주변 사람들은 베아트리체라는 이름 대신 '실수를 하지 않는 아이'라고 부른다. 베아트리체의 완벽성을 보면 양말과 운동화는 반드시 짝을 맞춰 신고, 제시간에 햄스터에게 먹이를 주고, 동생에게 줄 샌드위치를 만들 때에는 늘 같은 양의 잼을 빵 안쪽에 바르고, 넘어지는 것이 두려워서 친구들과 맘대로 스케이트도 타지 못한다.

이렇듯 베아트리체의 일상은 매번 똑같이 반복된다. 이런 베아트리체를 바라보는 사람들의 시선은 아이의 마음에 화살처럼 박힐 뿐이다. 그러다 보니 자기가 하고 싶은 것을 하지 못한다. 스스로가 스스로를 억압하는 결과를 낳은 것이다. 그런데 베아트리체의 남동생 레니는 누나와 정반대다. 엉뚱하고 덜렁거리는 성격이다 보니 실수투성이이다. 가령 두 발로 피아노를 친다거나 통조림 콩으로 그림을 그리기도 한다. 그러다 보니 실수에 대한 개념도 없고, 실수에 대한 두려움도 전혀 없다. 무엇이든 자신이 하고 싶은 대로 한다. 창의력과 상상력은 자유로운 사고에서 온다. 억압된 상태에선 절대로 오지 않는다.

그러던 어느 날 베아트리체에게 사건이 일어난다. 3년 내내 장기자랑에서 우승을 한 베아트리체가 그만 실수를 하고 만 것이다. 그런데 오히려 실수를 하고 자유로움을 느낀다. 마치 짓눌러대던 구속에서 벗어난 것 같은 그런 가벼운 느낌이 들었던 것이다. 베아트리체는 자신의 실수를 즐기기 시작했다. 그리고 베아트리체에게 놀라운 변화가 일어난다. 지금껏 해왔던 천편일률적인 말과 행동에서 벗어난 것이다. 즉 반대로 행동하기 시작했다. 그러자 친구들이나 주변 사람들도 베아트리체를 완벽한 아이가 아닌 보통의 아이로 바라보았다. 그리고 '실수를 하지 않는 아이'라고 부르던 것을 베아트리체라고 부르기 시작했다. 이는 베아트리체에게는 완벽함의 구속으로부터 완전한 해방이었다.

실수하지 않는 완벽한 아이로 키우기보다는 실수를 하되 실수를 통해 무엇인가를 생각하게 가르쳐야 한다. 이 책은 이를 잘 보여준다고 하겠다.

◆ 마크 펫 / 게리 루빈스타인
작가이자 일러스트레이터. 지은 책으로 《꼬마비행기》가 있다. / 고등학교 수학교사로 글을 쓰고 있다.

CHAPTER 2

인간관계

사람과 사람

DAY 054 유비와 제갈량

제갈량은 181년 낭야군의 지방관이었던 제갈규의 둘째 아들로 태어났다. 자는 공명이며 별호는 와룡이다. 15세가 되기 전에 부모를 여의어 한동안 백부 제갈현의 보살핌을 받았다. 백부가 죽자 제갈량은 형주로 옮겨갔다. 그는 양양의 융중이란 마을에서 농사를 지으며 학문을 연마했다. 당시 형주에는 전란을 피해온 명망 높은 문인들이 많이 살고 있었는데, 제갈량은 그들과 활발히 교류했다. 그는 양양 지역의 유명한 문인이며 대부호였던 황승언의 사위로, 20대 중반의 나이에 이미 재야의 현인으로 명성을 얻었다.

유비는 자신의 꿈을 이루기 위해서는 반드시 제갈량 같은 인재가 필요하다 여겨 초려에 있는 제갈량을 찾아갔다. 하지만 제갈량은 만나주지 않았다. 유비는 또다시 제갈량을 찾아갔으나 이번에도 만날 수가 없었다. 유비는 또다시 그를 찾아갔다. 세 번째 만에 제갈량을 만났다. 제갈량은 유비에게 앞으로 일어날 일에 대해 일목요연하게 말하며, 유비가 취해야 할 일에 대해 말했다. 황실의 후예로서 무너진 황실을 재건시키려는 뜻을 품고 있었지만, 모든 것이 역부족이었던 유비는 제갈량이 펼쳐놓는 마스터플랜에 대해 놀라워하면서 그를 자신의 곁에 두기를 갈망하며 자신을 도와달라고 했다. 이에 제갈량은 유비와 뜻을 함께하기로 했다.

이때 유비의 나이는 47세, 제갈량은 27세였으니 조카뻘 되는 제갈량을 곁에 두기 위해 취한 유비의 결단이나, 자신의 생각을 기탄없이 말하며 유비를 감동시킨 제갈량은 서로가 서로에게 반드시 필요한 수어지교水魚之交임을 알 수 있다.

제갈량은 유비를 보좌하여 수많은 계책을 내며, 내는 계책마다 좋은 결과를 얻어 점점 더 세력을 펼쳐나갔다. 그의 명성은 하늘 높은 줄 몰랐지만 언제나 겸허하게 유비를 보좌하고, 덕으로써 장졸들을 이끌었으며 백성들의 신망이 두터웠다. 그는 세력의 열세에도 탁월한 지략으로 손권을 끌어들여 적벽대전을 승리로 이끌며, 마침내 촉나라를 세우고 유비를 황제로 올리고 자신은 승상이 되었다. 그는 선제 유비를 이어 그의 아들 유선에게도 충정을 다 바쳤다. 선제인 유비에게 했듯 유선에게도 그리했다. 유비에게 있어 제갈량은 최고의 파트너이자 지략가였다.

◆ 유비 / 제갈량
중국 삼국시대 촉한蜀漢의 제1대 황제 / 중국 삼국시대 촉한蜀漢의 정치가 겸 전략가

조조와 순욱

　순욱은 명문가의 가문에서 태어났다. 조부 순숙은 순자荀子의 11세손이라고《후한서》에 기록되어 있다. 그는 당시 조정을 쥐고 흔들며 권세를 떨치던 양기의 일족을 비판하는 당당함과 용기로 백성들로부터 신군神君이라 불리었다. 아버지 순곤은 상서尙書에서 제남상제후국의 장관이 되었다. 그리고 숙부 순상은 동탁으로부터 사공에 임명되었다. 순욱은 명문가의 자제답게 용모가 단정하고 수려했으며, 겸허하고 검소한 인품으로 사람들로부터 칭송이 자자했다. 순욱은 자신의 봉록을 친지와 친구들에게 나눠주는 것을 기쁨으로 여겼다. 그는 어려서부터 많은 이들로부터 왕좌지재王佐之才, 즉 킹메이커King Maker라는 말을 들을 만큼 출중했다. 그것을 잘 알게 하듯 그는 날카롭고 예리한 두뇌와 앞날을 예측하는 선견지명이 뛰어났다. 또한 지조와 기개가 뛰어나 어떤 상황에서도 결코 흔들림이 없었다. 그는 한때 동탁과 원소를 보좌했지만 그들 곁을 떠났다. 그리고 스스로 조조를 찾아가니, 그의 명성을 익히 알고 있던 조조가 "나의 자방子房, 전한 고조의 모사, 장량이로다"라고 말하며 반가이 그를 맞이했다. 조조의 말에서 보듯 순욱의 명성이 어떠한지를 잘 알 수 있다.

　순욱은 선견지명의 날카롭고 예리함을 발휘하며 명성을 떨치기 시작했다. 그는 위급한 상황에서도 절대 흔들리지 않고 묘책을 내어놓아, 조조가 승리하는 데 혁혁한 공을 세웠다. 특히 장졸의 수를 비롯해 여러 측면에서 원소가 이끄는 군대보다 미흡했지만, 순욱이 세운 전략으로 싸워 이긴 관도대전은 그의 탁월한 지략을 잘 알게 한다. 조조는 이로 인해 사실상 패권을 장악한 것이나 다름없었다.

　그 후 순욱의 지략에 힘입어 힘 한번 안 쓰고 동탁이 목숨을 잃자 조조의 위세는 점점 강력해졌다. 그리고 정적을 하나하나 물리치고 마침내 조조가 천하를 제패했다. 그런데 일부 신하들이 조조에게 국공國公이라는 봉작封爵과 구석九錫의 예물을 수여하자고 뜻을 모았다.

　공公은 한漢나라 왕실의 일족이 아니면 오를 수 없는 지위다. 구석은 천자가 특별한 공로가 있는 사람에게 내리는 아홉 가지 물품을 말하는데, 그것을 받는다는 것은 다른 신하와는 엄격히 구별됨을 뜻한다. 이에 순욱은 국공의 작위는 조조가 받아도 좋다고 생각했다. 하지만 구석에 대해서는 받아들일 수 없었다. 그로 인해 순욱은 조조의 미움을 사 스스로 자결했다.

◆ 조조 / 순욱
중국 후한 말기의 정치인으로 위魏나라 건국의 기초를 닦았다. / 중국 후한 말기 조조의 책사

DAY 056 유방과 장량

장량은 소하, 한신과 함께 한나라 건국의 3걸로 불린다. 이들 셋 중 장량은 유방의 책사로서 전략의 모든 것을 책임진 탁월한 지략가이다. 유방은 장량에 대해 "군막에서 계책을 세워 천 리 밖에서 벌어진 전쟁을 승리로 이끈 것이 장자방이다"라고 극찬했을 만큼 신임을 했다.

장량은 대대로 이어온 명문가 가정에서 태어났다. 장량의 할아버지인 장개지는 전국시대 한의 소후, 선혜왕, 양왕 등 3대에 걸치는 군주 아래서 재상을 지냈고, 아버지 장평은 희왕, 한혜왕을 섬기며 재상을 지냈다. 아버지가 죽고 20년 뒤인 B.C 230년에 한나라가 진나라에 멸망하여 집안은 급격히 몰락했다. 한나라를 멸망시킨 진나라 시황제에 대한 복수로 절치부심하던 장량은 진승이 난을 일으키자 자신을 따르는 1백 명의 부하를 데리고 진승을 찾아가다 유방을 만났다. 유방은 장량에게 말을 관리하는 구장이라는 직위에 임명했다.

유방과 장량은 뜻이 잘 맞는 동지와 같았다. 이에 장량은 자신이 익힌 병법을 유방에게 설명하자 유방은 매우 흡족했다. 이에 장량은 '패공은 아마도 하늘이 낸 사람일 것이다'라고 생각하고 유방과 함께하기로 결심했다. 장량은 유방에게 계책을 내어 유방에게 큰 힘이 되어주었다. 그의 계책은 신기神技에 가까웠고, 유방이 어려움에 처할 때마다 빛을 발했다. 장량은 건달 출신인 유방이 가끔 주색에 빠질 때나 그가 자리를 비웠을 때 역이기가 알려준 계책에 온당치 못할 땐, 격한 반응을 보이며 직언直言도 서슴지 않았다. 그런데도 유방은 화를 내기는커녕 자신의 잘못은 인정하고 순순히 장량의 말을 따랐다. 그만큼 장량을 믿고 의지했던 것이다.

장량은 자신의 조국인 한나라의 원수를 갚은 것만으로 족했다. 그는 권력을 탐하지 않았으며, 공명심에 취하지 않았고, 더 이상 세속에 얽매이지 않고 바람처럼 물처럼 살다 간 최고의 지략가이다. 유방은 장량으로 인해 자신의 뜻을 이루었고, 장량은 유방을 앞세워 역시 자신의 뜻을 이루었던 것이다.

◆ 유방 / 장량
중국 한漢나라의 제1대 황제 / 한나라 고조 유방의 공신

DAY 057

이세민과 위징

위징이 태자세마였을 때 이건성에게 이세민을 제거하라고 간언했다. 그러나 이건성은 듣지 않았다. 그리고 얼마 후 동생인 이세민에게 죽임을 당하고 말았다. 위징은 자신 또한 죽음을 예견하고 있었는데 이세민이 그를 불러 문책하며 말했다.

"당신은 왜 우리 형제 사이를 이간질했는가?"

"사람은 누구나 주인이 있습니다. 만일 태자께서 제 말을 들었다면 오늘 같은 결과가 일어나지는 않았을 것입니다. 제가 이건성에게 충성을 다한 것이 무슨 잘못이 된다는 것입니까? 관중도 제환공의 허리띠를 활로 쏴 맞춘 적이 있지 않습니까?"

위징은 이세민 앞에서도 전혀 두려운 기색 없이 말했다. 그러자 놀랍게도 이세민은 그의 솔직함에 감복하여 그를 풀어주고 주부로 봉했다. 그리고 이세민은 황제로 즉위하자마자 그를 간의대부로 임명했다.

위징은 대담하고 솔직담백한 성품을 지녔다. 자칫 죽임을 당할 수 있음에도 살기 위해 변명을 하거나 둘러대지 않았다. 이런 솔직담백한 마음이 태종의 마음을 움직였고, 태종은 그를 과감히 기용한 것이다. 역시 태종은 황제로서 담대하고 그릇이 큰 인물이었다. 위징과 태종은 타고난 명콤비였다. 이들이 함께하며 당나라를 반석 위에 올려놓을 수 있었던 것은 서로 간에 신의와 믿음이 있었기에 가능했다. 아무리 태종이라 해도 그가 황제로서 잘못된 판단을 하거나 말과 행동을 하면 단호하게 가로막고 나서 태종을 바른 길로 인도했다. 위징의 한마디의 말은 태종의 가슴을 뒤흔들어 놓았으며 태종은 무조건 따랐다. 물론 황제인 그로서도 화가 치받칠 때가 있었다. 그러나 그는 자신이 그렇게 한다는 것이 옳지 않다는 것을 너무도 잘 아는 현명한 군주였다. 위징의 지혜로운 계책에 따른 태종의 치세로 당나라는 더욱 강성해졌고, 중국 역사상 최고의 왕조로 평가받는다.

위징이 병에 들자 태종은 사람을 보내 병세를 묻고 약을 보냈으며, 태자를 데리고 직접 문병을 가는 등 그에 대한 신의를 다했다. 태종은 그가 죽자 조정의 9품 이상 관리들에게 전부 조문하도록 하고, 친히 비문을 써 비석에 새겨 그의 죽음을 못내 아쉬워했다. 태종과 위징은 군신君臣 간의 도리가 무엇이며, 행함이 어떠해야 하는지를 잘 보여준 보기 드문 군신 관계였다.

◆ 이세민 / 위징
당唐나라의 제2대 황제(재위 626~649), 시호는 태종太宗이다. / 당唐나라 초기의 공신이자 학자로 간의대부 등의 요직을 역임했고 재상을 지냈다.

DAY 058 프랭클린 루스벨트와 루이 하우

PEOPLE

〈뉴욕헤럴드〉 신문기자로 일하던 루이 하우에게 주 상원의원으로 출마한 프랭클린 루스벨트로부터 도와달라는 부탁을 받았다. 이때 루스벨트는 선거를 앞두고 장티푸스로 쓰러져 병원 신세를 지고 있던 터였다.

루이 하우는 한 치의 망설임도 없이 달려갔다. 그러나 그의 눈앞에 펼쳐진 모습에 눈앞이 어질거렸다. 후보가 장티푸스로 병원 신세를 지고 있어 후보 없이 선거를 치러야 하기 때문이었다. 하지만 루이 하우는 어질거리던 마음을 접고 루스벨트를 돕기로 작심을 하고는 선거판에 뛰어들었다. 루스벨트와는 취재하던 중 몇 번 만난 적이 고작이었지만, 그는 키 크고 잘생긴 외모에 시원시원한 루스벨트에게 좋은 이미지를 갖고 있었다. 루스벨트 또한 자신의 색깔이 분명하고 명철한 두뇌와 새벽별처럼 눈빛이 빛나는 루이 하우에게 깊은 관심이 있었다. 둘은 서로에게 깊이 매료되었다.

루이 하우는 후보 없이 면밀히 선거 전략을 짜고, 밤낮으로 뛰어다닌 끝에 루스벨트를 주 상원의원에 당선시키는 쾌거를 이뤄냈다. 그가 후보 없이 선거에서 이길 수 있었던 것은 철저한 조사에 의한 선거 전략에 의해서다. 그는 농민, 노동자들을 공략했고, 농민과 노동자인 유권자가 많은 지역이다 보니 이는 자연히 표로 이어졌다.

루스벨트는 루이 하우가 세운 전략에 의해 노동자의 진정한 벗이 되었으며, 여성들의 참정권을 지지함으로써 여성들로부터 지지를 받으며 표를 확보하는 데 밑거름이 되었다. 루스벨트는 뉴욕주지사를 거쳐 마침내 민주당 대통령 후보가 되었다. 그리고 루스벨트는 미국 제32대 대통령에 선출되었다.

루이 하우가 없었다면 결단코 루스벨트는 존재하지 않았을 것이다. 그는 최악의 상황에서도 포기를 모르는 철인 같은 사람이었으며, 자신의 공을 내세우지 않는 겸손함을 갖춘 반면, 자신의 뜻과 맞지 않으면 욕설도 서슴지 않는 직설적이고 불같은 면도 지녔다. 그는 자신이 있어야 할 자리와 자신이 무엇을 위해 존재해야 하는지를 너무도 잘 아는, 세밀하고 통찰력이 뛰어난 현실주의 지략가였다. 또한 그는 루스벨트를 위해서라면 악역도 마다하지 않았으며, 그를 통하지 않으면 그 누구도 루스벨트를 만날 수 없었다. 그만큼 그는 철저한 루스벨트의 분신이었다.

◆ 프랭클린 루스벨트 / 루이 하우
미국의 제32대 대통령(재임 1933~1945). 민주당 출신으로 미국 역사상 유일무이한 4선 대통령 / 뉴욕 헤럴드 기자를 역임하고, 대통령의 책사로 루스벨트를 4선 대통령으로 만드는 데 큰 공을 세웠다.

DAY 059 조지 워싱턴과 알렉산더 해밀턴

해밀턴의 어린 시절은 불우함 그 자체였다. 알렉산더 해밀턴은 카브리해의 네비스 섬에서 스코틀랜드인인 아버지와 위그노의 혈통을 이어받은 어머니 사이에서 태어났다. 그의 아버지는 해밀턴이 10살 때 어디론가 떠나버렸다. 그는 어머니를 도와 11살 때부터 회계사사무소에서 잔심부름을 하며 생활비를 벌어야 했다. 그가 13살 때 어머니가 사망하자 그의 삶은 더욱 고달펐다. 그는 17살 되던 해 태풍 허리케인에 대한 인간의 무력함을 글로 썼는데 이것이 그의 인생을 바꿔놓은 계기가 되었다.

해밀턴이 쓴 글이 세인트 크로아에서 발행되던 신문에 실렸고, 그 신문을 읽은 섬의 유지들은 돈을 모아 해밀턴을 뉴욕 킹스 컬리지에 유학을 보내기로 결정했다. 킹스 컬리지에 입학한 그는 열심히 공부했지만, 2년 만에 학업을 중단해야 했다. 영국에 대한 미국인들의 저항운동이 일어났기 때문이다.

그는 영국 상품 수입금지, 소비금지, 수출금지 등의 '3금 정책'을 지지하며 반영운동에 적극 뛰어들었다. 그 후 독립 전쟁이 일어나자 해밀턴은 자진 입대하여 조지 워싱턴의 최측근 참모가 되었다. 워싱턴의 참모로 지낸 4년 동안 조지 워싱턴과 해밀턴은 각별한 사이가 되었다. 전쟁이 끝난 후 해밀턴은 법률 공부에 몰두하여, 1782년 변호사 자격증을 딴 후 활발하게 활동했다. 그는 뉴욕시 변호사로 일하며 1787년 뉴욕하원의원에 선출되면서 정계에 입문했다. 그는 초대 대통령인 조지 워싱턴의 재무장관에 임명되면서 워싱턴과 함께했다.

해밀턴은 조지 워싱턴과 뜻을 같이하는 연방주의자로 토머스 제퍼슨 등 반연방주의자들과 대립했다. 특히 토머스 제퍼슨과 재정정책문제로 대립했는데, 해밀턴은 독립전쟁 때 빚을 모든 주가 공평하게 나눠 내자고 한 반면 제퍼슨은 자신의 주의 빚은 자신의 주가 갚아야 된다고 주장했다. 결국 이는 수도를 워싱턴 D. C로 옮기는 조건으로 모든 빚을 나눠 갚는다는 절충안으로 제퍼슨이 이를 수용하며 일단락되었다.

1791년 미국 제1의 은행을 설립할 때도 해밀턴과 제퍼슨은 큰 마찰로 대립했다. 제퍼슨은 은행 설립을 반대했고, 해밀턴은 수정헌법을 근거로 설립을 주장했다. 이 문제는 대통령인 워싱턴이 해밀턴의 손을 들어줌으로써 은행을 설립하게 되었다.

◆ 조지 워싱턴 / 알렉산더 해밀턴
미국의 정치가이자 초대 대통령으로 신생 미국의 기반을 다지는 데 크게 공헌했다. / 미국의 정치가. 미국 초대 재무장관으로 상공업의 발달을 중시한 재무정책을 펼쳤다.

DAY 060

우드로 윌슨과 에드워드 하우스

에드워드 하우스가 정치에 발을 들여놓은 것은 이유가 있다. 그는 사업적으로 성공했지만, 그는 정치적 DNA를 가졌다. 그는 자신이 직접 정치를 할 것인지 아니면 배후에서 멘토링을 할 것인가에 대해 진지하게 고민했다. 고민 끝에 그는 킹메이커가 되기로 했다. 그것이 자신에게 가장 잘 맞는 일이라고 판단한 것이다. 결심을 굳힌 그는 윌슨을 눈여겨보았다. 그리고 마침내 윌슨과 자리를 하게 되었다. 그에 대해 익히 잘 알고 있었던 윌슨 또한 그런 자신의 감정을 숨기지 않았다. 둘은 인생에 대한 관점과 정치에 대한 관점, 거의 모든 이슈에서 생각이 너무 잘 맞았다. 그만큼 그들은 잘 통했으며, 서로를 믿고 신뢰했다.

하우스는 직관력이 뛰어나고, 일의 흐름을 꿰뚫어 보는 눈이 매우 밝고 예리했다. 그의 머리는 회전력이 빠를 뿐만 아니라 생각한 것을 즉시 실행에 옮기는 민첩함을 가졌다. 또한 한번 마음먹은 것을 성취시키는 능력이 빼어났다. 그러나 그는 자신이 이룬 성과에 대해 우쭐하거나 그 어떤 대가도 바라지 않았다. 상대가 대가에 대한 값을 치르려고 해도 극구 사양함으로써, 대가를 위해 무엇을 하는 것이 아니라 자신이 하고 싶은 것을 하는 순수와 열정이 넘치는 맑고 투명한 사람이라는 것을 깊이 인식시키고 욕심이 없는 사람이라는 이미지를 심어주었다.

하우스는 윌슨을 미국 제24대 대통령으로 당선시킨 뒤, 원하는 그 어떤 장관 자리가 있으면 말하라고 한 윌슨의 제안에 대해 정중히 거절한 것은 그의 사심 없음을 잘 말해준다. 윌슨은 사심 없는 그에 대해 이렇게 말했다.

"내가 하우스에게 깊이 매료된 것은 그가 모든 것을 일정한 거리에서 떨어져 객관적으로 바라보고 있다는 점이다. 그에게는 어떤 제안이든 본건으로 곧장 진입해 그 핵심을 신속하게 파악하는 능력이 있다. 그가 자신을 위해 원하는 것은 아무것도 없다. 공직에 대한 욕심도 없다. 한 사람이 가질 수 있는 가장 소중한 자산은 사심이 없다는 것인데, 그가 바로 그런 사람이다."

윌슨의 말을 보더라도 그가 사심 없다는 것을 잘 알 수 있다. 하우스는 윌슨의 그림자와 같았다. 윌슨이 있는 곳엔 늘 하우스가 있었고, 하우스가 있는 곳엔 늘 윌슨이 있었다. 그가 없었더라면 윌슨의 인생은 대통령이 아닌 다른 길을 걸어갔을 것이다.

◆ 우드로 윌슨 / 에드워드 하우스
미국의 정치가이자 제28대 대통령. 1918년 민족자결주의를 주창함 / 미국의 외교관이자 정치가. 제1차 세계대전 중 대통령 특사로 평화조정에 기여함

DAY 061 빅토리아 여왕과 디즈레일리

유럽에서 가장 보수적인 영국 의회에 진출해 두 차례나 수상을 지낸 벤저민 디즈레일리가 영국 의회에 길이 남는 명정치가가 될 수 있었던 것은, 좌절을 모르는 강인한 확신주의에서 이끌어 내는 능력이 출중했기 때문이다. 수상이 된 그는 영국이 안고 있는 문제점들을 하나하나 풀어가기 시작했다. 수시로 반대에 부딪치는 시련도 있었지만, 그러면 그럴수록 그의 의지는 더욱 불타올랐다. 그는 때론 협조를 구하기도 하고, 또 때론 강하게 밀어붙이는 등 자신이 계획한 정책들을 실현시켜 나갔다.

그는 절대권자인 빅토리아 여왕에게 최선을 다했다. 여왕은 남편인 앨버트를 잃고 우울증에 빠져 지냈다. 이런 그녀의 마음을 치유할 방법이 마땅치 않았다. 그런데 바로 이때 디즈레일리는 그녀를 여왕이기 전에 사랑하는 남편을 잃은 한 여자로서의 슬픔을 이해하며 그녀가 우울증의 안개를 거둬내고 다시 예전처럼 돌아오게 하기 위해 애썼다.

대표적인 그의 공적은 가난한 노동자들의 주거개선법을 시행해 빈민가를 새롭게 단장하며 서민들이 쾌적한 환경에 주거하도록 한 것이다. 그 외에도 복잡했던 공중보건법을 크게 개선했고, 노동 착취를 방지하는 공장법과 노동자 단체의 지위를 인정하는 두 개의 노동조합법 제정도 그의 업적이다. 대외적인 업적으로는 당시 이집트 수에즈운하를 인수한 것이 있다. 수에즈운하 인수는 영국의 강국 이미지를 부각시키는 것은 물론 국민들에게 지도력을 인정받는 데 크게 작용해 그의 정치적 입지를 더욱 견고하게 해주었다.

1876년 디즈레일리는 빅토리아 여왕에게 '인도의 황제'의 칭호를 주자는 의견을 내놓았다. 빅토리아 여왕은 디즈레일리의 의견이 매우 마음에 들었으며, 자신에게 그 같은 선물을 준 점에 깊이 감사했다. 이후 둘은 여왕과 수상이라는 직위를 떠나, 남자와 여자라는 성性을 떠나 뜻이 잘 맞는 정치적 동반자가 되었다. 디즈레일리는 빅토리아 여왕의 절대적인 신임을 얻음으로써, 가슴속에 품은 꿈을 맘껏 펼쳐 보이며 많은 국민들로부터 존경과 찬사를 받은 열정과 의지의 위대한 정치가였다.

◆ 빅토리아 여왕 / 디즈레일리
영국의 왕(재위 1837~1901). '군림하되 통치하지 않는다'는 원칙을 세워 오늘날의 영국 군주의 틀을 확립했다. /
영국의 정치가이자 소설가. 여왕 빅토리아에게 제관帝冠을 바쳐서 영국제국을 성립시켰다.

DAY 062 | 엘리자베스 여왕과 마거릿 대처

영국의 역대 총리 가운데 최초로 3선을 연임한 마거릿 대처. 여성이지만 역대 그 어느 총리보다도 강인하고 철저했던, 당차고 의욕으로 가득 찼던 대처는 고대와 중세는 물론 근대, 현대에 이르는 세계 정치사에서도 보기 드문 성공적인 여성 정치가이다. 그녀는 기나긴 공직 생활 끝에 1975년 여성으로서는 영국 최초로 보수당 당수가 되었다. 1979년 총선거에서는 보수당의 승리로 영국 최초의 여성 총리가 되는 영광을 품에 안았다. 사람들은 그녀를 철의 여인이라 부른다. 자신의 닉네임처럼 대처는 카리스마 넘치는 여성이었다. 그녀의 카리스마에 얽힌 일화가 있다.

대처가 집권 후 긴축재정을 실시할 때였다. 그녀는 영국 경제의 불황을 고질적인 노조 문제로 여기고 개혁의 바람을 일으키려 했지만, 주위의 많은 이들이 반대했다. 역대 총리들도 해내지 못한 힘든 일이라는 이유에서였다.

"지금까지는 하지 못했습니다. 그렇기 때문에 더더욱 해야 합니다. 이것이 나의 생각입니다."

당찬 그녀의 태도 앞에 누구도 더는 반대할 수 없었다. 그녀는 반대파들을 굴복시키며 골칫거리였던 노조를 와해시키는 데 성공했고, 마침내 침체되었던 영국 경제를 부흥시켰다.

그녀의 통찰력은 정책 수립에서도 빛을 발했다. 그녀는 국가 예산에 손실만 끼치는 무능한 공공기관에 대해 과감하게 민영화를 시도했다. 교육 및 의료 등 공공 분야의 국고지원을 삭감하는 등 획기적인 정책을 실시했다. 그녀의 과감한 정책은 고질적인 문제를 단숨에 해결하며 성공적으로 자리잡았다. 그녀는 대찬 개혁을 통해 '대처리즘'이란 신조어를 만들어 내며 철의 여인이라는 별칭까지 얻었다.

"나는 1센티미터만 전진하려고 해도 싸워야 했다."

대처의 신념과 의지를 함축적으로 담고 있는 말이다. 그녀의 기개와 카리스마는 엘리자베스 여왕에게는 깊은 믿음을 심어주었으며, 여왕은 그녀를 절대적으로 신임했다. 그리고 영국 국민들의 지지에 힘입어 자신의 정책을 훌륭히 이행하며 영국 정치사에 한 획을 긋는 위대한 인물이 되었다.

◆ 엘리자베스 여왕 / 마거릿 대처
영국 윈저왕가의 네 번째 왕(재위 1952~2022) / 영국의 정치가로 교육·과학장관 등을 지내고 보수당 당수를 거쳐 영국 최초의 여총리가 되었다.

DAY
063

드골과 조르주 퐁피두

조르주 퐁피두는 교사의 아들로 고등사범학교를 졸업한 뒤 마르세유와 파리에서 교직생활을 했다. 그러다 제2차 세계대전이 발발하자 중위로 참전해 혁혁한 공을 세우고 무공십자 훈장을 받았다. 그는 1944년 프랑스 임시정부의 수반이었던 샤를 드골과 친분을 맺었다. 당시 그는 정치에는 문외한이었다. 그런데 드골과 함께하면서 정치에 눈을 뜨기 시작했다. 그는 드골이 무엇을 원하는지를 간파하고, 드골의 정책을 설명하고 소개하는 데 탁월한 능력을 발휘했다. 그의 뛰어난 능력을 눈여겨보던 드골에 의해 그는 참모로 임명되었다. 1946년 드골이 갑자기 사임한 뒤에도 그는 '재야내각'의 일원으로 남아 있었다. 1946년에서 1949년까지 관광청장의 보좌관으로, 1946년부터 1957년까지는 프랑스 최고행정재판소인 국참사원 청원의원으로 근무했다.

그러던 중 1955년 파리에 있는 로트실 은행에 들어가 초고속으로 승진해 은행장이 되었다. 그러는 가운데에도 드골과 퐁피두의 관계는 지속되었다. 1958년 알제리에 위기가 발생해 드골이 다시 권력을 잡자 퐁피두를 자신의 개인 수석보좌관으로 임명했다. 퐁피두는 드골의 명령에 따라 제5공화국 헌법을 초안하고, 프랑스의 경제복구 계획을 수립하는 데 중요한 역할을 했다. 1959년 1월 드골이 대통령에 취임하자 퐁피두는 다시 은행으로 돌아갔다. 그리고는 드골의 명령에 따라 알제리 민족해방전선 FLN과 비밀협상을 위해 파견되었다. 그의 탁월한 협상으로 마침내 알제리에서는 프랑스군과 알제리 게릴라 사이에 휴전이 이루어졌다.

그 후 퐁피두는 드골에 의해 총리에 임명되었다. 그는 총리로 취임할 때까지는 대중에게 알려지지 않은 인물이었다. 드골은 1962년 10월 국민의회에서 실시한 불신임투표에서 졌으나, 같은 달 대통령선거 국민투표에서 승리를 거두었다. 그는 또다시 퐁피두를 총리에 임명했다. 퐁피두는 제2차 내각에 이어 제3차, 제4차 내각까지 이어지면서 총 6년 3개월을 총리로 재직했다. 이것은 4세대에 걸친 프랑스 정치사상 전례가 없는 일이었다. 그만큼 드골은 그를 신임했던 것이다.

퐁피두는 드골 대통령이 갑자기 사임하자 선거운동을 통해 1969년 6월 15일 제2차 투표에서 58% 이상의 지지를 얻어 대통령에 당선되었고 실용주의를 꾀한 정책으로 실용주의 대통령으로 불린다.

◆ 드골 / 조르주 퐁피두
프랑스의 군인이자 정치가. 알제리 독립 가결로 알제리전쟁을 평화적으로 해결했다는 평을 받는다. / 드골 임시정부에 참여했으며 드골 대통령 사망 후 프랑스 대통령에 당선되었다.

성종과 김종직

김종직은 조선 전기 문인이자 문신이며, 성리학자, 사상가, 교육자이다. 그는 정몽주에서 길재로, 길재에서 그의 아버지인 김숙자에게 이어진 학풍을 이어받아 크게 발전시킴으로써 영남학파의 종조가 되었으며 사림파의 시조가 되었다.

김종직은 벼슬길에 올라서도 수많은 제자를 길러냈는데 대표적인 제자로 김굉필, 정여창, 김일손, 손중돈, 이복, 권오복, 남곤, 권경유, 남효온, 조위, 이원, 강희맹 등 일일이 셀 수 없을 정도로 많다. 조선 전기에서 중기로 내려오는 문신들 중 뛰어난 학자들은 대개 그의 학풍을 이어받은 제자들이다. 김종직을 따르는 제자들이 많았던 것은 그의 올곧은 정신과 뛰어난 학식, 학행일치學行一致 때문이다. 특히 학문과 행동이 일치한다는 데 많은 사람이 존경심을 품고 가르침을 받기 위해 몰려들었다.

성종은 김종직 학문의 출중함과 올곧은 인품을 높이 샀다. 그의 말이라면 어떤 말도 받아들여 시행할 정도로 그를 신뢰했다. 예를 들면, 김종직이 신분과 집안 배경을 가리지 않고 인재를 등용할 것을 진언하자 성종은 그대로 시행했다. 면학 분위기의 장려를 권고하자 전국에 서원, 향교, 서당을 짓는 등 적극적으로 시행했다.

"전하, 아무리 군주라 하여도 도리와 덕을 지키지 않으면 비판받아 마땅하다 사려되옵니다."

김종직은 성종에게 비록 왕이라 할지라도 도리와 덕을 지키지 않으면 비판을 받아야 한다고 말했다. 그러자 성종은 그의 견해에 동조하여 경연에 참여하고 학문을 강독하는 등 스스로 도학적인 자세로 국사에 임했다.

성종은 김종직에게 자신의 금대金帶를 선물로 하사했고, 정치에 크게 관심이 없었던 그가 뜻을 접고 고향으로 내려가자 그에게 세 번씩이나 간청하여 조정으로 불러들이는 등 극진하게 대했다. 김종직은 옳고 그름에 정확했으며 의리와 믿음을 매우 중요하게 생각했다. 또한 그는 어느 누구 앞에서도 전혀 주눅드는 법이 없었다.

이처럼 성종은 김종직의 대쪽 같은 절개와 높은 학식을 높이 샀으며, 정의와 의리를 소중히 하는 그에게 깊이 매료된 것이다. 그리고 김종직에게 의지하여 훈구파 세력을 견제하고 왕권을 강화시키기 위한 목적도 함께 했다. 그 결과 성종은 왕권을 크게 강화시켰으며 성군의 반열에 올랐다. 역시 성종의 사람 보는 눈은 아주 정확했다. 그는 김종직이란 커다란 산에 의지해 자신이 이루고 싶은 것을 이뤄낼 수 있었다.

◆ 성종 / 김종직
조선 제9대 왕(재위 1469~1494) / 조선 전기의 성리학자이자 문신

DAY 065

이성계와 정도전

　조선의 건국에 있어 가장 중심을 이루며, 새 나라를 설계한 정도전은 개혁자이자 혁신주의자다. 그는 고려 말기 부패한 관료로 인한 피폐한 백성들을 구제하고 도탄에 빠진 나라를 구하는 길은 오직 혁명밖에 대안이 없다고 결론지었다. 썩을 대로 썩은 고려 조정에 염증을 느낀 그는 고려에 대한 미련을 아낌없이 버리고 새 나라 건설을 꿈꾸었던 것이다.

　정도전은 자신의 계획을 실현시키기 위한 목적으로 이성계를 생각했다. 당시 이성계는 정치에는 무관심한 무장으로 혁혁한 공을 세운 성품이 강직하고 행동이 발라 명장 최영 장군 못지않은 명성을 얻고 있었다. 그에 대한 민심은 매우 긍정적이었다. 생각을 굳힌 정도전은 동북면도지휘사 이성계를 찾아가 어지러운 시류에 대해 논의하며 그의 의중을 살폈다. 그는 평생을 변방을 떠돌며 지낸 무장답게 정치에 대해서는 무덤덤했지만, 그 역시 지금의 현실에 대해서는 부정적인 시각을 지니고 있었다. 하지만 이성계는 역성혁명을 일으켜 자신이 왕이 되고 싶은 마음이 없다고 말했다. 이에 정도전은 적극적으로 이성계를 설득했다. 이성계가 움직이지 않으면 모든 것이 다 허사였다. 그랬기에 이성계를 향한 그의 마음은 간절했다.

　1392년 7월 이성계는 정도전의 기획에 따라 조선을 건국하고 정도전은 최측근이자 개국공신 1등관에 녹훈되었다. 관직은 대광보국숭록대부로 영의정부사에 추증되었으며, '봉화백'에 봉작되었다. 그는 정권과 병권을 장악하고 막강한 권력을 손에 쥐었다.

　정도전은 조선왕조의 제도와 예악禮樂의 기본구조를 체계화한 《조선경국대전》을 편찬했으며, 세자인 방석의 교육을 담당했다. 나아가 도읍을 한양으로 옮길 것을 주장하여 도읍 건설을 추진했다. 도읍을 옮기고 나서 한양 시내의 전각과 거리 이름을 직접 지을 만큼 새 도읍에 애착을 가졌다.

　이처럼 정도전이 자신이 계획한 것들을 적극 추진하여 이뤄낼 수 있었던 것은 태조 이성계의 굳은 믿음과 신뢰가 바탕이 되었기 때문이다. 정도전은 신덕왕후 강씨와 함께 세자 책봉에 공을 들여 강씨 소생의 둘째 왕자인 방석을 세자로 책봉하게 했다. 하지만 세자책봉에 불만을 품은 이방원에 의해 피살됨으로써 그의 야망과 개혁도 끝이 났다.

◆ 이성계 / 정도전
조선朝鮮을 세운 제1대 왕(재위 1392~1398). 도읍을 한양漢陽으로 옮겨 초기 국가의 기틀을 다졌다. / 고려 말에서 조선 초까지 활동한 문신 겸 학자이다. 이성계를 도와 조선을 건국하는 데 공을 세웠다.

영조와 박문수

　조선 영조 때 정치가이자 암행어사로 이름을 날린 박문수는 백성의 삶을 어느 누구보다도 잘 이해했으며, 그들이 겪고 있는 고충을 가감 없이 조정에 전달함으로써 민생의 조력자로 많은 백성들로부터 칭송이 자자했다. 그와 더불어 그는 부패한 관리들을 가려내어 엄격하게 처벌함으로써 지방 관리들에게는 호랑이와 같은 존재였다.

　박문수는 명문가에서 태어났다. 그의 증조할아버지인 박장원은 이조판서를 지내는 등 일을 공정하게 처리하고 민정을 잘 살핌으로써 명망을 얻었다. 박문수는 1723년(경종 3년) 증광문과에 병과로 급제하여 예문관검열이 되었다. 이듬해 세자시강원설서 병조정랑이 되었다가 1724년(영조 즉위년) 노론이 집권할 때 삭탈관직되었다. 그러다 1727년 정미환국으로 소론이 정권을 잡자 다시 등용되어 영남 암행어사로 나가 부패한 관리들을 엄격하게 벌하는 한편 민생들을 살뜰히 보살핌으로써 직분의 본분을 성실히 수행했다.

　1728년 이인좌의 난(이인좌 등이 영조와 노론을 제거하기 위해 일으킨 난)이 일어나자 사로도순문사 오명항의 종사관으로 출전하여 공을 세움으로써 경상도 관찰사로 임명되었다. 이어 분무공신 2등에 책록되고 영성군에 봉해졌다. 그 후 대사성, 대사간, 도승지를 역임했으며, 충청도에 암행어사로 나가 민생을 살피는 일에 크게 힘썼다. 1732년에는 선혜청당상이 되었으며 1724년 예조참판으로 재직 중에 진주사의 부사로 청나라에 다녀왔다. 그 뒤 병조판서가 되어 군무의 일 처리 방식 개선, 군기에 영향을 주는 문제점 해결 등 병조를 혁신하는 데 노력했다.

　박문수는 영조가 탕평책을 실시할 때 명문가 중심의 인사정책에서 벗어날 것을 주장했으며, 4색의 인재를 고루 등용하는 탕평의 실효성을 강조했다. 특히 그는 군정과 세정에 밝아 국정이 바르게 이행되는 데 중요한 역할을 다했다.

　영조는 자신의 마음을 잘 알아주는 박문수를 자신의 곁에 둠으로써 구중궁궐 안에서도 민생을 훤히 꿰뚫었으며, 박문수는 자신의 마음을 잘 알아주는 영조를 위해 각고면려刻苦勉勵하면서까지 직무에 임했던 것이다. 이렇듯 박문수의 반듯한 언행은 영조를 흡족하게 했으며, 임금이 정사를 돌보는 데 큰 힘이 되었다. 그리고 나아가 관리의 표상이 되었다.

◆ 영조 / 박문수
조선의 제21대 왕(재위 1724~1776) / 조선 후기의 문신으로 병조판서, 호조판서, 우참찬 등을 역임했다.

DAY 067 | 왕건과 유금필

유금필은 평주(황해도 평산군)출신으로 그의 출생연도는 기록에 없다. 또한 그의 성장 배경이나 부모 관계 등 일체의 기록이 없어 아쉬움이 크지만, 그는 왕건을 도와 공을 세운 공신으로 고려가 후백제를 무너뜨리고 통일을 하는 데 가장 혁혁한 공을 세운 무장이자 정치가이다.

그가 처음 기록에 나타난 것은 고려 개국(918년) 이후 청주의 반란을 우려한 왕건이 그와 홍유에게 군사 1500명을 주어 청주의 반란을 막게 한 기록이다. 또한 920년(태조3년) 동북방 국경에 있는 골암진이 여진족의 침공을 당하자, 유금필은 왕건의 명을 받아 개정군 3000명을 거느리고 동산에 성을 쌓고 여진족의 추장 300명을 초청하여 그들이 술에 취하자 그들을 굴복시켰다. 이후 여진족 1500명이 귀순했으며, 포로로 잡힌 고려인 3000명도 되돌려 받았다. 칼 하나 안 대고 지략으로 굴복시킨 유금필은 용맹함 못지않은 지혜의 소유자였다.

925년(태조 8년) 유금필은 정서대장군에 임명되어 연산진을 공격해 후백제 장군 길환을 죽이고, 임존군(예산)으로 진격해 백제군 3000명을 멸하는 등 대승을 거뒀다. 그리고 조물성(김천)전투에서 후백제의 두 왕자인 양검과 금강이 거느린 군대와 맞서 승리했다. 그리고 928년(태조 11년) 탕정군(온양)에서 유금필은 후백제가 3000명의 군사로 청주를 공격하자 군사를 이끌고 가서 후백제군을 격파하고 300여 명을 죽이거나 포로로 잡는 승리를 거두었다. 또한 929년(태조 12년)에는 고창전투에서 큰 승리를 거뒀다. 그러나 931년(태조 14년) 모함으로 인해 곡도(백령도)에 유배되었다. 이듬해 후백제가 개성을 공격하여 속수무책으로 당하자 유금필은 의병을 일으켜 백제의 해군을 물리치고 고려를 위급으로부터 구해냈다. 왕건은 그를 다시 불러들여 두 번 다시는 그에 대한 신의를 버리지 않았다.

932년(태조 15년)에 후백제가 신라를 치자 왕건의 명을 받은 유금필은 정예군 80명으로 백제의 대군을 물리치는 공을 세웠다. 그리고 돌아오는 길에 후백제 왕자인 신검과 싸워 승리했다. 나아가 934년(태조 17년)에 왕건이 운주(홍성)에서 머물자 견훤은 군사 5000명을 이끌고 화친을 청했지만 왕건의 명에 따라 유금필은 수천의 기병을 이끌고 후백제군을 쳐서 적군 3000명을 베고, 여러 명의 장수를 포로로 잡는 대승을 거두었다. 운주전투 후 웅진(공주) 이북의 30여 성이 자진해서 고려에 항복했다.

◆ 왕건 / 유금필
고려를 세운 제1대 왕(재위 918-943)이며 신라와 후백제를 통합해 후삼국을 통일했다. / 고려시대의 무장으로 고려 왕조가 번창하는 데 크게 기여했다.

고국천왕과 을파소

고구려의 역사상 가장 빛나는 재상 중에 재상인 을파소. 그는 고구려 2대 임금인 유리왕 때 대신이었던 을소의 후손으로, 강직한 성품과 지혜를 품은 선비로 고향인 압록곡 좌물촌에서 농사를 지으며 살았다.

당시 임금은 고국천왕으로 치세를 펼치려 했으나, 연나부 귀족 출신이며 왕후의 친척인 중외대부패자 어비류와 평자 좌가려 등이 안하무인으로 국정을 어지럽혔다. 권력을 이용하여 정책조정과 관리임명도 제멋대로 하고, 그 자식들과 아우들도 아버지이자 형의 권세를 악용하여 남의 집 자식들을 약탈하여 노비로 삼았다. 또한 토지와 가옥을 빼앗는 등 악행을 일삼았다. 이들의 횡포는 부패의 극치를 보는 듯해 고국천왕은 더 이상 묵과하지 않고 어비류와 좌가려 일당을 처단했다.

고국천왕은 자신을 도와 어지러운 정국을 바로잡고 나라의 기틀을 확고하게 다지기 위해 현명하고 덕을 갖춘 인물을 추천하라며 명했다. 이에 하나같이 동부에 거하는 안류를 추천했다. 왕 앞에 불려온 안류는 유리왕의 대신이었던 을소의 후손인 을파소를 천거했다. 이에 고국천왕은 사람을 보내 을파소를 데려오라고 명했다. 고국천황은 정중히 그를 맞아들였다. 그러고는 자신이 왜 을파소를 필요로 하는지에 대해 말했다. 을파소는 자신은 우매하여 명한 일을 감당할 수 없으니, 현명한 자를 택해 높은 관직을 줌으로써 대업을 성취하기 바란다고 말했다.

고국천왕은 그 말의 진의를 파악한 후 을파소를 국상(국무총리)으로 임명했다. 국상에 오른 을파소는 근신들과 외척들을 정계에서 밀어내고 그들이 정사에 간섭하지 못하게 했다. 을파소는 고국천왕의 신임에 보답하기 위해 나랏일에 정성을 다 바쳤다. 그러자 나라가 안정을 찾기 시작했고, 백성들의 생활도 안정되었다. 을파소는 굶주리는 백성들을 없게 하기 위해 흉년이 들거나 수확량에 문제가 있으면, 3월부터 7월까지는 관가에서 곡식을 내어 백성들의 가족 수에 따라 차등을 두어 구제 삼아 빌려주었다가 10월에 가서 갚게 하는 법규를 제정하고 시행하여 백성들로부터 열렬한 환영을 받았다. 이를 '진대법'이라고 하는데 우리의 역사상 명법明法으로 유명하다.

고국천왕은 을파소라는 걸출한 인물을 자신 곁에 둠으로써 고구려의 국정을 안정시키고, 국가의 틀을 단단히 했으며, 을파소는 자신을 알아주는 고국천왕을 만나 자신의 능력을 맘껏 펼치며 명재상이 되었다.

◆ 고국천왕 / 을파소
고구려 제9대 왕(재위 179~197) / 고구려의 재상으로 정치와 종교, 상벌을 명백히 하고, 진대법을 실시하는 등 태평성대를 이루는 데 공을 세웠다.

DAY 069 진흥왕과 거칠부

거칠부는 내물마립간 5대손으로 할아버지는 잉숙, 아버지는 이찬 물력으로 소집마립간의 장인이다. 소지왕 8년에 이벌찬이 되어 국정을 총괄한 진골이다. 그의 이름은 '황종' 또는 '가칠부지'라고 한다. 그는 영민하고 민첩했으며 무예 또한 출중하여 문무文武를 겸비했다. 그는 왕족의 자손답게 어려서부터 큰 뜻을 품고 승려가 되어 백제와 고구려 등을 다니며 그곳 사람들의 삶의 방식과 나라 구석구석을 살피며 견문을 넓혔다. 그가 승려가 된 것은 특정 종교인으로 다니기가 수월했던 까닭이다.

거칠부는 고구려에 잠입하여 고구려 고승으로 이름난 혜량법사의 설법을 듣고 크게 감명을 받았다. 거칠부는 혜량법사에게 불도를 배웠다. 545년(진흥왕 6년) 왕명을 받고는 국사國史를 편찬했다. 이 공로를 인정받아 그는 대아찬에서 파진찬(신라 제17관등 중 4등급)으로 승진했다. 진흥왕은 신라의 영토를 확장하여 강국이 되는 꿈을 가지고 있었는데, 거칠부 또한 진흥왕과 같은 생각을 하고 있었다.

551년(진흥왕 12년) 거칠부는 대각간 구진, 각간 비태, 잡찬 탐지, 비서, 파진찬 노부, 서력부, 대아찬 비차부, 아찬 미진부 등 8명 장군을 이끌고 백제와 연합하여 죽령이북 10개 군을 점령했다. 그리고 약조대로 혜량법사를 신라로 데려와 진흥왕에게 소개를 시켰다. 진흥왕은 혜량법사를 승통으로 임명하여 백좌강회와 팔관회를 열어 국태민안을 기원하는 대집회를 열었다. 이는 불력을 통해 국가부흥에 힘쓰는 진흥왕과 거칠부의 생각을 잘 보여준다.

553년(진흥왕 14년) 7월 백제의 한강유역을 침공하여 여러 성을 빼앗아 아찬 무력을 군주로 삼았다. 이로 인해 120년 동안이나 지속되어 온 나제동맹(고구려의 남침을 막기 위해 433년 신라의 눌지왕과 백제의 비유왕 사이에 맺은 공수동맹)은 깨어지고 말았다. 그리고 554년(진흥왕 15년) 백제 성왕이 대가야와 연합하여 침공하자 관산성(옥천)에서 대승을 거두었다. 이로 인해 한강 하류지역에 대한 지배권을 확고히 하여 중국과 직접 교류를 할 수 있게 되어 삼국 중 가장 유리한 위치를 차지하게 되었다.

이후 신라는 비화가야(창녕)와 아라가야(함안)를 신라로 귀속시켰으며, 562년(진흥왕 23년) 대가야를 정벌함으로써 가야국은 전체가 신라로 귀속되었다. 신라는 가야와 백제 한강유역, 고구려 영토인 지금의 함흥과 안변 지역까지 영토를 넓혀 신라 역사상 가장 넓은 영토를 차지했다.

◆ 진흥왕 / 거칠부
신라의 제24대 왕 (재위 540~576) / 신라 진흥왕 때의 재상으로 국사國史를 편찬하고, 영토 확장에 크게 기여했다.

DAY 070 윈스턴 처칠과 알렉산더 플레밍

처칠은 소년 시절 방학을 맞아 시골에 있는 별장으로 놀러 갔다. 그가 강에 들어가 물놀이를 하다 그만 발에 쥐가 나서 죽을 수도 있는 위태로운 지경에 이르렀을 때, 우연히 그 장면을 목격한 소년에 의해 목숨을 구할 수 있었다. 처칠은 그 소년에게 감사해했고 둘은 친구가 되어 서로 편지를 주고받으며 우정을 쌓았다. 학교를 졸업한 소년에게 처칠이 물었다.

"너는 꿈이 무엇이니?"

"꿈? 음… 의사가 되는 거야."

"그래? 좋은 꿈을 갖고 있구나."

"그런데 집이 가난해서 집안을 도와야 해."

처칠은 의사가 되는 게 꿈이지만 가난한 집안 형편상 그 꿈을 포기할 수밖에 없는 친구의 그늘진 얼굴을 떨쳐버리지 못했다. 그는 지난날 자신의 목숨을 구해준 소년에 대해 아버지에게 이야기했고, 처칠의 아버지는 아들의 부탁을 받아들였다.

그렇게 해서 소년은 런던으로 와서 공부할 수 있었고, 훗날 포도당 구균이라는 세균을 연구하여 꿈의 약으로 불리는 페니실린을 개발해 세계 의학사상 획기적인 인물이 되어 노벨의학상을 수상했다. 그는 바로 알렉산더 플레밍이다. 그 후 26세에 정치가가 된 처칠이 폐렴에 걸려 다 죽게 되었을 때, 그 소식을 들은 플레밍은 단걸음에 달려가 또다시 친구를 살려냈다. 극적으로 살아난 처칠은 뜨거운 열정과 노력으로 수많은 경쟁자들 속에서 자신을 단연 돋보이게 했고, 그의 강한 신념과 카리스마 넘치는 지도력에 감복한 영국 국민들의 지지 속에 두 번이나 영국 수상을 지냈다.

처칠의 강한 리더십과 뛰어난 능력은 그를 제2차 세계대전 당시 연합국의 대표적인 지도자가 되게 했으며, 회고록《제2차 세계대전The Second World War》으로 노벨문학상을 수상했다.

처칠은 플레밍에 의해 두 번이나 목숨을 건졌다. 플레밍은 처칠에겐 구세주와 같은 존재이다. 또한 플레밍을 위대한 의사가 되게 만든 처칠 역시 플레밍에겐 구세주와 같은 존재이다. 이 둘은 하늘이 낸 우정의 친구이다.

◆ 윈스턴 처칠 / 알렉산더 플레밍
영국의 정치가. 1953년에《제2차 세계대전》으로 노벨문학상을 수상 / 영국의 미생물학자로 페니실린을 발견해 1945년 노벨생리학 · 의학상을 수상

DAY
071

이순신과 신립

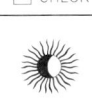

임진왜란 때 이순신 장군과 신립 장군은 명장으로서 크게 활약을 했다. 이순신은 부드러움과 강함을 동시에 지닌 장군이었다. 그는 강할 땐 누구보다도 강하고 부드러울 땐 누구보다도 부드러웠다. 이순신은 상황에 맞게 부드러움과 강함을 조절할 줄 알았다. 이순신이 임진왜란을 전승으로 이길 수 있었던 것은 바로 순응의 법칙, 즉 조화로움을 잘 적용시켰기 때문이다.

그러나 신립 장군은 달랐다. 그는 온성부사로 있을 때 조선을 침입한 여진족 추장 이탕개를 물리치고 6진을 보존한 용맹한 장수로 이름이 높았다. 그로 인해 선조의 신임을 얻고 조정의 지지를 받았다. 하지만 그는 용맹한 반면 부드럽지 못한 편이었다. 이를 잘 알게 하는 일화이다. 서애 류성룡은 신립에게 물었던 적이 있다.

"변란이 곧 있을 것 같은데 장군이 이를 맡아야 할 것이네. 장군은 왜군을 어떻게 생각하는가?"

"두려울 것이 없습니다."

신립은 곧장 이렇게 말했다. 이에 류성룡이 말했다.

"그렇지 않다고 생각하네. 전에는 왜가 간단한 무기만 가졌지만, 지금은 조총을 가지고 있질 않은가?"

"조총을 가지고 있다 하나 어찌 다 맞출 수 있겠습니까?"

"나라가 오랫동안 평안하여 병사들이 겁약하니 변란이 일어나면 힘들 것이네. 내 생각으로는 수년 후에 사람들이 훈련이 잘 되어도 변란이 나면 막을 수 있을지 심히 우려된다네."

당시 류성룡의 말을 신립은 도무지 알아듣지 못했다고 한다. 이는 무엇을 말하는 걸까. 신립 장군이 우매하고 어리석어서가 아니라 지나치게 자신을 과신했다는 데 있다. 결국 그는 탄금대에서 배수진을 쳤으나 왜군에게 패해 자결하고 말았다.

이순신과 신립의 차이는 바로 이것이다. 이순신은 부드러움과 강함을 잘 적용시킬 줄 알았지만, 신립은 자신의 강함에만 너무 의존한 것이다. 이의 경우를 보더라도 부드러움이 강함을 이긴다는 걸 알 수 있다. 그러니 진실로 강한 것은 단단한 것이 아니라, 부드러움 속에 감춰진 강함인 것이다.

◆ 이순신 / 신립
조선의 장군으로 임진왜란에서 삼도수군통제사로 수군을 이끌고 왜군을 물리치는 데 큰 공을 세웠다. / 조선 중기의 무장

앤드류 카네기와 나폴레온 힐

　세계적인 성공학 작가이자 강연가인 나폴레온 힐은 성공한 사람들에 대한 연구를 집대성하여 자신의 인생을 업그레이드시키며 승승장구한 케이스이다. 그가 쓴《생각하라, 그러면 부자가 되리라Think and Grow Rich》는 지금까지 5,000만 부 이상이 팔린 빅 베스트셀러이다. 그의 책과 강의를 들은 사람들 중엔 그가 조언한 대로 실천하여 성공한 이들이 많다고 한다. 과연 성공학의 대가이자 인생의 길라잡이라 할 만하다.

　그런 그도 청년 시절엔 평범한 젊은이에 불과했다. 글쓰기를 좋아했던 그는 지역의 여러 신문과 잡지사에 글을 기고하면서 작가의 꿈을 키웠다. 그는 변호사가 되기 위해 대학에 입학했지만 학비와 생계를 위해 잡지사의 기자가 되었다. 그는 자신의 일에 열정을 갖고 열심히 발품을 팔며 새로운 기삿거리를 찾아다녔다.

　그러던 어느 날, 세계 최고 부자인 앤드류 카네기를 취재하는 행운을 맞게 되었다. 그런데 카네기로부터 뜻밖에 제안을 받았다.

　"힐 군, 자네 성공한 사람들을 취재해 책을 내보지 않겠는가?"

　나폴레온 힐은 카네기의 말을 듣고 곧바로 대답하지 못했다. 전혀 생각해본 적 없는 생소한 질문이었기 때문이다. 카네기는 앞으로 20년 동안 성공한 사람 500명의 소개장을 써줄 테니 그들을 연구해서 책으로 내라고 제안했다. 그러자 나폴레온 힐의 입에서는 "네! 한번 해보겠습니다"라는 말이 기다렸다는 듯이 흘러나왔다.

　"힐 군, 자네가 나의 제안을 받아들이는 데 꼭 29초가 걸렸구먼. 만일 1분을 넘겼다면 이 일은 자네에게 맡기지 않았을 거야."

　"감사합니다. 열심히 해보겠습니다."

　나폴레온 힐은 이렇게 말하며 두 주먹을 꼭 쥐었다. 그 모습을 보고 카네기는 빙그레 미소 지었다. 그날 이후 20년 동안 나폴레온 힐은 카네기가 소개해준 507명의 성공한 사람들을 만나 인터뷰를 하며 그들의 성공 비결을 분류별로 치밀하게 분석하며 작성해 나갔다. 그리고 마침내 책으로 내었는데 그 책이 바로 그의 출세작인《생각하라, 그러면 부자가 되리라》이다. 이 책은 그의 인생을 완전히 바꿔놓았다. 그는 성공학의 전문가로 각광 받기 시작했다. 날이 갈수록 그의 명성은 높아만 갔고, 그의 예금통장엔 높아진 명성만큼 돈이 쌓였다. 그는 백만장자가 된 것이다.

　카네기는 나폴레온 힐에겐 하늘이 내린 축복과도 같은 사람이었다.

◆ 앤드류 카네기 / 나폴레온 힐
미국의 산업자본가로 US스틸사의 모태인 카네기철강회사를 설립했다. / 미국의 세계적인 성공학 연구자

DAY 073 피델 카스트로와 체 게바라

체 게바라는 아르헨티나의 로사리오에서 중산층의 가정에서 맏아들로 태어났다. 그는 자신보다 가난하고 어려운 친구들과 어울리며 그들에게 먹을 것을 주고 집에서 재워주기도 했다. 그만큼 그는 따뜻하고 부드러운 품성을 지닌 소년이었다. 그러나 그는 성장하면서 누구든 잘살고 누구는 가난하게 살아야 하는지에 대한 강한 의구심을 갖게 되었다.

그는 자신의 꿈을 위해 대학에서 의학 공부를 하고 1953년 부에노스아이레스 대학에서 의학 박사학위를 받았다. 그러나 그는 의학박사라는 사회적 지위와 부를 축적할 수 있는 자리를 과감히 버리고, 오직 혁명이라는 그 사실 하나만을 위해 온몸을 바치기로 결심을 했다. 그는 혁명만이 라틴 아메리카의 사회적 불평등을 해결할 수 있다고 굳게 믿었다.

1954년 그는 멕시코로 가서 그곳에서 망명하고 있던 쿠바 혁명의 지도자인 피델 카스트로와 합류하여 의기투합하고, 쿠바 정부에 반기를 든 피델 카스트로와 반정부 활동을 벌였다. 카스트로는 자신과 뜻을 함께해준 체 게바라에게 고마움을 전했다. 둘은 힘을 합쳐 게릴라 전투를 벌이며 총알과 폭탄이 빗발치는 전쟁터에서 쿠바의 민주주의 혁명을 위해 아낌없이 몸을 던져 싸웠다.

치열한 싸움 끝에 마침내 쿠바의 독재자 바티스타를 축출하는 데 성공했다. 카스트로는 쿠바 정부를 이끌며 지도자가 되었다. 카스트로는 자신과 쿠바를 위해 아낌없이 힘을 보태준 체 게바라에게 쿠바 정부의 산업부 장관을 제의했다. 하지만 그는 편안한 삶을 살 수 있는데도 불구하고 쿠바 정부 장관직을 내려놓고 고통과 억압받는 사람들을 위해 자신과는 아무 상관 없는 나라의 국민들을 위해 자신의 힘을 쏟기로 결심했다.

그는 카스트로의 만류에도 불구하고 1985년 분쟁 중에 있던 남미의 볼리비아로 잠입하여 반정부군 지도자가 되어 전쟁에 참여했다. 그러던 중 볼리비아 정부군에 붙잡혀 1967년 발레그란데 근처에서 총살되었다. 그의 나이 39세 때의 일이다. 카스트로는 체 게바라가 볼리비아 정부군에 총살되었다는 비보를 듣고 가슴을 치며 슬피울었다. 그와 나라는 다르지만 오직 자유와 평화를 위해, 민주주의를 위해, 억압받는 쿠바 국민을 위해 함께 목숨을 걸고 싸운 전우였기 때문이다.

◆ 피델 카스트로 / 체 게바라
쿠바의 정치가, 혁명가로 1959년부터 49년간 쿠바를 통치했다. / 아르헨티나 출생. 피델 카스트로를 만나 쿠바혁명에 가담했다.

DAY 074 넬슨 만델라와 올리버 탐보

넬슨 만델라는 코사어를 쓰는 템프족 추장의 아들로 태어났다. 그는 어려서부터 남다른 강한 신념을 가지고, 용기 있는 소년으로 자랐다. 그는 소수의 백인들이 다수의 흑인들을 지배하는 것에 대해 이해할 수 없었다. 만델라는 같은 흑인들이 백인에게 천시와 박해를 받는 것을 도저히 묵과할 수가 없었다. 똑같은 인간인데 어째서 백인에게는 인간답게 살 권리와 의무가 주어지고, 흑인은 노예가 되어야 하고 백인들을 위해 짐승처럼 일하고 짐승 같은 취급을 받아야 하는지에 분개했다. 그는 이를 바로잡기 위해 1942년 아프리카 민족회의에 참여했고, 흑인해방운동의 지도자로 부각되었다.

1948년 이후 집권 국민당의 아파르트헤이트 정책(흑인에 대한 인종차별 정책)에 대항해 격렬한 논쟁을 벌이고, 목숨을 걸고 싸웠다. 그는 소수의 백인들로부터 핍박을 받는 흑인들의 인권을 위해 1942년 비트바테르스란트 대학교에서 법률학위를 받고, 1952년 만델라는 동료인 올리버 탐보와 함께 변호사 사무실을 열어 본격적인 흑인 인권 운동을 시작했다. 이는 최초의 흑인 변호사 사무실이었다.

"탐보, 우리 목숨 바칠 각오로 일하자."

"그래, 우리는 이제부터 한목숨이야."

만델라의 말에 탐보는 두 주먹을 불끈 쥐며 말했다.

만델라는 변호사가 돼서는 더욱 인권 운동에 열중했다. 그는 감옥에 갇히길 반복하다가 종신형을 선고받고 27년 동안을 감옥에서 보내다 국제사회의 도움으로 석방되었다. 석방 후 만델라는 아프리카 민족회의 부의장으로 선출되었고, 동료인 올리버 탐보의 뒤를 이어 의장에 선출되었다. 탐보는 만델라가 감옥에 있는 동안 지속적으로 인권 운동을 하며 만델라가 석방되기만을 기다렸다. 그로서는 최선을 다했던 것이다.

만델라는 데클레르크 총리와의 평화적이고 자주적인 협력관계를 통해 남아프리카공화국을 평온하고 자유로운 사회로 만든 공로로 (1993년 데클레르크 총리와 공동으로) 노벨평화상을 수상했다. 그리고 이듬해 실시한 대통령선거에서 65%라는 압도적인 지지로 남아프리카공화국 최초의 흑인 대통령으로 당선되었다. 그는 46년 동안이나 지속되었던 흑인 인종차별 정책을 종식시켰다. 그는 남아프리카공화국의 평화수호자이며 흑인 해방 운동가였다.

◆ 넬슨 만델라 / 올리버 탐보
남아프리카공화국 최초의 흑인 대통령이자 흑인 인권 운동가. 저서로는 자서전 《자유를 향한 머나먼 여정》 등이 있다. / 남아프리카공화국의 정치인이자 혁명가

DAY 075 간디와 타고르

인도의 민족운동 지도자 마하트마 간디는 인도의 작은 소공국인 포르반다르 총리를 지낸 아버지 카람찬드 간디의 셋째 아들로 태어났다. 간디의 부모는 철저한 힌두교 신자로 부모의 영향을 받은 간디는 어린 시절부터 정직과 성실성이 몸에 배었다. 간디는 영국으로 유학을 가 법률을 공부하고 변호사 자격을 취득했다. 그는 인도로 돌아온 후 남아프리카공화국에서 변호사로 일했다.

그러던 어느 날, 기차를 타고 가다 백인 차장으로부터 심한 모욕을 받고 차별받는 동포들을 위해 정치가로 삶을 바꾼다. 인도로 돌아온 그는 독립을 위해 목숨을 걸고 비폭력 무저항으로 투쟁한 끝에 인도 독립의 아버지로 추앙받는다.

라빈드라나트 타고르는 인도의 성자로 추앙받는 데벤드라나트 타고르의 아들로 태어났다. 그는 일찍이 시를 쓰며 문학적 재능을 보였다. 그는 영국 런던 대학교에서 법학을 공부하다 중도에 그만두고 인도로 돌아와 전원생활을 하며 시를 썼다. 특히 그는 갠지스 강을 좋아했으며 사색하고 성찰함으로써 그만의 사상을 지니게 되었다. 1913년 시집《기탄잘리》로 동양인 최초로 노벨문학상을 수상했다. 타고르가 노벨문학상을 탄 인도의 시성으로 널리 알려졌지만 그는 인도 최상층인 브라만으로 태어났다. 그는 특권을 버리고 평민으로 신분을 낮춰 가난하고 못 배운 사람들을 위해 학교를 세워 가르침을 주었다는 사실은 인간에 대한 그의 사랑을 잘 알게 한다.

간디와 타고르는 서로를 깊이 존경했다. 특히 타고르는 자신보다도 열 살이나 아래인 간디를 무척 아꼈다. 간디가 영국으로부터 조국 인도의 독립을 위해 헌신하는 것을 높이 샀다. 특히 그가 폭력을 배격하고 무저항 운동을 하는 평화주의자라는 데 그의 인간성을 높이 샀다. 간디 또한 타고르의 도덕성과 인간에 대한 예의에 대해 매료되었으며 그를 깊이 존경했다.

이렇듯 간디와 타고르는 좋은 가문에서 태어났다는 것과 가난하고 힘없는 사람들을 깊은 애정으로 대했다는 것, 자유와 평화를 사랑했다는 등의 공통점을 갖고 있다. 이런 공통점은 둘 사이를 친밀감 있게 했으며 열 살이나 되는 나이 차이에도 서로 교류하며 삶과 사상, 인도의 자유와 평화에 대해 논했던 것이다. 마하트마 간디에서 마하트마는 '위대한 영혼'이라는 뜻으로 타고르가 지어준 것이다.

◆ 간디 / 타고르
인도의 민족운동 지도자이자 인도 건국의 아버지 / 인도의 시인. 시집《기탄잘리》로 1913년에 노벨문학상을 받았다.

에이브러햄 링컨과 그레이스 베델

링컨의 트레이드 마크인 수염. 링컨이 수염을 기르게 된 데에는 이유가 있다. 링컨이 대통령선거에서 당선이 되었을 때였다. 뉴욕에 사는 한 소녀가 링컨에게 편지를 보낸 것이다.

대통령님, 저는 뉴욕에 살고 있는 소녀 그레이스 베델입니다. 대통령님께 편지를 쓰게 된 것은 대통령님께서 수염을 기르시면, 훨씬 멋지고 인자하게 보일 것 같아서입니다. 그러니 수염을 기르시는 게 어떨까요?
제가 너무 당돌하다고 생각하지 마시고 꼭 수염을 기르시면 좋겠어요. 수염 기른 멋진 모습을 기대할게요. 안녕히 계세요.

링컨은 편지를 읽고 나서 빙그레 미소를 지었다. 참 재미있는 소녀의 제안이었던 것이다. 하지만 링컨은 지금 수염을 기르면 사람들이 어리석은 짓이라고 할지도 모른다고 답장을 써서 보냈다. 그리고 얼마 후 소녀로부터 편지가 왔다. 소녀는 너무 인상이 엄숙해서 그러니 수염을 기르면 누구나 친근감을 느낄 거라고 재차 말했다. 또 자신의 친구들도 수염을 기르기를 바란다고 덧붙였다. 링컨은 빙그레 미소 지으며 고개를 끄덕였다. 그리고 그는 수염을 기르기 시작했다. 링컨은 수염이 자라는 모습을 보며 새로운 자신의 모습에 만족해했다.
어느 날 링컨은 워싱턴으로 가기 위해 뉴욕을 지나고 있었다. 그런데 그때 링컨은 기차를 멈추게 했다. 그가 기차 밖으로 나오자 많은 시민들이 링컨을 보기 위해 몰려들었다.
"혹시 여기 그레이스 베델이란 소녀가 있습니까?"
링컨은 사람들을 향해 말했다. 그때 그레이스 베델이 손을 들고 말했다.
"제가 그레이스 베델입니다!"
"아, 그래요. 소녀가 그레이스 베델이군요. 그레이스 말대로 수염을 길렀는데 어때요. 괜찮아요?"
링컨은 수염을 쓰다듬으며 말했다. 그의 말에 그레이스는 "네, 아주 멋지세요!" 하고 말하자 링컨도 소녀도 시민들도 함박웃음을 지었다.

◆ 에이브러햄 링컨
미국의 제16대 대통령(재임 1861~1865). 남북 전쟁 이후 점진적인 노예 해방을 이루었다.

DAY 077 하워드 슐츠와 제리 볼드윈

세계 제일의 커피 전문 회사 스타벅스의 CEO인 하워드 슐츠는 어린 시절 지독한 가난으로 미국 연방정부 보조주택 지역인 브루클린 카니지 빈민촌에서 생활했다. 미식축구 특기생으로 노던 미시건 대학을 마친 그는 제록스사에 입사하여 세일즈를 하며 사회에 발을 들여놓았다. 그는 집념과 끈기를 바탕으로 세일즈를 펼치며 그 지역 최고의 프로 세일즈맨이 되었다. 생활의 안정을 찾은 그는 자신감으로 충만해 있던 중 더 큰 도약을 위해 스웨덴에 본사를 둔 퍼스토프에 입사했다. 그리고 그는 퍼스토프가 미국에 세운 가정용품 회사인 해마플라스트의 부사장으로 발령을 받아 3년 동안 열심히 일했다.

그러던 중 스타벅스에 관심을 갖게 되었고, 발전 가능성을 발견했다. 그는 스타벅스의 경영자인 제리 볼드윈, 고든 보우커, 제브 시글에게 스타벅스에서 일을 했으면 좋겠다고 말했다. 그러나 새로운 변화를 주저하는 그들은 거절했다. 하지만 하워드 슐츠는 집념과 끈기로 제리 볼드윈을 설득해 스타벅스에 입사했다. 입사한 지 1년이 지난 어느 날 이탈리아에 가게 되었다. 그곳에서 그는 자신의 인생을 완전히 바꾸는 계기가 되는 것들을 목격했다. 거리마다 수없이 늘어선 커피숍의 모습에 전율이 일 만큼 감동했다. 가족적이고 예술적인 분위기가 물씬 풍기는 모습은 미국에서는 상상하지 못했던 새롭고 신선한 충격을 주었던 것이다.

미국으로 돌아온 하워드 슐츠는 이탈리아 스타일을 미국에 도입하는 계획을 세우고, 스타벅스의 세 명의 경영자들을 설득했지만 결국 실패를 하고 말았다. 그러나 그는 자신이 직접 커피 회사를 경영할 계획을 세우고 투자자를 모집했다. 다행히도 스타벅스 경영자인 제리 볼드윈이 15만 달러를 투자하겠다고 말했다. 너무도 뜻밖의 일이었다. 더 놀라운 것은 볼드윈은 자신이 원하는 사업방식이 아니지만 하워드 슐츠를 지원하고 싶어서 투자를 했다고 했다.

수많은 우여곡절을 겪으며 드디어 '일 조르날레'를 창업했다. 하지만 그의 마음속엔 스타벅스를 인수하는 꿈이 언제나 풀빛처럼 빛났다. 1987년 마침내 스타벅스의 CEO가 되었다. 이 당시 스타벅스는 작은 구멍가게에 불과했다. 하지만 하워드 슐츠는 스타벅스에서 꿈을 보았고 자신의 인생을 올인한 끝에 세계 최대의 커피 전문회사로 성장시켰다.

◆ 하워드 슐츠 / 제리 볼드윈
미국의 기업인이자 전 스타벅스 회장 / 스타벅스 공동 창립자

레이먼드 카버와 고든 리시

미국의 대표적인 단편소설가인 레이먼드 카버는 지독한 가난에 시달리면서도 소설을 썼다. 그가 주로 단편소설을 썼던 것은 생활비를 벌기 위해서였다. 배우지 못했던 그가 할 수 있는 일이란 주로 도서관 아르바이트, 아버지가 일하는 제재소 일이나 병원 청소일 등 막일이었기 때문에 힘들게 생활비를 벌다 보니 늘 글 쓸 시간이 부족할 수밖에 없었던 것이다. 그가 미국 문단사에 길이 남을 작가가 될 수 있었던 데에는 역량 있는 편집자 고든 리시가 있었기 때문이다. 고든 리시는 카버의 소설을 읽고 그가 뛰어난 자질을 지녔다는 것을 단박에 알아챘다. 고든 리시는 책상 서랍에서 잠자고 있던 카버의 소설을 끄집어내게 하여 편집에 들어갔다. 그리고 마침내 카버의 첫 소설집 《제발 조용히 좀 해요》를 출간하여 좋은 평가를 받으며 성공적인 결과를 낼 수 있었다. 그리고 이어 카버의 두 번째 소설집 《사랑을 말할 때 우리가 이야기하는 것들》을 출간했다. 책이 출간되고 나자 독자들의 반응은 가히 폭발적이었다. 카버의 이름은 널리 알려지며 미국 문단에 확실하게 각인되었다. 파산을 두 번이나 할 만큼 궁핍했던 그의 삶엔 따뜻한 인생의 빛이 감돌기 시작했다. 그의 인생이 완전히 뒤바뀐 것이다.

고든 리시는 카버의 소설 중 어떤 소설은 약 80%를 개작하기도 하고, 또 어떤 소설은 절반 분량을 잘라내는가 하면, 내용과 이야기 흐름을 바꾸는 등 거침없이 손을 봤다. 그가 그렇게 한 데에는 카버의 소설을 성공시킬 수 있다는 강한 확신에 의해서였다. 하지만 소설을 쓴 당사자인 카버는 심적 갈등을 일으키며 상당히 불쾌해했다고 한다. 그런데 그럼에도 불구하고 고든 리시의 의견을 따르지 않을 수 없었던 것은 편집자로서의 탁월했던 그의 역량을 믿었기 때문이다.

그 후 카버는 그의 대표작 《대성당》을 출간할 때는 원고 내용에 대해서는 전적으로 자신이 통제를 했으며, 고든 리시는 표지와 외적인 것에만 관여했다. 두 사람의 노력으로 《대성당》은 크게 성공을 거두며 카버의 존재를 미국 문단사에 가장 확실하게 각인시켰다. 그로 인해 카버의 이름 앞에는 미국 단편소설과 리얼리즘의 대가라는 칭호가 붙으며 작가로서의 위대한 족적을 남겼다.

카버가 위대한 작가가 될 수 있었던 데에는 고든 리시라는 탁월한 편집자가 있었기에 가능했다. 카버에게 있어 고든 리시는 그의 캄캄한 암흑 같은 인생에 밝은 등불과 같은 사람이었다.

◆ 레이먼드 카버 / 고든 리시
미국의 소설가. 주요 저서로 《제발 조용히 좀 해요》, 《대성당》이 있다. / 미국의 작가이자 문학 편집자

DAY 079

로세티와 홀 케너

가난한 대장장이의 아들로 학교 공부라고는 8년이 전부였던 홀 케너. 그랬던 그가 소설 《크리스천》,《맨섬 사람》 등으로 베스트셀러 작가가 된 데에는 운명 같은 아름다운 이야기가 있다.

홀 케너는 노동자로 일하면서도 책을 즐겨 읽었다. 소네트와 민요를 좋아했다. 소네트를 읽을 땐 몸과 마음이 맑게 정화되는 것을 느꼈으며, 특히, 그가 좋아했던 시인은 단테, 가브리엘, 로세티였는데 그중에서도 로세티를 더 좋아했다. 홀 케너는 그를 흠모한 까닭에 극찬에 극찬을 더해 정성껏 편지를 써서 보냈다.

존경하는 로세티 시인님께

저는 시인님을 존경하는 홀 케너라고 합니다. 저는 변변히 배우지는 못했으나 책을 좋아하고, 시를 사랑합니다. 특히, 시인님의 시를 읽을 때면 마음 저 깊은 곳으로부터 감동의 물결이 파도치듯 밀려옵니다. 그럴 때면 세상의 힘듦과 고통을 잊는 듯합니다. 시인님의 시는 제게는 영혼의 양식이며, 삶의 등불입니다.

그리고 제가 시인님을 존경하는 또 하나의 이유는 단테의 문학적 업적을 높이 기리고 연구하여, 시인으로서의 단테를 완벽하게 재구성했다는 점입니다. 저 또한 단테를 존경하고 그의 시를 좋아합니다.

열심히 노력하다 보면 뵈올 날이 오리라 믿고 열심히 읽고 쓰며 살겠습니다.

로세티는 홀 케너의 편지를 읽고 크게 감동했다. 자신을 그처럼 존경하고 자신의 시를 사랑한다는 말이 그의 가슴을 울렸던 것이다. 로세티는 즉시 그에게 편지를 보냈다. 런던으로 오라는 내용이었다.

홀 케너는 로세티의 편지를 받고 크게 감격했다. 홀 케너는 런던으로 갔다. 그리고 꿈에서도 그리던 로세티를 만났다. 그리고 로세티의 비서가 되었으며 로세티의 도움으로 많은 예술가들과 교류하면서 폭넓은 문화지식을 쌓았고, 작가로서의 역량을 키울 수 있었다.

◆ 로세티 / 홀 케너
영국 여류시인 / 베스트셀러 작가

DAY 080 | 당나라 현종과 양귀비

당나라 현종은 아내가 죽자 아들의 처이자 며느리인 양귀비를 빼앗아 아내로 삼았다. 이는 사람으로 해서는 안 될 일이지만, 양귀비란 인물이 그만큼 요사스러운 여자라는 걸 알 수 있다.

현종은 마음이 어질고 지혜로워 어진 선비를 등용하고, 문학과 예술을 장려하는 등 선정을 베풀어 백성들로부터 칭송이 자자했는데 양귀비를 아내로 삼고 나서 달라지기 시작했다. 그는 양귀비의 오빠 양국충을 재상으로 삼고 그 일가친척들을 대거 조정에 등용했다. 한마디로 당나라 조정이 양씨 일가들로 득실거렸다.

"황제 폐하, 제가 그렇게도 좋사옵니까?"

"아무렴. 좋다 말다. 목소리는 꾀꼬리가 따로 없고, 인물로 치자면 세상천지에 으뜸이로다. 그런데 어찌 좋지 않을 수 있단 말인고. 좋다, 오늘 맘껏 취해보자꾸나."

현종은 양귀비의 미색에 빠져 정사를 돌보지 않고 치마폭에 매달려 지냈다. 매일매일 술과 가무를 즐기다 보니, 신료들은 신료들대로, 백성은 백성들대로 원망이 자자했다. 그래서 충언이라도 하면 황제를 능멸한다는 죄로 핍박을 가하니, 할 말이 있어도 눈치만 살피는 형국이었다.

당나라 조정은 말이 아니었다. 한마디로 중구난방이었다. 황제가 여자에게 빠지자 꼴이 말이 아니었던 것이다. 게다가 양귀비 일가가 득세를 하니 더더욱 말이 아니었다. 그런데 이런 양귀비에게 좋지 않은 징후가 생기기 시작했다.

양귀비 오빠인 양국충이 방자하게 굴며 전횡을 일삼더니, 현종이 국사를 태자에게 맡기고 친정하겠다고 하자 태자를 늘 박대한지라 태자가 왕이 되면 자신을 보복할까 두려워하여 양귀비에게 말해 현종을 촉 땅으로 피난하기를 권했다. 이 모두는 양국충이 자신들을 위해 꾸민 일이었다.

현종 일행이 함양에 이르자 관리와 백성들은 이미 도망가 버리고 말았다. 이에 현종은 양국충에게 속은 줄 알고 후회했다. 이에 참다못한 충신들이 나서서 양국충의 목을 베었다. 그리고 양귀비에게 죄를 물으니 양귀비가 목을 매 자결했다.

양귀비의 미색에 놀아난 현종은 실정失政한 왕이 되는 불행한 자가 되었다. 부정한 자의 혀는 그것이 남자든 여자든 악귀와 같음이다.

◆ 현종 / 양귀비
당나라의 제6대 황제 / 당나라 현종의 비妃

DAY 081 앤드류 카네기와 찰스 슈왑

찰스 슈왑은 1920년대 앤드류 카네기로부터 100만 달러의 연봉을 받은 사람으로 유명하다. 찰스 슈왑의 능력이 그만큼 뛰어났기 때문이다. 카네기는 막대한 연봉을 주더라도 아까울 것이 없었다. 그는 그만한 가치를 지닌 인물이었다.

카네기가 찰스 슈왑을 높이 평가한 이유는 무엇일까?

첫째는 찰스 슈왑의 뛰어난 소통능력이다. 찰스 슈왑은 리더십이 뛰어난 사람이었다. 그가 뛰어난 리더십을 발휘할 수 있었던 것은 탁월한 인간관계에 있었다. 제강공장 총책임자였던 찰스 슈왑은 직원들을 대할 때 수평관계로 대했다. 즉 감독하고 관리하는 총책임자인 자신과 일개 사원을 평등한 입장에서 대했던 것인데, 그는 지혜롭게도 구태의연한 틀을 과감히 깨뜨려버리고 '나와 그것'이 아닌 '나와 너'라는 수평관계를 실천했던 것이다. 찰스 슈왑의 부드럽고 따뜻한 리더십은 직원들을 친구처럼 가족처럼 여기게 하여 그들이 진정성 있는 직원들이 되게 했던 것이다. 이렇게 되다 보니 생산성은 크게 향상되고 회사는 날로 발전을 거듭할 수 있었다.

둘째는 뛰어난 기술력이다. 찰스 슈왑은 제강법 기술에 있어서 카네기보다 한 수 위였다. 그의 탁월한 제강 기술은 카네기의 회사가 성장하는 데 있어 절대적인 가치를 지녔다. 어떤 기술력을 보이느냐는 생산성 향상에 막대한 영향을 주기 때문이다.

셋째는 근면 성실한 자세이다. 찰스 슈왑은 매우 근면하고 성실한 사람이었다. 그는 제강회사 총책임자였지만 언제나 솔선수범했다. 책임자로서 하지 않아도 될 일도 그는 마다하지 않았다. 그의 그런 모습은 직원들에게 겸손한 사람으로, 성실하고 근면한 관리자로 인식시켰다. 직원들은 그의 인간미 넘치는 인간성에 매료되었던 것이다. 그러자 직원들은 시키지 않아도, 누가 보지 않아도 내 일 같이 회사를 아끼고 사랑했다. 찰스 슈왑의 인간미 넘치는 리더십은 카네기의 제강회사가 일류로 발전하는 데 막중한 역할을 했다.

카네기는 찰스 슈왑의 이런 점을 높이 샀다. 그가 지닌 능력은 돈 이상의 가치를 지녔다는 것을 잘 알았기 때문이다. 찰스 슈왑 또한 자신의 능력을 인정해준 카네기를 위해 열정을 다 바쳐 일했다. 이 둘은 경영자와 직원이라는 관계를 넘어 서로에겐 없어서는 안 될 인생의 동반자였다.

◆ 앤드류 카네기 / 찰스 슈왑
미국의 산업자본가로 US스틸사의 모태인 카네기철강회사를 설립했다. / 미국의 기업가

DAY 082 웰링턴과 병사

 영국의 명장 웰링턴은 용장이자 덕장이며 지장이다. 그가 프랑스 영웅 나폴레옹 군대를 이기고 돌아오자 영국 전역이 떠들썩했다. 영웅 중에 영웅인 나폴레옹을 꺾었으니 그 기쁨은 이루 말할 수 없었던 것이다. 여왕은 승리를 축하하는 환영 연회를 열어 웰링턴과 병사들을 초대했다. 연회장에는 영국의 쟁쟁한 귀족들과 정치가를 비롯해 많은 축하객으로 가득했다.

"친애하는 여러분, 오늘 이 자리에는 조국의 이름을 빛내고 우리의 위상을 만방에 떨치고 돌아온 웰링턴 장군과 그의 병사들이 있습니다. 그들의 용기와 애국심에 경의를 표하며 우리 모두 그들을 위해 큰 박수로 환영합시다."

여왕의 말이 끝나자마자 우레와 같은 박수가 터져 나왔다.

"존경하는 여왕 폐하, 귀족 여러분과 정치가 여러분, 저와 병사들을 위해 이처럼 연회를 베풀어 주심에 대해 머리 숙여 감사드립니다. 앞으로도 저와 우리의 병사들은 여왕 폐하와 조국을 위해 최선을 다할 것을 굳게 맹세합니다. 감사합니다."

웰링턴은 자리에서 일어나 인사를 했다. 그러자 함성과 박수 소리로 연회장이 들썩였다. 그리고 이어 맛있는 음식이 나왔다. 아주 먹음직스러운 음식이었다. 사람들 앞에는 각자 손을 씻는 물이 담긴 유리그릇이 놓였다. 그런데 바로 그때 어떤 병사가 너무 목이 말라 그만 그 물을 마시고 말았다. 그러자 사람들이 웃어댔다. 영문을 모르는 병사는 얼굴이 발개져 어쩔 줄을 몰라 했다. 그 모습을 본 웰링턴이 자리에서 일어나 유리그릇을 들고 외쳤다.

"친애하는 여러분, 우리도 저 용사를 따라 앞에 놓인 물로 건배합시다. 어떻습니까?"

"좋은 생각입니다."

사람들은 기쁨에 취해 있었던 터라 웰링턴의 제안을 기쁘게 받아들였다.

"자, 우리 모두 건배!"

웰링턴이 큰 소리로 외치자 모두 "건배!"를 크게 외치며 물을 마셨다. 그러자 당황하던 병사의 얼굴에 미소가 번졌다. 웰링턴은 자신의 병사가 놀림거리가 되지 않게 하기 위해 센스를 발휘하고, 자신 역시 손 씻는 물을 기분 좋게 마셨다. 이 대목에서 웰링턴이 왜 지략이 넘치는 덕장인지를 잘 알 수 있다.

◆ 웰링턴
영국군 총사령관, 영국 총리를 지낸 군인이자 정치가

DAY 083 디즈레일리와 글래드스턴

19세기 중엽 영국의회는 보수당을 이끄는 디즈레일리와 자유당을 이끄는 글래드스턴으로 인해 새로운 양당체계가 이뤄졌다. 그로 인해 인물 중심으로 이루어지던 해묵은 정치는 물러가고, 일관성을 지닌 정책대결의 새로운 정치가 시작되었다.

보수당의 디즈레일리는 활기차고 친밀감 넘치는 따뜻한 성품으로 사람들에게 꿈과 희망을 불어넣었다. 반면에 자유당의 글래드스턴은 강인하고 깐깐한 성품으로 사람들의 마음을 끌어당기는 웅변가였다. 이 두 사람은 치열한 경쟁 관계로 한 치의 양보도 없었다. 언제나 서로의 우위를 위해 열정으로 당을 이끌며 정쟁에서 이기기 위해 최선을 다했다.

1867년 글래드스턴이 참정권의 확대를 골자로 하는 선거법 개정을 시도하다 실패하자 글래드스턴은 관례에 따라 총리직에서 물러났다. 그러자 디즈레일리는 글래드스턴이 시도했던 것보다 훨씬 더 많은 사람에게 참정권을 부여하는 내용의 개정안을 발의해 하원의 동의를 받아냈다. 결국 디즈레일리의 개정안에 따라 유권자 수는 배로 늘어났다. 그러나 이 또한 문제가 있어 대중을 교육하고 순화시키기 위해 1870년 교육법이 개정되어 모든 사람이 기초단계 교육을 받게 되었다. 이로써 영국의 공교육이 본격화되었다. 그로 인해 국민이 정치적인 힘을 소유하게 되는 계기를 마련했다.

디즈레일리의 총리로서 대표적인 공적은 가난한 노동자들의 주거개선법을 시행한 것이다. 그 외에도 복잡했던 공중보건법을 크게 개선했고, 노동 착취를 방지하는 공장법과 노동자 단체의 지위를 인정하는 두 개의 노동조합법 제정도 그의 업적이다. 대외적인 업적으로는 당시 이집트 수에즈운하를 인수한 것이 있다. 수에즈운하 인수는 영국을 강국의 이미지로 부각시키며 영국의 위상을 드높였다.

글래드스턴의 총리로서 대표적인 공적은 1871년 1872년 조인국 모두의 동의 없이 협정을 폐기하지 않겠다는 열강들의 런던선언과 미국이 제기한 '앨라배마호' 배상문제를 중재로 해결했다. 1870년 디즈레일리와 함께한 교육법과 1872년 선거법 개정도 있다.

디즈레일리와 글래드스턴은 보수당과 자유당을 이끄는 수장으로서 치열한 경쟁 관계에 있으면서도 자유민주주의의 법치적인 틀에서 벗어나지 않고 영국의 전통에 걸맞게 행동했다. 그럼으로써 영국의 의회주의가 발전하는 데 크게 기여했다.

◆ 디즈레일리 / 글래드스턴
영국의 정치가이자 소설가 / 영국의 정치가. 윈스턴 처칠과 함께 가장 위대한 영국 수상으로 추앙받았다.

DAY 084

헬렌 켈러와 설리번

PEOPLE

　사회주의 운동가이자 교육자로 열정적인 삶을 살았던 헬렌 켈러. 그녀는 정상적으로 태어났지만 심한 열병으로 시력과 청력을 잃어버렸고 말도 할 수 없었다. 그녀의 어머니는 찰스 딕슨이 쓴 시청각 장애를 극복한 장애인 로라 브릿맨의 이야기가 담긴 책을 읽고 희망을 가졌다. 그녀의 어머니는 딸에게 희망을 주기 위해 많은 사람을 만났고 조언을 들으며 그대로 실천했다. 어머니의 노력에 하늘이 감동한 것인지 헬렌 켈러는 그녀의 운명을 바꾸어 놓을 앤 설리번을 가정교사로 맞이하게 되었다.

　앤 설리번 역시 어려운 환경 속에서 자랐다. 시력이 극도로 좋지 않았던 그녀는 수술을 통해 시력을 되찾았고 그 후 열심히 공부하면서 자신의 꿈을 찾아 나갔다. 그러던 중 헬렌 켈러와 인연이 닿아 가르치게 된 것이다. 설리번과 헬렌 켈러는 서로에게 운명적인 대상이었다.

　처음부터 설리번은 헬렌 켈러를 위해 존재하는 사람 같았다. 헬렌 켈러는 설리번으로부터 철저하게 교육을 받았다. 헬렌 켈러나 설리번에게는 정상인들보다 몇 배의 인내심이 요구되었다. 설리번은 헬렌 켈러에게 단어 하나를 가르치기 위해 다양한 방법을 사용했다. 후각을 이용하기도 하고 손바닥에 글씨도 써주었다. 설리번의 학습법은 매우 효과적이었다. 헬렌 켈러는 단어를 익히고 의미를 익혀나가는 데 흥미를 보였다. 두 사람의 노력 끝에 헬렌 켈러는 펄킨스 시각장애 학교에 입학하여 공부하게 되고 이후 뉴욕으로 이사하여 폭넓은 공부를 하며 케임브리지 학교를 거쳐 레드클리프 대학교에 입학해 좋은 성적으로 졸업했다.

　그녀는 자신의 장애를 문제 삼지 않고 사회 문제에 적극 개입했다. 특히 장애인들의 인권과 입장을 대변하며 그들이 사회로부터 외면받지 않도록 힘썼다. 여성들의 참정권을 주장하며 그들의 자유와 평화를 위해 노력했다. 그녀는 조지 케슬러와 함께 헬렌 켈러 인터내셔널이라는 단체를 설립하여 비전과 건강, 영양을 연구했으며, 미국 자유 인권 협회를 설립하는 데 중추적 역할을 했다. 그리고 자서전을 비롯한 다양한 책들을 출간함으로써 작가로서의 입지도 넓혀 나갔다. 그녀는 늘 긍정적이고 희망적인 삶을 이야기했다. 전쟁을 반대했고, 이주노동자들의 인권을 보호했으며 인종차별 정책에 적극 대응하여 인권 운동가로서 뚜렷한 족적을 남긴 인생의 승리자이다.

◆ 헬렌 켈러 / 앤 설리번
미국의 작가이자 사회 복지 사업가 / 미국의 교육가

DAY 085 페기 구겐하임과 루실 콘

현대 미술사의 여제, 탁월한 컬렉터이자 기획자인 페기 구겐하임은 어린 시절 늘 혼자였다. 어머니와 아버지 사이가 원만하지 않아 어머니는 어린 딸에게 관심을 두지 않았다. 그래서일까 아버지는 어린 딸을 무척이나 예뻐했다. 그는 페기에게 예술을 가르치기 위해 가정교사를 초빙했다. 그녀의 이름은 루실 콘으로 미국의 명문 컬럼비아 대학에서 고전문학 박사학위를 받은 당시로써는 상당한 실력파였다. 또한 그녀는 사회주의 운동의 열렬한 지지자이기도 했다.

루실 콘은 페기를 박물관 등에 데리고 다니며 고전미술에 대해 눈뜨게 했으며 프랑스 역사와 문학에 대한 상식을 길러주었다. 페기는 이를 통해 자연히 미술품에 대해 관심을 갖게 되었다. 또 유럽 역사에 대한 폭넓은 지식을 쌓았고, 많은 문학작품을 읽음으로써 문학에 대한 이해를 키울 수 있었다. 그리고 페기의 마음 깊이 내재함으로써 그녀가 걸출한 컬렉터가 되는 데 있어 잠재적으로 작용하는 힘이 되었다.

페기는 자유분방한 삶을 살았던 사람답게 사고방식이나 행동양식에 막힘이 없다. 그녀가 자유로운 영혼을 가진 사람답게 인생을 자신이 원하는 대로 살 수 있었던 것 또한 루실 콘의 영향이 절대적이다.

"나는 루실 콘을 통해 더 나은 세상을 만드는 데에 대한 열정을 갖게 되었다. 나는 급진적으로 변했고, 내가 성장해온 질식할 것 같은 분위기로부터 벗어날 수 있었다. 그녀가 내게 가르쳐 준 교훈은 내 인생을 그녀조차 생각지 못했던 방향으로 나아가도록 했다."

페기의 말에서 보듯 그녀는 루실 콘으로부터 자유로운 사고방식과 진보의식을 길렀던 것이다. 그렇게 되자 페기 구겐하임의 삶은 완전히 변하고 말았다. 그녀는 돈과 지위와 같은 세속적인 조건과는 상관없이 그 누구와도 마음이 통한다 싶으면 쉽게 사랑에 빠져들었다.

페기의 자유분방함과 자유로운 생각은 일반적인 관점에서 볼 때 무개념하고 부도덕하고 비윤리적으로 보일 것이다. 하지만 그것이 그녀에게는 새로운 것을 시도하고 추구하는 창조적인 에너지로 작용했다. 다시 말해 자유분방함에서 오는 자유로운 생각은 페기를 현대 미술의 위대한 컬렉터, 기획자가 되는 데 성공의 씨앗이 되었으며 그로 인해 그녀는 현대 미술사에서 최고의 마케터가 되었던 것이다.

◆ 페기 구겐하임 / 루실 콘
미국 태생의 전설적인 미술품 컬렉터 / 유대인 가정교사, 컬럼비아대를 나온 사회주의자

조지 W. 부시와 콘돌리자 라이스

조지 W. 부시 미국 대통령 재임 시 국무장관을 지낸 콘돌리자 라이스의 까만 피부, 흐트러짐 없는 자세, 예리하고 냉철해 보이는 눈, 반듯한 걸음걸이는 보는 사람들에게 함부로 범접할 수 없는 강한 이미지로 다가온다. 실제로도 냉철하고 확실한 태도로 외교활동을 벌인 것으로 유명하다.

그녀는 강한 미국을 표방했던 부시 대통령의 의중을 잘 실행에 옮긴 여장부였다. 한마디로 똑소리 나는 그녀는 목사였던 아버지와 음악 교사였던 어머니의 영향을 받아, 신중하면서도 부드럽고 배려 있는 자세로 상대방에게 믿음을 주었다.

여기서 한 가지 그녀의 이름에 얽힌 이야기를 해야겠다.

그녀의 이름 '콘돌리자Condoleezza'는 음악과 관련된 이탈리아어 표현인 'Condoleezza' 즉 '부드럽게 연주하라'는 뜻이다. 그녀의 부모가 이 이름을 지어준 것은 그녀가 부드럽고 아름다운 여성으로 행복하게 살았으면 하는 바람에서다. 그녀는 부모의 바람대로 부드럽지만 야무지게 자신의 인생을 개척해 나갔다. 그녀는 미 명문 대학인 스탠퍼드 대학교에서 철학박사 학위를 받았다. 그리고 최연소이자 흑인 여성으로는 최초로 스탠퍼드 대학교 부총장 (1993~1999)을 지냈으며, 조지 W. 부시 대통령 전임 임기 때 안보보좌관 (2001~2005)을 지내는 등 탁월한 영향력을 가진 여성이다.

그녀가 이토록 뛰어난 능력을 발휘할 수 있었던 것은, 자신의 일에 최선을 다하는 열정에 있었다. 그녀는 자신이 해야겠다고 마음먹은 일은 어떤 일이 있어도 반드시 해냈다. 그리고 자신이 하는 일에 대한 믿음이 분명했고, 예리한 통찰력과 판단력을 지녔으며 어떤 상황에서도 흔들리지 않는 강한 집중력과 두둑한 배짱이 있었다. 그리고 무엇보다 중요한 것은 자기만의 철학이 뚜렷했다. 철학이 뚜렷한 사람은 마치 큰 느티나무와 같아서, 느티나무가 웬만한 태풍에도 쓰러지지 않는 것처럼 그 어떤 일에도 꿋꿋이 버텨내는 강한 강단이 있다. 그녀가 그랬다. 또한 다양한 분야에 걸쳐 폭넓은 지식과 실력을 갖췄다는 것이다.

부시 대통령이 그녀를 안보보좌관과 국무장관이라는 막중한 자리에 앉힌 것을 보더라도, 그녀의 능력이 얼마나 출중했는지를 알 수 있다. 부시에게 그녀는 정치적 파트너로서 손색이 없는 귀재였다.

◆ 조지 W. 부시 / 콘돌리자 라이스
미국의 정치가, 제43대 대통령 / 아프리카계 미국인 여성이자 제66대 국무장관

DAY 087 파바로티와 안드레아 보첼리

　시각 장애인인 세계적인 테너 안드레아 보첼리는 이탈리아 농촌 지역인 투스카니에서 포도와 올리브를 경작하는 작은 농가에서 태어났다. 보첼리는 음악적 재능이 뛰어나 그의 부모는 그가 여섯 살 때부터 피아노 레슨과 플루트와 색소폰을 가르쳤는데, 보첼리는 오페라 아리아에 더 많은 관심을 보였다. 그런데 보첼리 나이 12살 때 친구들과 축구를 하다 그만 머리를 다치는 사고로 시력을 잃고 말았다. 시력을 잃은 보첼리를 위해 그의 부모는 최선을 다했다. 그 역시 자신의 처지에 굴하지 않고 자신의 미래를 위해 열심히 공부해 피사 대학에 진학하여 법률을 공부한 끝에 법학박사 학위를 취득하고 변호사가 되어, 여러 해 동안 법률가로서 생활했다. 그러나 그의 가슴속에는 노래에 대한 강한 미련이 남아 있어, 노래의 꿈을 접을 수가 없었다. 그는 넘쳐나는 음악에의 열정을 감추지 못해 전설적인 테너 프롱코 코넬리를 찾아가 그의 문하생이 되었다.

　이후 보첼리는 1992년 이탈리아를 대표하는 록스타 주개로와 인연이 되어, 주개로의 데모 테이프 제작을 위해 그와 함께 〈미세레레〉라는 노래를 불렀는데, 그의 노래를 듣고 테너 루치아노 파바로티는 감탄하며 칭찬을 아끼지 않았다. 주개로의 당초 계획대로 파바로티와 노래를 녹음했지만, 바쁜 파바로티를 대신해 라이브 공연에는 보첼리가 초대되었다. 이 공연은 보첼리의 인생을 바꾸어 놓는 계기가 되었다. 그의 노래를 들은 청중들은 열광했고, 곧이어 그의 이름은 유럽 전역에 알려지기 시작했으며, 그를 성공의 길로 이끌어 주었다. 주개로의 소개로 파바로티를 알게 된 보첼리는, 그의 진가를 알아본 파바로티의 연말 자선 콘서트에 초대되어, 유감없이 자신의 노래 실력을 보여줌으로써 더욱 자신의 입지를 굳혀나갔다.

　보첼리는 가는 곳마다 돌풍을 일으키며 영혼을 노래하는 테너라는 찬사를 받았다. 그의 목소리에는 깊은 울림과 떨림이 있는데, 이는 다른 테너들이 흉내 낼 수 없는 그만의 개성으로 사람들을 매료시키기에 충분했다.

　세계 최고의 테너 파바로티는 그를 전폭적으로 지원해주었다. 그만큼 그의 재능이 뛰어났다. 그가 루치아노 파바로티, 플라시도 도밍고, 호세 카레라스가 중심이 된 세계 테너를 잇는 후계로 자리매김했다는 것만으로도, 그의 성공은 그 누구보다도 값지다고 하겠다.

◆ 루치아노 파바로티 / 안드레아 보첼리
이탈리아의 테너 가수. 플라시도 도밍고, 호세 카레라스와 함께 세계 3대 테너로 불렸다. / 이탈리아 출신의 테너 가수. 팝페라 장르를 개척했다.

DAY 088 카뮈와 장 그르니에

알제리 출신 프랑스 작가이자 철학자인 알베르 카뮈는 게으름을 경계했으며 노력에 대해 강한 신념을 갖고 있었다. 그의 아버지는 전쟁으로 사망했으며 그의 어머니는 문맹으로 청각장애를 가진 하녀였다. 자연히 이러다 보니 그의 가정형편은 어려울 수밖에 없었다. 그는 알제리 대학에 입학했으나 폐결핵으로 중퇴를 하고 갖가지 아르바이트를 하며 자신의 꿈을 키워나갔다.

그러는 가운데 평생 스승인 장 그르니에를 만나게 되었고 가르침을 받았다. 장 그르니에는 프랑스 철학자이자 작가로 《지중해의 영감》, 《섬》, 《자유에 관하여》으로 잘 알려졌다. 카뮈는 그에게 깊이 매료되었으며, 그의 작품에 깃든 철학적 요소에 대해 성찰하는 계기를 갖게 되었다.

카뮈는 플로티누스에 관한 논문으로 철학사 학위과정을 마쳤다. 그는 프랑스 공산당에 가입했으며, 알제리 공산당에도 가입하여 동료들과 갈등을 빚으며 트로츠키주의(레온 트로츠키가 주장한 마르크스주의 혁명론으로 볼셰비키 레닌주의라고도 함)자로 비난받는 등 제명을 당했다.

카뮈는 결혼과 이혼, 재혼을 했지만 그는 결혼제도에 대해 반대하여 아내와 갈등을 빚었다. 그는 노동자극장을 설립했으며, 좌익성향의 신문기자로 활동하기도 했다. 1939년 그는 독일에 저항하기 위해 참전을 신청했지만 폐결핵으로 거절당했다. 이후 그는 《시지프 신화》, 《이방인》을 저술하며 장 폴 사르트르와 교류했으나 공산주의 사상을 비난함으로써 사르트르와 소원해졌다. 그 후 공산주의에 반대하는 반란과 반역에 관한 철학적 분석을 담은 《반항하는 인간》을 씀으로써 프랑스의 동료들은 물론 사르트르의 분노를 샀다. 그는 《시지프 신화》, 《이방인》을 통해 사상가로서 인정을 받았으며 〈오해〉, 〈칼리귤라〉 등으로 극작가로도 성공했다.

카뮈는 인권 운동에 깊이 관여함은 물론 사형제도에 반대하는 등 평화주의자로서의 활발하게 활동하며 자신의 생각을 적극 실천으로 옮김으로써 자신의 인생을 긍정적으로 살았으며 1957년 노벨문학상을 수상했다. 그가 가난한 환경에서도 자신의 인생을 성공적으로 이끌어 낼 수 있었던 것은 장 그르니에를 만남으로써 문학에 대한 뜨거운 열망을 갖게 되었기 때문이다.

◆ 알베르 카뮈 / 장 그르니에
프랑스의 소설가, 극작가, 철학자 / 프랑스의 소설가이자 철학자

존 F. 케네디와 닉슨

 존 F. 케네디와 닉슨이 35대 대통령 선거를 치를 때 일이다. 당시 대통령이었던 아이젠하워는 공화당 후보인 닉슨을 적극 지원했다. 닉슨은 부통령으로 8년 동안이나 지내왔던 터라 정치 경험이 풍부하고 국제 무대에도 친숙한 사람이었다. 그에 비해 존 F. 케네디는 민주당 후보로 국제적으로도 국내적으로도 영향력이 현저히 낮았다. 이러한 핸디캡에도 불구하고 케네디가 국민들에게 자신을 알릴 수 있었던 것은 텔레비전에 출연해서 벌인 정책토론회 덕분이었다.

"텔레비전 토론회, 그까짓 것 아무것도 아니야. 나에게는 식은 죽 먹기지."

닉슨은 텔레비전 정책토론회를 가볍게 여기고 원고를 대충 훑어보았을 뿐이었다. 반면 케네디는 비밀을 유지한 채 철저하게 대비했다. 케네디가 얼마나 치밀한지 말의 속도, 억양, 몸동작, 손의 위치 등 놓치기 쉬운 작은 것 하나까지에도 세심하게 챙겨 연습에 연습을 거듭했다.

"이것만이 내가 닉슨을 이길 수 있는 유일한 방법이다."

케네디는 동생 에드워드 케네디에게 말했다.

"아주 좋은 생각이야. 나는 형이 반드시 이길 거라고 확신해."

마침내 방송에 출연해 정책토론이 벌어졌다. 수많은 눈이 그들을 주시하고 있었지만, 케네디는 전혀 떨리는 기색이라곤 없었다. 오히려 즐기고 있었다. 자신이 연습한 대로 여유로운 몸짓과 세련된 말투, 게다가 깔끔한 의상과 잘생긴 외모는 그를 한층 더 돋보이게 했다. 그러나 닉슨은 달랐다. 조금은 덜 세련된 외모와 말투, 딱딱한 자세와 부자연스러운 모습은 보는 이들의 마음을 답답하게 했다.

"케네디 저 사람, 되게 말 잘한다! 세련된 저 멋진 포즈는 또 어떻고. 나는 케네디로 결정했어."

케네디를 보고 한눈에 반한 미국 국민들은 하나같이 이렇게 말하며 그에게 갖는 기대가 대단했다. 텔레비전 정책대결에서 완승한 케네디는 순식간에 미국의 '새로운 희망'으로 떠올랐다. 드디어 선거가 실시되고 선거결과가 발표되었다.

"제35대 대통령은 민주당 후보인 존 F. 케네디로 결정되었습니다."

선거관리 위원장의 말에 미국 전역이 들썩였다. 케네디는 열악한 조건에서도 자신만의 색깔 있는 이미지 연출로 당당하게 대통령에 당선되었다.

◆ 존 F. 케네디 / 리처드 닉슨
미국의 정치가, 제35대 대통령 / 미국의 제37대 대통령

DAY 090

제갈공명과 마속

　제갈공명은 모든 일에 있어 원칙에 입각해 공사를 구분했다. 그는 인정을 베풀 땐 확실하게 인정을 베풀고, 잘못한 일에 있어서는 그가 누구든 원칙과 군율에 입각해 엄정하게 처리했다. 그가 그처럼 철저하게 원칙을 지킨 것은 원칙을 지키지 않으면 군을 통솔하지 못할 뿐만 아니라, 강건한 국가를 세우는 데 있어 무리가 따르는 것을 잘 알았기 때문이다.

　위나라와의 전쟁으로 한창 때 일이다. 선봉장을 맡은 마속이라는 젊은 장수가 있었다. 그런데 마속은 제갈공명이 세운 전략을 무시하고 자기 멋대로 전쟁을 하는 바람에 크게 패하고 말았다. 제갈공명은 마속이 괘씸하기 짝이 없었다. 군사인 자신의 명령을 어겼다는 것은 항명과도 같은 것이기 때문이다.

　"너는 어쩌자고 내 명령을 어긴 것이냐?"

　제갈공명은 낮고 준엄한 목소리로 말했다.

　"죄송합니다. 저의 무례를 용서치 마시옵소서."

　마속은 납작 엎드려 대죄를 청했다. 전쟁에서 패한 장수는 유구무언이다. 오직 윗사람의 처분만 기다릴 뿐이다.

　"네 죄를 분명 네가 알렸다!"

　제갈공명은 다시 한번 물었다.

　"네, 그러하옵니다."

　마속은 고개를 숙인 채 말했다.

　"좋다. 내가 어떤 형벌을 내리더라도 나를 원망하지 마라."

　제갈공명은 자신이 너무도 아끼는 참모였지만, 일벌백계一罰百戒하는 심정으로 그를 참하라는 명령을 내렸다. 순간 마속의 목이 날아갔다. 마속의 죽음 앞에 마음이 쓰리고 아팠지만, 공명정대한 군율을 위해 마속의 목을 베고 만 것이다.

　제갈공명은 그 누구라도 잘못을 하면 엄한 벌을 받는다는 사실을 널리 알림으로써 실수를 줄이고 끝까지 최선을 다하는 마음을 심어주고자 함이었다. 이를 잘 아는 장졸들은 제갈공명의 추상같은 엄격함에 스스로를 게을리하는 일이 없었고, 자기가 맡은 일에 책임을 다하는 자세를 갖추었다. 제갈공명이 유비의 책사로 촉나라의 부흥을 크게 떨칠 수 있었던 것은 철저한 원칙을 지킨 결과였다.

◆ 제갈공명 / 마속
중국 삼국시대 촉한蜀漢의 정치가 겸 전략가 / 제갈량의 참모. 제갈량의 신임을 받았다가 참살되어 읍참마속이라는 고사가 생겼다.

DAY 091 에디슨과 에드윈 C. 번즈

　　아무것도 가진 것이 없는 빈털터리 사내가 있었다. 하지만 그의 가슴속에는 원대한 꿈이 있었다. 그것도 아주 선명하고 구체적인 꿈이었다. 그 꿈은 발명왕 에디슨과 공동사업을 하는 것이었다. 사실 그에게는 에디슨 연구소가 있는 뉴저지주의 이스트 오렌지까지 가는 기차 삯도 없었다. 그리고 설령 에디슨을 찾아 간다고 해도 그가 만나줄지도 모르는 일이었다. 그는 가까스로 기차표를 구한 끝에 에디슨을 만나러 갔다. 그는 초라한 몰골을 하고 있었지만 그의 눈은 새벽하늘의 샛별처럼 반짝이고 있었다.

"에디슨 선생님을 만나 뵈러 왔습니다."

　그의 말을 듣고 에디슨 연구소 직원은 고개를 갸웃거렸다. 사내는 자신은 에디슨을 꼭 만나야 한다고 말한 끝에 드디어 에디슨과 자리를 함께했다. 그는 에디슨과 공동사업을 하고 싶다고 말하며 자신을 이곳에서 일하게 해달라고 했다. 에디슨은 그의 눈빛에서 강하게 이글거리는 간절한 꿈을 읽을 수 있었다. 에디슨은 그를 직원으로 채용했다. 그날부터 사내는 자신이 할 수 있는 일을 차근차근 열심히 해나갔다. 그런데 몇 달이 지나도록 자신이 생각한 기회가 오지 않았다. 하지만 그는 실망하지 않았다. 반드시 기회가 오리라고 굳게 믿었다.

　그러던 어느 날 그의 꿈을 이룰 수 있는 기회가 찾아왔다. 에디슨은 신제품인 '축음기'를 만들고 있었는데 드디어 완성한 것이다. 그런데 에디슨 연구소 마케팅 직원들은 이 제품에 대해 그다지 호감을 갖지 않았다. 그러나 사내의 생각은 달랐다.

'그래, 바로 이거야. 이 제품이 나에게 기회가 되어 줄 거야.'

　그는 자신이 축음기를 팔아보겠다며 말했고 조건으로 전국판매권을 달라고 했다. 에디슨은 그러겠다고 약속했다. 사내는 뛰어난 판매능력을 보이며 엄청난 판매성과를 냈다. 그로 인해 에디슨의 축음기는 널리 알려지게 되었고, 그만큼 판매실적도 올랐다. 에디슨은 사내와의 약속대로 그에게 전국판매권을 주었다. 사내는 놀라운 판매실적을 올린 끝에 에디슨과 공동경영자가 되었으며 큰 부자가 되었다. 마침내 자신의 꿈을 이뤄낸 것이다. 사내의 이름은 에드윈 C. 번즈다.

◆ 토머스 에디슨 / 에드윈 C. 번즈
미국의 발명가 / 에디슨의 공동 사업자

DAY 092 정조와 홍인환

정조는 어려운 여건 속에서도 나라와 백성을 위해 반대세력의 끊임없는 견제에도 자신의 뜻을 굽히지 않고 임금으로서의 왕도정치 구현에 힘썼다.

정조의 할아버지인 영조는 아들인 사도세자를 못마땅하게 여겨 죽음에 이르게 했지만, 손자인 정조는 끔찍이도 애지중지했다. 정조의 아버지인 사도세자가 죽고 나서 사도세자의 편인 시파와 반대파인 벽파로 갈라졌다. 벽파는 권력을 쥐고 조정의 요직을 두루 차지했으며, 세손인 정조를 끊임없이 견제하며 주의를 기울였다. 세손인 정조에게 잘못이라도 발견되면 세손의 자리에서 끌어내기 위해 혈안이 되었다. 한 마디로 세손의 자리는 거센 풍랑이 휘몰아치는 일엽편주一葉片舟와도 같았다. 세손은 언제 어떤 일을 당할지 몰라 늘 불안하고 초조한 나날을 보냈다. 그런 가운데 세손의 나이는 20세에 이르렀고 할아버지 영조는 80세가 넘어 기력이 쇠했다. 세손인 정조가 무사히 왕위에 오르기를 누구보다도 갈망했다. 자신이 떠나면 세손이 위험해질 수 있으니, 할아버지인 영조의 근심은 산처럼 높고 바다보다도 깊었다.

"세손은 노론, 소론과 남인, 북인을 알고 있느냐? 나라의 일과 조정의 일이 어떠한지, 병조판서에는 누가 좋을지, 이조판서는 누가 좋을지를 아느냐?"

어느 날 영조는 세손에게 물었다. 그런데 영조의 말이 채 끝나기도 전에 옆에 있던 시파인 좌의정 홍인환이 말을 가로막고 나섰다.

"동궁은 노론, 소론을 알 필요가 없으며 병조판서, 이조판서에 누가 좋을지 알 필요가 없으며, 또한 조정의 일은 더욱 알 필요가 없나이다."

이는 영조와 세손을 얕잡아보고 하는 말이었다. 신하 된 자가 무엄하게 임금의 말을 딱 잘라 말한다는 것은 간이 배 밖으로 나오지 않는 한 할 수 없는 말이다. 그만큼 임금과 세손을 우습게 여긴 것이다. 이때 세손은 아무런 말도 못 하고 물러 나왔다. 그때 영조의 심사는 이루 말할 수 없이 불편했다. 자신은 나이가 많아 언제 떠날지 몰라 세손을 지켜주기엔 너무 힘이 없었다. 영조는 83세에 세상을 떠나고, 다행히도 세손인 정조가 즉위했다.

왕위에 오른 정조의 첫 번째 목표는 아버지인 사도세자의 명예를 회복하는 것이었다. 정조는 사도세자의 호칭을 장헌세자로 받들었으며, 지난날 함부로 굴었던 홍인환의 잘못을 엄히 물어 귀양 보냈다. 홍인환은 자신의 세 치 혀를 함부로 놀린 대가를 톡톡히 치렀다.

◆ 정조 / 홍인환
조선의 제22대 왕(재위 1776~1800) / 정조의 외조부인 홍봉한의 동생

DAY 093 | **무하마드 알리와 소니 리스턴**

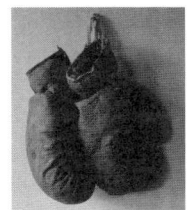

세계 챔피언의 영광을 세 번이나 거머쥔 복싱계의 살아있는 전설 무하마드 알리의 거침없이 쏟아내는 공격은 전 세계 복싱 팬들을 흥분시킨다. 그의 공격은 마치 벌이 날아가 벌침을 쏘는 것처럼 정확하고 예리하다. 정확하고 날카로운 공격이 있어 그는 세계 챔피언의 자리에 세 차례나 오를 수 있었다.

그가 복싱계의 전설이 된 것은 단지 그가 위대한 선수이기 때문만은 아니다. 그는 훌륭한 인격자로 가난하고 어려움에 처한 사람들에게 도움을 주었다. 평소 그는 모범적인 생활을 하며 많은 이들에게 귀감이 되었다.

알리는 열세 살이 되던 해에 동네 깡패로부터 자신을 보호하기 위해 경찰에게 복싱을 배웠다. 그는 복싱에 빠져 사춘기를 보냈다. 그 결과 그의 나이 열일곱 살에 골든 글러브 챔피언이 되었다. 1960년 로마 올림픽에 참가해서는 열여덟 살의 어린 나이로 헤비급 금메달을 획득했다.

1964년 알리는 헤비급 세계 챔피언인 소니 리스턴과의 타이틀 매치에서 그를 누르고 복싱 역사상 두 번째로 어린 나이에 챔피언에 올랐다. 이는 하나의 기적과도 같은 일이었다. 리스턴은 54전 50승 39KO승의 전적을 가진 강자인데 약관 22살의 그가 복싱전문가들의 예상을 깨고 7회에 KO승을 거둔 것이다. 경기 후 그는 자신이 이슬람교도임을 밝히며 자신을 '무하마드 알리'로 불러 달라고 공포했다. 그는 종교적 신념에 따라 베트남 전쟁의 참전을 거부했는데 그 대가로 3년 반 동안 선수 자격 및 챔피언 자리를 박탈당하고 출국도 금지당했다. 그는 '알리'라는 이름을 쓰지 못하게 하는 사람들과도 대적했다.

알리는 어떤 제약에도 신념을 굽히지 않았고 3년 5개월의 긴 싸움 끝에 무죄 선고를 받았다. 선수 자격을 얻은 그는 당시 챔피언이었던 조 프레이저에게 도전했으나 실패하고, 그로부터 3년 후 무쇠 주먹이라 불리는 조지 포먼에게 도전장을 내밀었다. 대부분의 사람들은 포먼의 승리를 장담했지만, 알리는 자신의 승리를 강력히 주장했다. 그는 막강한 상대 포먼을 10회에 KO로 눕히고 10년 전 부당하게 빼앗긴 챔피언 벨트를 되찾으며 자신의 진가를 전 세계에 알렸다.

◆ 무하마드 알리 / 소니 리스턴
미국의 복싱 선수로 3차례나 헤비급 세계 타이틀을 획득했다. / 미국의 권투 선수

김구와 윤봉길

어느 날 임시정부로 어떤 청년이 찾아왔다. 그는 김구에게 조국을 위해 자신이 무엇인가를 하고 싶다고 말했다. 김구는 그 청년을 유심히 살펴보았다. 청년은 자신은 상해 홍구시장에서 채소장사를 한다고 말했다. 그러고는 채소장사 하는 이유를 큰 뜻을 이루기 위해서라고 말했다. 그러면서 자신을 지도해달라고 간청했다. 청년의 굳은 의지에서 믿음과 신뢰를 본 김구는 그렇게 하겠다며 그의 요청을 수락했다.

김구의 지도 아래 홍구공원에서 천황의 생일을 맞아 경축식을 하는 날을 거사일로 정해 철저히 준비했다. 청년은 거사를 성공시키기 위해 날마다 홍구공원으로 가서 거사 벌일 위치를 이리저리 바꿔가며 연습을 했다.

드디어 거사 날이 되었다. 청년은 그동안 연습한 대로 침착하게 거사의 기회를 엿보았다. 마침내 폭음과 함께 폭탄이 터지면서 경축장은 쑥대밭이 되었다. 이날 거사로 상해파견 사령관인 시라카와 대장은 사망하고, 9사단장 우에다 중장은 발가락을 잘리고, 거류민단장은 사망했으며, 제3 함대 사령관 노무라는 오른쪽 눈을 잃었다.

이 사건으로 임시정부의 위상은 높아졌고, 조국에 있는 국민들과 해외 동포들에게 큰 희망과 위안이 되었다. 또한 전 세계에 대한민국의 위상을 널리 알리는 데 큰 역할을 했다. 홍구공원 거사의 주인공 청년은 24세의 윤봉길 의사이다.

윤봉길은 자신의 신념대로 거사를 성공하고 형장의 이슬로 사라지고 말았지만 그의 애국충정은 지금도 우리 가슴에 강같이 살아 흐르고 있다.

"나는 이번 일이 확실히 성공할 것을 미리부터 알고 있었소. 군이 일전에 내 말을 듣고 나서 하신 말씀 중에 '이제는 가슴속의 번민이 가라앉고 편안해진다'고 한 것은 성공의 철석같은 증거로 믿고 있소. 내가 치하포에서 쓰치다를 죽이려 할 때 가슴이 울렁거렸으나, 고능선 선생이 가르쳐주신 '가지 잡고 나무에 오르는 것은 그다지 대단할 것은 없으나, 벼랑에 매달려 잡은 손을 놓을 수 있어야 장부라 할 수 있다'는 구절을 떠올리고 마음이 가라앉았소. 군과 나의 결심 행동이 서로 같은 까닭이 아니겠소."

이는 김구가 윤봉길에게 한 말로 그가 거사에 반드시 성공할 것을 믿고 신뢰한다는 것을 확고하게 보여준 말이다. 결국 윤봉길은 김구의 믿음처럼 거사에 성공하여 대한 남아의 기개를 세계만방에 떨쳤던 것이다. 역시 김구는 큰 도량을 가진 대인이자 현자라는 것을 알 수 있다.

◆ 김구 / 윤봉길
황해도 해주에서 출생. 대한민국임시정부 주석을 지냈다. / 일제강점기의 독립운동가.

DAY
095 | **에드워드 8세와 윌리스 심프슨**

사랑을 위해 영국의 왕위를 포기한 왕세자 에드워드 8세. 그는 미국 펜실베이니아 출신인 윌리스 심프슨 부인을 만나게 되는데 이것이 그의 인생을 완전히 바꾸어 놓는 계기가 되었다.

심프슨 부인은 해군 조종사인 첫 남편과의 결혼을 이혼으로 끝내고, 사업가와 재혼을 했다. 심프슨 부인은 별거 중에 영국 사교계를 누비며 생활하던 어느 날 에드워드 8세를 만나게 되었고, 둘은 서로에게 첫눈에 반해 사랑하는 관계가 되었다. 심프슨 부인은 남편이 있음에도 에드워드 8세와 연인 관계를 이어나가다 결국 이혼을 하고 에드워드 8세와 새로운 인생을 선택했다. 이로 인해 영국 왕실은 발칵 뒤집어졌다. 왕으로 즉위한 에드워드 8세가 두 번이나 이혼한 여자와 결혼한다는 것은 있을 수 없는 일이었기 때문이다.

"왕실의 체통이 있지 어떻게 두 번이나 이혼한 여자와 결혼을 할 수 있단 말인가. 이건 왕실의 수치며 영국의 수치다."

영국 왕실의 생각은 물론 영국 국민들도 이해가 되지 않는 일이었다. 더군다나 미국인 이혼녀라는 것에 더 격앙되었던 것이다. 영국 왕실에서는 수사기관을 통해 심프슨 부인을 뒷조사하게 하여 약점을 찾기에 혈안이 되었고, 그녀가 나치의 스파이라는 등 소문을 퍼뜨리기도 했다. 하지만 에드워드 8세는 자신의 의지를 꺾지 않았다. 결심을 굳힌 에드워드 8세는 라디오 방송을 통해 이같이 말했다.

"나는 사랑하는 여인의 도움이 없이는 왕의 책무를 다할 수 없음을 알았습니다. 그래서 나는 왕위를 내려놓고자 합니다."

왕위를 내려놓겠다는 에드워드 8세의 발표는 왕실은 물론 영국을 발칵 뒤집어 놓았다. 그가 방송을 통해 그렇게까지 할 줄은 몰랐기 때문이다. 이미 엎질러지고 만 물과 같은 형국이었다.

결국 에드워드 8세는 즉위 10개월 만에 왕위를 동생인 조지 6세에게 물려주고, 미련 없이 영국을 떠나 프랑스에서 결혼식을 올렸다. 이후 영국 왕실로부터 인정받지 못한 채 35년 결혼 생활 동안 유럽을 전전하며 살았다.

사랑을 위해 대영제국이라는 막강한 나라의 왕위를 포기한 에드워드 8세. 그는 사랑으로 인해 모든 것을 잃었지만 세계사에 길이 남을 세기의 사랑을 얻었다.

◆ 에드워드 8세 / 윌리스 심프슨
영국의 왕(재위 1936). 국왕 자리를 버리고 미국 출신의 이혼녀 심프슨 부인과 결혼했다. / 에드워드 8세 윈저공의 부인.

월도프 아스토리아와 조지 C. 볼트

필라델피아의 한 산골 마을은 경치가 뛰어나 여기저기서 사람들이 찾아왔다. 그러던 어느 날, 비 오는 새벽이었다. 그곳에 있는 작은 호텔에 노부부가 현관문을 열고 들어와 방을 달라고 했다. 그런데 빈방이 하나도 없다는 호텔직원의 말을 듣고 노부부는 힘없이 발길을 돌렸다. 그때 직원 자신의 방도 괜찮다면 내어주겠다고 했다. 노부부는 직원의 말에 웃음기를 띠며 그래 주면 감사하겠다고 말했다.

직원은 노부부를 모시고 자신의 방으로 갔다. 그는 노부부가 지켜보는 가운데 깨끗하게 청소를 한 뒤 잠자리를 봐주었다. 그 모습을 노부부는 흐뭇하게 바라보았다. 잠자리 정리를 마친 직원이 빙그레 웃으며 편히 쉬라고 말했다.

다음 날 아침, 노신사는 기분 좋은 얼굴로 직원에게 다가왔다. 직원은 기분 좋게 웃으며 말했다.

"불편하지는 않으셨습니까?"

"아니오, 덕분에 아주 잘 잤소. 당신은 미국에서 제일가는 호텔 매니저로 일할 사람이오. 내가 그런 호텔을 지어주겠소."

노신사의 말에 직원은 무슨 의미인지도 모른 채 미소 지었다. 노신사는 이 말을 남기고 호텔을 떠났다. 그로부터 2년 후, 그는 어느 호텔의 준공식 초대장을 받고 뉴욕에 가게 되었다.

'누구지? 나를 초청한 사람이.'

직원은 뉴욕에 가면서도 자신을 초청한 사람이 누구인지 감이 잡히지 않았다. 그가 뉴욕에 도착했을 때 한 노신사가 그를 마중 나와 있었다. 직원은 2년 전 자신의 방에 머물렀던 노신사를 알아보고는 정중하게 인사를 건넸다. 노신사는 그를 새로 지은 멋진 건물로 안내하며 "이 건물이 바로 내가 2년 전, 당신에게 약속했던 호텔이오. 오늘부터 당신이 이 호텔 총지배인이라오"라고 말하자 직원은 믿기지 않았다. 자신이 봐왔던 어떤 호텔보다도 크고 아름다웠기 때문이다. 그런데 그런 특급 호텔에 자신이 총지배인이라니 믿기지 않는 것은 당연했다.

많은 귀빈들이 자리를 꽉 채운 가운데 호텔 오픈식이 거행되었다. 노신사는 직원을 소개하며 이 호텔의 총지배인이라고 말했다. 노신사의 말에 우레와 같은 박수가 울려 퍼지자 직원은 크게 감동하여 눈물을 흘렸다.

◆ 월도프 아스토리아 / 조지 C. 볼트
미국의 백만장자 / 월도프 아스토리아 호텔의 총지배인

DAY 097 프랭크 갠솔러스와 필립 아머

젊은 목사 프랭크 갠솔러스의 가슴은 뜨거운 열망의 꿈으로 가득 차 있었다. 그는 지금과는 전혀 다른 대학을 설립하는 계획을 갖고 있었다. 하지만 그의 주머니엔 아무것도 없었다. 그는 날마다 기도하며 자신의 꿈을 이룰 수 있는 기회를 찾고 구하고 두드렸다.

그러던 어느 날 갠솔러스는 아이디어를 떠올렸다. '100만 달러가 나에게 있다면 하고 싶은 일'이라는 제목으로 이번 일요일에 설교를 하기로 계획을 세웠다. 그리고 그 계획을 신문에 실었다. 일요일 아침 갠솔러스는 희망으로 가득 찬 모습으로 설교를 하기 위해 단상으로 올라갔다. 그는 사람들을 죽 둘러보았다. 많은 사람들이 호기심 가득한 눈으로 자신을 바라보고 있다는 것에 큰 만족감을 느끼자 더욱 힘이 샘솟았다. 갠솔러스는 힘차게 설교를 하기 시작했다. 다음은 그가 한 설교의 요지이다.

"나에게는 꿈이 있습니다. 그 꿈은 대학을 세우는 것입니다. 젊은이들에게 꿈을 심어주고, 그들이 이 나라를 위해 동량이 되게 하는 것입니다. 그런데 나에게는 가진 게 아무것도 없습니다. 오직, 꿈을 이룰 수 있다는 강한 확신과 찬란한 미래가 불타고 있습니다. 나는 바로 이 순간, 꿈이 이루어질 것을 확신합니다. 오늘 이 시간 함께 해주신 여러분들에게 늘 행복과 기쁨이 함께하기를 축복합니다."

갠솔러스의 설교는 열정으로 가득 넘쳤다. 그의 설교를 듣는 사람들의 얼굴은 만족감에서 오는 충만함으로 환하게 빛났다. 설교를 마치고 그가 단상을 내려오자 사람들은 감동적인 설교라며 칭찬했지만 후원을 하겠다고 말하는 이들은 없었다. 그런데 바로 그때 그의 앞으로 어떤 남자가 다가왔다. 그는 감동적인 설교였다고 말하며 자신은 필립 아머인데 내일 아침 자신의 사무실로 오면 100만 달러를 후원하겠다고 말하며 명함을 건네주었다. 그는 육류 포장회사인 '아머앤드컴퍼니'의 창업주였다.

집으로 들어온 갠솔러스는 가슴에 두 손을 대고 감사의 기도를 드렸다. 다음 날 갠솔러스는 필립 아머를 찾아갔다. 그리고 그로부터 후원받은 돈으로 자신이 꿈꾸던 대학을 설립했다. 그 대학은 미국에서도 명문 중에 명문으로 손꼽히는 일리노이 공과대학의 전신이다.

◆ 프랭크 갠솔러스 / 필립 아머
저명한 교육자이자, 목사. 미국 일리노이공과대학의 전신인 아머공과대학 설립자 / 미국의 식품회사 아머앤드컴퍼니 창업자

조지 이스트먼과 제임스 아담슨

코닥 회사의 사장, 조지 이스트먼은 어린 시절 셋방살이를 하며 가난하게 보냈다. 그러던 중 그는 투명 필름을 발명했다. 투명 필름의 발명으로 영화상영이 가능하게 되었으며 이는 획기적인 발명품으로 기록되었다. 그로 인해 조지 이스트먼은 막대한 부를 쌓았고 세계적인 부자가 되었다. 그는 자신이 쌓은 부를 인류를 위해 공헌한다는 신념을 갖고 보람 있는 일에 아낌없이 투자했다. 교육의 발전을 위해 로체스터 대학을 설립했으며, 제너럴 병원, 우정의 집, 어린이 병원 등을 설립했다.

그런 그가 로체스터에 이스트먼 음악학교와 자신의 어머니를 기념하기 위한 극장 킬보운 홀을 건축하기로 하고 한창 건축에 심혈을 기울이고 있었다.

이 소식을 접한 뉴욕의 슈페리얼 시팅 회사 사장인 제임스 아담슨은 건축가를 찾아가 자신 회사의 의자를 이스트먼 음악학교와 극장 킬보운 홀에 납품하고 싶다고 말했다. 그러니 자신을 이스트먼 사장과 만나게 해달라고 부탁했다. 건축가는 아담슨의 요청을 받아들여 그가 이스트먼과 만날 수 있게 주선해주었다.

비서로부터 손님이 왔다는 말을 듣고 이스트먼은 숙였던 고개를 들고 자리에서 일어나 그들을 맞았다. 아담슨은 이처럼 아름다운 사무실은 한 번도 본 적이 없다며 극찬을 하자 이스트먼은 환하게 웃으며 아주 만족해했다. 이스트먼은 아담슨을 데리고 사무실 여기저기를 구경시켜 주었다. 그러고 나서 자신이 인류에게 공헌하기 위해 세운 학교와 병원 등에 대해 설명했다.

"저는 사장님 말씀을 듣고 크게 감동했습니다. 사장님이야말로 진정으로 인류를 사랑하는 마음이 크십니다. 참 존경스럽습니다."

그의 말에 아담슨이 존경스럽다고 말하자 이스트먼은 기분 좋게 웃으며 아담슨을 자신의 집으로 데리고 가 식사를 대접했다. 식사를 마치고 나서 이스트먼은 "아담슨 씨, 오늘 당신 회사의 의자를 구입하겠습니다"라고 말했다.

"감사합니다, 사장님. 오늘 사장님으로부터 많은 것을 배웠습니다. 그것은 제가 앞으로 살아가는 데 있어 큰 도움이 될 거라고 확신합니다."

아담슨은 이렇게 말하며 감사를 표했다. 그날 이스트먼이 구입한 의자의 가격은 무려 9만 달러나 되었다. 9만 달러는 당시로서는 엄청난 액수였다.

아담슨이 이스트먼을 사로잡은 것은 진심을 담은 칭찬이었다.

◆ 조지 이스트먼 1854~1932
미국의 사진 기술자이자 코닥 회사 설립자

DAY 099

짐 론과 앤서니 라빈스

성공한 동기부여가인 앤서니 라빈스. 그의 젊은 시절은 몹시도 가난했다. 앤서니에게는 꿈이 있었는데 그것은 동기부여가가 되는 것이다. 동기부여가가 되기로 결심하고 그에 관한 책을 600권 이상을 닥치는 대로 읽었다. 앤서니는 동기부여에 대한 강연이 있으면 어디든지 달려가 경청했다.

그러던 어느 날 최고의 동기부여가인 짐 론이 앤서니가 살고 있는 도시에서 강연을 한다는 소식이 들려왔다. 소식을 들은 그는 세미나에 참석하고 싶은 마음이 굴뚝같았다. 하지만 그에게는 세미나에 지불해야 할 돈이 없었다. 한참을 고심하던 그는 무작정 짐 론을 만나러 갔다. 짐 론을 만난 그는 강의를 듣고 싶지만 돈이 없다고 말했다. 그러자 짐 론은 무료로 강의를 듣게 하고 싶지 않다고 말했다. 짐 론의 매몰찬 말에 앤서니의 표정이 어두워졌다. 자신이 돈이 없다고 사실대로 말하면 무료로 듣게 해주지 않을까 했던 기대가 와르르 무너져 내렸기 때문이다.

앤서니는 죄송하다고 말하고는 그 자리를 벗어났다. 그리고 어떻게 하면 강의를 들을 수 있을까, 생각하던 중 무턱대고 은행을 찾아갔다. 그러고는 대출담당자에게 돈을 대출받고 싶다고 했다. 그러자 담보물이 있어야 된다고 했다. 담보물이 없는 앤서니는 짐 론의 강의를 듣고 싶으니 제발 대출을 해달라고 간절하게 말했다. 그의 눈을 바라보던 대출담당자는 자신의 돈을 빌려주었다. 돈을 받아든 앤서니는 연신 감사하다는 말을 남기고는 쏜살같이 세미나가 열리는 곳으로 달려갔다. 그리고 등록을 한 뒤 열심히 짐 론의 강의를 들었다. 짐 론의 강의는 그에게 용기와 큰 힘이 되었다. 강의를 마친 짐 론이 앤서니에게 말했다.

"앤서니, 돈이 없다더니 어떻게 강의를 듣게 되었나?"

"오, 그랬구먼. 바로 그거야. 그와 같은 열정만 가지면 무엇이든 할 수 있다네. 자네는 반드시 그렇게 될 걸세."

짐 론은 이렇게 말하며 그를 크게 격려해주었다.

그 일이 있고 나서 동기부여가가 되겠다는 엔서니의 결심은 더욱 단단해졌다. 그리고 꾸준히 탐구하고 연마한 끝에 자신이 그렇게도 원하던 동기부여가로 크게 성공했다.

짐 론의 매몰찬 말은 앤서니를 자극하게 했고 마침내 꿈을 이룰 수 있었다.

◆ 짐 론 / 앤서니 라빈스
미국의 기업가이자 작가, 동기부여 연설가 / 미국 출신의 세계적인 변화 심리학의 최고 권위자

제임스 캐시 페니와 조지 부슈넬

농기구회사에 다니는 조지 부슈넬은 야근을 할 만큼 생활력이 강하고 책임감이 강하다. 야근을 마치고 늦게 집에 가는 것이 일상이 된 지 오래지만 그의 자세는 한 번도 흐트러져 본 적이 없다. 부슈넬이 야근을 마치고 늦게 집에 가다 보면 그때까지 불을 환히 밝힌 채 영업을 하는 가게가 있었다. 부슈넬은 그냥 지나칠 법도 한데 자신이 먼저 이렇게 말했다.

"수고가 많으시네요. 언제나 밤늦게까지 문을 열어 놓으시는군요."

"그건 당신도 마찬가지지요. 매일 이 시간에 지나가는 걸 보곤 하니까요."

가게 주인은 이렇게 말하며 환하게 웃었다. 그러다 무엇이 생각난 듯이 멈칫하더니 자신을 제임스 캐시 페니라고 말했다. 그러자 조지 부슈넬도 자신의 이름을 말했다. 둘은 자신들의 이름을 주고받으며 악수를 했다.

그러던 어느 날 둘은 우연히 새벽 2시에 어떤 역에서 만났다.

"아니, 부슈넬 씨 아니십니까? 어디 갔다 오시는가 봅니다."

"네. 근데 페니 씨도 출장을 다녀오시는가 봅니다."

"네. 추운데 호텔에서 기다리지 않고 이렇게 역에서 기다리시다니."

"물론 나도 따뜻하게 호텔에서 기다리고 싶지요. 하지만 회사에 필요 이상의 출장비를 지출하게 한다는 것은 바람직한 일이 아니지요. 그렇게 한다는 것은 회사에 누를 끼치는 일이니까요."

그의 말을 듣고 페니는 참 성실하고 반듯한 생각을 가진 사람이라고 생각했다.

그러던 어느 날 페니는 자신의 백화점에서 같이 일하자며 부슈넬에게 편지를 썼다. 월급을 70달러 주겠다고 했다. 하지만 부슈넬은 정중하게 거절했다. 자신이 지금 받는 월급 175달러에 한참이나 미치지 못하는 금액이었기 때문이다. 그러자 페니는 90달러를 주겠다며 다시 편지를 보내왔다. 부슈넬은 그가 왜 자신과 같이 일하고 싶은지 궁금해졌다. 얼마를 생각에 잠겨있던 부슈넬은 지금 월급보다 훨씬 작은데도 흔쾌히 수락했다.

페니와 부슈넬은 하나가 되어 힘써 일했다. 그러자 백화점은 날이 갈수록 발전에 발전을 거듭했다. 그리고 마침내 미국 제일의 백화점으로 우뚝 서게 되었다.

◆ 제임스 캐시 페니
미국의 대규모 소매업회사 J.C.페니컴퍼니 설립자

DAY 101 웨인 캘러웨이와 인드라 누이

인드라 누이는 인도 남부 첸나이 중산층 가정에서 태어났다. 그녀는 마드라스 크리스천대학에서 화학을 전공하고, 인도 경영대에서 경영학 석사 학위를 받았다. 그녀는 학교를 졸업한 후 직장인이 되었다. 하지만 그녀가 품은 꿈을 실현하기엔 조국 인도는 경제적으로나 사회적으로 너무나도 열악한 나라였다. 그녀는 마침내, 1978년 아메리칸 드림을 꿈꾸며 미국 땅을 밟았다.

그녀는 예일대에 들어가 열심히 공부한 끝에 다시 경영학 석사를 땄다. 게다가 그녀에겐 강력한 추진력과 실천력이 있었다. 그리고 빠른 두뇌가 있었다. 인드라 누이는 대학 졸업 후 보스턴 컨설팅그룹과 모토로라 등에서 전략기획 분야를 담당하며 능력을 인정받았다. 그녀의 꿈은 천천히 그러나 아주 분명하게 진행되고 있었다.

그러던 어느 날 그녀에게 인생 최대의 기회가 찾아왔다. 그녀의 능력을 눈여겨본 펩시코에서 러브콜을 보낸 것이다. 그런데 인드라 누이가 펩시코에 합류할 당시, 제너럴 일렉트릭GE에서도 그녀에게 러브콜을 보내왔다.

이 사실을 알게 된 펩시코의 CEO 웨인 캘러웨이는 생각에 잠겼다. 어떻게 하면 그녀의 마음을 움직일 수 있을까, 생각에 생각을 거듭했다. 그도 그럴 것이 제너럴 일렉트릭은 초일류 기업이었기 때문이다. 제너럴 일레트릭사가 그녀를 영입하게 되면 자신의 계획은 물거품이 되고 말기 때문이다. 결심을 굳힌 캘러웨이는 "나는 당신 같은 사람이 꼭 필요합니다. 펩시코를 당신을 위한 특별한 공간으로 만들겠습니다. 나를 믿고 내 뜻을 받아주시기를 간청합니다" 하고 인드라 누이에게 말했다. 캘러웨이의 말을 듣고 인드라 누이는 자신의 진가를 알고 최고의 대우를 약속한 펩시코를 선택했다.

그녀는 웰빙 바람에 따른 세계시장의 흐름을 정확히 예측하고, 건강음료와 식품 등의 분야로 사업을 다양화시킬 것을 강력히 주장했다. 그리고 자신이 기획한 사업안을 성사시켰다.

미국 음료사업 역사에서 만년 2등의 펩시코가 코카콜라를 누르고 1등 차지해 센세이션을 불러일으킨 일은 음료역사상 백 년 만의 일이었다. 펩시코가 코카콜라를 이길 수 있었던 원동력은 웨인 캘러웨이와 뛰어난 경영자인 인드라 누이가 있었기에 가능했다.

◆ 웨인 캘러웨이 / 인드라 누이
전 펩시코 회장 / 인도계 미국인 기업인으로, 펩시코의 최고경영자 및 회장

마크 저커버그와 셰릴 샌드버그

저커버그는 페이스북이 만들어지고 나서 얼마 동안은 광고에 관심이 없었다. 그런데 페이스북 사용자가 5천만 명을 넘게 되자 서버 비용을 감당할 방법이 없었다. 매주 수십만 명이 새로 가입하다 보니 서버 비용으로 수백만 달러가 필요했다. 그러다 보니 수익을 내는 방법으로 광고를 생각하게 된 것이다. 사용자들의 감정을 상하지 않게 하면서 광고의 효과를 거둘 수 있는 새로운 형식의 광고가 필요했다. 그래서 이리저리 인재를 찾다 보니 구글의 샌드버그가 가장 적격이었다.

저커버그는 예의를 갖춰 샌드버그에게 전화를 걸어 정중하게 만남을 요청했다. 그의 뜻밖의 전화에 샌드버그는 흔쾌히 요청을 수락했다. 약속 날이 되어 저커버그는 예의로써 그녀를 맞이하며 물었다.

"성장하고 있는 회사를 잘 경영하려면 어떻게 하는 것이 좋을까요?"

저커버그의 말에 샌드버그는 자신의 생각을 들려주었다. 저커버그는 그녀의 얘기를 주의 깊게 들었다. 샌드버그의 말 한마디 한마디는 저커버그의 가슴에 강한 확신을 심어주었다.

"오늘 많은 걸 배웠습니다. 감사합니다."

얘기를 끝내고 저커버그는 그녀에게 감사를 표했다. 그리고 다음에 만나 식사를 하면서 다른 얘기도 들려달라고 요청했다. 그러자 샌드버그는 흔쾌히 승낙했다.

저커버그는 샌드버그를 여러 차례 만났다. 그녀를 만나면서 자신의 생각을 전달하고, 그녀의 됨됨이와 어떤 생각을 가지고 있는지를 자세히 알고 싶었다. 자신과 뜻이 맞으면 20년이고 30년이고 같이 근무를 해야 할지도 모르기에 자세히 알아야 한다는 것이 저커버그의 생각이었다. 그녀를 채용하기로 결심을 굳힌 저커버그는 샌드버그를 만나 자신과 함께 페이스북을 멋지게 키워보자고 제안했다. 그의 말에 샌드버그는 흔쾌히 수락하고 페이스북의 최고 운영책임자로 임명되었다.

샌드버그는 한 달 동안 경영진과 광고책임자들과 토론을 벌이며 기발한 광고전략을 구상했는데 '소비자 참여형 광고'였다. 이 광고는 첫해에만 1억 달러의 엄청난 수익을 가져다주었으며 샌드버그는 놀라운 실적을 이뤄냈다.

저커버그는 광고의 천재 샌드버그를 영입함으로써 페이스북을 크게 성장시킬 수 있었다.

◆ 마크 저커버그 / 셰릴 샌드버그
미국의 기업인. 페이스북의 창업자 및 CEO / 미국 출생. 페이스북 COO

DAY 103 찰스 슈왑과 윌리엄스

몹시 추운 어느 날 펜실베이니아에 있는 철강 제조공장에 반짝반짝 빛나는 세단이 멈추어 섰다. 그 순간 속기용 메모지를 든 젊은이가 쏜살같이 달려왔다. 차 문이 열리고 중년 남자가 나오자 젊은이가 고개 숙여 인사를 했다.

"어서 오십시오, 사장님."

"무슨 일입니까?"

중년 남자가 젊은이에게 물었다.

"저는 철강 회사 총무과 소속 속기사 윌리엄스라고 합니다."

"아, 그래요? 나한테 무슨 볼일이라도 있습니까?"

"저, 제가 도울 일이 있을까 해서 왔습니다. 혹시라도 제 도움이 필요하시다면 말씀해 주세요."

"아, 그래요. 혹시 누가 나에게 가 보라고 했나요?"

"아닙니다. 사장님께서 도착하신다는 전보를 받고 제가 나온 겁니다."

윌리엄스의 말에 중년 남자는 빙그레 웃었다. 그는 일개 노동자 출신으로 앤드류 카네기에 의해 발탁돼 훗날 U. S 철강회사 사장이 된 찰스 슈왑이다. 그가 볼일을 보는 동안 윌리엄스는 그를 따라다니며 그가 필요로 하는 것은 도와주었다. 그의 모습에 흐뭇한 표정을 지으며 "윌리엄스, 날 따라다니는 게 불편하지 않아요?" 하고 찰스 슈왑이 말했다. 그러자 윌리엄스는 자신이 원하는 일이라 즐겁다고 말했다.

"윌리엄스, 나하고 함께 갑시다. 내가 맡길 일이 있어요."

윌리엄스는 찰스 슈왑의 말에 무조건 알겠다고 말했다.

철강회사를 떠나는 찰스 슈왑의 차에는 윌리엄스가 타고 있었다. 뉴욕에 도착한 다음 날 찰스 슈왑은 윌리엄스를 사무실로 불렀다. 부름을 받은 윌리엄스는 빠른 동작으로 사장실로 갔다. 찰스 슈왑은 오늘부터 자신을 보좌하는 업무를 맡아달라고 말했다. 어제까지만 해도 지방 철강회사 속기사였던 윌리엄스는 본사에서 그것도 사장을 보좌하게 되었다. 그날 이후 윌리엄스는 찰스 슈왑을 위해 열심히 노력했다. 그러자 찰스 슈왑은 매우 만족해하며 자신의 선택에 대해 흡족해했다.

세월이 흘러 윌리엄스는 U. S 철강회사 계열인 제약회사의 대주주가 됨과 동시에 사장으로 임명되었다. 그는 지방 철강회사 말단 속기사에서 사장이란 직책과 막대한 부를 쌓아 입지전적인 인물이 되었다.

◆ 찰스 슈왑
미국의 기업가

DAY 104 — 시어도어 루스벨트와 아모스 부인

미국의 26대 대통령인 시어도어 루스벨트는 매우 친절하고 따뜻한 마음을 가진 사람이었다. 그는 아랫사람들에게도 항상 자신이 먼저 인사를 했고, 만나는 사람 누구에게나 따뜻하게 대해주었다. 루스벨트의 친절하고 따뜻한 마음은 많은 사람에게 깊은 인상을 주었고, 재선 대통령이 되는 데 결정적인 역할을 했다.

하루는 루스벨트의 부하였던 제임스 E. 아모스의 아내가 루스벨트에게 메추라기에 대해 물었다.

"메추라기는 어떻게 생겼나요?"

"꿩과의 새로 모래 빛깔의 색을 가졌지요. 음, 좀 더 구체적으로 말하자면 백색을 띤 황갈색과 흑색의 세로무늬가 있지요. 낮은 산과 들에서 주로 서식하는 새지요."

루스벨트는 친절하게 설명해주었다.

"네, 그렇게 생긴 새로군요."

아모스의 아내는 루스벨트의 친절한 설명에 빙그레 미소 지으며 말했다. 그 일이 있은 후 어느 날 루스벨트가 전화를 했다. 전화를 받은 아모스의 아내에게 말했다.

"지금 창밖을 내다보세요. 메추라기를 볼 수 있을 겁니다."

루스벨트는 아모스의 집 근처를 지나다 무슨 중요한 것이라도 되는 양 친근감 넘치는 목소리로 말했다.

"감사합니다. 이렇게 전화까지 주시다니."

아모스의 아내는 루스벨트의 말에 깊은 감동을 받았다. 이런 상황에서는 그가 누구든 감동할 수밖에 없을 것이다. 대통령이 지극히 사소한 일에 관심을 갖고 지나가는 길에 전화한다는 것이 얼마나 자상하고 친절한 자세인지를 아는 까닭이다. 루스벨트는 부하를 대할 때도 최대한 따뜻하게 대해주었다.

"여보게, 아모스! 오늘 참 근사하구먼. 그 넥타이 부인이 골라주셨는가?"

"네."

"역시, 자네 부인의 안목은 놀라워."

"감사합니다."

이처럼 루스벨트는 매사에 있어 자상하고 따뜻한 관심을 기울였다. 시어도어 루스벨트는 국민들의 지지를 한몸에 받으며 성공한 대통령이 되었다.

◆ 시어도어 루스벨트 1858~1919
미국의 제26대 대통령. 러일전쟁 중재, 모로코 분쟁 해결 공로 등으로 1907년 노벨평화상을 수상했다.

DAY 105 | 찰스 디킨스와 출판편집자

영국의 대표적인 작가 중 한 사람인 찰스 디킨스는 영국 남안의 포츠머스에서 태어났다. 그의 아버지는 해군 경리국에서 하급 관리로 근무를 했다. 그의 아버지는 마음씨가 좋은 사람이었으나, 돈에 관한 욕심이 없어 디킨스는 어린 시절부터 빈곤에 시달려야 했다. 다른 친구들은 학교를 다녔지만 디킨스는 12세 때부터 공장에서 일을 했다. 힘든 노동은 어린 디킨스에겐 너무 벅찼지만, 가난한 집안을 위해 이를 악물고 일했다. 그런 가운데에서도 그의 가슴엔 공부에 대한 일념으로 가득 차 있었다.

디킨스는 하루하루가 견디기 힘들 만큼 고통스러웠으나, 자신의 꿈을 위해 틈틈이 글을 썼다. 하지만 그는 자신이 쓰는 글이 잘 쓴 글인지 잘 못 쓴 글인지조차 알 수 없었다. 그는 한 번도 스승으로부터 글쓰기를 배운 적이 없었기 때문이다.

디킨스는 눈꺼풀에 무겁게 매달리는 잠을 쫓으며 글쓰기에 전념했다. 그 어떤 어려운 일도 지독한 가난도 글쓰기에 대한 그의 열정을 막을 수는 없었다. 디킨스는 자신이 쓴 원고를 탈고할 때마다 정성껏 출판사에 보냈지만, 그 어떤 곳으로부터도 원고가 채택되었다는 말을 들을 수가 없었다. 이름도 전혀 알려지지 않은 무명작가의 원고를 흔쾌히 받아줄 출판사는 그 어디에도 없었던 것이다. 하지만 디킨스는 실망하지 않고 계속해서 원고를 보냈다.

그러던 어느 날 한 출판사로부터 연락을 받았다. 그의 원고가 드디어 채택이 된 거였다.

"당신의 원고가 채택되었습니다. 그러나 원고료는 지불할 수가 없습니다. 하지만 책을 내주겠습니다. 그리고 당신은 앞으로 좋은 작품을 쓸 거라고 나는 믿습니다."

편집장의 말을 듣는 순간 디킨스는 내가 지금 꿈을 꾸고 있는 것은 아니겠지, 라고 생각하며 어쩔 줄을 몰라 했다. 디킨스는 편집장의 칭찬과 격려에 힘입어 더욱 열심히 글을 썼다.

1836년 그의 첫 번째 책《보즈의 스케치》가 출간되었다. 그리고 이듬해에 장편《피크위크 페이퍼스》가 나오고, 이어 나온《올리버 트위스트》가 폭발적인 인기를 끌며 작가로서 그의 위치가 확고해졌다. 그 후《니콜라스 니클비》,《크리스마스 캐럴》,《돔비와 아들》등을 잇달아 발표하며 세계적인 작가가 되었다.

◆ 찰스 디킨스 1812~1870
영국 소설가. 주요 저서로《올리버 트위스트》,《크리스마스 캐럴》등 다수가 있다.

CHAPTER 3

생각의 숲을 걷다

철학과 사상

PHILOSOPHY

DAY 106 선민사상

선민選民이라는 용어는 '선택받은 민족'이란 뜻으로 구약성서에 나오는 '암 세굴라 (귀한 백성)' 그리고 '암 나할라(상속받은 백성)'에서 왔다. 따라서 유대인에게 있어 선민사상이란 '하나님으로부터 선택받은 민족'이란 뜻이다.

"아브람이 구십구 세 때에 여호와께서 아브람에게 나타나서 그에게 이르시되 나는 전능한 하나님이라 너는 내 앞에서 행하여 완전 하라 내가 내 언약을 나와 너 사이에 두어 너를 크게 번성하게 하리라 하시니 아브람이 엎드렸더니 하나님이 또 그에게 말씀하여 이르시되 보라 내 언약이 너와 함께 있으니 너는 여러 민족의 아버지가 될 지라 이제 후로는 네 이름을 아브람이라 하지 아니하고 아브라함이라 하리니 이는 내가 너를 여러 민족의 아버지가 되게 함이라 내가 너로 심히 번성하게 하리니 내가 네게서 민족들이 나게 하며 왕들이 네게로부터 나오리라 내가 내 언약을 나와 너 및 네 대대 후손 사이에 세워서 영원한 언약을 삼고 너와 네 후손의 하나님이 되리라 내가 너와 네 후손에게 네가 거류하는 이 땅 곧 가나안 온 땅을 주어 영원한 기업이 되게 하고 나는 그들의 하나님이 되리라 하나님이 또 아브라함에게 이르시되 그런즉 너는 내 언약을 지키고 네 후손도 대대로 지키라."

이는 구약성서 창세기(17장 1-9절)에 나오는 말씀으로 하나님께서 아브라함을 이스라엘의 믿음의 조상으로 삼고, 그에 따른 축복과 그리고 해야 할 일에 대하여 명하신 말씀이다. 이 말씀을 보면 아브라함의 자손인 유대인들이 지켜 행해야 할 책임과 의무에 대해 잘 알게 한다.

유대인은 야훼 하나님으로부터 선택받았다는 것에 대한 긍지와 자부심이 참으로 대단하다. 이런 생각은 우월감을 지니게 하지만, 그것은 그에 대한 의무를 이행했을 때에라야 더욱 공고해진다.

하나님께 순종하고 계율을 잘 따르게 되면 축복받는다는 것은 유대인에게 있어서는 목숨과도 같은 것이다. 이런 생각에 따라 유대인은 자신들의 역사와 자신들의 운명은 하나님의 목적이 성취되도록 결정되어 있다며, 자신들의 역사를 종교적 사명감과 운명으로 연결 지음으로써 자신들의 선민사상을 보다 더 확대하여 정립했다. 즉, 자신들은 하나님의 계시를 완성하는 도구이자, 율법을 전달하는 대변자이자 증거자라는 것이 주가 된 사상을 말함이다.

선민사상은 한 사회에서 소수의 잘 사는 사람들이 그렇지 못한 사람들에 대해 가지는 우월감'을 말하는데, 여기서 선민은 유대인을 말한다.

DAY 107 톨스토이즘

《전쟁과 평화》,《안나 카레니나》,《부활》로 유명한 러시아 국민작가 톨스토이는 위대한 작가이면서 톨스토이즘이란 그만의 사상을 만든 사상가이다. 그는 남부 러시아 툴라 현의 야스나야 폴라냐에서 부유한 명문 백작가의 4남으로 태어났지만 2살 때 어머니를 잃고, 9세 때 아버지마저 잃고 고모 손에서 성장했다. 카잔 대학에 입학했으나 공부에 흥미를 잃어 중퇴하고, 고향으로 돌아가 지주로서 영지 내의 농민생활을 개선하려 노력했다. 그러나 그의 노력은 실패를 하고 말았다. 그는 이에 충격을 받고 방황을 하며 잠시 방탕한 시기를 보내다, 1851년 형의 권유로 카프카즈 군대에 들어가 복무하며 창작을 시작했다. 그는 1852년 처녀작《유년시대》를 익명으로 발표하여 네크라소프로부터 격찬을 받았다. 그리고 1854년《소년시대》,《세바스토폴 이야기》를 발표하며 청년작가로서의 지위를 확보했다.

군에서 제대를 한 톨스토이는 1857년 서유럽 문명을 살펴보기 위해 여행을 하지만, 실망하고 귀국하여 인간생활의 조화를 진보 속에서 추구하던 그는 내성적인 경향을 모색하게 된다. 그는 나폴레옹의 모스크바 침입을 중심으로 한 러시아 사회를 그린 불후의 명작《전쟁과 평화》를 발표하고, 이어《안나 카레니나》를 발표했다. 그는 죽음에 대한 공포와 삶에 대한 무상에 대해 심한 정신적 동요를 일으켜 과학, 철학, 예술 등에서 그 해법을 구하려 했으나 답을 얻지 못하고 종교에 의탁하게 된다.

이후《교의신학비판》,《요약 복음서》,《참회록》,《교회와 국가》,《나의 신앙》을 발표했다. 이런 책을 쓰면서 그의 사상은 체계화되었다. 그만의 사상을 '톨스토이주의'라고 한다. 그의 사상은 타락한 그리스도교를 배제하고 사해동포관념에 투철한 원시 그리스도교에 복귀하여 근로, 채식, 금주, 금연을 표방하고 간소한 생활을 영위하고, 악에 대한 무저항주의와 자기완성을 신조로 하여 사랑의 정신으로 전 세계의 복지에 기여하는 것이다.

그리고 착취에 기초를 둔 일체의 국가적, 교회적, 사회적, 경제적 질서를 비판하는 동시에 그 부정을 폭로하고 지상에 있어서 '신국神國' 건설의 길을 인간의 도덕적 갱생에 두었으며, 악에 대항하기 위한 폭력을 부정, 기독교적 인간애와 자기완성을 주창했다. 신의 의지란 인간이 서로 사랑하고 그 사항을 실천하며, 인간의 참된 행복은 신의 의지를 표현하는 것이라는 것, 이것이 톨스토이즘의 본질이다.

그의 유명한 소설《부활》은 그의 사상을 잘 보여주는 대표적 작품이라고 할 수 있다.

톨스토이즘은 톨스토이의 사상이나 주장, 흔히 그의 무정부주의나 인도주의를 이른다.

DAY 108 장 폴 사르트르

사르트르는 1905년 프랑스 파리에서 태어났다. 안타깝게도 그가 2살 되던 해에 아버지가 세상을 떠나자 외조부인 C. 슈바이처의 슬하에서 자랐다. 아프리카 성자라 불리며 노벨평화상을 받은 A. 슈바이처는 그의 어머니와 사촌간이다. 어렸을 때부터 영특했던 사르트르는 파리의 명문 에콜 노르말 쉬페리외르에 다녔다. 그는 철학과를 수석으로 졸업하고 북부의 항구도시 루아브르의 고등학교 철학교사가 되었고 그 후 대학교수가 되었다.

사르트르는 1933년 독일로 유학을 가서 하이데거의 철학을 공부하고 1937년 철학 논문 '자아의 초월', '상상력'을 발표했다. 1938년엔 그 유명한 소설《구토》를 발표하여 실존주의 문학을 창시했다. 그는《구토》로 세상의 주목을 끌며 신진작가로서의 기반을 확고히 다졌다. 그는 1943년에 철학논문 '존재와 무'를 발표하고《실존주의는 휴머니즘이다》라는 책을 통해 새로운 주장을 펴면서 인간은 하나의 실존의 존재라고 강조했는데 실존은 본질에 앞서며, 실존은 주체성이라는 명제를 제시했다. 그리고 인간의 의식과 자유의 구조를 밝히고 실존의 결단과 행동의 책임과 연대성을 주장했다. 도구와 같은 존재에 있어서는 본질이 존재에 앞서지만, 개별적 단독자인 실존에 있어서는 존재가 본질에 앞선다고 강조했다. 또 인간은 우선 실존하고 그 후에 자기가 자유로운 선택과 결단의 행동을 통해서 자기 자신을 만들어 간다고 주창했다.

사르트르는 세계 평화의 문제에 대해서도 깊은 관심을 가지고 발언과 평론을 통해, 소련의 공산주의에 대해서도 날카로운 비판을 서슴지 않았는데《유물론과 혁명》, 《변증법적 이성비판》 등이 그것을 잘 말해준다.

사르트르는 철학과 문학을 평면적인 것으로부터 행동적인 것으로 이끌어 낸 지식인이었다. 그러한 철학적 사상과 문학은 그를 프랑스 대표 지식인의 반열에 오르게 했고, 무게 있는 지적활동을 통해 역량을 유감없이 발휘했다.

그는 시몬 드 보부아르와의 계약결혼이라는 당시로써 파격적이랄 수밖에 없는 돌출행동도 서슴지 않았다. 사회의 지탄이 될 수 있는 결혼이라는 엄숙함을 그는 철저히 내동댕이 친 자신의 행동에 대해 당당하게 행동했다. 그는 1964년 노벨문학상 수상이 결정되었으나 수상을 거절하고, 자신의 문학이 오직 문학만을 위한 문학이라는 것을 증명해 보인 것으로도 유명하다.

실존주의란, 19세기의 합리주의적 관념론이나 실증주의에 반대하여, 개인으로서의 인간의 주체적 존재성을 강조하는 철학이다.

DAY 109 자연주의 철학

자연주의는 예술과 철학에서 과학의 영향으로 나타나는 사상이다. 자연주의는 가설을 세워 그것을 예측하고 실험하고 그 과정을 통해 과학적 방법만이 진실을 규명하는 가장 효율적인 방식이라는 관점이다. 자연주의는 모든 현상이나 가설들이 같은 방법으로 연구됨은 물론 초자연적인 것이나 그 어떤 것이든 간에 그것은 반드시 존재되어야 하고 자연적인 현상과 다르지 않다고 보는 것이다.

누군가 초자연적인 것, 즉 그 실재를 말할 때, 자연주의자들은 혼란스러움에도 흔들리지 않고 자연적인 실재들을 이야기한다. 그 자체가 자연적이고 물리적인 범위 내에 있는 지식을 습득하는 과정이나 그 어떤 조사 방법이나 물질적인 접근과 설명은 자연주의적인 것으로 묘사될 수 있다고 본다.

근대의 많은 과학자, 철학자들이 방법론적인 자연주의라든가 또는 과학적인 자연주의처럼 과학적인 접근 방법에서 오랫동안 효력을 지닌 규약, 즉 그 틀 안에서 용어를 사용한다. 그런 까닭에 초자연적인 것은 존재하지 않는다고 보는 것이다. 자연주의 철학에 접근하는 방식에 있어 과학을 지지하는 철학자들에게서, 구분법은 과학을 지지하는 철학자들 사이에서 나타난다. 창조론과 진화론의 논쟁에 있어 진화론에 맞서는 일부 사람들이 제안한 창조론은 과학적인 물질주의 또는 방법론적 물질주의로서의 방법론적인 자연주의와 연관되어지고 그것을 형이상학적 자연주의와 함께 융합시키기도 한다.

철학적 자연주의의 이론은 밀레투스학파의 창시자이자 과학의 아버지로 불리는 탈레스가 처음으로 자연적인 현상을 초자연적인 원인을 들지 않고 설명했다는 데서 기인하는 바, 16세기와 17세기에 걸쳐 자연주의의 연구에 대한 열정은 다시 뜨겁게 타오르기 시작했다. 갈릴레오 갈릴레이는 자연이 자연에 가해진 법칙의 조항을 위반하지 않는다고 주장했던 것이다. 아이작 뉴턴은 물리학에서 신에 대한 언급이 부족한 것에 대한 지적에 자신은 가설을 만들지 않는다고 단호히 말했다. 라플라스 역시 같은 물음에 대해 그런 따위의 가설이 필요하지 않다고 말했다.

자연주의 철학은 초월적이나 신적 존재를 인정하지 않고 정신적인 현상을 비롯한 세계의 모든 현상은 또 그 변화의 근본원리는 자연, 즉 물질에 있다고 본다.

자연주의에서는 자연을 유일의 현실로 간주한다. 원래는 철학 용어이지만 1870년 이후 문학, 미술 등 예술 분야에 영향을 끼쳤다.

DAY 110 | 탈레스

"물은 모든 물질의 근본이다"라는 우주론을 주창한 밀레투스학파의 창시자인 탈레스는 기원전 640년경 소아시아에 있는 밀레투스에서 태어났다. 그는 장사를 하러 이집트에 자주 드나들면서 기하학을 배웠다. 그는 토지측량에 쓸 수 있는 기하학의 기초를 체계적으로 세우기 위해 노력했다.

또한 그는 일식을 예언하는 데 탁월한 재능을 지님은 물론 '우주는 물로 되어 있다'고 주장했다. 여기서 보다 중요한 것은 물이 모든 물질의 근본이라는 것은 곧 그 근원적인 물질이 원소라고 탈레스가 규정했다는 것이다. 그런 까닭에 물을 먹고 사는 사람이나 곡식들은 모두 물로 이루어졌다고 설파했다.

사실에 입각해서 볼 때 탈레스는 저서나 글을 남기지 않았는데, 그가 유럽철학의 창시자로 널리 알려지게 된 것은 아리스토텔레스에 의해서다. 그는 탈레스가 최초로 우주를 이루는 근본 물질은 물이나 습기라고 주장한 인물이라고 했던 것이다. 아리스토텔레스의 주장은 그것만으로도 학자들이나 철학자들, 사람들 사이에 하나의 사실로 여겨지기에는 의심할 여지가 없었다. 아리스토텔레스라는 걸출한 철학자의 주장에 반박을 한다는 것은 그 자체가 모순이며, 그렇게 하는 사람은 그가 누구든 스스로를 우매하다 여기는 것과 같기 때문이다.

탈레스는 논리와 논거를 중요시하는 철학자로서 추상적인 신화를 비난했지만, 우주를 이루는 근본 물질은 물이라고 한 것은 물이 끓게 되면 기체로 변화되는 것을 보고 그 자체를 생명성을 가진 존재로 보았던 것일 수 있다는 것이다. 다시 말해 탈레스에게 있어 물은 살아있는 유기체인 것이다. 이처럼 탈레스는 우주를 이루는 근본 물질은 추상적이고 관념적인 것이 아니라, 자연이라는 그중에서도 물이라는 것에서 그 원인을 규명하고자 했다.

이처럼 탈레스가 과학의 아버지라 불리는 것도 그가 신화와 같은 상상에 의해서가 아니라 수학이나 기하학처럼 공식화된 근거를 바탕으로 했다는 데 있다. 이에 대한 근거로는 그는 수학적인 방법을 적용하여 피라미드의 높이를 측정했다는 것이다.

탈레스는 그리스 7현인, 즉 탈레스, 비아스, 피타코스, 클레오불로스, 솔론, 킬론, 페리안드로스 중에서도 가장 뛰어난 사상가로 평가받는다.

탈레스는 '물은 경험적으로 파악된 물질적 질료이며, 스스로 변화에 의해 다양한 만물을 형성한다'고 보았다.

DAY
111   쇼펜하우어

독일의 철학자 쇼펜하우어는 부유한 상인의 아들로 태어나 어린 시절 가정교사로부터 교육을 받았다. 그 후 사립학교에 들어가 계몽주의를 배웠다. 갑작스럽게 아버지를 여읜 그의 가족은 독일로 갔다. 쇼펜하우어는 예술과 과학에 몰두하며 대학입시를 준비했다.

1809년 괴팅겐 대학 의학부에 입학 허가를 받고 자연과학 강의를 듣다 인문학부로 옮겨 플라톤과 칸트를 공부했다. 그 후 1813년 예나 대학에서 철학 박사학위를 받았다. 그는 바이마르에서 지내면서 괴테와 교류하며 여러 가지 철학적 주제를 놓고 토론을 벌였다. 또 그는 동양학자인 프리드리히 마이어로부터 고대 인도에 대해 듣고 플라톤과 칸트와 더불어 자신의 철학적 체계를 세우는 데 있어 기초로 생각했다.

그는 아이작 뉴턴에 반대하고 괴테를 지지하는 논문 〈시각과 색에 관하여〉를 완성하고, 3년 내내 《의지와 표상으로서의 세계》를 저술했다. 이 책은 4권으로 이루어졌다. 1, 2권은 의지를 긍정적인 방식으로 접근하여 다루고 3, 4권은 미학과 윤리학을 다루는데 의지의 부정이 해방 가능성을 지적하여 다룸으로써 쇼펜하우어 사상의 정점을 이룬다.

쇼펜하우어는 장기간에 걸쳐 이탈리아 여행을 하는데, 돌아와서는 헤겔과 논쟁을 벌여 만족한 결과를 얻는다. 그리고 베를린 대학에서 교수로 강의를 하지만 큰 성과를 거두지 못한다. 또한 그의 책 역시 주목을 받지 못했다. 그리고 두 번째 이탈리아 여행을 다녀와 강의를 했지만 역시 성과를 거두지 못했다. 결국 그는 교수직을 내려놓고 프랑크푸르트서 지내며 집필에 몰두했다. 은둔을 통해 금욕주의적인 생활을 하고, 유행이 뒤떨어진 옷을 입는 등 칸트의 삶을 모범으로 삼아 지내면서 《자연 속의 의지에 관하여》라는 책을 출간했다.

철학사에서는 그를 일러 염세주의 철학자라고 한다. 그는 헤겔의 관념론을 반대하고 의지의 형이상학을 주창했다. 그의 사상은 실존주의 철학과 프로이트 심리학에도 큰 영향을 끼쳤다.

쇼펜하우어의 사상은 이성이 아니라 직관력과 창조력, 비합리적인 것으로 니체, 야코프 부르크하르트를 비롯해 바그너, 게르하르트, 토마스 만 등 많은 이들에게 영향을 끼쳤다.

DAY 112 | 애덤 스미스

사회 및 윤리철학자이자 정치경제학자인 애덤 스미스는 스코틀랜드의 작은 항구도시에서 태어났다. 그는 두뇌가 명석하여 14살에 글래스고 대학교에 입학하여 프란시스 허치슨으로부터 윤리철학을 배웠다. 이후 옥스퍼드 대학에 장학생으로 들어가 신학을 공부한 뒤 성직자가 되려고 했으나 중도에 포기하고 고향으로 돌아왔다.

1748년 케임즈경의 후원으로 에딘버그에서 공개강의를 했는데, 강좌는 수사학과 순수문학이었으나 그는 이때 '단순 명백한 자연적 자유의 체계'라는 경제철학을 최초로 전개해 훗날 전 세계로 퍼져나가게 했다. 그때 그의 나이는 고작 20대 중반이었으니 가히 놀라운 일이 아닐 수 없다.

1751년 애덤 스미스는 글래스고 대학의 논리학 교수가 되었다. 그는 논리학과 도덕, 철학을 가르쳤는데, 열정적인 강의는 물론 학생들에 대한 따뜻한 배려로 인기 있는 교수로 명성이 자자했다. 사실 그는 경제를 강의한 적이 없지만 사람들은 그를 경제학의 창시자로 알고 있다. 그것은 그가 자신이 진행하던 법률 강의 때 종종 자신이 알고 있는 경제에 대한 지식을 들려주었기 때문이다.

애덤 스미스는 "노동 분업은 국민의 부를 증대하는 데 있어 가장 중요한 원인이다. 부란 일반적으로 생각되는 것과 달리 금과 은의 양에 비례하는 것이 아니라, 국민의 근면성실에 비례한다"고 말했다. 그의 말에서 보듯 그는 1759년 이른바《도덕감정론》을 발표하여 명성을 떨쳤다.

1776년에는 그의 유명한 명저《국부론》을 발표하여 국가가 경제활동에 간섭하지 않는 자유경쟁상태에서도 '보이지 않는 손'에 의해 사회의 질서가 유지된다고 주장했다. 보이지 않는 손이란 모든 개개인이 각자의 이해관계에 따라 움직이는 경제체제를 이끄는 힘으로써 경쟁을 표현하는 개념으로, 이기적이고 본능적인 인간의 행위가 원동력으로 작용함으로써 개인의 이기적인 행위가 곧 공공복지에 이바지하게 된다고 보는 것이다.

《국부론》은 경제학 사상 최초의 체계적인 저서이자 고전 중에 고전으로 마르크스를 비롯한 수많은 경제학자들에게 큰 영향을 주었다. 애덤 스미스는 1778년 에딘버러 관세위원이 되었으며, 1787년 글래스고대학 학장이 되었다. 그는 경제학의 아버지로 불리며, 주요 저서로《국부론》,《도덕감정론》외 다수가 있다.

《국부론》이라는 책에서 스미스는 '부의 원천은 노동이며, 부의 증진은 노동생산력의 개선으로 이루어진다'고 주장했다.

DAY 113 포스트모더니즘

18세기 이후 계몽주의를 통해 이성 중심주의가 만연했는데, 제1, 2차 세계대전 이후 이성 중심주의에 대한 회의감으로 인해 탈중심적 다원적 사고 및 탈이성적 사고 중심의 포스트모더니즘이 크게 확산되었다. 이는 포스트모더니즘의 가장 큰 특징이라고 할 만하다.

포스트모더니즘은 철학사조로써의 폭넓은 주관주의, 상대주의 및 회의주의로서의 특징을 보인다. 포스트모더니즘은 근대 서양사의 철학적 가정과 그 가치성 및 지적 세계관에 대한, 즉 모더니즘에 대한 하나의 반작용이라고 할 수 있다.

포스트모더니즘 철학자들은 인간의 진보 수단으로써의 과학과 기술에 대한 계몽주의적 관점을 부정한다. 그 이유는 과학과 기술에 대한 지식은 그것을 잘못 사용하는 관계로 제2차 세계대전에서 대량살상을 일으킨 과학의 발달을 가져왔다고 주장한다. 또한 이성을 파괴시키는 주된 요인으로 보았다. 나아가 20세기에 일어난 전쟁 등 일련의 부정적이고 파괴적인 사건은 일부 사악한 자들에 의해 일어난 것으로 보았던 것이다.

인간의 본성은 사회에서 배우는 것보다는 태어날 때 이미 각자에 맞는 재능과 성향을 갖고 태어난다. 그런데 포스트모더니즘 철학자들은 인간이 지니는 심리는 철저하게 사회적으로 결정된다고 주장한다.

포스트모더니즘 철학자들은 철학적 근본주의를 거부한다. 왜냐하면 철학적 근본주의는 과학적 지식을 비롯한 경험적 지식의 체계를 세우기 위한 확실성을 확인하는 시도로 보았기 때문이다. 그런 까닭에 현실에 있어 객관적인 측면이 존재한다는 것도 부정하고, 현실에서 객관적으로 옳거나 틀리다는 말들이 있다는 것도 부정하고, 또 그런 객관적인 지식에 대한 말들이 가능하다는 것도 부정한다.

포스트모더니즘 철학자들은 때로 이성과 논리의 사용을 포함한 과학적 증거의 기준을 계몽적 합리성으로 규정짓는다. 결론적으로 포스트모더니즘은 모더니즘의 반작용으로 일어난 문화운동으로 모더니즘이 지닌 추상성을 떠나 대중성을 표방하고 그것을 강하시키는 것에 목적을 두었다. 또한 각 개개인의 개성과 다양성, 사회적 다양성, 그리고 자율에 그 가치성을 두었다. 이처럼 포스트모더니즘은 인간과 사회, 문학과 문화, 예술 등 전반적인 것에 영향을 끼쳤다.

포스트모더니즘은 1960년대 프랑스와 미국을 중심으로 일어난 문화운동인 동시에 정치, 사회, 경제, 사회 등의 영역과 관계된 이념이다.

DAY 114 ｜ 초절주의

초절주의란, 19세기 미국 뉴잉글랜드의 작가와 철학자들이 주창한 것으로, 이들은 모든 피조물은 본질적으로 하나이며 인간은 본래 선하며 심오한 진리를 증명하는 데 있어 논리나 경험보다는 통찰력이 더 낫다는 주장을 펼치는 한편 그 믿음에 기초한 관념론 사상체계를 고수한다는 점에서 뜻을 같이했다. 이를 좀 더 부연해서 말하면 사회와 단체가 개인의 순수성을 타락시켰으므로 인간은 자존自存하고 독립적일 때가 가장 최선일 수 있다는 것을 말한다.

초절주의는 콜리지와 토머스 칼라일의 굴절한 초절주의, 플라톤주의 신플라톤주의, 인도와 중국의 경전, 독일의 초절주의 등을 바탕으로 했으며, 뉴잉글랜드 초절주의자로 하여금 해방의 철학을 추구하게 만든 원천이기도 하다. 뉴잉글랜드 초절주의는 낭만주의 운동의 일부로서, 매사추세츠주 콩고드 지역에서 시작되어 1830년에서 1855년까지 신세대와 구세대 갈등을 보여주었고, 토착적이고 향토적인 소재를 바탕으로 하는 새로운 민족문화의 출현을 대변했다.

1840년 에머슨과 마거릿 폴러는 〈다이얼〉이라는 잡지를 창간했다. 이는 동인잡지의 원형으로서 이들의 여러 글이 실렸다. 이로 인해 초절주의자들의 작품과 휘트먼, 멜빌, 호손의 작품은 미국의 예술적 천재성이 피워낸 첫 번째 결과물이라고 할 수 있다. 초절주의자들은 종교문제에도 관여했는데 이들은 18세기 사상의 관습을 거부했다. 이들은 또 무정부주의, 사회주의, 공산주의 생활양식 운동 등 개혁운동의 지도자로 활동하면서 여성참정권, 노동자를 위한 환경개선, 자유종교 진흥, 교육혁신 등 인도주의에 입각한 주장을 내세웠다.

특히, 에머슨은 에세이 《자연》에서 어떻게 인간이 자신의 정신적 본성을 발견하며, 계속해서 정신의 궁극적 현실에 도달하기 위해서는 우주의 끊임없이 상승하는 영역을 어떻게 탐구하는가를 보여주었다.

대표적인 초절주의자로는 랠프 왈도 에머슨, 헨리 데이비드 소로, 마거릿 폴러, 엘리자베스 파머 피보디, 제임스 프리먼 클라크, 존 뮤어, 윌리엄 채닝, 월드 휘트먼, 존 설리번 드와이트, 프란시스, 윌리엄 핸리, 프레드릭 헨리 헤지, 시어도어 파카 등을 꼽을 수 있다.

초월주의라고도 표현하며 현실세계의 유한성을 부정하고, 그 너머에 감각으로는 파악할 수 없는 초월세계가 실재함을 믿음으로써 현실세계의 무한성을 예찬했다.

DAY 115 임마누엘 칸트

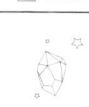

근세 철학의 대가 칸트는 스코틀랜드에서 이민해 온 소시민 가정에서 태어났다. 그의 아버지는 마구 제조업자였고, 그의 어머니는 신앙심이 매우 두터웠다. 그는 어린 시절 청교도인 어머니의 경건한 생활 속에서 감화를 받으며 자랐다. 그의 철저한 규칙적인 생활은 경건한 생활 속에서 자연스럽게 몸에 밴 습관이라고 할 수 있다. 그는 대학에 진학해 수학, 철학, 신학, 자연과학을 배웠는데 특히 뉴턴을 깊이 있게 배웠다.

대학 졸업 후 10년 동안 가정교사를 하다 모교 강사를 거쳐 논리학 및 형이상학 교수가 되었다. 그는 대학에서 학생들을 가르치면서 당시의 신사상이었던 뉴턴 철학에 관심이 많았는데, 그런 그의 연구는 뉴턴 역학의 모든 원리를 확대 적용하여 우주의 발생을 역학적으로 해명하는 기틀을 만들었다.

그는 '칸트-라플라스 성운설'로 널리 알려지게 된 획기적인 업적을 이루었다. 그리고 뉴턴과 루소를 자신의 학문의 두 개의 기둥으로 삼고 연구에 연구를 거듭한 끝에 '비판철학'을 탄생시켰다. 그는 《순수이성비판》에서 뉴턴의 수학적 자연과학에 의한 인식구조에의 철저한 반성을 통하여, 종래의 신 중심적인 색채가 남아 있는 형이상학의 모든 개념이 모두 인간 중심적인, 넓은 의미에 있어서의 인간학적인 의미로 바뀌어야 된다는 이유를 들고, 나아가 일반적 세계관적 귀결을 제시했다.

제2 비판서인 《실천이성비판》에서 칸트는 한 걸음 더 나아가 자율적 인간의 덕을 논하고, 실천의 장에서의 인간구조에 '불가결의 요청'이라는 형태로 신, 영세 등의 전통적 형이상학의 내실을 다시 일으켜 그것이 새롭게 인간학적 철학에서 점유할 위치를 지적했다.

제3 비판서인 《판단력비판》에서는 미와 유기체의 인식이라는 장면의 분석을 통하여 목적론적 인식의 구조를 명백히 하고, 목적론과 기계론의 관계라는, 일생의 과제이며 동시에 세기적 과제에 비판적 해결을 부여하여 스스로 철학적 노력을 결말지었다.

칸트의 철학은 3권의 비판서 간행 후 전독일의 대학, 논단을 석권하고 J. G 피히테에서 G. W. F 헤겔에 이르는 독일 관념론 철학의 선두 주자로서, 또 그 모태로서 커다란 역할을 했다. 그 영향은 다시 영국, 프랑스의 이성주의철학까지 미쳤으며, 특히 후일의 독일 신칸트학파의 철학은 칸트의 비판주의의 직접 계승을 지향한 것이다.

칸트는 경험주의와 합리주의를 통합하는 입장에서 인식의 성립 조건과 한계를 확정하고, 형이상학적 현실을 비판하여 '비판 철학'을 확립했다.

칼 마르크스

독일의 사회학자이자 경제학자이며 과학적 사회주의 창시자인 칼 마르크스는 프로이센의 라인주 트리어에서 출생했다. 유대인 변호사인 아버지는 복음주의 국교회의 세례를 받았고, 마르크스는 6세 때 세례를 받았다. 마르크스는 비교적 유복하게 생활했지만 유대인이 감당해야 하는 사회적 편견과 차별은 마르크스에게 종교에 대한 의구심을 갖게 했고, 사회모순을 타파해야 한다는 사회개혁에 대한 열망을 품게 했다.

마르크스는 베를린의 각 대학에서 법학, 역사, 철학을 배웠다. 그는 헤겔철학에 관심을 가졌는데, 처음에는 적대감을 가졌다. 그러나 베를린의 혁명문화에서 헤겔철학은 절대적인 영향을 끼쳤다. 마르크스는 그 영향으로 새로운 문예와 철학운동을 전개하는 '박사 클럽'에 가입하고 본격적으로 공부하기 시작했다. 하지만 이들을 경계하던 프로이센 정부에 의해 일부 학생들은 투옥이 되었으며 그로 인해 문예와 철학운동은 지지부진해졌다. 마르크스는 친구의 권유에 의해 적극적으로 사회참여에 열중했다.

1841년 그는 박사학위를 취득했다. 그리고 1842년 1월 마르크스는 쾰른에서 창간된 〈라인 신문〉에 기고가가 되었으며 그해 10월 주필이 되었다. 마르크스는 주필로서 빈민의 주택문제, 새로운 공산주의에 대한 문제 등 갖가지 사회적인 문제에 대한 논설을 집필했다. 그런데 여기서 마르크스는 헤겔의 관념론이 사회적 현실 문제를 해결하는 데 별로 도움이 되지 않는다는 것을 깨달았다.

1843년 '유대인 문제', '헤겔 법철학 비판'을 발표하여 프롤레타리아 해방의 혁명적인 입장을 분명히 했다. 마르크스는 엥겔스와 친교를 맺고 부르주아적 사회주의적 비판을 통하여 과학적 사회주의 확립을 위해 노력했다.

1845년 《독일 이데올로기》를 쓰고, 1848년 엥겔스와 공동으로 〈공산당 선언〉을 집필했다. 그는 또 1859년 《경제학 비판》을 저술하고, 1864년 '국제노동자 협회'를 창설했다. 마르크스는 자신의 이상적 실현을 위해 노력만큼 압박당하고 경제적 어려움을 겪었으며 자녀들이 죽는 아픔을 겪었다.

마르크스 학설은 독일 고전 철학, 영국의 고전 경제 철학, 프랑스 혁명 학설을 3원천으로 하고, 철학으로서는 변증법적 유물론 및 이것을 역사와 사회에 적용한 사적유물론을 확립, 이 방법을 사용하여 자본주의 사회적 운동 법칙을 분명히 하는, 경제학과 사회주의를 지향하는 노동 계급의 계급투쟁의 이론 및 전술을 확립하고 공산주의 이론을 체계화시켰다.

마르크스주의는 좁은 의미의 철학을 뛰어넘어 정치와 경제, 그리고 사회사상을 총망라하는 거대한 이데올로기다.

DAY 117 | 르네 데카르트

르네 데카르트는 프랑스 수학자이자 과학자이며 철학자이다. 그는 투렌 지방 인근에 있는 소도시 라에의 귀족 가문에서 태어났다. 그는 예수회가 운영하는 플레쉬 콜레즈에 입학해 8년 동안 공부를 한 뒤 푸아티에 대학 법학과에서 공부했다. 그리고 네덜란드 브레다로 가서 수학과 군사건축학을 배웠다. 그 후 파리로 와서 광학과 대수학에 대해 공부했다.

데카르트는 존재론과 인식론에 몰두해 《방법서설》을 출판했다. 이 책은 세 개의 논문과 이 논문에 대한 해설로 구성되었는데, 방법적 회의를 통해 "나는 생각한다. 고로 나는 존재한다"라는 원리를 확립했다. 그는 의심스러운 것은 모두 거짓이라 보고 확실한 것만 믿는 방법적 회의를 제시했다. 다시 말해 인간인 우리의 존재는 마음이 정신적 실체이며, 육체는 물질적 실체라고 주장했다. 그리고 신의 존재 역시 신이 존재하지 않는다면 신은 완전하지 않을 것이기에 신 또한 존재한다는 것이다. 인간이든 신이든 '존재'하는 것, 즉 존재론적 증명은 실제 대신 추론에 의해 지식을 확립하는 데카르트 철학의 핵심이다.

데카르트는 역학 연구를 통해 인간의 육체를 포함한 모든 물체는 역학의 원리에 따라 작동하는 기계라고 믿었다. 그는 생리학 연구를 통해서는 동물을 해부하여 각 부분이 어떻게 움직이는가를 보았고, 동물은 영혼을 갖지 않기 때문에 생각할 수도 느낄 수도 없다고 주장했다. 그는 인간의 정념이 선하다고 주장한 것에서 극단적인 도덕적 낙관주의자였다. 그는 또 사물들의 질서에 순종하라는 세네카의 충고를 받아들였으며, 우정을 생애 최고의 기쁨으로 여겼다. 그리고 인간은 혼자 존재할 수 없는 국가, 가족 등 사회집단의 일원이므로 개인보다는 집단의 이익을 위한 것이 바람직하다고 생각했다. 그는 해석기하학의 아버지로 불리기도 하는데, 이는 그가 수의 성질을 연구하는 대수학과 도형의 성질을 연구하는 기하학을 하나로 묶어 근대 과학이 성립하는 데 기여한 까닭이다.

데카르트는 1648년 스웨덴의 크리스티나 여왕의 초청을 받아들여 여왕의 개인 교수로 일했다. 여왕이 새벽에 일어나 공부하는 것을 좋아해 그는 새벽마다 일찍 일어나 강의를 했다. 그리고 오후에는 스웨덴 왕립아카데미에서 일하는 등 몸을 혹사했다. 어렸을 때부터 병약했던 그에게는 큰 무리가 되었고, 건강이 급격히 나빠져 폐렴으로 사망했다.

데카르트는 근대 이성주의 철학의 기초를 마련했으며, 서양 철학사에서 가장 중요한 인물 중 하나가 되었다.

DAY 118 헨리 데이비드 소로

미국의 철학자이자 시인이며 수필가인 헨리 데이비드 소로는 미국 메사추세츠주 콩코드에서 태어났다. 그는 어렸을 때부터 주관이 강했으며 홀로 지내는 것을 좋아했다. 그는 하버드 대학에 진학해 공부했으며 암기 위주의 공부를 매우 싫어했다.

그는 노예제도와 멕시코전쟁에 항의하여 멘토인 에머슨 소유인 월든 호숫가 숲에 작은 오두막집을 짓고 1845년 7월부터 1847년 9월까지 홀로 살았다. 그는 이의 경험을 바탕으로《월든》을 출간했는데, 이 책은 모든 사고방식과 투쟁에 대해 쓰여진 에세이이다. 출간 당시에는 주목을 받지 못했지만 20세기에 들어 환경운동의 교과서로 널리 읽힘으로써 그 진가를 인정받고 있다.

소로는 인두세 거부로 투옥당했으며, 이는 노예운동에 헌신하는 계기가 되었다. 이때의 경험을 살려《시민 불복종》을 집필했다. 그의 일생은 한마디로 물욕과 인습의 사회와 국가에 항거해서 자연과 인생의 진실에 대한 탐구와 실험적 삶의 연속이라 할 만하다. 그의 이런 사상은 간디의 무저항주의와 마틴 루터 킹 목사가 시민운동을 하는 데 큰 영향을 끼쳤다.

소로는 당시 미국 최고의 문학가로 평가받는 에머슨과 교류를 했는데, 이는 그에게 문학적 영향을 성취하는 계기가 되었다. 그리고 에머슨의 초절주의 활동에 그 맥을 같이 하는 계기가 되었으며, 그로 인해 소로는 에머슨과 더불어 위대한 초절주의 철학자이며 미국 르네상스의 원천이 되었다.

초절주의란 대중보다는 개인을, 이성보다는 감성을, 인간보다는 자연을 예찬했으며 지식을 얻게 되는 방법으로는 감각과 직관이 그것인데, 직관이 교육보다 우월하다고 주장했다. 또 정신과 물질은 공존하지만 정신의 실재는 물질의 실재를 앞선다고 하는 문예운동이다.

소로의 주요 저서로는《고독의 즐거움》,《월든》,《시민 불복종》외 다수가 있다. 그의 일생은 물욕과 인습의 사회 및 국가에 항거하고 그것을 바탕으로 하여 자연과 인생의 진실에 관한 문제에 대해 연구하고 그것을 저술하는 매우 의미 있는 삶이었다고 할 수 있다.

소로의 사상은 우리나라의 법정 스님과 러시아의 대문호 톨스토이, 인도의 국부 마하트마 간디, 미국의 마틴 루터 킹 목사, 넬슨 만델라 남아공 대통령을 비롯한 많은 이들에게 영향을 주었다.

DAY 119 헬레니즘

　헬레니즘은 마케도니아의 알렉산드로스 3세가 죽은 기원전 323년부터 로마가 이집트를 정복한 기원전 31년경까지의 그리스와 로마 문명을 일러 말한다. 기원 3세기경 알렉산드로스 왕이 대제국을 세우면서 유럽, 아시아, 북아프리카 간의 문화교류가 활발히 이루어졌다. 고대 그리스 문화와 오리엔트 문화가 함께 어우러진 문화는 헬레니즘의 특징이라고 할 수 있다. 이러한 문화의 융합은 새로운 문화의 발전을 가져오고, 그로 인해 사람도 사회도 변화를 꾀하는 기회로 작용한다.

　헬레니즘의 모든 것은 그 중심에 사람이 있다. 즉 사람으로부터 모든 것이 시작되고, 그 바탕을 이루는 것 또한 사람이다. 이는 각 개개인을 매우 중요시했다는 것을 알 수 있다. 그런 까닭에 헬레니즘 문화는 인본주의적 세계관을 바탕으로 하는, 즉 인간 중심의 사유를 지향함으로써 인간은 누구나 중요시하는 특징을 지닌다.

　이를 사회와 경제, 교육과 문화적 측면에서 본다면 사회적으로는 그리스인과 소수 마케도니아 이민자들의 소수 상류층이 관리를 비롯해 궁정의 고위직을 차지했는데 비해 대개의 사람들은 군인, 상인, 의사, 기술자 등의 직업군을 이뤘다. 또 경제적으로 도시에서는 제조업이라든가 상업 등이 사회적 기반을 이뤘다. 이들은 국가재정의 중요한 역할을 담당했으므로 왕정의 간섭에서 자유로웠으며 국가와 긴밀한 관계로 이어졌다. 여기서 한 가지 짚고 넘어갈 것은 농업은 사회경제에 있어 중요한 분야였지만 농민들은 경제적으로 빈곤하게 생활했다. 교육과 문화는 초기에는 고전이 중심이었으나 헬레니즘 교육의 중심은 수사학이었다.

　헬레니즘 시대를 정치적으로 세 단계로 분류한다면 제1기는 알렉산드로스 3세가 세운 제국의 분열과 새로운 여러 국가가 건설된 기원전 323에서 280년까지이고, 제2기는 세력 균형이 이루어지고, 주변 지역에 대한 그리스 문화 및 그리스적 생활양식의 확대되고, 철학과 과학의 우위 점하는 창조적 발전을 이룬 기원전 280년에서 160년까지이며, 제3기는 동방 및 로마문화의 영향으로 인해 정치적으로 쇠퇴하고 패망을 앞둔 기원전 160년에서 31년까지이다.

　결론적으로 말해 헬레니즘은 그리스 문화와 오리엔트 문화가 함께함으로써 예술과 문화, 교육과 사상, 사회와 경제 등 여러 분야에서 독특한 문명을 이룬 시기라고 할 수 있다.

헬레니즘을 그리스 문화의 확대·발전으로 보는 견해, 반대로 그리스 문화의 퇴보로 보는 견해가 있으나, 그리스 문화와 오리엔트 문화가 서로 영향을 주고받아 질적 변화를 일으키면서 새로 태어난 문화로 보는 것이 타당하다.

DAY 120 헤브라이즘

헤브라이즘은 고대 이스라엘인의 종교와 구약성서에 근원을 두고, 인간이 아닌 야훼 하나님에게 절대적으로 순종하는 것을 근본으로 삼았다. 하나님을 경배하며 모든 삶에 있어 감사와 기쁨, 행복과 삶의 영광을 하나님께 돌렸다. 그럼으로써 하나님으로부터 축복을 받음은 물론 천국에 이르는 내세적 소망을 이루는 데 있었다.

헤브라이즘은 특히, 유대인에게 있어서는 삶과 신심에 기반되는 중요한 사상이다. 이러한 초기의 헤브라이즘은 고대 이스라엘에만 머무르지 않고 중세의 교부 철학과 스콜라 철학 사상으로 이어진다.

헤브라이즘의 가장 큰 특징은 내세적이고, 신본주의적인 세계관을 바탕으로 한다는 데 있다. 즉 하나님과 그 믿음을 바탕으로 하는 신앙적 양심의 준엄성에 대해 순종하며 이를 통해 축복과 사랑, 행복, 바라는 것들을 이룸으로써 평안에 이르게 한다.

초기에 있어 헤브라이즘은 더 많은 사람에게 설득력을 가짐으로써 사람들을 그 안에 들어오게 하기 위해 논리성을 지닌 철학적 기반이 필요했다. 이것을 이행하고 만족시킴으로써 중세를 지배한 그리스도교 사상의 원천은 아우구스티누스를 중심으로 하는 교부 철학이다. 여기서 교부 철학이란, 이단에 맞서 교회의 이론을 세운 사람들이 기독교 신학을 바탕으로 하는 철학을 말한다. 교부 철학에 이어 중세 후기에는 그리스도교 교리를 철학적으로 논증하기 위해 노력한 토머스 아퀴나스가 그리스도교의 교리를 체계적으로 체계화시키면서 신학과 철학, 신앙과 이성 간의 조화를 이룬 스콜라 철학으로 발전시켰다.

결론적으로 헤브라이즘은 여타의 사상과는 달리 그 중심에 야훼 하나님이 있다. 즉, 내세적 신본주의를 근본으로 하는 데 있다. 이는 하나님을 잘 믿는 것, 그럼으로써 삶의 행복과 평안을 얻음은 물론 죽어서는 하나님의 나라에 이르게 된다는 소망의 믿음을 뜻한다. 또한 헤브라이즘은 히브리어 문화와 정신 모두를 아울러 이르기도 한다.

헤브라이즘은 신이 중심이 되는 '신본주의神本主義'사상이며, 서구 사상의 중심이 되는 기독교의 근간을 이루기 때문에 서구 사상을 이해하기 위해서는 헤브라이즘을 아는 것이 필수이다.

DAY 121 모더니즘

모더니즘은 19세기 말부터 유럽 지식인들 사이에서 발생했는데, 20세기에 들어와 크게 확산된 문예사조로 '근대주의' 또는 '현대주의'라고도 한다. 모더니즘은 다양한 양상(문학, 미술, 조각 등의 예술)으로 세계 곳곳에 전개되었다. 모더니즘에는 표현주의, 다다이즘, 이미지즘, 미래파, 초현실주의, 주지주의, 신즉물주의 등이 있다. 이러한 다양성으로 인해 사실주의와 대등한 중요한 문예사조이면서도 그 개념의 정립은 분명치 않고 막연하다고 하겠다. 모더니즘에 대해 영국 오픈 대학교 교수 찰스 해리슨은 서양 미술사에서 사용되는 모더니즘의 의미를 세 가지 관점에서 구분 짓는다.

첫 번째 의미의 모더니즘은 19세기 중엽부터 20세기 중엽까지 서구문화에 있어 산업화와 도시화의 과정이 인간 경험의 중요한 메커니즘으로 간주된 문화의 특징으로 보는 것이다. 두 번째 의미의 모더니즘은 근대문화 중에서 지배적인 경향을 구분해 내려는 의도로 사용된다. 이는 동시대에 있어 문화의 중요한 측면에 대한 가치판단을 내리는 것을 의미한다. 세 번째 의미의 모더니즘은 두 번째 용법, 즉 사용하는 방법에 따라 나타내는 예술적 경향이 아니라 용법 그 자체를 그 용법이 대표한다고 생각되는 비평을 말함이다.

모더니즘의 중심은 영국과 미국으로 특히 미국의 시인이자 비평가인 에즈라 파운드가 주도적으로 이끌었는데, 그는 20세기 영미 시에 지대한 영향을 끼쳤다. 영국과 미국의 이미지스트들은 새로운 사상에 자극받음으로써 과격하고 유토피아적인 모더니즘 운동을 펼쳤다. 이들은 낡은 시법, 즉 전통에 대항하여 목가적인 정감이 아닌 정확한 기술과 심상, 즉 이미지를 새롭게 하는 시적 언어에 대해 깊은 관심을 기울였다. 그래서 이들은 자유시와 비정형시를 썼으며 그에 맞는 시적 기법에 몰두했다. 그리고 이미지를 가장 중요한 시적 기법으로 여겼다. 또한 화가들은 입체파의 추상기법과 새로운 감각을 담고 있는 이탈리아 미래파의 기법을 사용했다.

모더니즘은 제1차 세계대전 직후 변화를 가져왔다. 과격한 유토피아적인 영국과 미국의 모더니스트들은 이전의 것, 즉 전래의 형식을 모방하여 익살스럽게 변형하는 개작의 수법인 패러디를 적용했다. 소설《아들과 연인》의 D. H 로렌스와 시집《황무지》의 T. S 엘리엇이 대표적인 인물이다.

모더니즘은 한마디로 축약하면 낭만주의 이후 문학 전통에 반기를 들고 혁신과 실험을 통해 새로움을 추구한 문예운동이다.

무위자연

無爲自然   PHILOSOPHY

노자老子(B.C 6세기경)는 중국 제자백가 가운데 하나인 도가의 창시자이자 학자이다. 노자는 자연의 이치를 따르고 '무위자연無爲自然' 하게 사는 도道를 중요하게 생각했다. 노자가 말하는 무위란 '자연을 그대로 두고 인위를 가하지 않음'을 말한다. 즉 자연의 순리에 따르는 것으로 인간이 인간의 생각에 의해서 판단하거나 그것을 좌지우지해서는 안 된다는 것이다. 그러니까 있는 그대로를 따르는 것, 순리대로 사는 것 이것이 바로 무위자연이라는 것이다.

물은 노자에게 무위의 중심 대상이다. 물은 위에서 아래로 흐르고, 높은 곳에서 떨어져도 깨지지 않는 부드럽지만 강한 존재이다. 물과 같이 흐르는 대로 꾸미지 않고 바르게 사는 것 그것이 노자의 사상이다.

물은 그 어느 것과도 다투지 않으며 무엇이든 억지로 하는 법이 없다. 그리하면서도 만물을 이롭게 한다. 물은 사람들이 싫어하는 낮은 곳에 몸을 두려 한다. 물은 도와 비슷하다.

_ 제8장

가득 채우면 흘러넘친다. 고로 가득 채우기보다는 적당한 때에 멈추는 것이 낫다. 날을 예리하게 세우면 날카로움이 오래가지 못한다. 재물이 많으면 지키기가 어렵고 돈이 많고 지위가 높다고 교만하면 비난받을 일이 생긴다.

일을 이룬 다음에는 뒤로 물러서야 한다. 그것이 하늘의 도道다.

_ 제9장

이는 《도덕경》에 나오는 말로 노자의 중심 사상인 무위자연을 함축적으로 잘 보여준다. 무위란 "도는 언제나 무위이지만 하지 않는 일이 없다"는 말처럼, 억지로 하지 않으면서도 저절로 이루어지는 작용을 뜻한다. 자연은 "하늘은 도를 본받고 도는 자연을 본받는다"는 말에서 보듯, 모든 존재가 스스로 그러한 질서를 따른다는 의미다. 이는 거짓됨과 인위적인 것으로부터 벗어나려는 것을 뜻한다. 이런 관점에서 볼 때 《도덕경》은 인간으로서 인간답게 살아가는 데 근본으로 삼아 행해야 할 지침과도 같다고 하겠다.

무위無爲는 인위人爲의 반대 개념이다. 인위란, 의도적으로 만들고 강요하여 그것을 지키면 선, 그렇지 않으면 악으로 간주한다.

공자 孔子

유교의 시조인 공자孔子(B.C 551~479)는 중국 춘추전국시대의 교육자이자 철학자이며 사상가이다. 그는 창고를 관장하는 위리, 나라의 가축을 기르는 승전리 등의 말단관리로 근무했다. 그는 40대 말에 중도의 장관이 되었으며, 노나라의 재판관이며 최고위직인 대사구가 되었다. 그러나 그는 곧 자리에서 물러났다.

공자는 6예, 즉 예禮, 악樂, 사射(활쏘기), 어御(마차술), 서書(서예), 수數(수학)에 능통했으며 역사와 시詩에 뛰어나 30대에 훌륭한 스승으로 이름을 떨쳤다. 그는 모든 사람이 배우는 데 힘쓰기를 주장했으며 배움은 지식을 얻기 위한 것만이 아니라 인격을 기르는 거라고 정의했다.

공자는 평생을 배우고 가르치는 일에 전념하여 3000명이 넘는 제자를 두었다고 한다. 공자의 어록 모음집인 《논어論語》는 유교경전으로 4서(논어, 맹자, 대학, 중용) 중 하나로 공자의 가르침을 전하는 가장 확실한 문헌이다. 일반적으로 유교경전을 가르칠 때 제일 먼저 가르친다. 인仁, 군자君子, 천天, 중용中庸, 예禮, 정명正名 등 공자의 기본 윤리개념을 모두 담고 있다. 여기서 '정명'이란 사람이 행함에 있어 모든 면에서 '이름'의 진정한 뜻에 일치해야 한다는 가르침이다.

공자가 직접 예로 들어 설명한 것 가운데 특히 '효'에 관한 내용이 많다. 공자는 개나 말도 마음만 먹으면 효를 행할 수 있다고 말했다. 그리고 공자는 인仁을 매우 중시하여 이를 바탕으로 실천함으로써 인격적으로 완성을 이루고, 예를 다함으로 사회질서의 확립을 강조했다. 말하자면 도덕적 이상국가를 실현하는 것을 궁극적인 목표로 삼았던 것이다. 이렇듯 공자는 철저한 현실주의자로 그의 사상은 실천하는 것을 근본으로 한 도덕이 핵심을 이룬다.

공자의 사상을 근본으로 하는 유교는 조선시대 태종의 숭유억불정책에 의해 확산 유지되었으며, 유교의 근본이 되는 '인의예지仁義禮智'는 양반가에서는 반드시 익혀야 하는 의무라고 해도 지나침이 없다.

충忠, 효孝, 예禮를 매우 중시하여 임금에게는 충성을 다하고, 어버이에게는 효를 다하고, 예를 엄격이 하여 이를 적극 장려했다. 또한 관혼상제冠婚喪祭를 중시하여 이를 엄격히 지키게 한 것도 유교사상에 기반을 둔다.

유교는 수신修身 · 제가齊家 · 치국治國 · 평천하平天下의 실현을 목표로 하며, 수천 년 동안 중국, 한국, 일본 등 동양사상을 지배해왔다.

DAY 124 프리드리히 니체

19세기 독일의 철학자이자 시인인 프리드리히 니체는 개신교 목사의 아들로 태어났다. 일찍 아버지를 여읜 그는 어머니와 함께 외가에서 지내며 피아노, 작곡, 글쓰기 등 다방면에서 뛰어나 어려서부터 주변 사람들로부터 인정을 받을 정도였다. 더욱이 그는 14세 때 자서전을 쓸 준비를 했다고 한다. 고등학교에 들어가서도 음악과 독일어, 작문에 발군의 실력을 보였다.

고등학교를 졸업한 그는 본 대학에 입학해 신학과에 적을 두었다. 그러나 기독교에 회의를 느끼고 중퇴한 후 라이프치히 대학으로 옮겨 그는 심혈을 기울여 공부했다.

니체는 쇼펜하우어의 《의지와 표상으로서의 세계》를 읽고 쇼펜하우어 철학에 심취했다. 그리고 이는 그가 철학을 연구하는 데 결정적인 계기가 되었다. 그는 24살 때 리출 교수의 추천으로 박사학위도 없이 스위스 바젤 대학 교수로 초빙되었다. 그리고 25세 때 라이프치히 대학 교수회의 결의에 따라 철학 박사학위를 받았다. 그는 강의를 하며 지내다 27세 때 병으로 인해 휴가를 얻고 쉬던 중 《비극의 탄생》을 썼는데, 이 책은 학계로부터 크게 반감을 샀을 뿐만 아니라 학생들로부터도 외면받았다.

그 후 니체는 건강상으로도 그렇고, 직업에 회의를 느껴 교수직을 사임했다. 그리고 10여 일 만에 《차라투스트라는 이렇게 말했다》의 1부, 2부, 3부를 완성했다. 하지만 이 책은 1년 동안 60권만 팔렸다. 4부는 출판사를 구하지 못해 자비로 40권만 출판했다. 그는 이 중 7권을 친구에게 증정했다. 그는 자신의 천재성을 사람들로부터 인정받지 못해 늘 외로워했으며, 자기 책을 보다 울기도 했다.

니체는 십여 년 동안 긴 방랑생활을 하면서도 꾸준히 집필활동을 했다. 그는 키에르 케고르와 더불어 실존주의의 선구자적인 역할을 했으며, 자유주의, 힘의 논리 등의 마키아벨리즘, 권위주의, 반대주의 등에 대해 강력히 비판한 것으로 유명하다. 또한 니체는 기독교와의 대립을 통해 모든 기존의 가치를 거부했다. 그리고 이제까지의 모든 가치 기준이었던 신에 대해 그 죽음을 선고하고 새로운 개념으로써 초인사상을 피력했다.

대표적인 작품으로 《차라투스트라는 이렇게 말했다》, 《인간적인 너무나 인간적인》 외 다수가 있다.

니체의 사상에는 평범한 다수가 염두에 두어야 할 가르침이 있다. 현실의 참혹함과 인간의 한계를 인정하면서도 각자 주체적인 삶을 살아갈 수 있는 소박하지만 창조적인 의지가 바로 그것이다.

DAY 125 | 그리스도 사상

　예수는 인간에게 가장 가치 있는 것을 '사랑'이라고 가르치셨다. 당시 이스라엘은 로마의 지배를 받고 있었으며 대제사장(유대교의 직책 중 최고의 권위를 가진 자로서 이스라엘 12지파 중 레위지파 중에서 선발됨)과 장로(제사장을 보좌하는 직책으로 종교의식 및 제반 사항을 담당했음), 서기관Scribe(성서를 연구하고 해석하고 복사하는 임무를 맡은 사람들이다. 이들은 율법에 대한 지식이 뛰어나 교법사 또는 율법사로 불리었으며 사회적으로 권위가 인정되었다), 바리새인Pharisees(사두개파와 같은 시기에 생겼으며 헬라문화를 반대하고 민족 고유의 전통을 지키려고 노력했다. 이들은 모세의 율법을 엄격히 지켰으며 독선적이고 위선적인 형식주의자이다)과 사두개인Sadducees(B.C 3세기경에 생긴 것으로 추정되며 비종교적인 생각으로 그들은 자진하여 헬라문화를 받아들였다. 그들은 부유했으며 사회적인 영향이 컸을 뿐만 아니라 합리적이고 부활, 천사, 영혼의 실제를 믿지 않았다.)이 지배층을 이루고 있었다. 이들 중 사두개파를 제외한 이들은 철저한 율법주의자들로서 율법을 지키고 그것을 행하는 것을 최고의 가치이자 미덕으로 알았다. 그런데 문제는 율법을 따르다 보니 인간에게 가장 중요한 '사랑'과 '용서', '화해'와 '배려'에 대한 관점에 있어서는 이를 매우 등한시했다. 오직 율법에 의해 그 사람의 가치를 판단해 개인적인 삶을 통제했다. 그래서 율법을 어긴 자는 율법에 의해 가차 없이 심판했다.

　예수는 이와는 달리 하나님의 사랑과 복음을 전파하며 인간의 가치와 인격을 매우 중요하게 여겼다. 이는 유대주의 중심 국가인 이스라엘의 사회에서는 반하는 행동이었다. 그것은 곧 예수는 하나님을 형식적으로 믿는 유대인들에게 진실한 것이 무엇인지를 전함은 물론 가난하고, 힘없고, 병들고, 소외 받는 자들에게 하나님의 사랑을 전하고, 구원에 이르는 길을 가르치고, 인간이 오만과 무지를 깨우쳐 정직하고 옳게 살아가는 삶을 전하기 위해서이다.

　예수께서 행하는 말과 행동은 율법주의를 기반으로 하는 이스라엘 사회에서는 일대의 '개혁'이며 '혁신'이었다. 이에 반론을 제기하는 랍비에게 예수는 나는 율법을 폐하러 온 것이 아니고 완성시키기 위해 왔다고 말한다. 하지만 예수의 뜻을 이해하지 못한다. 예수는 "나는 길이요, 진리요, 생명이니 나로 말미암지 않고는 주 너희 아버지 나라에 가지 못한다"고 말하며 자신의 정당성을 일깨운다.

그리스도교는 불교, 이슬람교와 더불어 세계 3대 종교이며, 예수 그리스도, 즉 하느님의 아들인 예수를 인류의 구원자로 믿는 것을 근본 교의로 삼는다.

DAY 126 · 랠프 왈도 에머슨

랠프 왈도 에머슨은 미국의 사상가이자 시인이며, 수필가이다. 그는 유니테리언 교회 목사 아들로 태어났다. 그의 가문은 7대에 걸쳐 대대로 성직을 이어왔다. 어린 시절 아버지가 죽고 그는 고모에 의해 양육되었다. 그는 보스턴공립 라틴어 학교에 입학해 시를 즐겨 썼는데 좋은 반응을 얻었다. 하버드 대학을 마친 그는 신학을 공부하고 보스턴 제2교회 목사가 되었다.

에머슨은 뛰어난 설교로 명성을 얻었지만, 아내가 죽고 신앙과 직업에 대해 깊은 회의에 빠졌다. 물론 그 이전부터 그는 교회의 교리에 대해 의문을 갖기 시작했다. 거기다 독일에 있는 형이 기적의 역사적 진실성에 의혹을 담은 성서비평에 대해 알려주었다. 에머슨은 자신이 했던 설교는 전통적인 교리에서 벗어났고, 개인적인 탐구의 성격을 띠었다는 걸 알았다. 또한 자아를 충족시키는 개인적 교리를 주장했던 것이다.

에머슨은 설교에 있어 그리스도 행적의 자취를 제외하고 자연과 인간의 도덕관에 대한 개인적 직관에 그리스도 신앙을 근본으로 했다. 그리고 그것을 통해 미덕을 성취하는 삶을 궁극적인 목적으로 삼았다. 결국 성직에서 물러났다. 그는 직접적인 신앙체험을 원해 유럽여행을 떠났다, 돌아와서는 명저《자연》을 집필하기 시작했다. 그는《자연》을 출간해 명성을 얻고 영향력 있는 강연가가 되었다.

정통적 교리에서 떠나 개인적인 체험과 그것을 통해 자아성취를 중심하는 그의 생각은 초절주의라는 사상을 지향하게 되었으며 그와 뜻을 함께 하는 철학자와 문학가들과 같이 초절주의 운동에 심혈을 기울였다. 그는 초절주의의 대표자로서 널리 인정받으며 이름을 떨쳤다.

특히, 에머슨은 소로에 관심을 갖고 그의 멘토를 자처하며 지원해주었으며, 소로는 그를 스승처럼 따르며 문학적인 영향을 받았다. 에머슨 또한 소로를 통해 에너지를 받곤 했다. 이후 에머슨은 수많은 강연을 통해 자신의 사상인 초절주의 사상을 널리 알렸다. 그리고 강연 원고를 모아《명상록》이라 이름 붙여 2권을 펴냈는데 이 책으로 국제적인 명성을 얻었다. 그리고《오월제》라는 시집을 냈는데 이 시집으로 위대한 미국 시인이라는 명예를 얻었다.

그의 주요 저서로는《명상록》,《영국인의 특성》,《삶의 행위》외 다수가 있다.

초월주의(초절주의)는 현실세계의 유한성을 부정하고, 그 너머에 감각으로는 파악할 수 없는 초월세계가 실재함을 믿음으로써 현실세계의 무한성을 예찬했다.

DAY 127 | 존 러스킨

　영국의 비평가이자 사회사상가이며, 작가인 존 러스킨은 옥스퍼드 대학에서 학사와 석사학위를 받았다. 그는 '근대 화가론'을 완성함으로써 학계로부터 큰 주목을 받았다. 그는 예술, 문학, 자연과학, 그림, 정치학, 경제학, 사회학 등 다방면에서 두각을 보였으며, 사상가로서 화가로서도 그 명성이 대단했다. 그는 무엇보다 사회비평에 뛰어났다. 그는 인간 정신 개조에 의한 사회 개량을 주장했으며 이 방면에서 최고로 평가받았다. 훗날 간디와 톨스토이, 버나드 쇼는 러스킨을 '당대 최고의 사회개혁자'라고 평했다.

　러스킨은 실천적 학문을 주창한 교육자로도 유명하다. 그는 학문이란 모름지기 실천을 통해서만 진정성을 획득할 수 있다고 믿었다. 그래서 실천이 따르지 않는 학문은 죽은 학문이라고 강조했다. 교육에 대한 그의 강한 신념을 엿볼 수 있다.

　옥스퍼드 대학교수로 있던 러스킨이 강의를 하기 위해 비가 퍼붓는 길을 가고 있었다. 길이 좋지 않아 흙탕물이 튀어 그의 옷은 엉망진창이 되었다. 간신히 강의실에 도착한 러스킨은 학생들을 향해 "여러분, 여러분은 왜 경제학을 배우지요?"라고 말했다. 그러자 한 학생이 일어나 "경제는 자신과 다른 사람들에게 이익을 추구하는 것이라고 배웠습니다"라고 말했다. 그러자 러스킨은 미소를 띠며 재차 질문했다.

　"지금 내가 강의실로 오는 동안 길이 너무 좋지 않아 많이 힘들었어요. 이에 대해 여러분은 어떻게 해야 한다고 생각합니까?"

　"그야 당연히 길을 고쳐야 한다고 생각합니다" 하고 어떤 학생이 말했다. 그러자 러스킨은 당장 나가서 길을 고치자고 말했다. 그의 말에 학생들은 모두 일어나 비 오는 길에 나가 길을 고쳤다고 한다. 이 일이 있은 후 옥스퍼드 대학에서는 학문이란 반드시 실천되어야 한다는 러스킨의 가르침을 받들어 그 길을 〈러스킨의 길〉이라고 이름 붙였다고 한다. 그런데 여기서 한 가지 흥미로운 것은 수재들만 모인 옥스퍼드 대학 학생들이 러스킨의 말대로 비 오는 길에 나가 길을 고쳤다는 것이다. 학생들이 그의 주장에 대해 이의를 제기하지 않았다는 건 그만큼 러스킨의 말이 옳다고 믿었기 때문이다.

존 러스킨이 뛰어난 사회사상가로서, 비평가로 평가받는 것은 무엇보다 자신의 생각을 적극 행동으로 옮겼다는 데 있다. 그의 이런 사상은 후학들에게 깊은 영향을 주었다.

DAY 128 성 아우구스티누스

교부이자 신학자이며, 사상가(교부 철학자)인 성 아우구스티누스는 가톨릭 신자들로부터 존경받는 위대한 인물이다. 그의 이름 앞에 거룩하다는 뜻의 '성Sanctus'을 붙이는 것은 그가 성인으로서 책임과 의무를 다했음을 의미한다. 아우구스티누스는 교부로서 신학자로서 사상가로서 철저한 삶을 살았다.

청년 시절에 그는 여자와 이교도에 빠져 절제된 삶을 살지 못했다. 그는 수사학을 공부하기 위해 카르타고로 가서 철학에 심취했지만 이교도인 마니교에 빠져 10년 가까이 세월을 보냈다. 열일곱 살에 여자와 동거를 하며 14년을 살았고 아들을 낳았다.

아우구스티누스는 어머니 모니카의 마음을 아프게 하며 불효의 시간을 보냈다. 그의 어머니 모니카는 독실한 그리스도인으로 아들의 타락을 막기 위해 눈물을 흘리며 밤새 기도한 끝에 그를 타락의 구렁텅이에서 건져 냈다. 아우구스티누스가 마니교를 떠난 것이다. 그는 밀라노의 주교 암브로시우스에게 세례를 받고 그리스도인이 되었다. 그는 고향으로 돌아와 수도회를 설립하고 수도사 생활에 전념했다.

아우구스티누스는 독실한 믿음으로 깊은 신앙을 갖게 되었고, 히포 레기우스에서 발레리우스 주교에게 사제 서품을 받았다. 이후 그는 마니교를 부정하고 비판했다.

그는 모든 삶의 근원은 하나님께 있으며, 하나님의 은총만이 인간을 바르게 하고 죄로부터 구원함을 강력하게 주장했다. 아우구스티누스의 은혜론은 종교 개혁자인 마틴 루터에게도 큰 영향을 끼쳤다. 그는 발레리우스 주교와 공동 주교가 되었으며, 공동 주교가 죽자 히포 교구의 주교가 되었다. 그는 주교로서 신학자로서 사상가로서 활발한 활동을 펼치며《고백록》,《행복론》,《신국론》등 많은 책을 저술했다.

427년 게르만족의 한 민족인 반달족이 북아프리카를 침략했을 때였다. 그는 안전한 곳으로 대피할 수 있었지만 피난민들의 곁에서 기도와 봉사로 섬겼다. 피난민들은 크게 감동하며 그를 높이 칭송했다.

아우구스티누스 사상의 핵심은 그리스도 사랑의 실천이며, 사람이 사람 위에 군림하는 것은 하나님의 뜻에 어긋날 뿐만 아니라 하나님의 사랑을 부정하는 죄악이라고 믿었다.

DAY
129

묵자

墨子

묵자墨子는 중국의 역사에서 매우 중요한 인물이다. 그는 하층민 출신으로 지배 계층을 배격하고 가난하고 힘없는 이들을 대변하며, 인간은 누구나 평등하다는 논리를 펼쳤던 진보적인 사상가이다.

그는 인간의 도리란 서로 존중하고 사랑하며, 이익은 서로 나눔으로써 함께 해야 한다고 주장했다. 인간으로서 도리를 다할 때 인간의 가치가 바로 서고, 삶다운 삶을 살 수 있다고 주장했다. 묵자는 공자나 맹자, 노자, 장자와는 다른 철학을 지녔다.

그의 사상은 보편적인 사랑인 겸애兼愛로써 진보적인 그리스도의 사랑을 많이 닮았다. 그리스도는 네 이웃을 네 몸과 같이 사랑하라고 말함으로써 사랑을 적극 실천할 것을 가르쳤으며 사람의 자유와 생각을 얽어매는 율법을 완성하러 왔다고 설파했다. 행함이 없는 믿음은 죽은 믿음이며 그것은 사랑의 가치성을 잃게 하는 주요인이기에 이를 경계하라고 가르쳤다. 묵자 또한 이러한 그리스도의 사상에 맞닿아 있다.

이는 가족과 개인의 행복에도 똑같이 적용된다. 세계평화와 자유와 인간의 행복은 보편적인 사랑의 실천에 달려있기 때문이다. 이는 유교적 관점에서 볼 때 장유유서에 반하는 것이기에 반론이 많았으며 심지어는 지탄을 받기도 했다. 하지만 묵자는 이에 굴하지 않고 예수가 제사장과 장로를 비롯한 정통 유대교인 바리새인들의 압박 속에서도 사랑을 실천했듯 그는 보편적 사랑과 상호이익을 함께 말하며 이 원칙이야말로 인간의 길이자 신의 길이라고 주장했다.

묵자는 선조에 대한 믿음으로 돌아가야 한다고 주장했으며, 세상에는 하늘이 있고 하늘엔 뜻이 있으니, 인간은 하늘의 뜻에 복종해야 하고 인간의 생각과 행동을 평가하는 통일된 기준으로 받아들여야 한다고 주장했다.

묵자는 그가 자신의 삶에 모범을 보였듯이 보편적 사랑을 실천하고, 허례허식을 버리고, 근본적으로 사치를 금하고, 생산에 힘을 쏟되 소비를 줄이고, 나라와 백성에게 이익을 가져주는 것을 의義로 삼고, 금욕적인 생활을 신조로 삼았으니 이는 그의 철학 체계이자 사상이라고 할 수 있다.

결론적으로 묵자의 사상은 유교에 반하는 것으로써 수백 년을 지내오면서 유교와 대립했으며, 보편적인 사랑을 실천하라는 가르침은 묵가라는 종교의 근본이 되었다.

묵자의 정치사상은 '천하天下에 이익되는 것利을 북돋우고興, 천하의 해가 되는 것害을 없애는除 것'이 원칙이었다.

| ## 라빈드라나트 타고르

시집 《기탄잘리》로 1913년 아시아 최초로 노벨문학상을 수상한 라빈드라나트 타고르는 부유한 귀족의 열네 번째 아들로 태어났다. 그의 아버지는 귀족이자 종교 사상가였는데 타고르는 아버지로부터 인도 고유의 종교, 문학의 소양과 더불어 진보적인 사상을 교육받았다. 그는 17세 때 영국으로 유학을 떠났지만, 제도권 교육이 마음에 들지 않아 1년도 채 되지 않아 귀국했다.

타고르는 인도의 대자연과 전통을 사랑했고, 그것으로부터 삶의 원천을 찾아냈다. 타고난 감성과 사색은 그에게 열네 살 때부터 시를 쓰게 하는 기폭제가 되었다. 인도의 원시적 자연은 그에게 시적 감성과 상상력을 키워주는 사색의 원천이었다. 그의 시는 서정적이면서 깊이가 있었다. 철학 속에 시가 있었고, 시 속에 철학이 담겨 있었다.

타고르는 언제나 열정이 넘쳤다. 커다란 키, 반듯한 외모, 사상가다운 풍부한 식견, 펜과 책을 손에서 놓지 않는 공부에 대한 열정, 고요와 사색을 즐기는 명상가의 기질이 그에게 있었다. 그는 매사에 적극적이고 능동적이었다. 타고르의 삶에 대한 에너지는 그를 한곳에 머무르도록 두지 않았다.

그는 일흔이 넘어서 그림을 그리기 시작했는데 그때 그가 그린 그림이 무려 2000여 점이나 되고, 시는 1000여 편이 되었다. 그 외에도 작곡, 소설, 희곡 등 다양한 분야에 걸쳐 많은 작품을 남겼다. 그는 세계여행을 열두 번이나 했고, 일본은 세 번이나 여행했다. 그는 세계여행을 하면서 강연도 하고, 동서 문화를 비평했으며 인도의 사상도 널리 알렸다. 그는 토마스 만, 아인슈타인, 베르그송, 에즈라 파운드, 이츠 등 세계적인 학자들과 만나 친분도 쌓고 교류하며 열정적으로 활동했다.

타고르는 평화의 학원을 지어 교육에도 열정을 기울였다. 또 그는 인도의 전통적인 교육 방식을 확대시키기 위해 자신의 이름을 딴 타고르 국제대학을 만들었다. 타고르 국제대학은 무려 20년 동안 지어졌는데, 그 규모가 무려 300만 평이나 된다.

타고르는 시와 사상, 교육과 강연, 소설, 희곡, 그림 등 다방면에서 재능을 보였고 눈부신 성과를 이뤄냈다. 그는 매사 열정을 다했고 게으름을 경계했다. 또한 타고르는 범세계주의적인 가치관을 중시했으며, 자유와 평화를 사랑하고, 자연주의 사상과 철학, 인도의 사상을 시와 소설, 강연을 통해 널리 알리는 데 힘쓴 시인이기 전에 위대한 사상가였다.

초기 작품에서는 주로 아름다움에 대해 노래했지만, 가난한 농민 생활과 접촉하게 되면서 농촌개혁에 뜻을 품음과 동시에, 작품에서도 현실미를 더하게 되었다.

DAY 131 토머스 칼라일

영국의 위대한 사상가이자 《프랑스 혁명사》의 저자인 토머스 칼라일은 독실한 칼 맹교도인 아버지의 성격과 생활방식을 닮아 부모와 형제에게 헌신적이었다. 그는 15세에 에든버러 대학에 입학했으나 자신의 학문적 열정이 충족되지 않자 학교를 그만두었다. 학교를 그만둔 그는 학문과 삶에 대해 스스로 읽고 쓰며 탐구했다. 욕구 가 충족되지 않을 때의 고뇌와 방황은 그에게 또 다른 방식의 공부였다. 그는 언제나 자기 주도적으로 학습하며 학문에 대한 강한 근성과 욕망으로 충만했다. 그는 눈에 보이지 않는 막연한 것을 추구하기보다 현재 자신이 보고, 생각하고, 느끼는 것을 통 해 새로운 것을 추구했으며 시도했다.

1814년 칼라일은 애넌에서 수학교사를 하다 1816년 커콜디에 있는 학교로 자리를 옮겼는데 가르치는 일이 적성에 맞지 않자 교사직을 떠나 에든버러 대학에서 공부하 다 3년 만에 학교를 그만두고 가정교사와 언론 일을 했지만 이 또한 그만두었다. 그 는 가난에 시달리면서도 《의상철학》을 써서 큰 성공을 거뒀다. 그는 런던으로 가 부 지런히 글을 썼지만 1년 동안 수입이 전무했다. 《의상철학》을 써서 모아둔 돈으로 생활을 영위하던 그는 초조함 속에서도 《프랑스 혁명사》 집필에 몰두했다. 칼라일은 7년에 걸쳐 탈고한 《프랑스 혁명사》 원고를 친구이자 철학자인 존 스튜어트 밀에게 읽어 보라고 건네주었다. 여기서 문제가 생기고 말았다. 존 스튜어트 밀은 서재에서 원고를 읽다가 너무 피곤한 나머지 침실로 가서 잠이 들었다. 다음 날 아침 하녀는 청 소 중 방에 흐트러진 원고를 파지로 착각하여 모두 난로에 집어넣어 버렸다.

7년 동안 공들여 쓴 수천 쪽에 달하는 원고가 한순간에 사라졌지만 칼라일은 다시 원고를 쓰기 시작했고 마침내 그토록 바라던 《프랑스 혁명사》를 출간했다. 이 책은 그에게 부와 명성을 안겨주었다. 역사를 신의 경전으로 생각하는 칼라일은 프랑스 혁명을 군주와 귀족들의 어리석음과 이기주의에 대한 필연적인 심판으로 여겼다.

이상주의적인 사회개혁을 제창提唱하여 19세기 사상계에 큰 영향을 끼치는 칼라일 은 능동적이고 적극적이어서 허투루 낭비하는 시간이란 없었다. 그는 현재를 소중히 여기며 나태함을 용납하지 않았다. 그는 원하는 것이 있으면 곧바로 실천에 옮긴 자 기 주도적인 삶과 사상을 실천한 사상가이다.

목사이자 신비론자인 에드워드 어빙을 통해 인간의 영적 교감에 대해 눈을 뜨고 자신의 사상적 체계를 세우는 데 영 향을 받았다.

DAY 132 프란시스 베이컨

영국의 철학자이자 정치가인 프란시스 베이컨은 데카르트와 함께 근세철학의 선구자로 불린다. 그의 아버지는 대법관인 니콜라스 베이컨이다. 그는 유복한 환경에서 자라나 케임브리지 대학에서 아리스토텔레스의 철학을 배우지만 흥미를 잃고 중도에서 그만두었다.

이후 그는 법을 공부하고 변호사가 되었으며 하원 의원, 검찰총장을 거쳐 대법관이 되었다. 공직에서 물러난 뒤 연구와 저술에 몰두했다. 그는 기존에 사실이라고 믿었던 모든 것들을 부정하고 관찰과 가설, 실험을 통해 새롭게 증명된 사실만을 지식으로 인정해야 한다는 실체적이고 과학적인 방법론을 제시했다. 그를 경험주의 아버지라 부르는 것은 바로 이 때문이다. 또한 '아는 것은 힘이다'라는 유명한 명언 역시 이런 관점에서 한 말이라고 할 수 있다.

1620년 베이컨은《신논리학》을 집필해 귀납적 철학을 제시했으며, 이는 곧 경험주위 철학의 모범이 되었다. 베이컨은 논리학의 삼단논법으로 알려진 연역법을 정립한 아리스토텔레스를 비판하고, 연역법에 의한 100% 진리란 다른 사람들과의 협력 없이 혼자서 완성하는 학문이며 실체적이지 않고 책상에서 사고하고 추리하는 공상의 학문이라고 주장했다. 하지만 이에 비해 귀납법은 100% 진리라고 할 수는 없더라도 새로운 지식을 제공해준다는 점에서 의의가 있다고 주장했다.

베이컨의《신논리학》은 바로 아리스토텔레스의 연역법에서 벗어나 자신이 주장하는, 즉 많은 사람이 함께 협력해서 관찰하고 실험하고, 실체적이고 과학적인 방법을 통해 새로운 진리로 완성하겠다는 것에 대한 선언과도 같은 것이다.

베이컨은《신논리학》에서 관찰과 실험을 바탕으로 하지 않는 것을 우상으로 지정하고 '종족의 우상', '동굴의 우상', '시장의 우상', '극장의 우상' 4가지로 구분하여 이런 우상들은 하등에 가치가 없는 것이기에 도외시해야 한다고 주장했다. 이를 좀 더 자세히 말하면 종족의 우상은 개인적인 편견과 선입관에서 비롯한 인간의 본성을 말하고, 동굴의 우상은 자신만의 동굴에 갇혀서 객관적 진실을 왜곡하는 것을 말하고, 시장의 우상은 잘못 정의된 언어를 믿고 따르는 것을 말하고, 극장의 우상은 종교적 미신이나 불합리한 신학과 같은 권위에 대한 맹목적인 추종을 말한다.

결론적으로 베이컨의 철학은 과학의 모든 부분 특히, 관찰과 실험 등 연구 토대를 마련했다는 점에서 그 가치를 인정받는다고 하겠다.

베이컨의《신논리학》은 아리스토텔레스의 논리학을 절대시하던 경향에서 벗어나, 근대적인 실험 과학의 방법론을 주창했다는 중요한 의의를 지닌다.

DAY 133 페미니즘

페미니즘은 19세기에 유럽에서 일어난 여성참정권 운동에서 비롯되었다. 페미니즘이란 여성 억압의 원인과 상태를 드러냄으로써 여성이 억압으로부터 벗어나는 것을 궁극적 목표로 하는 운동이나 이론을 말한다.

페미니즘은 남성 중심적인 가부장제로 억압받는 여성을 해방시키고자 하는 정치적 실천은 물론 그것을 담론하는 용어로 지칭되었다. 페미니즘은 계급적인 문제를 성차별 문제로 인식되게 했고, 사회적 불평등 기원에 대한 다양한 탐구를 통해 여성학이라는 새로운 학문을 탄생시킴은 물론 가부장제 이데올로기에 대항하는 여성의 정치적 참여와 해방운동을 양산했다.

페미니즘은 1960년대에 와서 급진적 페미니즘으로 발전했고, 남성이 여성에 비해 모든 면에서 특권을 누림으로써 지배적이고 권력적인 가부장제를 타파하기 위해 노력했다. 특히, 영화를 통해 그 문제점을 지적하고 이를 통해 가부장제의 모순을 부각시켰다. 영화에서 여성이 어떻게 남성 중심의 시선, 즉 관음적 대상이 되어지는가에 대해 문제로 삼았으며, 많은 여성학자들은 멜로드라마, 서부영화, 공포영화 등의 텍스트를 분석하여 내러티브, 즉 이야기와 가부장적인 이데올로기의 관계를 적극 해명하고 제시했다.

페미니즘은 1970년대를 거치면서 보다 더 정밀하고 체계적으로 발전되었지만, 정신분석학적인 페미니즘 논의는 문제에 대한 뚜렷한 대안을 내놓지 못한 채 노력은 여전히 활발하게 진행되었다.

1975년 유엔은 '세계 여성의 해'를 지정하고, 멕시코에서 평등, 발전, 평화를 주제로 하는 세계여성대회가 열렸다. 이를 통해 국제적으로 페미니즘이 확산됨은 물론 한편으로는 여성운동 내부에서는 기존의 페미니즘운동이 백인 중산층의 이성애 중심이었다는 비판이 쏟아졌다. 그로 인해 비서구 지역은 물론 아시아, 아프리카 등의 유색인 여성들도 페미니즘 운동에 대해 생각하고 참여하는 기회가 되었다.

우리나라의 경우 1987년 민주화의 영향으로 여성운동이 크게 성장했으며 호주제 폐지 이후 페미니즘 운동은 더 다양화되어 진행되고 있다.

페미니즘은 여성이 하나의 성으로서가 아닌 한 인격체로서 정치, 사회, 가정, 직장 등에서 남자와 평등하게 권리를 행사함으로써 인간다운 삶을 영위코자 하는 여성운동이라고 할 수 있다.

사회주의

　사회주의란, 생산수단을 공동으로 운영하는 협동 경제와 모든 사람이 노동의 대가로 평등하게 분배받는 사회를 지향하는 다양한 사상을 지칭하는 말이다. 사회주의라는 용어는 19세기에 처음 생겨났는데, 영국에서는 감리교 노동공동체를 계획하고 있던 로버트 오웬을 따르는 사람들이 자신들을 설명하는 데 처음 사용되었다. 또 프랑스에서는 1832년 이상적 사회주의자로 불리는 앙리 드 생시몽의 이념을 따르는 이들을 비롯해《앙시끌로빼디 누벨》의 저자 삐에르 레로와 J. 레노들이 사용했다. 그리고 독일에서는 사회주의자인 페르디난트 라살레가 그의 저서《노동자 강령》에서 사용했다. 이후 사회주의라는 용어는 사화주의자들과 그것을 폄훼하고 비난하는 이들에 의해 널리 사용되었다.

　사회주의는 자본주의에 대해 매우 부정적이고 비판적이다. 자본주의는 자본으로 착취를 통해 부를 축적한 극소수에게 권력과 부가 집중되어 모든 사람이 자신의 재능과 능력을 펼칠 수 있는 평등한 기회를 부여받지 못한다고 본 것이다. 또한 기술과 자원 등의 이용이 제한을 받음은 물론 자본주의적 소유 관계가 생산력을 통제하고 막는다는 것이다. 이로 인해 국민 대다수의 삶을 피폐하게 만드는 부조리한 결과를 낳는다고 보는 것이다. 사회주의운동가들은 이러한 불합리를 개선하기 위해 철학적인 담론을 펼치며 그리고 그에 대한 방법론을 제시하며 문제를 해결하려고 노력했다.

　칼 마르크스를 비롯해 프랑스의 '공산주의 이론가'인 앙리 드 생시몽과 '과학적 사회주의'의 창시자 중 하나인 프리드리히 엥겔스는 광범위한 사회적 생산 개념의 도입만이 자본주의의 무분별한 생산에 인한 폐해를 극복할 수 있다고 강력히 주장했다. 하지만 이들의 주장에 대해 분배의 기준이 무엇인가에 대해 사회주의자들 사이에 논란이 일었다.

　사회주의 사상은 매우 포괄적인 시각을 지닌다. 그럼에도 일관되게 공통된 주장은 왕정과 자본주의적 사회가 소수의 경제 엘리트를 위해 작동되고 있다는 인식은 물론 대중 없이는 엘리트들도 존재할 수 없기에 사회가 대중의 이익을 위해 운영되어야 한다는 것이다. 나아가 사회주의는 경제적으로 경쟁을 통해서라기보다 함께하는 협력을 통해서 계획경제를 추구해야 한다고 주장한다. 하지만 사회주의는 개개인의 능력과 재능을 펼칠 수 있는 기회를 가로막는 모순을 지닌다는 데 그 맹점이 있다.

사회주의는 인간 개개인의 의사와 자유를 최대한 보장하기보다는 사회 전체의 이익을 중시 여기는 이데올로기이다.

DAY 135 자본주의

자본주의는 재화의 사적 소유권이 개인에게 있는 것으로써 이에 대한 자유의지에 반하거나 법률에 의하지 않는 방법으로는 양도 불가능한 사회구성권, 즉 사회구성원으로서의 기본권으로 인정하는 사회구성체를 말한다.

자본주의에 있어 생산수단의 사적 소유는 농업이 시작됨과 동시에 제한적으로 존재해왔다. 학자들 중엔 이에 대해 중세 길드를 자본주의적 성격을 띤 것으로 주장하기도 한다. 하지만 중세시대에는 신분제도로 인한 제한적 요인이 있고, 과도한 세금을 비롯해 지역마다 부과되던 관세와 고율의 이자 등으로 이윤을 내기란 쉽지 않았다. 그럼에도 영국은 18세기 무렵 이러한 장애를 극복하고 이윤을 창출한 자본가가 등장했다. 나아가 19세기에는 유럽에 자본주의가 정착되었다.

19세기 말 자본주의는 산업자본주의에서 금융자본주의로 바뀐다. 금융자본주의는 은행과 같은 금융기관이 시장과 생산에 대한 주도권을 갖는 자본주의 형태를 말한다. 이런 금융자본에 의해 기존의 기업은 주식회사의 형태를 띤 기업으로 발전했다.

자본주의는 대공황이란 악제를 만나게 된다. 1928년 일부 국가에서 일어나기 시작한 공황이 1929년 10월 24일 미국 뉴욕 주식시장의 대폭락에 의해 촉발되어 전 세계로 확산된 세계적 공황을 뜻한다. 이로 인해 기업들은 줄도산하고 대량 실업자들이 생겨났으며, 디플레이션을 초래했다. 그런데 시장을 통제할 수 있는 규제가 제대로 갖춰지지 않아 피해는 걷잡을 수 없이 퍼져 나갔다. 그로 인해 1920년대 활기 넘치던 자본주의는 끝나고 말았다.

자본주의가 공황에 의해 무참히 깨지자 수정자본주의가 대두되었다. 수정자본주의가 가장 주안점을 둔 것은 시장에 대한 정부의 적극 개입이었다. 그로 인해 케인스 경제학과 같은 정부 주도의 경제를 도입하게 되었고, 이를 기본 자본주의와 구분지어 수정자본주의라 칭했다. 수정자본주의는 일종의 사회주의적 통제경제를 도입하여 시장을 규제함으로써 투자의 유지와 불경기의 상황에서 시장의 회복을 꾀하고자 했다. 그리고 나아가 무상의료 및 무상교육 등 사회보장제도를 통해 각 개개인이 사회구성원으로서 인간다운 생활을 도모하는 복지국가를 더 나은 국가 형태로 보았던 것이다.

자본주의란 자본주의 활동을 통해 이윤만을 추구하는 영리지상주의, 목적을 위해 다양한 수단을 효율적으로 이용하려는 합리주의를 말한다.

허버트 스펜서

영국의 철학자이자 사회학자이자인 허버트 스펜서는 영국 사회학의 창시자이다. 그는 영국 더비셔 더비에서 출생했다. 그는 독학으로 고등과정을 습득했는데, 주로 자연과학에 관한 것이었다. 또한 그는 10대 후반에서 20대 초반에 철도기사로 일하면서 지역신문에 많은 글을 기고했다. 그는 또 잡지사《이코노미스트》부편집장으로 일하면서 첫 저서인《사회정학》을 출간했다. 그는 이 책에서 주장하기를 인류가 발달할수록 사회적 형태에 적합하게 되고, 그 반면에 국가의 역할은 작아질 것이라고 주장했다. 이 책은 그에게 명성을 가져다 주었고, 경제적으로 안정이 되자 본격적으로 글쓰기에 몰두했다.

스펜서는 두 번째 책인《심리학 원리》를 통해 인간의 심리도 자연법칙의 지배를 받는다고 주장했다. 그리고 이는 사회와 인류 전체에게도 똑같이 적용된다고 주장했다. 스펜서의 사상 중 주목해야 할 것은 진화론에 대한 그의 생각이다. 그는 지질학, 발생학, 진화론 등 당시의 최신이라 할 만한 과학적 성과를 적극적으로 받아들이고 탐구함으로써 그만의 독창적인 진화사상을 이뤘다. 그는 이러한 자신의 사상에 대해 '종합철학'이라고 명명했다.

스펜서는 자신의 사상에 자연과학적인 연구 성과를 적극 도입했다. 하지만 자연과학적인 현상 뒤에는 인간의 지성이나 인지능력으로는 알 수 없는 형이상학적인 법칙이 존재할 거라는 생각에서 벗어나지 못했다. 그는 자연과학으로는 유사성, 차이, 감각적인 인식의 차이는 알 수 있다 하더라도 본질을 알 수 없다고 생각했다.

스펜서의 진화사상을 한마디로 함축한다면 단순성에서 복잡성으로 가는 법칙이 우주의 모든 것에 보편적으로 적용된다는 것이다. 그는 인간의 진화와 동물의 진화도 이 법칙의 적용을 받으며, 사회의 진화까지도 적용받는다고 믿었다.

이렇듯 스펜서는 자연과학에 흥미가 많은 탓에 진화철학을 주장하고, 진화가 우주의 원리라고 생각하여 인간이 살아가는 사회에도 강한 사람만이 살 수 있다는 '적자생존설'을 믿었으며(이는 라마르크의 용불용설과 같은 입장이다), '사회유기체설'을 주장했다. 이런 그의 사상은 지금에 와서는 그다지 주목받지 못한다. 하지만 그 당시에는 대단한 영향력을 주었다. 그는 자신의 말대로 종합철학이라고 할 만큼 다방면에서 성과를 이뤄냈다. 주요 저서로《종합철학체계》,《심리학원리》외 다수가 있다.

스펜서는 사회주의를 반대하며, 하나의 커다란 위험으로 여기기도 했다. 다만, 누군가 자유를 제한받는 것은 그가 다른 누군가의 권리를 침해했을 때로 제한할 필요가 있다고 주장했다.

DAY 137 맹자

孟子

　맹자孟子는 중국의 고대 철학자로 추나라 사람이다. 어린 나이에 아버지를 여의고 어머니 슬하에서 자랐다. 그의 어머니는 아들 맹자를 잘 키우기 위해 3번이나 이사를 했다. 이를 가리켜 맹모삼천지교孟母三遷之敎라고 한다. 젊은 시절의 그는 공자의 손자인 자사의 문하생으로 수업했다. 그로 인해 공자의 사상을 고스란히 이어받았다.

　맹자의 주요 사상은 하늘에 대한 숭경의 정념이라고 할 수 있다. 하늘은 인간과 모든 만물을 낳고, 피조물을 지배하는 영원불변의 법칙을 정해 이를 만물을 창조한 목적으로 삼았다는 것이다. 이에 피조물인 인간에게는 하늘의 법칙성, 즉 하늘의 뜻이 내재하고 있으며 하늘이 정한 법칙 달성이 피조물인 인간의 목적이라는 것이 맹자의 인간관이다. 그리고 인간의 성은 선善이며 그것을 증명하기 위해 인의예지仁義禮智 등 사단四端, 즉 '싹'이 갖춰져 있다고 했다. 여기서 인仁은 측은한 마음이며, 의義는 불의 불선을 부끄럽게 알고 증오하는 수오의 마음이며, 예禮는 사양의 마음이며, 지智는 선악의 옳고 그름을 판단하는 시비의 마음이다.

　맹자는 공자의 가르침을 따르면서 공자가 수립한 인간의 실천적 주체성이나 덕에 의한 정치라는 사고방식을 전통적인 하늘의 신앙과 결부시킴으로써 이를 발전시켰다. 맹자는 농사에 지장을 주는 노역과 전쟁을 멀리하고, 민생의 안전을 먼저 도모해야 한다고 말했다. 또한 도덕교육을 통해 인륜을 가르칠 때 백성들은 기뻐하며 군주를 심복하고 마침내 하나로 귀일한다고 보았다. 그는 이러한 정치가 곧 성왕의 정치이며, 인정에 바탕을 둔 왕도라고 설명했다. 이것이 맹자의 왕도론이다.

　맹자는 공자의 가르침을 계승하되 자신의 생각을 접목시킴으로써 자신만의 사상을 만들어 냈다. 특히, 맹자는 백성들의 생계를 책임지는 제도를 만들어야 하고 그들을 교육시키는 도덕적, 교육적 지침을 마련해야 하고, 백성들이 경제적으로 자립할 수 있도록 보장해주어야 한다고 주장했다. 그리고 각국을 돌아다니며 제후들에게 인정을 베풀라고 말하며 백성들의 복지를 돌보아야 할 책임이 있다고 주장했다. 백성이 나라의 중심이 되어야 한다고 주장해 맹자를 '백성들을 위한 철학자'라고 부르기도 한다.

맹자는 사람은 누구나 태어날 때부터 착하다는 '성선설'을 주장한 것으로 유명하다. 그는 많은 사람을 가르쳐 제자로 길러냈으며, 제나라 관리로서 일하기도 했다. 주요 저서로는 어록《맹자》가 있다.

DAY 138 낭만주의

18세기에서 19세기에 걸쳐 계몽주의와 신고전주의에 반대하여 생성된 낭만주의는 비현실적이고 환상적이라는 어원을 가지고 있다. 어원에서 보듯 낭만주의는 이성과 합리, 절대적인 것에 대해 거부했다.

낭만주의는 18세기 독일의 '슈투름 운트 드랑' 시대의 대표적 사상가이자 문예비평가인 요한 고트프리트 헤르더에 의해 시작되었다. 그는 민족역사와 감성과 감정을 강조했으며, 그의 저서 《인류 역사의 철학적 고찰》은 러셀과 헤겔로 이어지는 데 중요한 역할을 했다. 낭만주의자들은 느낌과 감정을 중요시했으며, 이성에 대해 강한 회의를 품었지만, 거부하지는 않았다. 또한 개성을 강조하고 사회를 과거와 달리 하나의 유기체로 생각했다.

19세기 중엽 때 성립된 로맨시티즘은 산업혁명으로 인한 사회 변화를 따르기보다는 중세 봉건사회와 이국적인 것에서 이상을 찾고자 했다. 그 이유는 사회의 분열과 이기주의를 부정하고 중세 때 절대적인 힘을 지닌 공동체를 다시 일으키고 싶다는 마음에 의해서다. 또 때로는 중세에는 전인격적인 완성이 가능했었다고 해서 그것을 다시 일으키려고 했다.

계몽주의는 이성을 통해 비합리적인 정치체제를 타파하려 했고, 이는 그 시대의 가장 큰 성과로 여겨졌다. 그러나 혁명은 동시에 인간의 취약함을 적나라하게 드러냈다. 낭만주의자들은 이 현실 앞에서 깊은 절망을 경험했고, 그 정신적 폐허 위에서 자신의 감성에 맞는 문학을 세우려 했다. 그 과정에서 문학은 자아와 내면으로 향하게 되었으며, 낭만주의자들은 진실이 인간의 내면에 존재한다고 믿었다.

18세기 말 워즈워스, 콜리지, 괴테, 실러는 낭만주의 1세대 작가들이 혁신을 주도했다. 그 이후 2세대들은 1820년대부터 저력을 드러내기 시작했음은 물론 낭만주의라는 시대의 정신을 맘껏 분출시켰다.

문학에서 출발했던 낭만주의는 모든 예술의 장르로 전 유럽으로 퍼져나갔다. 특히, 고전주의와 계몽주의의 중심이었던 프랑스에서 가장 활발히 전개되었다. 프랑스 낭만주의자는 소설가 빅토르 위고와 화가 들라크루아, 음악가 베를리오즈가 대표적이다.

미술에 있어서의 낭만주의는 제재를 문학이나 정서에서 구함은 물론 혁신적인 사상을 떠나 감정을 자유롭게 토론하고, 그에 대한 내용이나 색체를 더 정열적으로 표현하고자 했다.

낭만주의는 어떤 하나의 전형을 갖기보다는 개개인의 감수성에 새로움을 추구하는 데 그 의의가 있다고 하겠다.

DAY 139 고전주의

　고전주의는 정형화된 형식을 특징으로 하는 사조로 낭만주의와 가장 대비對比되는 개념으로 이탈리아에서 일어난 르네상스를 토대로 하여 나타났다. 비잔틴 제국의 쇠퇴로 각 문화권에서 다양하고 풍부한 지적 유산이 유럽으로 급속히 확산되었다. 이에 대한 반작용으로 고전주의가 나타났는데 이를 통해 수학과 기하학이 미술의 영역과 연계되는 것으로 인지하게 되었으며, 인문주의와 현실주의 등이 고대 및 근대문화를 오가며 발전했다.

　르네상스 시대의 고전주의는 16~17세기를 거치며 계속 발전해 나갔다. 하지만 그런 가운데 엄격한 규율이나 규칙, 미술과 음악에 대한 정형적인, 즉 규격화된 양식을 지나치게 강조했다는 인상을 주었다.

　회화에 있어 고전주의는 18세기 말부터 19세기 초에 걸쳐 나타났다. 고전주의는 다비드에 의해 추진되었으며, 고대에 대한 숭배가 크게 확장되었다. 그러다 보니 소재도 고대에서 취했으며 애국, 영웅, 교훈적인 그림을 그린 작품이 제작됨으로써 국가와 사회가 바라는 것을 적확하게 표현하는 것으로서 존중되었다. 그런데 문제는 그러다 보니 화면의 인물을 조각과 같은 인상으로 그리고 그림 속의 동작 역시 조각적인 동작으로 그리게 되어 경직성을 드러냈다. 그로 인해 정신적인 엄숙함은 있으나 색채는 지극히 단순하고 건조해 자연스럽지 못한 아쉬움이 있다.

　조각에 있어서는 카노바가 이탈리아의 고전주의를 수립하면서 큰 영향을 주었다. 그는 단정하고 간결함을 좋아해 조각에 이를 적극 반영하여 고대의 단정하고 간결한 미를 되살리려고 노력했다. 그의 작품으로는 〈헤라클레스와 리카스〉, 〈폴린 보나파르트의 상〉 등이 있다. 이러한 그의 고전주의 작품은 프랑스 등에서도 크게 주목을 받으며 프랑스 조각에도 큰 영향을 주었다.

　음악에 있어서는 교향곡의 아버지라 일컫는 하이든과 음악의 악성 베토벤, 모차르트가 있다. 하이든의 음악은 멜로디가 신선하며 온화하고 순수하다. 또한 형식적인 질서와 통일성이 있다. 베토벤의 음악은 웅장하고 힘차며 강렬하고 호소력이 뛰어나 깊은 울림을 준다. 또한 단순함과 복잡함, 정서적인 것과 지적인 것의 조화를 잘 갖췄다. 모차르트의 음악은 보편성을 추구했으며 부드럽고 달콤한 음악부터 경쾌하고 활기차 듣는 이들의 감정을 따뜻하게 한다.

고전주의를 한마디로 함축한다면 조화와 균형의 단정한 형식미를 중시한 사조라고 할 수 있다.

DAY 140 마르틴 하이데거

독일 실존주의 철학자 마르틴 하이데거는 1889년 메스키르히에서 출생했다. 하이데거가 태어난 곳은 매우 보수적이었다. 하이데거의 보수성은 어렸을 때 받은 영향에 기인한다고 하겠다. 하이데거는 초등학교를 마치고 김나지움에 입학했다. 가톨릭 사제가 되는 조건으로 가톨릭장학금을 받았다. 학교 졸업 후 예수회에 들어갔지만 몸이 약하다는 이유로 부적합 판정을 받았다. 대신 일반 신부가 되기 위해 프라이부르크 대학 신학부에 입학하지만 철학으로 진로를 바꿨다. 이때 하이데거는 가톨릭 잡지에 서평을 기고했다.

1915년 사강사가 되었고, 다음 해부터 후설에게 현상학을 배웠으며 1927년 현상학의 기관지에 《존재와 시간》을 발표하며 독일 철학의 일선에 나섰다. 그는 1928년 후설의 후임으로 프라이부르크 대학 교수가 되었다. 그리고 1933년 총장에 피선되었지만 주 교육부와의 이해관계로 1934년 사직했다가 1950년에 명예교수가 되었다.

하이데거의 철학은 《존재와 시간》을 중심으로 하는 전기철학과 1930년부터 1935년간의 후기철학으로 나뉜다. 《존재와 시간》은 그의 스승인 후설의 현상학과 아리스토텔레스의 존재론, 딜타이의 생애철학의 영향 하에 자신만의 철학을 담아 현존재의 존재 의미를 탐구하는 실존주의 철학을 수립했다. 여기서 하이데거의 전기철학은 방법론적으로 볼 땐 해석학적 현상학이며, 대상은 현존재인데 그것은 인간실존에 대한 존재론이다.

하이데거는 '플라톤 이래의 역사는 존재망각으로 점철되었으며 오늘날의 기술시대는 존재망각이 극단에 이른 시기'라고 주장했다. 플라톤 이후 서양철학이 '어떠하다'라는 뜻을 존재라는 개념으로 접근하려고 했지만 존재에 대해서는 묻지 않았다고 주장했다. 이에 하이데거는 존재를 이미 상정하는 전대를 분석하는 것이 어떤 대상을 탐구하는 데 우선적이라고 주장했다. 또한 하이데거는 철학의 역사를 하나하나 되짚어가면서 철학적인 질문을 새로운 방식으로 제기해야 한다고 주장했다.

하이데거는 친나치주의자였다. 그는 합리적인 근대 계몽주의 철학이 초래한 비인간화에 반대했으며, 미국 자본주의와 소련 공산주의를 합리적인 산물로 보고 이를 거부하면서 대안을 독일 민족정신의 부흥을 추구하는 나치즘에서 찾았던 것이다.

하이데거는 20세기 실존주의를 대표하는 사상가이자 기술사회 비판자였다. 또한 그는 대표적인 존재론 자였으며 유럽 문화계에 큰 영향을 끼쳤다.

DAY 141 현상학

현상학은 독일 프라이부르크 대학 교수인 에드문트 후설에 의해 창시된 철학으로, 대상을 의식 또는 사유에 의해서 구성하는 논리적 구성주의에 서지 않고 분석철학과 달리 객관의 본질을 진실로 포착하려는 데에 철학의 중심을 두었다. 즉 경험과 의식의 구조들을 철학적으로 연구하는 것을 뜻한다.

후설에 앞서 현상학의 선구자는 베른하르트 볼차노의 논리학과 프란츠 브렌타노의 심리학을 들 수 있다. 볼차노는 명제가 나타내는 의미는 그 진위에 상관없이 주관적으로 독립하여 그 자체로 성립한다고 생각했다. 브렌타노는 이와 같은 객관적인 진리의 심리학적 포착을 중심 문제로 삼았다. 그는 의식이란 무엇에 관한 의식이라는 점에 주의하여, 의식 현상의 본질은 대상을 지향하는 데 있다고 생각했다.

후설의 현상학은 볼차노와 브렌타노의 주장을 이어받아, 한편으로는 객관적 진리를 어디까지나 엄밀하게 나타내려고 하는 동시에 이것을 있는 그대로 포착하려 하는 기술학이다. 그는 '사상 자체에로'라는 것을 모토로 했다.

후설은 철학은 엄밀학, 보편학이어야 한다고 주장했다. 왜냐하면 지금까지의 철학은 자기 자신에 대한 지성이 불충분했으며, 객관적인 존재로 향하지 않고 다만 주관적인 세계관을 목표로 했기 때문에 철학의 무정부 상태에 빠지지 않을 수 없었다는 것이다. 철학은 이러한 점을 고칠 때 수학과 같은 보편학으로 되어 철학의 엄밀학, 기초학으로서의 철학이 된다고 주장했다.

후설은 자신의 철학의 방법으로 현상학적 환원이라는 것을 제창했다. 먼저 형상적 본질적 환원은 주어진 사물, 의식의 내용에 관해서 자유 변경을 가함으로써 가변적인 요소를 제거하여 거기에 발견되는 불변요소를 본질직관에 의해서 포착하는 방법이다. 이에 의해 본질학으로서의 순수현상학이 가능케 되는 것이다. 두 번째로 초월론적 환원이란, 상식이나 과학이 우리들의 밖에 초월하여 있다고 이해하는 존재를 순수의식으로 환원하는 것이다. 이에 의해 현상학 본래의 영역이 주어진다. 세 번째로 자아론적 환원은 초월적 존재를 개개인의 자아의 순수의식으로 환원하는 것이다. 네 번째로 간주관적 환원이란, 자아론적 환원만으로는 불충분하여 여기에 다수의 자아 또는 주관에 의한 공동적 환원인 간주관적 환원이 첨가 때 비로소 세계 전체가 의식의 내용으로 되는 것이며, 그로 인해 일체의 존재적 본질의 엄밀한 포착이 성취된다는 것이다.

현상학은 칸트철학, 헤겔철학에서의 정의가 다르며 후설의 철학에서는 의식에 직접적으로 부여되는 현상의 구조를 분석하여 기술하는 학문으로 본다.

존재론과 인식론

　존재론은 존재자의 분류와 실재의 구조를 다루는 철학의 한 분과이다. 존재론의 대상 영역은 보편 형이상학으로 불리는 전통적인 이름과 많은 부분에서 일치한다. 존재론은 존재학이라고도 하는데, 자연이나 정신 등의 특수한 존재자가 아닌 모든 존재자가 존재자인 한 공통으로 지니는 것, 존재자가 존재자로서 지니는 근본적인 규정을 고찰하는 형이상학의 한 부분이다. 존재론은 17세기에 처음 모습을 드러내며 쓰인 용어지만, 내용은 아리스토텔레스의 제1철학, 즉 형이상학은 존재학이며, 중세의 스콜라 철학은 이를 계승했다.

　근세에 들어와 볼프는 존재론을 형이상학의 한 부분이라 하여 특수존재를 논하는 여러 부분의 총론으로 했다. 그러나 임마누엘 칸트 이후 새롭게 되살아났으며, 헤겔의 존재론이 주목되었다. 현대에 와서는 하르트만, 하이데거 들뢰즈가 특수한 존재론을 주장했다. 특히, 하이데거는 존재론을 매우 중요하게 여긴 사상가이다.

　인식론이란 인식한다, 즉 안다는 것은 무엇인가라는 문제를 탐구하는 학문이다. 인간에게 있어 안다는 것은 매우 중요한 문제이다. 왜냐하면 인간이 추구하는 삶을 잘 이해하고 앎으로써 현명하게 살아갈 수 있기 때문이다. 인식에 대한 연구는 그리스 중세에도 있었으나 철학의 중심적인 과제가 된 것은 근세, 특히 존 로크로부터이다.

　인식의 기원에 대한 주장으로는 인식론과 경험론이 있다. 근세에 와서 인식론은 주로 유럽에서 다뤘으며, 경험론은 영국에서 발달했다. 칸트는 이 두 가지를 합쳐 종합하려고 선험적 관념론을 주장했다. 신칸트주의와 현상학에서 인식론은 철학의 방법, 즉 그 자체가 되었다.

　철학에서는 선언적 지식, 절차적 지식, 숙지된 지식을 구별한다. 버트런드 러셀은 《표현에 대하여》에서 기술도 지식과 숙지된 지식을 구분했다. 그리고 길버트 라일은 《마음의 개념》에서 선언적 지식과 절차적 지식을 구분했다. 또 마이클 폴라니는 선언적 지식과 절차적 지식을 자전거를 타면서 균형을 잡는 것에 비유했다.

　철학은 순수하게 논리적인 사고를 추구하는 것이 아니라 인식의 양식이다. 체계적인 인식을 구성하기 위해서는 논리가 필요하다. 하지만 철학적 진리는 논리에 선행되어야 한다. 고대 그리스 시대 이후 서양 철학에서 진리는 일원적인 것이었다.

인식론은 인간의 인식의 기원과 본질, 한계 등을 연구하는 철학의 한 분야라고 할 수 있다.

DAY 143 실존주의 철학

실존주의란 개인의 자유와 책임, 주관성을 중요하게 여기는 철학적이자 문학적 흐름이다. 실존주의는 19세기 중엽 키르케고르와 프리드리히 니체에 의해 주창되었는데, 여기서 실존이란 인간에게 있어 실존은 본질에 선행한다는 것으로써 인간은 주체성으로부터 출발하지 않으면 안 된다는 것이다. 이와 같은 실존은 인간이라고 하는 개념으로 정의되기 이전에 이미 존재하고 있다는 것이다. 이러한 실존주의는 니힐리즘이 자아를 강조한 나머지 세계를 부정하기에 이르는 데 반하여, 같은 자아의 실존을 강조하면서 동시에 어떤 형태로든 자아와 세계를 연결 지으려고 노력했다.

실존주의를 하나의 독자적인 철학으로 등장시킨 것은 제1차 세계대전의 패전국 독일에서의 심각한 사회적 위기감의 체험이었다. 이러한 체험의 철학적 반성의 결정이라고 할 수 있는 야스퍼스의《세계관의 심리학》이나 하이데거의《존재의 시간》은 실존주의 철학을 알리는 기념비적인 저작이 되었다. 패전국인 독일과 마찬가지로 사회적 불안이 세계 각국을 엄습하고 사람들이 심각한 인간소외의 포로가 됨에 따라, 인간의 주체성 회복을 주제로 하는 실존철학은 프랑스, 이탈리아를 비롯해 세계 각국에 파급되기 시작했다.

제2차 세계대전 이후 인간의 소외감은 더욱 심각해졌고 그로 인해 사람들을 불안과 절망 속으로 몰아넣었다. 전쟁이 일으킨 잔혹한 살육과 비참하고 황폐한 생활과 내일이 없는 인생의 공포, 대중적 사회에서의 생활의 획일화 등이 일상생활을 제한하는 보편적인 사실에 실존주의 철학은 세계로 널리 알려지며 주목 받았다.

실존이란 본래의 이념적인 본질과 대비하여 상용되는 철학 용어로써 밖에 서 있는 현실적인 존재를 의미한다. 즉 실존에 의해 그 본질을 결정해 가는 존재는 자유로운 존재이므로 실존의 본질은 자유라고 할 수 있다. 그러나 여기서의 자유는 선택하는 것도 가능한 선택 이전의 관념적 가능성으로서의 자유가 아니라, 일정한 선택의 필연성을 스스로 인수하는 실존적 자유이다.

이처럼 실존주의 철학은 모든 도그마의 절대적인 경향에 반항하고 인간실존의 진실을 우선시킴으로써 현대 휴머니즘 철학으로서의 진가를 발휘한다. 실존주의 철학은 바르트, 브루너와 같은 신학자들에게도 큰 영향을 주었다.

사르트르는 현상학과 하이데거의 영향을 받아 인간의 주체성을 강조한 새로운 철학을 주창하고 이를 실존주의라고 이름 붙인 최초의 사상가이다.

공리주의

공리주의는 18세기 말 영국의 벤담에 의해 이루어진 윤리적 사상이다. 공리주의란, 인간 행위의 윤리적 기초를 개인의 이익과 쾌락 추구에 두고, 무엇이 이익인가를 결정하는 것은 개인의 행복이며 도덕은 최대 다수의 최대 행복을 목적으로 한다는 사상으로 이를 최대 행복의 원리라고 한다.

벤담은 공리의 크고 작음을 입법 및 도덕의 유일한 기준으로 보고, 쾌락은 선이고 고통은 악이라고 본 것이다. 그래서 쾌락을 증대하고 고통을 감소시키는 행위는 옳고 그 반대의 행위는 옳지 않다는 것이다. 그는 각자가 자기 공리의 최대를 구할 때 그 총계로서 사회 전체의 공리도 최대가 된다고 생각했다.

공리주의의 이러한 논리에 대해 수많은 철학자들은 옳고 그름에 대해 이렇다고 딱히 주장하지 못했다. 그러다 보니 지금까지도 여전히 논쟁 중이다. 왜냐하면 삶에 있어 옳고 그름, 즉 선악의 문제를 근본적으로 명쾌하게 풀 수 있는 하나의 기준이나 원리가 있는가 하는 것은 그리 간단한 문제가 아니기 때문이다. 그런데 공리주의는 행복과 쾌락만을 윤리의 원리로 삼았다. 그러나 공리주의를 비판하는 철학자들은 철학적으로 분석해볼 때 그 한계가 금방 드러난다고 주장한다. '행복이란 무엇인가'라는 것부터 철학적으로 규정할 수 있는 답이 없다는 것이다. 또한 공리주의는 그것이 쾌락이라고 단언하지만 쾌락을 정의하기란 간단한 문제가 아니라는 것이다. 그 이유는 쾌락은 주관적이기 때문이다. 그런 까닭에 공리주의의 비판자들은 쾌락을 유일한 도덕의 기준으로 삼은 것은 섣부른 판단이라고 주장한다. 또 비판자들은 공리주의자들이 이에 대해 납득할 만한 그 어떤 설명을 하지 않으니 스스로 경험과 과학주의적 도덕을 배반하고 보편적 윤리에 반하는 모순을 빚고 있다고 주장했다.

존 스튜어트 밀의 공리주의는 초기의 벤담과는 다른 모습을 보여주며 양적 쾌락에서 질적으로의 쾌락을 주장한 것이 돋보인다. 그러나 쾌락을 정신적 쾌락으로 대체했다는 점을 제외하면 특별히 새로운 것은 없다. 또한 정신적 쾌락이 비정신적, 양적 쾌락보다 우월한 가치를 띤다는 논리도 철학적으로 입증하기 어렵다.

칼 마르크스는 '공리주의는 최대 다수의 행복을 주장하면서 자본주의의 법칙을 절대화하는 모순과 결함을 갖고 있다'고 말했다. 하지만 공리주의자들은 자신들의 신념을 꺾지 않음으로써 지금도 여전히 논쟁 중이다.

존 스튜어트 밀은 산업혁명 후 자본주의의 모순에 대해 벤담의 이론 후반 부분을 '최대 다수의 최대 행복'이라는 말로 바꿨다.

DAY 145 스토아 철학

스토아 학파는 그리스 로마 철학의 학파로 스토아란, 원래 전방을 기둥으로 후방을 벽으로 둘러싼 고대 그리스의 일종의 공공건축을 의미한다. 이 학파의 창시자 제논이 아테네의 한 스토아에서 강의를 한 데서 연유되었는데, 이 말이 학파 전체를 나타내는 명칭으로 쓰이기 시작했다.

스토아 학파는 역사적으로 3기로 구분되는데 첫째, 고 스토아 시기는 기원전 3세기로 제논, 클레안테스 등이 이 시기를 대표한다. 둘째, 중기 스토아 시기는 나이티오스, 포세이도니오스가 이 시기를 대표한다. 셋째는 기원후 1세기에서 2세기를 후기 스토아 시기라고 하는데 세네카, 에픽테토스, 마르쿠스 아우렐리우스가 이 시기를 대표하는 철학자이다. 고 스토아 시기는 아테네를 중심으로 활동이 전개되었으며, 중기 이후는 로마가 무대가 되었는데 그리스인보다는 소아시아 출신의 셈계 사람들에 의해 이뤄졌다.

스토아 철학은 하나의 핵을 중심으로 형성되고 계승되어 고정된 사상체계가 아니었다. 사람에 따라 그리고 시대에 따라 각기 달랐으며 그런 만큼 다양성을 가졌다. 스토아 학파 사람들은 학문을 우주의 구성, 생성을 주된 대상으로 하는 자연학과 논리학, 윤리학의 세 가지로 분류했다. 그런데 이 세 가지는 각각 독립되지 않고 논리학을 매개로 하여 상호 관련되어 자연학에서 윤리학에 이르는 독특한 세계관을 형성하고 있다. 그런데 고 스토아 시기에서 후기로 넘어감에 따라 윤리학에 관심이 집중되었다.

스토아 사상에서 윤리학은 키니코스 학파의 계보를 따르고, 자연학에서는 헤라클레이토스 영향을 받았다고 할 수 있다. 스토아 학파 사람들은 세속적인 것을 거부하고, 금욕과 극기의 태도를 갖고자 했으며, 실천적 경향과 유물론적 일원론은 각각 키니코스 학파와 헤라클레이토스의 영향을 받은 것으로 불 수 있다.

스토아 사상은 고대 말기에서 현대에 이르기까지 철학, 종교, 문학 분야에서 커다란 영향을 끼쳤다. 플라톤은 신플라톤주의 기초를 확립했고, 알렉산드리아의 클레멘스는 그리스도교를 신학으로 체계화했고, 후기 스토아의 윤리 사상은 몽테뉴 등의 사상가에게 처세훈으로 큰 영향을 주었다.

스토아의 근본 특징은 이 세계에 존재하는 것은 모두 물체이며, 어떤 불과 같이 미세한 물질로 구성되어 있다고 하는 자연학에 있다.

DAY 146 스콜라 철학

스콜라는 9세기에서 15세기에 걸쳐 유럽의 정신세계를 지배한 신학에 바탕을 둔 철학적 사상을 이르는 말이다. 그런 까닭에 철학사에 있어서 이 시기의 철학을 스콜라주의라고 부른다.

스콜라 철학은 그리스도교의 신학에 바탕을 두는 관계로 일반 철학이 추구하는 진리 탐구와 인식의 문제를 신앙과 결부시켜 생각했으며, 인간이 지닌 이성 역시 신의 계시 혹은 전능 아래에서 생각했다. 또 인간이 지닌 이성 역시 신의 계시와 전능 아래서 이해했다. 그래서 스콜라 철학자들은 신의 존재의 문제를 기독교의 신앙에 따라 해결하려고 노력했으며, 아리스토텔레스의 전통 아래 광범위하게 논리학을 발전시킨 것으로 평가 받고 있다.

스콜라 철학이 성행할 때 유럽은 프랑크 왕국이 발전했으며 카를 대제에 의해 시작된 학예의 전개는 중세 유럽에 최초의 문화를 개화시킨 것으로 카를링거 르네상스라고 한다. 카를 대제는 성직자들의 교양을 높여서 바른 기독교 신앙을 전파시키려는 것이었으며 이를 위해 라틴어 습득을 요구했다. 카를 대제는 이 운동을 이끄는 지도자로 아르퀴누스를 임명했다.

카를링거 르네상스 후기의 사상가로서 고트샤르크와 스코투스 에리우게나 드는 바, 고트샤르크는 아우구스티누스의 영향을 받아 이중예정설을 주장하여 이단 선고를 받았다. 스코투스 에리우게나의 저서 《자연구분론》은 중세 전반에 걸쳐 유일한 철학서라고 할 수 있다.

베렌가리우스는 투르 출신으로 신앙에 대해서 이성을 중시하고 '성스러운 만찬'에 성스러운 예수의 살과 피를 갖고 있지 않다고 주장하여 교회로부터 이단으로 몰렸다. 최초의 스콜라 철학자로 일컫는 안셀무스는 신의 존재를 성서의 권위에 의하지 않고 이성에만 의거해서 논증하고자 하여 역사적으로 유명한 신의 본체론적 증명을 내세웠다. 안셀무스의 선구자적인 활동으로 스콜라 철학은 12세기의 논리만능, 인문주의, 신비주의의 물결을 따라 촉진되어 13세기에 이르러 절정을 이뤘다.

프란체스코회 학파는 아리스토텔레스 철학과 유대철학의 이론을 받아들였으나, 종자적 원리나 조명설은 아우구스티누스의 전통을 지켰다. 토마스 아퀴나스는 아리스토텔레스 철학을 받아들여 스콜라 철학을 완성했다. 중세 말에 쇠퇴했던 스콜라 철학은 16세기에 이르러 부흥되었으며, 스콜라 철학의 전통은 지켜져 근세에 계승되었다.

스콜라 철학은 중세 때 그리스도교 중심 철학으로 교부 철학의 근원이 되었는데, 스콜라라는 말은 고대 그리스어로 오늘날로 치면 학파를 의미한다.

DAY 147 형이상학과 형이하학

형이상학이란, 사물의 본질이나 존재의 근본원리를 사유와 직관을 통해 연구하는 학문을 말한다. 형이상학이란 말은 아리스토텔레스의 의해 유래했다. 그의 정의에 의하면 형이상학은 존재의 근본을 연구하는 학문인 동시에 세계의 궁극적 근거를 연구하는 학문이기도 하다. 또한 형이상학은 사회의 근본체계와 사회현상, 모든 지식들 또는 인류 대다수에게 그보다 나은 지식일지라도 그것들의 근원은 변증(직관이나 경험에 따르지 않고, 개념을 논리적으로 분석해서 대상을 연구)된 체계가 아니라, 하나의 독립된 개별적 영역이라고 주장하는 철학 이념이다.

아리스토텔레스는 존재의 근본을 연구하는 부문을 '제1철학'이라 했으며, 동식물을 연구하는 것을 '자연학'이라고 했다. 그가 죽은 이후 유고를 편집하는 데 있어 제1철학에 관한 연구가 자연학 뒤에 놓임으로써 그때부터 형이상학이라는 말이 쓰이게 되었다.

형이상학에 대한 동서양의 견해는 차이가 있는 바, 가장 큰 차이는 서양의 경우에 있어서는 인간은 형이상학적 진리들을 직접적인 경험으로 알 수 없다는 견해가 주를 이루는 반면, 동양의 경우는 형이상학적 진리들을 직접적인 경험으로 알 수 있다는 견해가 주를 이룬다는 데서 그 차이점이 뚜렷하다.

형이하학이란 형이상학에 대응하는 학문으로 시간과 공간 안에서 우리가 눈으로 볼 수 있는 형체가 있는 사물을 연구하는 학문을 뜻한다. 예를 들어, 생물학(동물학, 식물학), 물리학, 인문과학, 자연과학, 사회과학 등이 이에 속한다. 형이상학이나 형이하학은 인간의 삶에 있어 반드시 필요한 학문으로써 그 궁극적인 목적은 인간을 유익하게 하는 데 있다고 하겠다. 형이상학은 존재의 본질 즉 정신적인 것이라면, 형이하학은 형체를 지닌 물질, 즉 육체를 이롭게 하는 데 있어 필요로 하는 학문이기 때문이다.

이런 점에서 볼 때 서양이나 동양이나 학문의 목적은 다를 바 없지만, 서양은 직접적인 경험으로는 알 수 없다는 입장이고, 동양은 직접적인 경험으로 알 수 있다는 것에 차이가 있다는 데서 상반된 견해를 갖는다고 하겠다.

형이상학이란 사물의 본질이나 존재의 근본원리를 사유와 직관을 통해 연구하는 학문을 말하며, 형이하학이란 형이상학에 대응하는 학문으로 시간과 공간 안에서 우리가 눈으로 볼 수 있는 형체가 있는 사물을 연구하는 학문을 뜻한다.

DAY 148　교부 철학

　교부 철학은 1세기에서 8세기경 그리스도교의 교리를 그리스 철학에 기초한 철학으로, 교부학이나 교부론에서 파생된 용어로 그리스도교 교부들과 그 시대의 철학적인 사고체계를 뜻한다. 즉, 그리스도교의 교리를 연구함으로써 체계화하고 확립한 학자들을 교부라고 칭한다. 그리고 이들이 이룬 철학이 교부 철학이다.

　사상사적으로 교부 철학으로서 총괄하는 경우 초기의 그리스도교 교부 서적에 나타나는 철학적 요소를 가리키기 때문에 반드시 전기한 조건의 저술가에게만 한하는 것은 아니었다. 이의 저술가는 철학자보다는 신학자였으며 그리스도교가 발전함에 따라서 필연적으로 생겨난 기존의 사상과의 대결, 동화과정에서 그리스도교 신학사상을 형성하고 심화시켜 나갔다.

　교부 철학의 시대는 다음과 같이 3기로 나눌 수 있다.

　제1기는 1세기에서 2세기에 걸친 시기로 그리스도교에 처음으로 사상적 표현을 부여한 것은 사도 바울인데, 그의 1신론, 로고스 그리스도론에서 이미 철학적 요소를 엿볼 수 있다. 요한복음서에서 볼 수 있는 로고스 사상은 기원에 있어서나 표현에 있어 반드시 철학적인 것은 아니었지만, 그 후의 신학자는 이를 철학적으로 해석하여 전파시켰다. 특히, 유스티누스는 그리스도교의 진정한 철학으로써 이성적 탐구를 포기하지 않고, 철학에 의한 그리스도교 진리의 논증에 노력했다. 그리고 일레나에우스는 크세노파네스에게서 신에 관한 개념을 끌어냄으로써 전통적인 신앙을 옹호했다.

　제2기는 2세기 후반 알렉산드리아의 클레멘스와 오리게네스의 활약에 힘입어 그리스도교 신학은 철학적으로 크게 발전했다. 이들은 플라톤, 아리스토텔레스 등 스토아 학파의 문헌을 최대한 이용했다. 신의 선재, 그리스도의 신성의 분석, 윤리적 개념 등에 그 영향이 명백히 나타났다. 나아가 비유적 방법을 신학에 도입했다.

　제3기는 그리스도교가 공인된 이후 신학적인 논쟁이 왕성해져서 고대 그리스도교 교리를 확립하기 위한 노력이 집중적으로 이루어졌다. 철학적 사색의 중심을 차지하고 있던 신과 그리스도에 관한 의론도 31론, 그리스도론 등 카파도키아 3교부를 거쳐 아우구스티누스에서 완성되었다.

교부 철학은 흔히 종교 철학에서 다루어진 분야지만 전문적인 연구는 주로 가톨릭 신학의 교부 신학에서 했다. 그런 까닭에 교부 철학과 교부 신학은 연구 분야가 같다고 하겠다. 하지만 이론을 해석하는 방법론에 있어 차이가 있다.

DAY 149
6파 철학

6파 철학은 기원전 5세기에서 3세기경 우파니샤드 철학의 영향을 받음으로써 성립되었다. 6파 철학은 힌두교 철학이 여섯 정통파로 나뉘기 때문에 붙여진 명칭이다.

6파 철학은 상키아 학파, 니야야 학파, 요가 학파, 바이세시카 학파, 미맘사 학파, 베단타 학파를 말한다. 이들 학파는 베다를 신의 계시에 의해 성립된 가장 권위 있는 경전으로 받아들였다. 그리고 베다 시대 말기인 기원전 700년에서 500년까지 집성된 우파니샤드의 발전적인 산물이었다는 공통점을 가지고 있다.

힌두교 전통에 따르면 이들 여섯 정통파 철학은 서로 모순되거나 서로 적대적인 것이 아니다. 또 이들은 모두 수행자로 하여금 절대자를 아는 상태와 영혼의 자유라는 동일한 실천적인 목표에 이를 수 있게 하는 길이라는 점에서 동등하다고 하겠다.

힌두교 역사에서 힌두 철학을 여섯 정통파로 구분하는 것은 힌두교의 황금기였던 굽타 왕조 시대 동안 널리 통용되고 있던 구분법이었다. 그러나 그 후 바이세시카 학파와 미맘사 학파가 사라졌으며, 바이타 베단타 학파와 아드바이타 베단타 학파를 비롯한 베단타 학파의 여러 갈래가 힌두교 종교 철학의 주류로 자리를 잡아가던 중세 후기에서는 힌두 철학을 여섯 정파로 구분하는 이 구분법은 시대에 뒤떨어진 구분법이 되었다.

니야야 학파는 계속 이어져 17세기에 나브야니야야, 즉 신니야야파가 되었다. 상키아 학파는 독립된 학파로서의 지위를 잃어갔으며 상키아 학파 철학은 요가 학파와 베단타 학파에 흡수되었다. 힌두 철학에 의하면 절대자를 아는 상태와 영혼의 자유에 도달하는 실제의 방법, 즉 길은 요가를 수행하는 것이다. 나아가 요가를 수행하기 위한 준비작업이 곧 철학을 공부하는 것이다.

힌두 철학에 따르면 요가를 성공적으로 수행할 수 있는 수행력, 즉 수행을 닦고 쌓는 능력은 과거의 전생에서 현재까지 이루어진 노력이 쌓여서 형성되는 바, 삶에서 삶으로 윤회할 때 요가를 통해 쌓은 수행력은 새로운 삶으로 이어진다고 주장한다.

6파 철학은 인도 철학의 여러 학파로 정통 브라만 계통, 즉 브라만의 기본 성전인 『베다』를 어떤 의미에서든 인정하고 있는 학파이다.

유물론과 유심론

유물론은 만물의 근원을 물질로 보고 모든 정신도 물질의 작용이나 그 산물이라고 주장하는 이론이다. 다시 말해, 세계의 근본이 되는 실재는 정신이나 관념이 아니라 의식이 외부의 그것과는 독립하여 존재하는 물질이나 자연이라고 주장하는 이론이다.

이 학설은 고대 그리스의 원자론에서 비롯되었다. 유물론은 관념론에 대립되고 여기에도 몇 가지 종류가 있다. 가장 대표적인 유물론은 기계적 유물론과 역사적 유물론이다. 이것의 차이점은 기계적 유물론은 모든 현상을 자연 인과관계와 역학에 토대한 법칙으로 해석하려는 방식으로 일명 관념론적 유물론이라고 한다. 그러나 역사적 유물론은 다른 내용으로 변증법적 유물론이라고 한다.

유물론은 존재하는 모든 것은 물리적이라는 견해인 물리주의와 밀접하게 연관되어 있다. 철학적인 물리주의는 그저 평범한 물질보다는 우주, 시간, 물리적 에너지, 힘 등과 같이 물리에 대한 세련된 용어를 가진 물리학이 발견되면서 유물론에서 발전했다. 일부 사람들은 유물론보다는 물리주의를 선호하지만 또 다른 사람들은 이 두 용어를 동의어처럼 사용했다.

유물론과 관념론의 공통점은 세상을 한 가지로 보는 보편적 이론에 해당하지만 독단적인 믿음보다는 과학적 근거를 통해 이론을 제시한다. 하지만 보편적인 이론으로 볼 때 독단적 이론이기도 하다.

1848년 독일의 공업과 자연과학이 더욱 발전하면서 자연과학에 기초한 유물론이 대두되던 신흥 국민의 계몽철학으로 등장했다. 헤겔의 관념론에 싫증을 느꼈던 자유 지식인들 사이에 이 유물론이 크게 유행되었다.

유심론은 우주 만물의 근본은 정신적인 것이며 여기서 물질적인 것이 나온다고 생각하는 철학적 이론을 말한다. 유심론은 다양한 철학적 견해를 지닐 뿐만 아니라 무한한 인격신, 영혼 불멸, 지성과 의지 등 비물질성 등의 관념을 받아들이는 모든 철학에 적용된다. 뿐만 아니라 유물론적 해석은 한계를 넘어서는 우주의 무한한 힘이나 우주정신 등의 관념들에 대한 믿음도 포함한다.

플라톤은 그의 영혼에 관한 견해에 의해 유심론자라고 할 수 있다. 아리스토텔레스는 능동적 이성과 수동적 이성을 구분하고 신을 순수한 활동성으로 인식한 점에서 유심론자라고 할 수 있다.

플라톤이 '눈에 보이는 현상 세계보다는 눈에 보이지 않는 본질적 세계를 추구'했다면, 아리스토텔레스는 '인간이 살아가는 이 세상이야말로 인간이 대상으로 삼아야 하는 세계'였다.

DAY
151 **법철학**

법철학이란, 법의 본질, 효력 따위의 근본적인 원리에 대해 연구하는 학문으로, 영어권에서는 법철학과 법리학法理學은 동의어처럼 사용된다. 이를 좀 더 구체적으로 말한다면 법철학은 자연법과 실정법에 관해 철학적인 고찰을 통해 현행법, 역사적 법, 외국법을 직접 대상으로 하지 않고 법의 근본 원리를 탐구의 대상으로 하는 학문이다.

법철학이라는 용어는 헤겔 이후에 일반화된 것으로 보고 있다. 하지만 그 이전부터 법철학이라고 할 수 있는 논의는 지속적으로 이어져 왔다는 게 정설이다. 법철학은 법의 본질과 목적, 법의 개념, 법의 이념, 법의 존재 상태 및 법의 효력 등을 일반적으로 규명하고 그로 인해 다시금 법의 제정, 해석, 적용 논리의 기본적 카테고리나 법학적인 방법론을 고찰하는 것을 그 목적으로 한다. 이처럼 법철학은 법 자체를 고찰 대상으로 하지만 그 구체적인 내용에 대해서는 다양한 견해가 있다.

법철학에 있어 그에 대한 이론 구성을 위하여 자연법, 현행법, 국제법의 소개를 연구 대상으로써 요구한다. 또한 철학, 윤리학, 정치학, 경제학, 사회학 등의 성과까지도 고려해야 한다. 특히, 과거에 주장되어 전개된 여러 법철학적 사상의 비판적 검토를 통해 그에 맞게 취하고 현대의 법철학적 연구에 기여해야 한다.

여기서 좀 더 생각해볼 것은 실정법학이 실정법을 대상으로 삼는 것에 비해 법철학은 자연법이나 법의 본질 등의 실정법 이외의 영역을 탐구하는 분야로 구분한다는 것이다. 일본 도쿄 대학 교수 호즈미 노부시게는 이러한 법철학에 역사법학 같은 비형이상학적인 방법론을 채용한 분야까지 포함하는 명칭으로 법리학을 주장했다. 이처럼 법철학은 법의 본질은 물론 법의 연구 및 사회에서의 법의 역할 등을 규정하고 해명하는 등의 개념과 이론을 탐구하는 학문이다.

법철학은 법에 관한 철학적 연구를 하는 학문이기 때문에, 법에 관해 논리적 연구를 주로 하는 법해석학과 법에 관한 사회학적 연구를 주로 하는 법사회학과 구별된다. 철학은 사물의 본질을 따지는 학문이므로, 법철학은 법에 관한 근본적인 원리를 탐구하는 것을 과제로 한다.

아나키즘

아나키즘이란, 개인을 지배하는 모든 정치조직이나 권력, 사회적 권위를 부정하고 개인의 자유와 평등, 정의, 형제애를 실현하고자 하는 사상이나 운동을 일컫는다. 이를 좀 더 부연하면 아나키즘은 사회를 아나키의 상태로 만드는 정치적 사상이다. 아나키의 상태란 정치적, 사회적, 경제적으로 지배자가 없는 상태를 의미한다.

프랑스 자유론적 사회주의자인 프루동은 저서 《소유란 무엇인가》에서 아나키는 '주인과 군주의 부재'를 의미한다고 말했다. 역사적으로는 고대의 공동체에서 비롯하여 갖가지 공동체나 고대의 철학, 사상에서도 연원을 찾아볼 수 있다. 뿐만 아니라 근대에 이르러서는 자본주의와 권위주의의 폐해에 대한 반발로 공산주의, 사회주의와 함께 나타나게 되었다.

아나키즘은 다른 사상과는 달리 한마디로 이것이다, 라고 정의를 내리기가 애매모호하다. 일반적으로 아나키즘은 사회적 아나키즘을 말한다. 아나키즘은 자본주의에 대한 반발로 일어났는데, 그런 만큼 사람 간에 평등을 중요하게 생각한다. 또 한편으로는 국가와 권력에 대한 반대로 자유를 추구한다는 점에서 프롤레타리아 독재를 부정하기도 해서 마르크스와 레닌주의와 같은 권위주의적 공산주의와 대립각을 세우기도 한다.

19세기 후반에는 공산주의와 힘을 겨룰 만큼 세를 키웠으나, 공산주의의 확산으로 차츰 세가 약화되기 시작했다. 그러나 혁명 등으로 인해 자유와 평등에 대한 인식이 높아지자 곳곳에서 아나키즘 운동이 크게 확산되었다. 대표적인 아나키즘의 투쟁은 파리 코뮌, 에스파냐 내전을 비롯해 프랑스 학생혁명이며 21세기에 들어서는 신자유주의를 반대하는 운동에 아나키스트들이 참가하고 그 열기를 더하고 있다. 그리고 아나키즘은 새로운 사회에 대한 대안으로 공동체 자치에 있음을 주장했다.

이렇듯 아나키즘은 반정부, 반국가 운동이라기보다는 계급제, 즉 서열화에 반대하는 운동이다. 위계질서가 권력을 구성하는 구체적인 조직형태이기 때문이다. 하지만 진정한 아나키스트들은 국가뿐만 아니라 모든 형태의 위계질서에 반대한다고 하겠다.

이렇듯 아나키즘은 정치, 경제, 사회적인 측면에서의 계급제가 없는 사회의 창조를 지향하는 정치사상이다. 인간 모두의 개성을 최대한 신장시키기 위해서는 자유와 평등, 연대라는 세 가지 원칙을 바탕으로 한 사회를 만드는 것이 중요한데, 아나키즘은 바로 이를 추구하기 위한 운동이자 사상인 것이다.

아나키즘을 무정부주의라고도 하는데 요즘 현대에는 일상적인 혼란이나 무질서 등을 의미하는 말로 사용되기도 한다.

DAY 153 나치즘

나치즘이란, 인종주의 및 반유대주의와 반자유주의가 결합된 전체주의의 분파를 말한다. 나치즘은 파시즘과 인종주의를 조합시킨 사상이며, 이를 뒷받침하는 우생학적을 필두로 한 전체주의의 일부분인 것이다. 국가사회주의의 이념은 나치 독일의 국가사회주의 독일 노동당이 실행했다. 독일에서 최초로 발생한 원류 나치즘은 전체주의 이론을 포함하고, 서구 사회의 인종주의적 논리에 그 근원을 두고 있다.

현대의 네오나치즘은 단순히 단일 민족으로 구성된 사회를 지지하거나 과격 민족주의 운동을 실행하는 단순히 이념적 행동을 요구하는 바, 나라마다 차이가 있으며 여러 사회적인 요소가 복합되어 있는 현상이다. 또 외조자와 타 인종을 혐오하는 인종주의, 실업자와 비주류 세력의 사회적인 불만, 그리고 폭력적인 방법주의가 특징이다.

나치즘은 생물학적 인종차별과 반유대주의가 섞인 독특한 전체주의이다. 이 이념은 나치즘은 당원들이 공산주의를 멀리하고 극우인종주의를 가깝게 하기 위해서 안톤 드렉슬러와 아돌프 히틀러에 의해서 처음 만들어졌다. 나치는 히틀러와 그를 추종하는 자들에 의해 만들어진 정치 집단이었으며 국가사회당의 정치적 성격은 좌익도 우익도 아닌 집단이라는 의견도 더러 있다. 나치는 우수한 인종이 지배하는 동안 사회적 열등 요소를 제거하는 것이 권리이자 목표로 간주했다.

나치즘은 보편적인 평등주의를 배격하고 우수성과 재능에 기반하는 계층과 계층이 겹쳐진 경제 시스템 그리고 개인 재산, 계약의 자유를 유지하고 계급 갈등을 초월하는 국민결속을 홍보했다. 이 민족주의는 아리아의 피를 이어받은 자들에게 평등한 기회를 제공하고 공정한 법치를 했다. 그러나 아리아인 외의 인종은 지구에서 존재할 자격이 없기에 그러한 공정함이 적용되지 않았다. 나치는 파업과 고용자에 의한 사무실 폐쇄가 국민 화합에 반하는 것으로 보고 이를 불법화했으며 국가에 의한 임금 및 급여 수준 설정의 승인 과정을 통과시켰다.

나치즘은 일반적으로 히틀러에 의한 민족사회주의의 독일 노동자당의 공식이념이다. 나치즘 지지자들은 아리아 인종이 타 인종보다 우월하다고 주장하며 게르만의 우월성과 강력한 중앙집권적 국가를 지지했다. 하지만 이런 나치즘은 자유와 평등에 반하는 것으로 비판받았다.

나치즘이란 히틀러가 통솔했던 독일의 나치스가 주창한 정치사상 및 지배체제를 의미한다.

DAY 154 노암 촘스키

노암 촘스키는 미국 좌파의 대표적인 이론가이자 언어학자이며 정치철학자이다. 그가 언어학자가 된 것은 언어학자인 아버지의 영향이 크다. 촘스키는 인간은 공통적인 이성을 가지고 있다고 보았다. 그런 까닭에 사회와 국가 간의 갈등을 해소하는 것은 전쟁과 폭력이 아니라 대화와 커뮤니케이션, 즉 소통에 있다고 주장했다. 나아가 비판적인 사고를 통해 대안을 찾아야 하며, 인류를 탄압하고 학살하고 여론을 조작하는 정치 권력은 물론 자본주의에 강력히 저항해야 한다고 주장했다.

정치철학자로서의 촘스키의 정치관을 아나르코생디칼리슴(노동조합을 통해 무정부주의적 사회를 실현하고자 하는 사상이나 운동)이라고 말하는 바, 인류의 역사를 통해서 자본주의 도래 이후, 거대한 사유 자본과 기업들은 끊임없이 정치 권력을 통제하고 불평등을 조직적으로 갖추면서 부를 축적해 나갔다. 정부가 거대한 자본에 대해 통제하고 억압하는 것이었기에 반대하여 신자유주의를 외쳤지만, 신자유주의자들이 바라는 것은 결국 정부의 억압을 벗어나는 것이 아니라, 정부를 억압하고 조종해 자신들의 이익을 최대화한다는 것을 촘스키는 지배의 악순환에서 벗어나기 위해선 노동자들과 시민들이 모여 정치 자본 권력에 저항해야 한다고 주장했다.

촘스키는 아나키스트라고는 하지만 언제나 노동자들의 결속과 시민들의 필수적인 생활에 대한 지원과 보장의 필요성을 주장하기 때문에 그의 정치사상을 자유지상주의적 사회주의라고 말하기도 한다. 이는 자유사상주의자인 론 폴과 촘스키, 즉 자신을 어떻게 비교하는지에 대한 질문에 대해 그가 했던 말에 기인한다.

촘스키는 자본주의에 관해서도 비판적으로 받아들인다. 애덤 스미스가 국부론에서 서술한 시장경제를 통해서 인류 모두가 평등해질 수 있는 자본주의에 대해서는 동의한다는 게 그의 생각이다. 하지만 거대한 자본주의는 언제나 정치권력을 장악하기 때문에 존재할 수 없다고 비판적으로 바라본다.

촘스키의 주요 저서로는 《촘스키, 세상의 물음에 답하다》, 《문명은 자본주의는 견뎌낼 수 있을까》, 《불평등의 이유》, 《촘스키, 절망의 시대에 희망을 말하다》 외 다수가 있다.

정치철학자로서의 촘스키는 아나키스트로서의 자신의 신념을 명백히 함으로써 자신의 사상을 확고히 했다는 데 의미가 있다.

DAY 155 | 버트런드 러셀

영국의 철학자이자 사회평론가인 버트런드 러셀은 영국의 총리를 지낸 존 러셀의 손자이다. 러셀은 부모를 잃고 조부모의 교육을 받으며 자랐다. 특히, 할머니는 종교적으로는 보수적이었지만 그 외 분야에서는 진보적인 입장을 취했으며, 어린 러셀에게 사회정의에 대한 시각을 키워주었다. 할머니는 공교육을 반대해 가정교사를 초빙해 가르쳤다.

러셀은 15세가 되면서 기독교의 교리가 합당한가에 대해 생각하는 데 많은 시간을 썼으며, 18세가 되어서는 무신론자가 되기로 결심했다. 러셀은 케임브리지 대학교의 트리니티 칼리지에 장학생으로 들어가, 수학과 철학에 두각을 나타내 학교를 수석으로 졸업하고 선임연구원이 되었다.

러셀은 1896년 정치, 사회학에 대한 생각을 담은《독일 사회민주주의》를 출간했다. 그는 같은 해에 런던 경제대학에서 독일 사회민주의에 대해 강의를 시작했다. 그는 또 권력과 과학을 강의하기도 했다. 이후 러셀은 트리니티 컬리지에서 수학의 기초 원리를 연구하며, 집합론의 기초를 뒤흔드는 러셀의 역설을 발견했다. 1910년 케임브리지 대학교 강사가 되었는데, 여기서 오스트리아의 공학도인 루트비히 비트겐슈타인을 만나 자신의 논리학의 후계를 이을 사람으로 평가하며 지도해주었다.

러셀은 제1차 세계대전 중에 반전 운동가로 활동했으며, 그로 인해 트리니티 칼리지에서 해고되고, 저서들은 압수당해 경매에 붙여졌다. 그 후 미국이 영국 편으로 참전하는 것을 반대해 6개월 동안 수감 후 출옥했다.

제1차 세계대전 후 러시아 혁명이 미친 영향을 조사하기 러시아에 갔지만, 레닌과의 대화를 통해 회고록에서 악마의 잔인성을 발견했다고 썼다. 그 후 러셀은 중국 베이징에서 1년간 철학을 강의했다. 제2차 세계대전 때 히틀러가 유럽을 장악하는 것은 민주주의를 영구적으로 위협하는 것으로 보고 상대적인 평화주의를 제창했다.

영국으로 돌아온 러셀은 케임브리지 대학에서 강의를 하고 평화운동을 벌이며《러셀 서양철학사》등의 저서를 썼으며 1950년 노벨문학상을 받았다. 러셀의 철학은 영국 경험론 위에 선 인식론을 전개하는 것이다. 또한 그는 수학자로 시작해 수리철학과 기호논리학에 크게 기여했다는 평가를 받았다.

버트런드 러셀은 철학자로서 오랜 경력을 쌓으며 다양한 주제를 다루었다. 특히 기호논리학의 수법으로 철학 문제를 해결하려고 한 그의 시도와 성과는 20세기 철학에 유례가 없는 유연함으로 평가받는다.

교조주의

  교조주의란, 특정한 사상 및 종교의 이론과 교의를 맹신하는 경향을 뜻하는 사상으로 독단주의라고도 한다. 덧붙여 말하면, 원리나 원칙에 얽매어 융통성 없는 태도나 그러한 사고를 말하는데, 이를 크게 세 가지로 나누어 확대시키면 다음과 같다. 첫째는 인식 이론 논쟁에서 경험, 지각, 다원성을 경시하고 이성, 인식, 일원성을 극단적으로 중시하는 경향을 말한다. 둘째는 특정한 사상이나 종교 스스로가 가진 지배적인 문헌이 존재할 때, 해당 문헌이 가리키는 구절과 문장을 단편적으로 해석하여 기계적으로 이해하는 것을 말한다. 셋째는 특정한 사상이나 종교에 대해 그것의 역사적 배경을 고려하여 생각하지 않고 어느 시대에나 무비판적으로 적용하는 것을 말한다.

  현재 통용되고 있는 교조주의의 일반적인 의미는 근대 시기 인간의 경험을 무시하고 오직 이성만을 추구하는 극단적 합리주의자를 칸트가 교조주의자로 비판하면서부터 생겨났다. 철학에서 교조주의라는 용어는 칸트 비판 이후 점차 확정적인 의미를 갖게 되었다. 요제프 셸링이 칸트를 비판하고 기존 합리주의를 계승 발전했는데 이때 셸링은 교조주의자로 이름 붙여졌다. 현대 심리 철학 영역에서도 마찬가지로 교조주의는 인간 정신에 대해 엄격히 나누고, 경험을 부차적인 것으로 간주하는 경향을 지칭했다. 이는 1950년대 이후 영미철학계에서 이어진 합리주의에 대한 맹렬한 비판과 무관하지 않다고 하겠다.

  교조주의 예를 두 가지로 본다면 다음과 같다. 첫째는 그리스도교에서 교조주의는 성경에 대한 범적인 해석을 전제로 하는 자유주의 신학에 대항하는 근본주의 신학을 가리킨다. 둘째, 마르크스주의에서는 칼 마르크스의 사상을 마르크스가 살던 시대의 역사, 정치, 경제, 사회적 배경을 생각하지 않고, 어디에나 정통 마르크스주의 이론을 그대로 적용시키는 행태를 비판하는 말로 쓴다. 실제로 마르크스주의의 역사학자들은 마르크스가 모든 인류의 역사를 계급투쟁의 역사라고 비평한 이유를 다양한 배경에 근거하여 생각하지 않고, 분쟁이 일어나면 무조건 계급투쟁이라고 하는 것이 유사 마르크스주의라고 비판한다. 때문에 러시아의 블라디미르 레닌은 정통 마르크스주의를 무분별하게 고수하던 면세비키의 교조주의를 맹렬히 비판했다.

무비판적 교조주의는 새로운 인식과 실천적인 경험에 비추어 재고하지 않는 등 무비판적이고, 비역사적이며, 형이상학적인 사고방식을 의미하는 것으로, 그럼으로써 독단주의라고도 한다.

DAY 157 물활론

물활론이란, 모든 물질이 생명 즉, 혼을 가지고 있다고 믿는 자연관을 말한다. 이를 좀 더 부연하면 물질은 비실재적 실체 또는 독자적인 사유체계가 존재한다고 보는 철학적 관점을 의미한다.

물활론의 용어를 제일 처음 쓴 사람은 1678년 영국 케임브리지 플라톤 학파 철학자인 랠프 커드워스이다. 물활론적 사고는 고대 인도의 베다 학파 가운데서도 로카야타 학파에서 나타났다. 그리스의 경우에는 소크라테스 이전 철학에 속하는 학파 중 적지 않은 이들이 물활론적 사고를 갖고 있었는데 밀레토스 학파의 탈레스, 아낙시만드로스와 에페소스 학파의 헤라클레이토스가 대표적이라고 할 수 있다.

앞에서도 말했듯이 물활론은 물질이 바로 영혼 혹은 정신을 포함하고 있거나 이것을 생동하게 하는 매개자라는 것이 물활론의 요지이다. 그런데 여기서 영혼은 다양한 의미로 해석될 수 있다. 프네우마는 능동적인 의미에서 영혼을 뜻하기도 하며, 의지 활동의 근본이라고 할 수 있는 정신을 의미하기도 한다. 그러나 고대 그리스 철학적 사고로 보아 이 둘은 구별되지 않았던 것으로 여겨진다. 하지만 점점 인식론이 발달하게 되면서 둘은 의미가 달라지게 되었으며, 스토아 학파를 비롯한 범신론자들이 물활론의 개념을 받아들이면서 영혼은 이성과 차별되지 않게 되었던 것이다.

중세의 물활론은 우주만물의 조화를 가능케 하는 본원적 사유, 즉 일자가 질료(형식을 갖춤으로써 비로소 일정한 것이 되는 재료로 아리스토텔레스는 이를 형상과 함께 존재의 근본 원리라고 생각)에 있다는 주장으로 이어졌다. 이러한 관점은 중세 유럽의 기독교 사고관에 대해서는 이단적이었기 때문에 배척당했다. 근세 말기에 와서는 조르다노 브루노와 같은 신비주의자들이 이 개념에 기반하여 우주 운행 원리를 해석했으나 이 또한 이단시되었다. 이후 근대에 접어들면서 물활론적 사고는 과학의 발달로 여러 지역으로 확산되었고 많은 철학자들이 물활론적 사고를 갖게 되었다. 근대 시기 초기의 철학은 주로 물활론적 경향과 기계론적 경향 사이의 대립을 이루기도 한다.

물활론과 비슷한 개념으로는 유물론과 애니미즘이 있다. 유물론은 세계에서 궁극적인 존재는 오직 물질뿐이며 정신, 의지는 모두 물질에 의한 부차적인 작용이라고 보는 인식론적 관점을 지닌다. 애니미즘은 동식물을 포함한 물질에 영혼이 존재한다고 본다는 점에서 물활론과 유사점을 지닌다고 하겠다.

랠프 커드워스는 홉스의 무신론, 기계론의 경향에 반대하고 데카르트의 합리론을 받아들였다.

CHAPTER 4

심지를 기르다

말과 글

WORD

나에게는 꿈이 있다

 미국의 위대한 인권 운동가 마틴 루터 킹. 그는 어린 시절부터 백인들의 인권 탄압의 고통으로부터 흑인들을 해방시켜야 한다는 꿈을 꾸었다. 그는 보스턴 대학에서 신학박사 학위를 받았다. 이어서 하버드 대학에서 철학박사 학위도 받았다. 그리고 침례교 목사가 되었다.

마틴 루터 킹은 비폭력 저항과 인종차별 철폐 및 식민지 해방 등을 주장한 간디의 사상에 깊은 영향을 받았다. 목사로 활동하던 그는 '몽고메리시에서 운영하는 버스에 흑인은 탈 수 없다'는 규칙에 반대하는 운동을 벌이며 본격적인 흑인 인권 운동에 뛰어들었다. 각고의 노력 끝에 그는 투쟁 후 1년 만인 1956년에 승리를 거두었다.

그 후 그는 그리스도교 지도 회의를 결성하고, 인종차별에 반대하는 투쟁을 지도했다. 수차례나 투옥되었지만 그는 굴하지 않고 계속해서 인권 운동을 펼쳐 나갔다. 이일은 결국 존 F. 케네디 대통령의 민권 법안 통과의 계기가 되었다. 그는 흑인들에게 가슴 벅찬 희망을 안겨 주었다. 다음은 그의 명연설문의 핵심요지이다.

나에게는 꿈이 있습니다. 나는 오늘 남부로 돌아가지만 절망을 안고 돌아가는 것은 아닙니다. 나는 오늘 남부로 가지만 우리가 탈출구가 보이지 않는 캄캄한 감옥에 갇혀 있다고 생각하지 않습니다. 나는 우리를 향해 새날이 오고 있다는 믿음을 갖고 돌아갑니다.

나에겐 지금 꿈이 있습니다. 그것은 아메리칸 드림에 품은 깊은 꿈입니다.

나에겐 지금 꿈이 있습니다. 어느 날 조지아에서 미시시피와 앨라배마에 이르기까지 그 옛날 노예의 아들딸들이 옛날 주인인 백인의 아들딸들과 함께 형제처럼 살게 되는 꿈입니다.

나에겐 지금 꿈이 있습니다. 어느 날 백인 어린이와 흑인 어린이가 형제자매처럼 사이좋게 살게 되는 꿈입니다.

……… 중략………

나는 지금 꿈을 가지고 있습니다. 인간이 모두 형제가 되는 꿈입니다. 나는 이런 신념을 가지고 나서서 절망의 산에다 희망의 터널을 뚫겠습니다. 나는 이런 신념을 가지고 여러분들과 함께 나서서 어둠의 어제를 밝음의 내일로 바꾸겠습니다. 우리는 이런 신념을 가지고 새날을 만들어 낼 수 있습니다.

하나님의 모든 아이들이 흑인이건, 백인이건, 유태인이건 비유태인이건, 개신교도이건, 가톨릭교도이건, 손을 잡고 "자유가 왔다! 자유가 왔다! 하나님, 감사합니다" 하고 흑인 영가를 부르는 날을 만들 수 있습니다.

꿈이 언제나 달콤한 것은 '꿈은 인생의 캔디'이기 때문이다.

DAY 159 무례함

주위를 보면 사람들에게 함부로 구는 이들을 종종 보게 된다. 함부로 구는 사람들은 타인에 대한 배려가 부족하다. 지극히 자기중심적이다. 모든 것을 자기 위주로 생각한다. 그러다 보니 타인과 다툼이 잦고, 비난을 면치 못한다. 사랑하는 사람조차 외면한다. 이처럼 함부로 말하고 행동하는 것은 스스로를 무너뜨리는 어두운 장막과도 같다.

영국의 수필가 찰스 램이 청년 시절에 겪었던 일화이다. 그에게는 사랑하는 여자가 있었는데, 생각만 해도 너무 행복할 정도로 그녀를 사랑했다. 그러다 보니 머릿속에는 온통 그녀에 관한 생각으로 가득 차 있었다. 결국, 이대로 지내는 것은 시간 낭비라고 생각해 그는 하루라도 빨리 결혼해서 행복한 가정을 꾸리기로 결심한다.

그러던 어느 날, 청혼하기로 마음먹고 여자의 집으로 향했다. 들뜬 마음으로 길을 가다 보니 어느새 여자가 살고 있는 동네에 이르게 되었다. 그때였다. 두근대는 가슴으로 골목길을 급히 걸어가다 그만 어떤 여자와 부딪치고 말았다. 그는 버럭 화를 내며 말했다.

"아니, 눈을 어디다 두고 걷는 겁니까? 똑바로 좀 보고 다니세요!"

그는 아파서 어쩔 줄 몰라 하는 여자를 향해 소리쳤다. 사과를 하는 것이 도리였지만, 사랑하는 여자를 만난다는 생각에 들떠 함부로 말하고 말았다. 하지만 안타깝게도 그 모습을 사랑하는 여자가 창문을 통해 지켜보고 있었다.

여자는 그의 무례한 행동에 놀라며 크게 실망했다. 그는 여자가 자신을 지켜보고 있다는 것도 모르고 여자의 집 앞에 도착해 초인종을 눌렀다. 잠시 후 문이 열리고 밖으로 나온 여자는 그 집 하인이었다. 아가씨가 만나고 싶지 않으니 그만 돌아가라는 말에 큰 충격을 받고 아쉬운 발길을 돌려 집으로 돌아왔지만, 아무리 생각해도 자신을 반겨 맞아주지 않은 이유를 알 수 없어 그녀에게 편지를 써서 보냈다.

며칠 후, 답장을 받았는데 거기에는 다음과 같이 쓰여 있었다. 그녀는 찰스 램이 한 행동을 다 지켜봤다며 그의 행동을 이해할 수 없다고 했다. 그리고 믿음이 사라져 더 이상 인연을 맺고 싶지 않다며 그만 만나자고 했다.

여자의 편지를 읽고 찰스 램은 자신의 어리석음을 깊이 반성하고, 이후로는 누구에게든지 친절을 베풀며 공손하게 말하고 행동하게 되었다고 한다.

무례한 말과 행동은 사랑도, 사랑하는 사람도 등지게 한다.

DAY 160

말 한마디의 기적

미국에서 있었던 일이다. 절망에 빠져 죽음만을 기다리며 하루하루를 사는 여자가 있었다. 여자는 먹는 것도, 노래를 듣는 것도, 좋은 옷도, 멋진 집도, 반짝반짝 빛나는 보석도 부럽지 않았다. 그저 어떻게 하면 죽을 수 있을지만 생각했다. 자신을 둘러싼 모든 것은 전부 불필요했으며 무의미했다. 그녀는 극심한 상실감으로 인해 삶으로부터 완전히 멀어져 있었다.

그러던 어느 날이었다. 구원의 성녀 마더 테레사가 미국에 방문했다는 소식을 듣고 수녀를 찾아갔다. 그녀는 눈물을 흘리며 자신의 심정을 이야기했다. 그녀의 말을 듣고 테레사 수녀가 말했다.

"인도에서 나와 같이 한 달만 일하고 나서 자살하는 것은 어떨까요?"

테레사 수녀의 말에 그녀는 무언가를 결심한 듯 그렇게 하겠다고 말했다. 그녀는 테레사 수녀와 함께 인도로 갔다. 그곳에는 앞을 보지 못하는 사람들, 걷지 못하는 사람들, 기아와 질병으로 고통받는 사람들로 가득했다. 마치 고통을 등에 짊어지고 사는 사람들 같았다.

'세상에 이런 곳이 있다니. 저 불쌍한 사람들은 누군가의 도움 없이는 살아갈 수 없겠구나.'

이렇게 생각한 그녀는 발 벗고 나서서 그들을 돌보는 일에 열정을 다했다. 그러던 중 신기한 일이 벌어졌다. 이른 아침부터 밤늦게까지 앉아서 쉴 틈도 없이 일했지만, 조금도 피곤하지 않았다. 자신의 도움을 받은 이들이 고맙다고 할 때는 오히려 마음 깊은 곳에서 기쁨과 희망이 새록새록 피어났다.

테레사 수녀가 빙그레 웃으며 지금도 죽고 싶으냐고 그녀에게 물었다.

"아니요. 전 살고 싶어요. 이곳에서 제가 살아야 할 이유를 발견했거든요."

잘 생각했다며 테레사 수녀는 그녀의 두 손을 꼭 잡고 기도해주었고, 이후에도 그녀는 테레사 수녀를 도우며 즐겁게 지냈다. 고통스러운 삶에서 벗어나기 위해 죽음을 결심한 여자는 테레사 수녀를 만남으로써 고통에서 벗어나 새 삶을 찾게 되었다. 죽음으로는 자신의 고통을 해결할 수 없음을 깨달은 것이다. 그녀는 가난하고 질병으로 고통받는 이들을 도우며 자신도 누군가에게 필요한 존재임을 깨닫고 잃어버린 기쁨과 행복을 되찾았다.

생명을 품은 말 한마디는 기적을 불러일으킨다. 말은 곧 생명인 것이다.

DAY 161 입버릇처럼 하는 말

말이 씨가 된다는 말이 있다. 자신이 한 말이 씨가 되어 뿌리를 내린다는 것은 자신이 말한 대로 이루어진다는 뜻이다. 우리가 흔히 하는 말로 입버릇이라는 말이 있다. 좋은 입버릇은 자신을 행복하게 하지만, 나쁜 입버릇은 화를 자초하는 아주 고약한 습관이다.

사람들이 겪는 화火 중에 설화舌禍는 가장 보편적인 화로써 입을 함부로 놀려 생긴다. 입이 가벼운 사람들이 설화를 많이 겪는 것은 진중하지 못해서다. 입이 무거운 사람은 어떤 경우에도 설화를 겪지 않는다. 입단속을 잘하기 때문이다. 입은 축복의 문이 되기도 하지만, 죄악의 문이 되기도 한다. 축복의 문이 되느냐 죄악의 문이 되느냐는 온전히 자신에게 달려 있다.

미국에서 있었던 일이다. 한 아이가 아버지에게 용돈을 타내기 위해 잔머리를 굴렸다. 아버지는 아이의 말대로 돈을 줄 때도 있지만, 돈을 아껴 쓰지 않으면 나중에 거지가 된다며 주지 않을 때도 있었다. 그러면 아이는 아버지의 말에 당장 돈을 주지 않으면 죽어 버릴지도 모른다며 말했다. 아버지는 목숨을 끊겠다고 하자 말로는 강하게 하면서도 혹시나 아들이 잘못될까 봐 돈을 쥐어 주었다. 그러자 아이는 툭하면 목숨을 끊겠다고 말하며 으름장을 놓았다. 아이에게 자살은 용돈을 타내기 위한 고약한 수단이었다.

아이는 자라서 어른이 되었고 사랑하는 여자와 만나 결혼했는데, 아내가 아이를 낳다가 그만 죽고 말았다. 그는 아내의 죽음으로 인해 큰 충격을 받았다. 혼자서는 아이를 키울 자신이 없었다. 고민에 사로잡힌 그는 자신을 괴롭혔다.

"이렇게 살 바에는 차라리 죽는 게 낫지."

그러던 어느 날, 정말 그는 자신의 머리에 총구를 겨누고 방아쇠를 당겼다. 불행은 거기서 끝나지 않았다. 부모 없이 혼자서 자란 아이는 제대로 된 보살핌을 받지 못했다. 그러다 보니 제멋대로 말하고 함부로 행동했다.

세월이 흘러 아이는 청년이 되었고 거리에서 시민들과 얘기를 하던 윌리엄 매킨리 대통령을 저격하기에 이른다. 이 사건으로 미국은 큰 충격에 빠졌고, 현장에서 체포된 그는 얼마 후 형장의 이슬로 사라졌다. 청년의 아버지가 생전에 툭하면 자살한다고 입버릇처럼 말했듯 그도 비극적으로 삶을 마감했다. 그 청년의 이름은 무정부주의자인 레온 촐고츠이다.

입버릇처럼 하는 고약한 말이 그 사람의 인생을 불행에 빠지게 한다.

DAY 162 자신의 생각을 조절하는 능력

어떤 사람이 정글의 동굴에서 수행을 하고 있었다.
신이 그에게 찾아와 물었다.

"원하는 게 무엇이냐?"

그가 대답했다.
"제가 생각하는 것은 무엇이든지 실현되기를 원합니다."

"그래? 네가 바라는 것은 무엇이든 실현될 것이다."

그 사람은 매우 기뻐했다.
좋은 음식을 생각하니 바로 눈앞에 먹음직한 음식이 나왔다.
좋은 침대를 생각하니 바로 앞에 아름다운 침대가 나타났다.

갑자기 그는 생각했다.
"만약, 이 동굴이 무너지면 어떡하지?"

그 순간 동굴이 무너져 내려 그는 깔려 죽고 말았다.
그는 힘을 얻었으나 그 힘을 조절하여 사용할 수 있을 만큼
수행이 깊지 못해 자신의 생각을 통제할 수 없었다.

이와 같이 먼저 자신의 생각을 조절하는 것이야말로
진정한 힘을 사용할 수 있는 능력이다.

_ 바바 하리 다스

자신의 생각을 자신이 원하는 대로 조절한다는 것은 쉽지 않다. 그러기 위해서는 이성적이어야 하고 절제력과 신념
과 의지가 강해야 한다. 이성과 절제와 신념과 의지를 기르기 위해서는 몸과 마음을 바르게 하고, 사색하고 명상을
통해 마음을 단단히 다져야 한다.

DAY 163 속단하여 말하지 마라

소설《작은 아씨들》로 잘 알려진 루이자 메이 올컷은 교사 생활을 하면서 습작을 했다. 그녀는 작가가 되어 자신이 쓰고 싶은 소설을 마음껏 쓰고 싶었다. 학교를 마치고 집에 오면 책상에 앉아 밤이 으슥해지도록 쓰고 또 썼다. 그녀는 원고가 완성되자 소중한 원고를 가슴에 꼭 안은 채 우체국으로 가서 출판사로 부쳤다. 그리고 좋은 소식이 오기만을 하염없이 기다렸다.

그러던 어느 날, 그녀가 학교에서 아이들을 가르치는 동안 그녀의 아버지가 출판사로 찾아갔다. 조심스럽게 출판사 문을 열고 들어서며 자신은 루이자 메이 올컷의 아버지라고 말했다. 그러자 편집부 직원은 따님이 소설로는 결코 성공할 수 없으니 교사 생활이나 잘하라며 원고 뭉치를 그녀의 아버지에게 건네주었다. 그녀의 아버지는 딸에 대해 함부로 말하는 편집자를 보며 화가 났지만 꾹 참고 집으로 돌아왔다.

딸이 일을 마치고 집으로 돌아왔지만, 아버지는 차마 담당 편집자의 말을 그대로 전할 수 없어 망설이고만 있었다. 그러다 솔직하게 말하는 편이 낫겠다 싶어 딸에게 사실대로 말했다. 아버지의 말을 듣고 그녀는 자신에 대해 함부로 말한 편집자에게 극심한 분노를 느껴 '두고 보자. 기필코 그 출판사에서 소설을 내고 말 테니까. 그래서 당신의 코를 납작하게 해 줄 거야.' 하며 입술을 깨물었다. 그녀는 더 열심히 소설과 시를 습작했다. 그렇게 뼈를 깎는 시간을 지나 그녀는 당대 미국 최고의 시인인 헨리 워즈워스 롱펠로에게서 '에머슨 수준이 아니면 쓸 수 없는 시를 썼다'는 극찬을 받으며 등단했다.

이후, 그녀는 소설《작은 아씨들》을 발간하여 상업적으로나 문학적으로 큰 성공을 거뒀다. 속편에서도 큰 성공을 거두었다. 그녀가 한창 잘나갈 때는 인세로만 20만 달러를 받았는데, 당시의 가치로는 천문학적인 숫자였다.

그녀에게 함부로 말하며 속단했던 출판사의 편집자는 코가 납작해질 수밖에 없었다. 그녀는 자신의 결심대로 성공을 거두어 그에게 멋지게 복수했다.

함부로 속단하여 하는 말은 상대를 분노하게 하고, 자신을 못난이로 만든다.

DAY 164 | 말들의 무덤

프랑스의 극우파 정당인 국민전선의 창립자이자 대표적인 극우 민족주의자인 장마리 르펜. 그는 대통령 선거에 다섯 번이나 출마했지만, 한 번도 대통령이 되지 못했다. 그는 특히, 이민 정책에 대해 매우 민감하게 반응했는데, 이민을 제한해야 한다고 주장하며 다음과 같이 말했다.

"프랑스 정부는 이민을 제한해야 한다. 더는 이민자에게 우리의 권익을 나눠줄 수 없다."

민족 차별적인 발언도 서슴지 않았다. 1998년, 프랑스 월드컵을 앞두고 애매 자케 감독에게 이렇게 말했다.

"대표 팀에 유색 인종이 너무도 많다. 백인들로만 팀을 꾸려야 한다."

그로 인해 아프리카 출신 이민자로 프랑스 국가 대표로 발탁된 지단을 비롯하여 영화배우 이자벨 아자니 등에게 비난을 받았다.

르펜이 프랑스 국민들로부터 원성을 산 가장 큰 이유는 함부로 말하는 그의 입 때문이었다. 그는 "나치 독일이 유대인을 가스실에서 학살한 것은 제2차 세계대전의 역사에 있어 사소한 일 중 하나다"라고 막말을 해 국민들에게 질타를 받았다. 또한 "프랑스와 러시아가 '백인 세계'를 구하도록 협력해야 한다"고 말해 물의를 빚기도 했다. 그의 막말은 자신의 딸인 국민전선 당수인 마린 르펜에게도 예외 없이 적용되었다. 그는 "2017년, 딸이 대선에서 반드시 패할 것이다"라고 악담을 하여 사람들을 아연실색하게 했다.

결국, 르펜은 막말과 눈에 거슬리는 행동으로 물의를 빚으며 자신의 딸과도 적이 되었다. 말이 많으면 그중에 쓸 말도 있지만, 이처럼 불필요한 말도 많은 법이다. 결국, 그는 2015년 홀로코스트에 대한 막말로 물의를 빚으며 자신의 딸에 의해 퇴출당했다.

그는 극우 보수주의자로 같은 생각을 가진 국민에게는 인기가 좋았지만, 그의 막말과 눈에 거슬리는 행동에는 다들 등을 돌렸다. 그를 지지하는 사람들뿐만 아니라 자신이 세운 국민전선 당원들에게도 원성을 사며 정치 생명을 끝내고 말았다.

말을 신중하게 하고 행동거지를 바르게 했다면 그의 입지는 보다 탄탄해졌을 것이다.

함부로 하는 말은 말이 아니라 무덤이다. 말의 무덤에 갇히지 마라.

DAY 165 지혜로운 말 한마디

　　지혜로운 사람은 분노로 가득 찬 사람의 마음을 다독이며 화를 삭이게 해 불상사를 막아 준다. 이런 사람이 주변에 있다는 것은 참으로 감사한 일이다. 지혜로운 사람은 소중한 자산이며 인생을 살아가는 데 있어 삶의 어둠을 환히 밝히는 빛과 같다.

　　다음은 링컨이 대통령 시절에 겪은 일화이다.

　　어느 날, 국방부 장관인 율리시스 심프슨 그랜트가 편지를 들고 링컨을 찾아왔다. 무슨 일인지 그의 얼굴은 잔뜩 상기되어 있었다.

"어서 오시게. 무슨 일이 있는가?"

　　링컨은 그의 표정을 읽고 넌지시 물었다. 그는 자신을 비난하는 장군이 있는데, 그에게 경고하기 위해 편지를 썼다고 말했다. 얼마나 화가 났는지, 그는 얼굴이 잔뜩 붉어진 상태로 말했다. 링컨은 그 모습에서 단단히 화가 났음을 짐작했다. 링컨은 자신도 좀 들어보자고 했다. 링컨의 말에 그랜트는 기다렸다는 듯이 편지를 읽어 내려갔다. 편지에는 상대를 향한 분노에 찬 욕설이 난무했다. 링컨은 편지를 읽는 그를 향해 중간중간 맞장구를 쳐 주었다. 그가 편지를 다 읽고 나자 링컨은 "괘씸한 놈. 장군이 되어서 상관에게 고약하게 굴다니"라고 말했다. 자신을 편드는 링컨의 말에 그는 의기양양해져서 봉투에 편지를 도로 집어넣었다. 링컨이 편지를 어떻게 하려고 하는가 하고 묻자 보내서 따끔하게 경고하겠다고 말했다. 그의 말에 링컨이 빙그레 웃으며 말했다.

"자네는 지금 편지를 읽으면서 분풀이를 하지 않았는가. 이번에 자네가 그냥 덮고 넘어간다면 그 장군은 자네의 관대함을 보고 다시는 함부로 굴지 않을 걸세. 그러니 편지는 저 난로에 집어넣는 것이 어떻겠는가?"

　　링컨의 말뜻을 이해한 그랜트는 화난 얼굴을 풀고 난로에 편지를 집어넣었다. 만일 링컨이 그랜트를 비난한 장군을 엄중히 경고하거나 편지를 보내게 했다면 어떻게 됐을까. 아마 귀한 인재를 잃게 되었을지도 모른다.

지혜로운 한마디의 말은 천하를 움직이고, 천금보다도 귀하다.

DAY
166

이 순간 행복하라

이 순간 행복하십시오.
그것으로 족합니다.
우리에게 필요한 것은 매 순간이지
그 이상이 아닙니다.
지금 행복하십시오.
그리고 당신이 가난한 사람을 포함하여
타인을 사랑한다는 것을
행동으로 보여준다면
그들은 행복해질 것입니다.
그렇게 하는 데 엄청난 수고가
드는 것은 아닙니다.
그저 미소만 지어도 될 때가 있습니다.
모든 사람이 웃을 수 있다면
세상은 훨씬 살기 좋은 곳이 될 것입니다.
웃으십시오.
기뻐하십시오.
쾌활하게 지내십시오.

_ 루신다 바디

작은 것에서 행복을 느껴보라. 매 순간순간이 행복할 것이다. 지금 행복해야 행복인 것이다. 나중에 행복하자고 지금을 소홀히 할 수는 없다. 지금이란 순간은 자신에게 있어 가장 소중한 시간이다. 진정으로 행복하고 싶다면 타인을 사랑하고 미소 지어라. 그리고 함께 더불어 살아가라. 배려와 이해로써 행복은 더욱더 커지는 것이다.

문장의 차이

같은 말이라도 어떻게 하느냐에 따라 결과가 크게 달라진다. 그냥 대충 하는 말과 정성을 들여서 하는 말은 듣는 입장에서 크게 차이가 난다. 전자는 의례적인 말로 들리지만, 후자의 경우는 진심이 느껴지기 마련이다. 글도 마찬가지다. 정성이 들어간 글과 그렇지 않은 글은 읽는 순간 차이가 느껴진다. 정성이 들어간 글은 눈이 아닌 마음으로 읽혀 진한 감동이 전해지지만, 정성이 없는 글은 어떤 감흥도 불러일으키지 못한다.

파리의 센 강을 가로지르는 미라보 다리, 이 낭만적인 다리에 팻말을 목에 걸고 구걸하는 걸인이 있었다. 목에 걸린 팻말에는 '저는 태어날 때부터 장님입니다'라고 적혀 있었다. 사람들은 그에게 눈길조차 주지 않았고, 모금함은 늘 텅 비어 있었다.

그러던 어느 날, 한 신사가 미라보 다리를 지나다 그를 보게 되었다. 신사는 가던 길을 멈추고 하루 종일 얼마나 버냐고 그에게 묻자 고작해야 10프랑밖에 안 된다고 말했다. 그의 말을 듣고 신사는 그에게 목에 걸고 있는 팻말을 벗어 달라고 한 뒤, 무언가를 써서 다시 건네주었다. 그러자 신기한 일이 벌어졌다. 종일 10프랑밖에 받지 못하던 그가 신사가 다녀간 뒤로는 다섯 배나 넘는 돈을 손에 쥐게 되었다.

한 달 뒤, 신사가 걸인에게 가서 말을 걸었다. 그랬더니 걸인은 신사의 손을 잡고 감격해서 말했다. 그가 다녀간 뒤 하루 수입이 50프랑이나 된다고 했다. 수입이 10프랑에서 50프랑이 된 비결은 문장의 차이에 있었다.

걸인이 팻말에 써 놓은 글은 '저는 태어날 때부터 장님입니다'라고 했는데, 신사가 쓴 글은 '봄이 오는 것을 저는 볼 수 없습니다'라고 적었던 것이다.

이 이야기를 통해 사람의 마음을 움직이는 말이란 어떤 것인지 잘 알 수 있다. 걸인이 써 놓은 글은 '나는 불쌍하게 태어났으므로 이렇게 구걸을 합니다. 그러니 도와주십시오'라는 인식을 불러일으킨다. 반대로 신사가 써 준 글에는 '나도 멋진 봄을 누리며 살고 싶습니다'라는 간절한 희망이 비친다. 우리가 볼 수 있는 봄의 멋진 풍광을 볼 수 없으니 얼마나 답답하고 보고 싶을까 하는 인간적인 연민을 강하게 작동시킨다. 이 강한 연민이 사람들의 마음을 움직인 것이다.

역동적인 말과 글은 이처럼 힘이 세다. 울림이 크고 깊다. 진심을 담아 하는 말과 글은 상대에게 좋은 이미지를 심어 준다는 것을 항상 명심해야겠다.

같은 말도 어떻게 하느냐에 따라 극과 극이 된다. 온기를 담아 희망적으로 말하라.

DAY 168
사람보다 더 귀한 것은 없다

　세계적으로 유명한 도자기 회사인 웨지우드의 설립자인 조시아 웨지우드. 그는 1759년에 웨지우드를 설립했다. 웨지우드는 세계 최고의 명품 도자기 회사로 오랫동안 각광받았다. 웨지우드는 어려서부터 도예가로서의 재능이 탁월했다는데, 사람들도 그의 뛰어난 재능을 알아보고 앞으로 열심히 하면 분명 세계 최고의 도예가가 될 거라고 말했다. 하지만 불행하게도 웨지우드는 천연두를 심하게 앓는 바람에 물레를 돌릴 수 없게 되었다. 그럼에도 그는 꿈을 포기하지 않고 도예가 대신 도자기 디자이너가 되기로 결심했다. 그는 한 땀 한 땀 바느질을 하듯 도자기를 디자인했다. 그 결과, 자신만의 개성을 발굴해 20대에 도자기 디자이너로 인정받으며 당시 영국 최고의 도예가인 토마스 휠던과 함께 일하게 되었다. 이후, 실력을 쌓아 자신의 이름을 따 맨체스터에 웨지우드를 설립했다.

　그가 만든 도자기는 귀족들은 물론 여왕까지 주문할 정도로 독특하고 뛰어났다. 웨지우드의 제품은 누구나 갖고 싶어 하는 명품 도자기였는데, 그의 인품 역시 그가 만든 도자기처럼 맑고 곧았다.

　한번은 이런 일도 있었다. 한 귀족이 웨지우드를 방문했는데, 웨지우드는 그에게 공장을 견학시키면서 직원이었던 한 소년도 동행하게 했다. 그때 귀족이 소년에게 면박을 주었다. 웨지우드는 우아하고 멋진 꽃병을 귀족에게 보여주었는데, 매우 만족스러웠는지 꽃병에 손을 대려 했다. 그때였다. 웨지우드는 바닥에 꽃병을 집어던졌다. 바닥에 떨어진 꽃병이 깨지자 귀족은 화가 나서 "당신 미쳤소? 내가 그 꽃병을 사려고 했는데" 하고 소리쳤다. 그러자 웨지우드는 "백작님, 도자기가 아무리 귀하다고 해도 사람보다 귀하겠습니까?" 하고 말했다.

　정중하지만 서릿발 같은 웨지우드의 말에 조금 전까지만 해도 오만하게 굴던 귀족은 얼굴이 발개져서 아무 말도 하지 못했다. 웨지우드의 말은 그의 못된 심성을 부끄럽게 만들었다. 사람이 누구나 평등하다는 것은 만고의 진리이다. 웨지우드는 귀족이라는 이유로 거드름을 피우며 온갖 막말을 일삼고 추태를 부린 그에게 정문일침의 따끔한 충고를 했다.

　웨지우드의 도자기가 명품으로 인정받는 것 역시 그의 곧은 인품이 그대로 배어 있기 때문이 아닐까 한다.

인격은 나이 혹은 출신 성분에 관계 없이 누구에게나 존재한다. 품위 있게 말하라.

시간을 가져라

생각할 시간을 가져라
기도할 시간을 가져라
웃는 시간을 가져라

그것은 힘의 원천이다
그것은 세상에서 가장 큰 힘이다
그것은 영혼의 음악이다

놀 시간을 가져라
사랑하고 사랑받는 시간을 가져라
남에게 주는 시간을 가져라

그것은 영원한 젊음의 비밀이다
그것은 하나님께서 주신 특권이다
이기적이 되기에는 하루가 너무 짧다

독서할 시간을 가져라
다정하게 될 시간을 가져라
일할 시간을 가져라

그것은 지혜의 원천이다
그것은 행복에 이르는 길이다
그것은 성공의 대가다

자선할 시간을 가져라
그것은 하나님 나라에 이르는 길이다

_ 캘커타 어린이집 표지판 글

자신의 참된 인생을 위해서는 늘 가치 있는 일을 생각하고, 기도하고, 웃고, 놀고, 사랑하고, 사랑을 주고, 독서하고, 일하고, 자선을 하라. 저절로 되는 그 어떤 인생도 없는 법이다. 모든 인생은 자신이 노력하는 만큼 받게 되어 있다.

DAY 170

거친 말과 행동을 삼가라

이탈리아 출신의 20세기 최고 마에스트로인 아르투로 토스카니니. 그는 이탈리아 파르마에서 태어났다. 오페라 의상을 제작한 아버지로 인해 어린 시절부터 오페라에 관심을 갖게 되었다. 토스카니니는 파르마음악원의 장학생으로 선발되어 첼로와 작곡을 공부했다. 음악원을 졸업한 그는 브라질 리우데자네이루의 오페라 극장 오케스트라에 입단하여 첼리스트이자 합창 감독의 조수로 활동했다.

그 후 31살의 나이로 이탈리아 밀라노 라 스칼라의 예술 감독으로 발탁되었다. 토스카니니는 당시의 관습을 타파하는 개혁을 단행했다. 극의 흐름을 방해한다는 이유로 오페라 중간에 나오는 성악가의 앙코르를 금지하고, 오케스트라 단원을 상대로 시즌마다 엄격한 오디션을 실시했다. 그러나 강경한 그의 음악적 스타일은 단원들은 물론 성악가들과의 갈등을 빚었고 그는 라 스칼라를 떠났다. 1908년 토스카니니는 미국 메트로폴리탄에 입성했으며 뉴욕 필의 지휘를 맡았다. 그는 최고의 지휘자로 각광을 받기 시작했다.

그러던 어느 날이었다. 오케스트라 연습 때 한 연주자가 그만 실수를 하고 말았다. 이에 화가 난 토스카니니는 값비싼 시계를 바닥에 내던지고 큰 소리로 말했다.

"어디다 정신을 팔고 있는 거야. 연습 한두 번 해보나. 그렇게 하려면 때려치워!"

토스카니니는 화가 나면 눈에 띄는 대로 집어 던지는 습관이 있어 단원들은 언제나 긴장했다.

"죄송합니다. 지휘자님! 다음부턴 주의하겠습니다."

토스카니니로부터 심한 모욕을 느낀 단원은 이렇게 말했지만 마음에 깊은 상처를 받았다. 토스카니니 역시 값비싼 시계를 잃고 말았다. 토스카니니는 뛰어난 천재성으로 세계 음악사에 길이 남았지만, 자신의 못된 습관도 함께 남겼다.

수레에 짐이 가득하면 소리가 나지 않는다. 그러나 짐이 적을수록 소리는 커진다. 재능이 아무리 뛰어나다고 해도 나쁜 버릇이나 성격을 가지고 있면 소리 나는 빈 수레와 같다. 재능이 뛰어난데다 인품까지 좋으면 금상첨화다.

DAY 171 | 기자의 본분을 잊다

기자의 본분을 잊고 자국을 비난함으로써 국민들의 분노를 삼은 것은 물론 소속 방송사로부터 해고된 상식 없는 기자의 이야기이다.

2003년 미국 NBC 기자인 피터 아네트는 이라크 국영 TV에 출연하여 미국의 이라크전에 대해 자국을 비난하며 다음과 같이 말했다.

"미국의 전쟁 지도부는 이라크군의 항전의지를 오판했음은 물론 최초의 전쟁계획은 실패했다."

그리고 이어 그의 입은 또다시 궤변을 토했다.

"바그다드는 잘 통제되고 있으며 시민들은 정부의 지시에 잘 따르고 있다. 이라크 친구들은 내게 민족 감정과 미국, 영국의 행위에 대한 저항이 커지고 있다고 말한다."

그는 마치 남의 나라 말하듯 했다. 아네트의 인터뷰를 접한 미국 국민들은 거세게 그를 비판했으며, 매스컴은 일제히 상식이 없는 사람이라며 그를 맹비난했다. 이에 대해 NBC는 아네트가 직업상 예의로 말한 것이라고 감쌌지만 이에 흥분한 여론에 굴복하여 "전쟁 중 이라크 국영 TV에서 사견을 얘기한 것은 명백한 잘못이다"라고 말함과 동시에 그를 해고했다.

2003년 미국을 중심으로 하는 서방국가들은 국민의 인권을 유린하고, 국제질서를 흐리는 이라크의 독재자 사담 후세인을 제거하기 위해 이라크를 공격했다. 1991년 제1차 걸프전에 이어 제2차 걸프전이 발발한 것이다. 걸프전은 온갖 최첨단 무기들이 동원되어 마치 게임을 보는 듯한 강한 인상을 남긴 전쟁이다.

1991년 제1차 걸프전 당시 아네트는 CNN 기자로 맹활약했으며, AP통신기자 땐 베트남전 취재로 퓰리처상을 수상한 베테랑 기자이다. 그런 그가 자국의 국격을 훼손하는 발언을 한다는 것은 - 그것도 적국 국영방송국에서 - 상식에 벗어난 일이 아닐 수 없다.

아네트는 기자로서 탁월한 감각을 타고났다. 하지만 그는 기자이기 전에 미국의 국민이다. 그는 국민으로서의 윤리와 도덕을 팽개쳐버림으로써 매국 행위를 한 패역한 사람일 뿐이다.

말을 잘 하면 떡이 생기지만 말을 잘못 하면 자다가도 뭇매를 맞는다. 말은 입에서 나오는 순간 말로써의 가치를 지닌다. 가치 있는 말은 자신도 남에게도 이로움을 주나, 무가치 한 말은 자신은 물론 남에게도 화를 입게 한다.

DAY 172 　비난이 주는 교훈

　비난은 가장 조심해야 한다. 아무리 좋은 사람도 자신을 비난하면 화가 나서 어쩔 줄을 몰라 한다. 하물며 경쟁 관계에 있는 사람을 비난하는 것은 불행을 자초하는 일이 될 수도 있다. 칭찬은 아무리 해도 부족하지만 비난은 손톱만 한 것도 삼가야 한다.

　오늘날의 미국을 건국하는 데 있어 영향력을 끼친 인물 중 가장 대표적인 사람 중에 하나인 알렉산더 해밀턴. 그는 미국 건국의 아버지 중 한 사람으로 미국 헌법의 제정에 참여했으며, 약관의 34세 젊은 나이에 초대 대통령인 조지 워싱턴 정권의 재무장관으로 재직하며 미국 정부의 재정정책에 크게 기여한 정치가이자 법률가이다.

　해밀턴은 워싱턴이 총사령관이던 시절 그 밑에서 4년 동안 참모로 지내면서 워싱턴과 각별한 사이가 되었다. 워싱턴은 지혜롭고 신념이 강한 해밀턴을 크게 신뢰했다. 전쟁이 끝난 후 해밀턴은 뉴욕시 변호사로 일하며 1787년 뉴욕 하원의원에 선출되면서 정계에 입문했다. 그는 초대 대통령인 워싱턴과의 인연으로 재무장관에 발탁되었다. 해밀턴은 우수한 두뇌와 집념으로 자신이 수립한 정책을 밀어붙여 자신이 원하는 방향으로 이끌어 냈다. 그러다 보니 연방주의자인 해밀턴과 반연방주의자인 토머스 제퍼슨은 사사건건 마찰을 빚었다. 특히 독립전쟁 때 진 빚을 갚는 문제와 미국 제1의 은행을 설립하는 등의 재정정책문제로 이 둘은 서로 대립했다. 그러나 해밀턴과 제퍼슨은 정적이었지만 합리적인 절충안으로 현안을 풀어나감으로써 마찰을 줄일 수 있었다. 또 다른 반연방주의자인 에런 버는 달랐다. 그는 자신의 문제에 대해 사사건건 태클을 거는 해밀턴을 눈엣가시로 여겼다. 해밀턴과 에런 버는 정적으로 평소에 서로를 거칠게 밀어붙였으며 거친 말도 서슴지 않았다.

　그러던 중 해밀턴은 이해관계를 떠나 정적인 제퍼슨이 대통령이 되는 데 결정적인 힘이 되어주었다. 그런데 이 과정에서 제퍼슨의 경쟁자였던 에런 버가 대통령 선거에서 밀려나자 평소에 눈엣가시였던 해밀턴을 더욱 증오하게 되었다. 그런데다 해밀턴이 자신을 향해 '비열한 선동가'라고 비난을 하자 더 이상 참지 못하고 에런 버는 그에게 결투를 신청했다. 둘은 주위의 만류에도 불구하고 대결을 벌였다. 둘 사이의 대결에서 에런 버가 쏜 총에 맞아 해밀턴은 세상을 떠나고 말았다.

비난을 삼가라. 비난은 스스로 자신에게 겨누는 총과 같다.

DAY 173

말의 제어장치가 고장나다

이탈리아의 총리를 3번이나 지낸 실비오 베를루스코니. 그는 일국의 총리를 지냈지만 입이 가볍고 언제나 생각 없이 하고 싶은 말을 함으로써 자국은 물론 세계 언론으로부터 지탄을 받았다. 그의 입은 마치 제어장치가 고장난 자동차와 같다. 그는 이탈리아의 ANSA방송과 가진 인터뷰에서 성범죄 급증에 대한 대응책에 대해 이렇게 말했다.

"도시 주둔 군인 수를 30만 명으로 늘릴 것을 검토하고 있다. 그러나 이탈리아 여성들이 너무 예뻐서 군인을 동원해도 성범죄를 100% 예방하는 것은 불가능하다."

베를루스코니의 말에 야당은 여성에 대한 모독이라며 강력하게 비난을 퍼부었다. 총리의 답변치고는 매우 저급하고 상식 이하의 말이 아닐 수 없다.

베를루스코니는 스페인 정부가 남성 장관 8명, 여성 장관 9명으로 구성된 것에 대해 "장미가 너무 많아서 관리하기가 힘들 것"이라고 말해 여성 모독으로 비난을 받았다. 또한 그는 미국의 버락 오바마에 대해 이렇게 말했다.

"젊고 잘생기고 제대로 선탠한 지도자다."

한 나라의 지도자, 그것도 세계 최강대국인 미국 대통령을 향해 인종차별적인 발언을 한다는 것은 제대로 정신이 박힌 사람의 말로는 도저히 이해가 가지 않는다. 그로 인해 이탈리아 언론은 물론 세계의 언론으로부터 대대적으로 비난받았다. 베를루스코니는 자신의 둘째 부인인 베로니카 라리오와의 이혼에 따른 위자료로 연간 3,600만 유로(약 500억)을 지급하라고 판결하자 비난을 퍼부으며 이렇게 말했다.

"기존 미지급금 7,200만 유로와 함께 이혼 합의금이 연간 3,600만 유로에 달한다. 이는 라리오에게 매일 20만 유로를 지급하라는 의미이다. 이번에 판결한 세 명의 여성판사들은 페미니스트이자 공산주의자들이며 1994년부터 나를 못살게 굴었던 판사들이다."

베를루스코니의 말을 들은 많은 사람들은 말 같지 않은 그의 말에 손가락질을 하며 비판하기를 멈추지 않았다. 입만 열었다 하면 구설수에 오르고 비난의 대상이 되는 그의 말처럼 그의 행동 또한 상상을 초월한다. 문란한 행동을 자랑 삼아 얘기하는가 하면 그것을 자신의 능력이라고 말해 원색적인 비난을 사기도 했다. 그는 비록 총리를 지내고 천문학적인 돈을 가진 부자지만, 한 사람의 인간으로 볼 땐 저급한 인격을 가진 천박한 존재일 뿐이다.

함부로 하는 말은 자신을 죽이는 독화살과 같다.

DAY 174

그래도 하라

사람들은 불합리하고
비논리적이고 비합리적이다.
그래도 사랑하라.
당신이 선한 일을 하면
이기적인 동기에서 하는 거라고 비난할 것이다.
그래도 좋은 일을 하라.
당신이 성공하면
거짓 친구들과 참된 친구들을 만날 것이다.
그래도 성공하라.
오늘 당신이 선을 행하면
내일은 잊혀질 것이다.
그래도 선을 행하라.
당신이 정직하고 솔직하면 상처받을 것이다.
그래도 정직하고 솔직하라.
당신이 여러 해 동안 공들여 만든 것이
하룻밤 사이에 무너질지도 모른다.
그래도 만들어라.
사람들은 도움이 필요하면서도
도와주면 공격할지도 모른다.
그래도 도와줘라.
세상에서 가장 좋은 것을 주면
당신은 발길로 차일지도 모른다.
그래도 가진 것 중에서
가장 좋은 것을 세상에 주어라.

_ 인도 콜카타 어린이집 '쉬슈 브하반' 벽에 있는 글

어떤 불합리한 일에도 자신이 해야 하는 일은 해야 한다. 지금은 죽을 것처럼 힘들어도 내일의 희망을 바란다면 그래도 꿋꿋하게 나아가야 한다. 내일 지구 종말이 온다 해도 오늘은 최선을 다하라.

DAY 175 자신의 재능을 과신하다

재능은 뛰어났지만 인품이 미치지 못해 사람들로부터 원성을 삼은 것은 물론 지나친 언행으로 인해 인생을 망친 이들이 많다. 특히 이런 부류의 사람들은 자화자찬은 기본이며, 남을 비방하는 일에는 천부적인 자질을 지녔다. 재능을 따르지 못하는 인품은 거추장스러운 옷과 같다.

로마제국의 철학자이자 일급 웅변가인 마커스 시세로는 유창한 말솜씨와 뛰어난 웅변술로 로마 최초로 국부라는 칭호와 함께 집정관에 올랐다. 그는 천부적으로 말재주를 타고났다. 자신의 명성이 날로 높아지자 그는 유명한 배우들을 찾아다니며 목소리, 몸짓, 손짓 등을 배웠다. 그러자 그의 웅변술은 더욱 돋보였다. 말과 몸짓이 사람들에게 미치는 영향은 상당했다. 웅변이 평면적이라면 웅변과 몸동작은 입체적이었던 것이다. 이렇게 되자 고대 그리스에서 가장 뛰어나다는 평가를 받는 웅변가 데모스테네스와 쌍벽을 이룰 만큼 그의 인기는 대단했다.

또한 마커스 시세로는 기억력이 뛰어나 한번 본 사람의 이름은 정확하게 기억했으며, 자신이 간 곳의 장소라던가 한번 읽은 것은 또렷이 기억함으로써 사람들을 놀라게 했다. 뛰어난 기억력은 그가 학문을 깊이 있게 배우는 데도 크게 작용했다.

그러나 그는 뛰어난 웅변술과 기억력만큼의 인품을 갖추지 못했다. 때론 말을 가볍게 불쑥 던지는 통에 주변 사람들이 놀랄 때도 있었다. 뿐만 아니라 자신과 마음에 맞지 않거나 거스르면 험담을 일삼고 비방하여 눈살을 찌푸리게 하기도 했다. 말도 자꾸만 하면 늘듯 험담도 비방도 하면 할수록 늘어만 갔다. 이는 습관화가 되었고 그와 경쟁관계에 있던 사람들은 그를 경계했다.

만년에 마커스 시세로는 로마의 초대 황제가 된 옥타비아누스와 힘을 합쳐 또다시 권좌에 오르려고 획책했다. 하지만 그의 가벼운 입과 남을 비방하는 것을 못마땅하게 여긴 옥타비아누스는 삼두정치체제를 이루자 로마의 카이에타에서 그를 참형에 처했다.

"단지 하나에 들어간 한 개의 동전은 시끄럽게 소리를 내지만 동전이 가득한 단지는 조용하다."
이는 《탈무드》에 나오는 말로 진중하지 못하고 가벼운 사람, 인품이 갖춰지지 않은 속이 덜 찬 사람을 경계하여 일컫는 말이다. 입이 가벼우면 말이 많고, 인품 또한 방정하지 못한다. 남의 얘기하기를 좋아하며 비방하는 것을 즐겨한다. 이런 부류의 사람은 경계의 대상이 되고, 함께 하지 않으려고 한다. 함께 해봐야 자신에게 악영향을 끼치기 때문이다.

DAY 176

잡석雜石에서 옥석玉石

　따뜻한 한마디의 격려는 한 사람의 인생을 완전히 변화시키는 힘을 갖는다. 격려를 받게 되면 자신 없던 일에도 자신감에 생기고, 긍정적인 생각으로 가득 차게 된다. 그리고 어떤 것도 잘할 수 있겠다는 자신감이 든다. 이를 잘 알게 하듯 격려를 받고 자란 아이와 비난을 받고 자란 아이는 성장해서 완전히 차이를 드러낸다. 격려를 받은 아이는 자신이 원하는 삶을 사는 반면 비난을 받은 아이는 거칠고 폭력적으로 변함으로써 불행한 삶을 살게 된다. 격려는 한 사람의 인생을 옥석玉石이 되게 하지만, 비난은 한 사람의 인생을 잡석雜石이 되게 한다. 그런데 옥석이 된 사람 중에는 자신의 근본을 버리지 못하고 – 성공한 인생임에도 – 다시 잡석으로 돌아가는 이들이 있다. 이는 문제 있는 자신의 성격을 다스리지 못한 결과이다.

　1914년 미국 메이저리그 보스턴 레드삭스에 입단하여 투수와 타자로서 눈부신 활약을 펼쳤던 베이브 루스는 좌완 투수로 자신의 진면목을 보여주었다. 하지만 그는 타격에 더 뛰어난 재능을 보임으로써 타자로 전향했다. 투수로서의 그의 성적은 94승 68패 방어율 2. 28을 기록했다.

　타자가 된 베이브 루스는 뛰어난 타격 감각으로 홈런에 독보적인 기량을 과시하며 보스턴 레드삭스를 3번이나 월드시리즈 우승의 자리에 올려놓았지만 뉴욕 양키스로 트레이드 되었다. 뉴욕 양키스에 트레이드 된 베이브 루스는 자신의 진가를 유감없이 보여주며 뉴욕 양키스는 명문구단으로 거듭났다.

　베이브 루스는 1914년부터 1934년까지 22시즌 동안 12번의 홈런왕에 올랐으며, 1935년 은퇴할 때까지 통산 714개의 홈런과 2,217타점, 3할 4푼 2리의 타율을 기록했다. 베이브 루스는 1936년 명예의 전당에 헌액되었고, 1948년 그의 등번호였던 3번은 영구 결번이 되었다. 이로써 그는 메이저리그의 전설이 되었다.

　베이브 루스는 은퇴 후 감독이 되길 원했으나 감독이 되지 못했다. 그 이유는 그의 문란한 사생활과 거친 성격으로 자신을 관리하는 데 실패했기 때문이다. 그는 지나친 음주를 하는가 하면 기자에게 막말을 일삼고 폭행을 가하는 등 특급 선수로서의 인품은 거친 야생마와 같았다.

　"스스로를 컨트롤도 못 하는 주제에 팀을 감독한다는 것은 어불성설이다."

　이는 베이브 루스에 대한 여론이었다. 그는 뛰어난 선수임에도 감독은 하지 못한 채 생을 마치고 말았다.

거친 말과 행동은 자신을 잡석이 되게 하지만 따뜻한 말과 행동은 옥석이 되게 한다.

황제를 비판했다 혼쭐이 난 수상

  미국의 탁월한 자기계발 동기부여가인 데일 카네기는 "비판은 자존심을 상하게 한다"고 말했다. 비판은 자존심을 상하게 함으로써 인간관계를 악화시킨다. 비판을 삼가야 할 까닭이 여기에 있는 것이다.

  독일의 빌헬름 2세가 황제로 집권할 때 일이다. 빌헬름은 막강한 군사력을 바탕으로 하여 자신을 과신했다. 그는 대중 앞에서 엄포를 놓았다. 그것도 영국에 초대를 받아 간 자리에서 말이다. 그는 〈데일리 텔레그래프〉지와의 회견에서 말하기를 자신은 영국을 친절하게 대하는 유일한 독일인이라고 했다. 그리고 일본을 제압하기 위해 해군력을 기르고 있다고 말했다. 또한 자신이 러시아와 프랑스의 압제하에서 신음하는 영국을 구해줄 수 있는 유일한 사람이라고 말했다. 이 일이 알려지자 영국을 비롯한 러시아와 프랑스 등 유럽 각지에서는 불쾌감을 표시하며 감정을 드러냈다. 뿐만 아니라 독일의 정치인들도 놀라워했다. 뜻밖의 반응에 놀란 사람은 빌헬름이었다. 자신의 말이 그렇게 큰 파장을 일으킬 줄 몰랐던 것이다. 그는 이 모든 책임을 왕자이자 수상인 반 브로우에게 돌렸다. 그러자 반 브로우는 이렇게 말했다.

  "황제 폐하, 독일이나 영국 사람들은 소신이 이런 말을 할 수 있는 위치에 있는 사람으로는 보지 않을 겁니다."

  반 브로우 말에 빌헬름 황제는 불쾌감을 드러내며 큰소리로 말했다.

  "뭐라! 너는 나를 네가 범할 수 없는 큰 실수나 하는 바보로 여기는구나."

  "황제 폐하, 소신의 불충을 용서하십시오. 저는 여러 면에서 폐하를 존경합니다. 폐하께서는 해군과 육군에 관한 지식은 물론 과학에 대해서도, 무선 전신에 대해서도 해박한 지식을 갖고 계시는 것을 알고 있습니다. 황제 폐하께 비하면 소신은 역사에 대해 외교에 대한 지식을 조금 갖고 있을 뿐입니다."

  황제가 노여워하자 반 브로우는 이렇게 말했다. 그제야 황제는 미소를 띤 채 "그렇게 생각한다니 짐의 마음이 흡족하구나" 하고 말했다.

  위급한 상황을 기지로 모면한 반 브로우의 등에서는 식은땀이 주르르 흘러내렸다. 자칫하면 목이 달아나거나 수상 자리에서 내침을 당할 뻔했기 때문이다. 그 일이 있은 후 반 브로우는 빌헬름 황제 앞에서는 각별히 조심 또 조심했다.

말처럼 쉽고, 조심스러운 것은 없다. 그런 까닭에 한 마디 말도 잘 생각해서 해야 한다.

DAY 178 | 혀

어떤 장사꾼이 마을 구석구석을 누비면서 큰 소리로 외쳤다.

"참된 행복을 사실 분 어디 없습니까? 저는 참된 행복의 방법을 알고 있습니다. 참된 행복의 비결을 사실 분은 다 제게로 오십시오!"

장사꾼이 그럴듯한 말을 하자 여기저기서 사람들이 몰려들기 시작했다.

"참된 행복의 방법을 판다고? 그게 과연 뭘까?"

"글쎄. 그런 방법도 판다니 우리 한번 가 보자고."

사람들은 저마다 한마디씩 하며 호기심 어린 눈으로 장사꾼을 쳐다보았다. 그 가운데는 훌륭한 지혜를 가진 랍비도 여러 명 있었다. 랍비들도 그 장사꾼이 과연 무슨 말을 하는지 귀를 열고 들었다. 어느새 장사꾼 주위는 구름 떼 같이 몰려든 사람들로 넘쳐났다.

"여러분! 이렇게 모여 주셔서 감사합니다. 다들 참된 행복의 비결을 알고 싶으신 거로군요!"

장사꾼은 얼굴에 함박웃음을 지으며 말했다.

"긴소리 하지 말고 어서 그 방법에 대해서나 말해 보십시오!"

"그래요. 우린 바쁜 사람이에요! 어서 말해 보세요. 대체 그 비결이 무엇입니까?"

사람들은 웅성거리며 기대에 찬 얼굴로 어서 말을 하라며 재촉했다.

"그래요. 그렇게 하지요. 간단합니다. 행복하게 사는 방법은 자신의 혀를 함부로 사용하지 않는 것입니다."

장사꾼이 이렇게 말하자 사람들은 고개를 끄덕이며 말했다.

"그래, 옳은 말이야. 혀는 잘 사용하면 금은보화보다도 소중하지만, 잘못 사용하면 독약보다도 나쁜 것이지."

사람들의 반응에 장사꾼의 입가에는 미소가 번져 올랐다.

이는 《탈무드》에 나오는 이야기로 세 치 혀가 인간의 삶과 행복에 미치는 영향이 얼마나 큰지를 짐작하게 한다.

좋은 말은 자신은 물론 상대방에게도 유익을 가져다주지만, 잘못한 말은 해를 끼친다. 말을 할 때는 이 말을 하면 상대방이 어떻게 생각할지를 잘 살펴서 해야 뒤탈이 없다. 여과되지 않은 말을 불쑥불쑥하게 되면 실수가 따르는 법이다. 말실수를 최소화하는 것, 이것이야말로 인생을 행복하게 사는 최선의 방법이다.

청춘

청춘이란 인생의 어떤 기간 아니라 그 마음가짐이다.
장밋빛 뺨, 붉은 입술, 유연한 무릎이 아니라
늠름한 의지, 빼어난 상상력, 불타는 정열,
삶의 깊은 데서 솟아나는 샘물의 신선함이다.

청춘은 겁 없는 용기, 안이함을 뿌리치는 모험심을 말하는 것이다.
때로는 스무 살 청년에게서가 아니라 예순 살 노인에게서 청춘을 보듯이
나이를 먹어서 늙는 것이 아니라 이상을 잃어서 늙어 간다.

세월의 흐름은 피부의 주름살을 늘리나
정열의 상실은 영혼의 주름살을 늘리고
고뇌, 공포, 실망은 우리를 좌절과 굴욕으로 몰아간다.

예순이든, 열다섯이든 사람의 가슴속에는
경이로움에의 선망, 어린아이 같은 미지에의 탐구심,
그리고 삶에의 즐거움이 있기 마련이다.

또한 너 나 없이 우리 마음속에는 영감의 수신탑이 있어
사람으로부터든, 신으로부터든
아름다움, 희망, 희열, 용기, 힘의 전파를 받는 한 당신은 청춘이다.
그러나 영감은 끊어지고 마음속에 싸늘한 냉소의 눈은 내리고,
비탄의 얼음이 덮여 올 때 스물의 한창 나이에도 늙어버리나
영감의 안테나를 더 높이 세우고 희망의 전파를 끊임없이 잡는 한
여든의 노인도 청춘으로 죽을 수 있다.

_ 사무엘 울만

스무 살에도 이상을 잃으면 청춘이 아니며, 이상을 품고 살면 여든의 노인도 청춘이다.

DAY 180 | **불치하문**

워털루 전쟁에서 나폴레옹의 막강한 군대를 무찌른 영국의 위대한 장군 웰링턴은 취미로 사냥을 즐겼는데, 그가 여우 사냥을 나갔을 때의 일이다. 한껏 들뜬 웰링턴은 말을 타고 여기저기 휘저으며 여우를 찾아다녔다. 그러던 바로 그때, 여우 한 마리가 눈에 들어왔다. 웰링턴은 즉시 총을 쐈고 그 순간 '깽!' 하는 소리와 함께 여우가 도망을 치기 시작했다. 웰링턴은 휘파람을 불며 여우 뒤를 쫓았다. 총에 맞은 여우는 재빠르게 도망쳐 어느 농가로 숨어들었다. 웰링턴이 민가에 도착해 소리쳤다.

"이보시오. 문 좀 열어주시오!"

"무슨 일이세요?"

웰링턴의 외침에 소년이 다가와 말했다.

"저기 문 좀 열어 주겠니? 총에 맞은 여우가 이 집으로 들어갔단다."

웰링턴이 말하자 "안 됩니다." 하고 소년은 딱 잘라 거절했다. 그러자 웰링턴은 빨리 문을 열라며 큰소리로 말했다. 하지만 소년은 절대 안 된다고 말했다. 웰링턴은 자신을 알아보고도 문을 열어 주지 않는 이유가 궁금해 그 이유를 물었다. 소년은 아버지 말씀을 따르기 위해서라고 말했다. 소년의 말을 듣고 특별한 사유가 아니라고 여겨 웰링턴은 단호하게 말했다.

"나는 웰링턴 장군이다! 그러니 어서 문을 열어라!"

"명령이라고 하셔도 열어드릴 수 없습니다. 아버지께서는 장군님처럼 남의 농장을 사냥터로 삼는 사람은 무시해도 좋다고 하셨습니다. 장군님께서는 저희 농장의 피해를 고려하지 않으시고 사냥터로 삼으셨으니 제가 어찌 문을 열어드릴 수 있겠습니까? 그러니 그냥 돌아가세요."

그는 소년의 말에 큰 충격을 받았다. 자신의 즐거움을 위해 남에게 폐를 끼쳤다고 생각하니 어린 소년 앞에서 무척이나 부끄러워졌다. 웰링턴은 부드러운 목소리로 말했다.

"오냐. 네 말대로 하마. 내 생각이 짧았구나. 너는 참 훌륭한 아이구나. 지금처럼 아버지 말씀을 잘 듣고 자란다면 훗날 이 나라의 훌륭한 인재가 될 것이다."

웰링턴은 이렇게 말하며 돌아갔다. 여우 사냥은 망쳤지만, 그의 입가에는 밝은 미소가 번졌다. 그는 아이의 말을 듣고 자신이 어리석음을 깨우쳤다.

불치하문不恥下問이라는 말이 있다. 지위나 나이, 학식이 자신보다 못한 사람에게 묻는 것을 부끄러워하지 않음을 뜻한다. 이는 배움의 중요성을 잘 알게 한다.

DAY 181 분노가 주는 교훈

화가 나서 하는 말은 상대방의 가슴으로 날아가 화살처럼 박힌다. 가슴에 한 번 박힌 말 화살은 좀처럼 빼내기가 어렵다. 분노의 말에는 감정을 자극하는 독이 들어 있는데, 그것을 빼기 위해서는 사랑과 용서가 있어야 한다. 분노하게 되면 순간적으로 이성을 잃게 되는데, 그 결과 판단력이 흐려져 아무렇게나 말하고 행동하게 된다. 그리고 그것은 생각지도 못한 불행으로 이어진다. 사람들 사이에서 일어나는 불미스러운 일의 대부분은 이런 분노에 의한 말과 행동 때문이다.

역사상 가장 광활한 영토를 지닌 왕이었던 몽골 제국의 칭기즈 칸. 그는 사냥하는 것을 좋아해 시간이 날 때마다 사냥을 즐겼다. 어느 날, 아끼는 매를 데리고 사냥에 나갔을 때였다. 그에게 매는 자식처럼 귀한 존재였다.

"오늘도 수확이 썩 괜찮군. 자, 이것은 네가 먹어라."

그는 사냥한 짐승의 살점을 떼서 매에게 주었다. 매는 허겁지겁 살코기를 뜯었다. 그 모습을 보고 그는 빙그레 웃었다.

즐겁게 사냥을 마치고 집으로 가는 길에 갑자기 목마름을 느낀 그는 손에 있던 매를 공중으로 날려 보내 물을 찾았다. 가뭄으로 개울물은 바싹 말라 있었는데 마침 바위 틈으로 물이 뚝뚝 떨어지는 것을 발견하고 그는 얼른 잔을 꺼냈다. 그가 물을 받아 마시려는 찰나였다. 매가 날아와 그의 손을 툭 치는 바람에 손에 들고 있던 잔이 떨어지게 되었다.

"아니, 이놈의 매가!"

매우 목이 마른 상황에서 화가 난 그는 단칼에 매를 베어 버렸고, 매는 피를 쏟으며 멀리 나가떨어지고야 말았다. 그때였다. 죽은 매의 사체를 거두기 위해 가까이 다가가자 그는 놀라운 광경을 보게 된다. 물이 떨어지는 바위 위에는 커다란 독사가 죽어 있었다.

"이, 이럴 수가. 나를 살리기 위해서 일부러 내 손을 쳤단 말인가."

그는 이렇게 말하며 죽은 매를 정성껏 묻어 주었다. 이 일로 인해 그는 아무리 화가 나는 상황이라고 해도 앞뒤 재지 않고 함부로 말하고 행동하는 것은 옳지 않음을 깨닫게 되었다.

"어리석은 자는 자기의 노를 다 드러내어도 지혜로운 자는 그것을 억제하느니라." 구약성경 잠언에 나오는 말씀이다. 이처럼 어리석은 자는 자주 분노하지만 지혜로운 자는 쉽게 분노하지 않는다. 분노는 지혜를 가로막는 장애와 같다. 분노를 하게 되면 이성을 잃어 함부로 말하고 행동하게 된다. 분노로 인한 말과 행동을 억제하면 인생에서 일어나는 대부분의 불행을 막을 수 있다.

DAY 182

포기라는 말

　미국이 한창 금광 개발에 들떠 있을 때의 일화이다. 금광을 찾아 떠난 사람들 중에는 삼촌과 함께한 더비라는 이도 있었다. 그들은 많은 돈을 빌려 금광 채굴에 필요한 장비를 사서 길을 나섰는데, 떠나기 전부터 금광을 채굴한 듯 들떠 있었다.

　"삼촌, 금광맥을 찾을 수 있겠죠?"

　더비는 싱글벙글 웃으며 삼촌에게 말했다.

　"그럼, 찾을 수 있고말고. 우리 반드시 찾아서 돌아가자."

　더비는 삼촌의 말에 더욱 기분이 들떴다. 이들은 금이 나올 만한 곳을 정해 금광맥을 찾기 시작했고, 마침내 찾아서는 신나게 콧노래를 불러 가며 금을 채굴하기 시작했다. 그때였다. 얼마 못 가 광맥이 끊기고 말았다.

　"아니, 이게 어떻게 된 거야? 금광맥이 사라졌잖아."

　실망한 삼촌의 말에 더비 역시 맥이 풀리고 말았다. 그들은 끊긴 금광맥을 찾기 위해 계속해서 땅을 파 내려갔지만, 금광맥은 나올 기미조차 보이지 않았다.

　"더비야, 아무래도 이곳에는 금이 없는 것 같다."

　"어쩌지요? 빌린 돈도 갚아야 하는데."

　"그래도 어떡하겠니. 여기 더 있다가는 비용만 자꾸 더 늘어날 텐데. 포기는 빠를수록 좋다고 했으니 미련 떨지 말고 이제 그만 돌아가자."

　더비는 삼촌의 말에 아무 말도 할 수가 없었다. 그들은 가지고 있던 금광 채굴 설비를 고물상에 헐값으로 처분한 뒤 서둘러 그곳을 빠져나왔다.

　이때 그들로부터 금광맥이 없다는 말을 들은 고물상 주인은 혹시나 하는 마음에 광산 기사를 데리고 가서 굴을 파 내려가기 시작했다. 얼마쯤 파 내려갔을까. 파다 보니 황금빛이 도는 금광맥을 찾게 되었다. "금, 금이다!" 광산 기사는 크게 소리쳤고 고물상 주인은 기뻐서 어쩔 줄을 몰라 했다. 더비가 포기한 곳에서 1미터쯤 더 팠을 뿐이었는데 운 좋게도 금광맥을 발견한 것이다. 이처럼 기적은 믿고 시도하는 자에게 열리는 법이다.

때를 놓치지 않으려면 절대 포기해서는 안 된다. 포기하는 순간 기회를 잃고 만다.

DAY 183 주어진 상황을 즐겨라

즐겨라.

어떠한 상황에서도 즐거움을 끌어내라.

심지어 나쁜 상황에서도,

아니 특히 나쁜 상황에 처했을 때

즐거움을 끌어내라.

즐거움은 어디에나 있다.

스스로를 통해 즐거움이 발현되도록 해야 한다.

즐거움에 저항하거나 거부하지 말라.

큰 슬픔에 처해도 즐거움을 위한 여유는 있다.

살아있지 않다면

슬픔 또한 경험할 수 없지 않겠는가?

인생이 제공하는 모든 것과 함께

자신의 인생을 즐겨라.

행복뿐만 아니라, 슬픔도 즐겨라.

성공뿐만 아니라, 실패도 즐겨라.

새로운 관계뿐만 아니라, 이별도 즐겨라.

즐겁지 않은 삶의 교훈조차 즐겨라.

_ 드라고스 로우아

인생을 행복하게 사는 사람들은 낙천적인 마음을 갖고 있다. 그래서 이들은 어려운 일을 만나도 당황하거나 두려워하지 않는다. 그들의 마음은 그 어떤 상황도 받아들일 준비가 되어 있기 때문이다. 즐겨라. 그러면 에너지가 생성한다. 그 에너지를 자신의 인생을 위해 부족함 없이 쏟아 부어라.

DAY 184

세상에서 가장 짧은 연설

 영국 수상을 두 번이나 역임한 명연설가이자 영국의 대정치가이며, 노벨문학상을 수상한 윈스턴 처칠은 영국 명문 귀족인 말버러가의 후손이다. 하지만 처칠은 대개의 귀족 자녀들과는 달리 공부를 잘하지 못했다. 그는 해로우 공립학교에 꼴등으로 들어갔고, 성적이 좋지 않아 부모의 바람과는 달리 대학진학을 하지 못했다. 그가 고민 끝에 선택한 학교가 샌드허스트 육군사관학교였다. 그는 육군사관학교도 두 번이나 떨어지고 세 번째 도전에서 겨우 합격할 수 있었다.

 처칠의 내면 깊숙이에는 그 누구보다도 강한 불굴의 의지와 신념이 숨어 있었다. 그는 자신이 무엇을 해야 자기 자신과 부모님과 민족과 조국 앞에 부끄럽지 않은 사람이 될 수 있을까, 진지하게 생각하곤 했다. 그런 생각으로 그의 가슴은 늘 뜨겁게 불타올랐다. 이러한 그의 신념은 그가 영국의 총리가 되게 했고 그는 제2차 세계대전을 승리로 이끌며 영국 국민들로부터 깊은 신뢰와 존경을 받았다.

 처칠은 명연설가로도 유명했다. 처칠은 세계의 명문 옥스퍼드 대학으로부터 졸업 축사를 요청받았다. 그가 단상에 등장하자 졸업식장이 떠나갈 듯 함성으로 뒤덮였다. 그리고는 그가 무슨 말을 할지 눈을 반짝이며 귀를 곤두세웠다.

 처칠은 잠시 졸업생들을 바라보더니 다음과 같이 말했다.

 "여러분, 포기하지 마십시오!"

 작은 소리로 이렇게 말하곤 나선 이번엔 큰 소리로 말했다.

 "여러분, 절대 포기하지 마십시오!"

 처칠은 이 말을 한 채 단상을 내려왔다. 졸업생들과 그곳에 모인 사람들은 멋진 말을 기대했지만, 그는 이 말만 했던 것이다. 이 말엔 많은 의미가 함축되었다.

 사회에 진출하면 직장이다, 결혼이다 해서 본격적인 인생살이를 하게 된다. 그렇게 인생을 살다 보면 뜻하지 않은 많은 어려움을 겪게 된다. 그것을 일일이 열거해서 말하는 것보다, 짧고 함축적으로 표현하는 것이 더 낫겠다는 생각에서였다. 이 짧은 연설은 처칠의 주특기이자 명연설로 기억되어진다.

사람들의 마음을 움직이는 명연설은 대개 짧다. 가슴에 빨리 와 닿고 기억하기 쉽기 때문이다.

DAY 185 | 사랑의 기도

르네상스를 대표하는 화가이자 판화가, 〈기도하는 손〉으로 유명한 알브레히트 뒤러. 그가 독일 미술계에 끼친 영향은 실로 막대하다. 그는 독일의 르네상스 회화를 완성시켰으며, 동판과 판화 등에서 뛰어난 업적을 남겼다. 그가 남긴 작품은 유화 100점, 목판화 350점, 동판화 100점, 데생 900점으로 엄청나다. 특히 뒤러를 상징하는 그림 〈기도하는 손〉은 그의 수많은 작품 중에서도 단연 으뜸으로 꼽히는데, 여기에는 너무도 아름다운 친구의 우정과 사랑이 담겨 있기 때문이다.

젊은 시절, 뒤러는 무척 가난했는데 그 속에서도 화가의 꿈을 포기하지 못했다. 뒤러는 그림 공부에 대한 열망이 너무도 간절하여 때때로 자신의 가난에 한탄하며 부정적인 말을 쏟아냈다.

그러던 어느 날, 자신처럼 화가의 꿈을 가진 친구와 한 가지 약속을 하게 되었다. 한 사람이 공부를 하는 동안 한 사람은 일을 해서 도움을 주고, 그 사람이 공부를 마치면 반대로 똑같이 해주기로 한 것이다. 그런데 친구는 선뜻 자신이 뒷바라지를 할 테니 뒤러에게 먼저 공부하라고 했다.

뒤러는 자신에게 기회를 양보해준 친구가 너무도 고마워 열심히 공부했다. 시간이 흘러 친구의 도움으로 무사히 공부를 마친 그는 화가로서 명성을 얻게 되었다. 이제 친구가 공부할 차례라고 생각한 뒤러가 말했다.

"친구야, 그동안 고생 많았어. 이번에는 네 차례야. 돈 걱정하지 말고 열심히 공부에만 전념해."

이때, 친구는 기쁜 마음으로 공부를 시작했지만 그는 이내 실망하고 만다. 그동안 심한 노동으로 인해 손이 거칠어지고 굳어져 세밀한 묘사를 할 수 없게 된 것이다. 자신은 그림을 그릴 수 없게 되었지만 뒤러가 위대한 화가가 되도록 끝까지 격려해주기로 결심했다.

어느 날, 뒤러는 친구를 만나기 위해 그가 공부하는 화실로 찾아갔는데 "하나님, 저는 일을 하느라 손이 굳어서 더는 그림을 그릴 수 없습니다. 비록 저는 그림을 그릴 수 없지만, 제 친구 뒤러는 위대한 화가가 되게 해주십시오"라는 친구의 기도를 듣고는 크게 감복하여 눈물을 흘렸다. 그리고 이 세상에서 가장 아름다운 친구의 손을 그리기 시작했는데, 그 그림이 바로 〈기도하는 손〉이다.

뒤러는 이탈리아 전성기 르네상스 미술의 고전적 인체미의 이상을 단순한 모방에 그치지 않고, 완전히 독일 미술 전통 속에 살린 점에서 어떠한 화가의 추종도 불허하는 화가로 성장했다. 그는 이른바 독일 최대의 미술가로 평가받는다.

어렵고 힘들수록 사랑과 희망의 말을 해야 한다. 사랑과 희망의 언어는 부정적인 생각을 긍정적인 생각으로 바꾸고, 꿈을 현실로 만드는 '체인지 워드'이다.

DAY 186 희망의 말은 힘이 세다

고통의 말은 자신을 좌절하게 만드는 부정의 언어이다. 이때 고통의 말에서 벗어나 희망의 말을 하게 되면 긍정적인 기운이 온몸과 마음을 열정으로 가득 채워진다. 다음은 고통의 말을 버리고 희망의 말을 함으로써 자신의 삶을 새롭게 변화시킨 이야기다.

호주의 대표적인 작가이자 1973년《폭풍의 눈》으로 노벨문학상을 수상한 패트릭 화이트. 그는 영국에서 태어나 영국 케임브리지 대학 재학 중 시집《밭 가는 사람》으로 등단했다. 그는 열심히 작품 활동을 하면서도 작가로서 뚜렷한 두각을 나타내지 못하자 의기소침해졌다. 그때 그의 입에서는 이런 말들이 흘러나왔다.

"나는 작가로서 자질이 없는 것일까?"

"계속 글을 써야 할까, 아니면 포기를 해야 할까?"

"아, 하루하루가 내게는 고통뿐이로구나."

하지만 달라지는 것은 없었다. 오히려 그러면 그럴수록 점점 더 자신이 없어졌다. 패트릭 화이트는 결국, 영국을 떠나 고국으로 돌아갔다. 그는 광대한 호주에서 자신의 꿈을 이루자고 굳게 결심했다. 그 결과, 마음이 한결 편안해졌고 나무꾼으로 일하면서 비록 힘은 들었지만 글 쓰는 일이 다시 즐거워졌다.

영국에 있을 때는 고통의 말을 쏟아내던 그의 입에서는 자신도 모르게 긍정의 말이 흘러나왔다.

"오, 이 아름다운 대자연은 나에게 꿈이자 행복이며 희망이다."

"이토록 내 영혼을 맑고 따뜻하게 하는 이곳은 나에게 축복의 땅이다."

"나의 하루하루가 행복할 수 있음에 감사한다."

이처럼 행복과 희망의 말이 폭포수처럼 쏟아져 나왔다. 그는 때묻지 않은 대자연에서 쓰고 싶은 글을 마음껏 썼는데 그렇게 쓴 첫 소설이 〈행복의 골짜기〉이다. 그는 소설을 쓰면서 더욱 자신감을 갖게 되었다. 이후 그는《폭풍의 눈》을 통해 문학가들에게 주어지는 최고의 영예인 노벨문학상을 수상하는 영광을 안았다. 그의 영광은 고통을 말하던 입에서 희망의 말을 쏘아 올린 결과였다.

'고통'은 암흑과도 같다. 고통에 빠져들면 매사가 부정적으로 보인다. 반대로 고통에서 벗어나 '희망'의 자리에 서면 모든 것이 긍정적으로 보인다. 아무리 힘들어도 희망을 포기해서는 안 되는 이유가 바로 여기에 있다. 힘들수록 희망의 말을 하는 입이 되어야 한다.

DAY 187
한 사람의 인생을 바꾸는 말의 힘

미국 메사추세츠의 어느 마을에 거친 말과 행동으로 사람들에게 낙인찍힌 소년이 있었다. 이 소년은 입만 열었다 하면 입에 담지 못할 욕이 쏟아져 나왔다. 거친 행동으로 싸움을 밥 먹듯이 하여 학교에서는 이미 문제아로 소문이 나 있었다. 어느 누구도 소년과 함께하기를 거부했다. 교사들도 고개를 흔들며 진저리를 쳤다.

그러던 어느 날, 새로운 교사가 부임해 왔다. 동료 교사들로부터 이야기를 전해 들은 그는 자신이 소년을 가르쳐 보겠다고 했다. 그러자 다들 입을 모아 그를 말렸다. 동료 교사들의 만류에도 불구하고, 그는 결심을 굽히지 않았다. 그의 이런 완강한 태도에 동료 교사들은 콧방귀를 뀌며 곧 두 손 두 발 다 들게 될 것이라며 빈정거렸다.

그는 소년을 유심히 관찰하며 서서히 다가갔는데, 그럴수록 소년은 "절 좀 그냥 내버려 두세요" 하고 완강히 저항했다. 그럼에도 그는 소년에게 자신의 관심을 적극 보여주었다. 소년이 부정적인 행동을 보일 때면 '왜 이런 고생을 사서 해야 하나' 하는 생각도 들었지만, 그것도 잠시 곧장 생각을 바꾸었다.

그러던 어느 날, 놀라운 일이 생겼다. 소년이 "선생님께서는 제가 함부로 구는데도 왜 저를 포기하지 않으세요?" 하고 먼저 말을 걸어온 것이다. 소년의 말을 듣고 "그건 말이지, 너는 내 소중한 제자라서 그렇단다. 이 세상에 처음부터 나쁜 사람은 없단다. 너는 누구보다도 잘할 수 있어. 나는 너를 믿는단다"라고 말했다. 그의 말을 듣고 소년은 울면서 사랑해 주셔서 감사하고, 싸움도 안 하고 열심히 공부하겠다고 말했다. 그는 소년의 말을 듣고 꼭 안아주며 "나는 언제나 너를 포기하지 않을 거니 새로운 사람으로 다시 태어나는 거야"라고 말했다.

그날 이후, 소년은 몰라보게 달라졌다. 막말을 일삼던 입에서는 부드럽고 따뜻한 말이 쏟아져 나왔으며, 싸움도 하지 않았다. 열심히 공부한 끝에 대학에 입학하여 우수한 성적으로 졸업하게 되었다. 훗날 그는 법을 공부하여 판사가 되었는데 정치에 입문하여 뉴욕 시장과 상원의원을 각각 두 번이나 역임했다. 공화당 대통령 후보 경선에서 링컨과 경쟁을 벌였지만 패한 뒤, 국무장관으로 임명되어 맡은 바 임무를 훌륭하게 수행해 갔다. 그의 이름은 바로 윌리엄 슈어드이다.

말은 한 사람의 인생을 바꿀 만큼 힘이 세다. 한 마디의 말도 정성을 다해 말하라.

DAY 188 인생의 의무

인생에 주어진 의무는 다른 것 아무것도 없다.
그저 행복하려는 한 가지 의무뿐
우리는 행복하기 위해 세상에 왔다.

그런데도 그 온갖 도덕 온갖 계명을 갖고서도
사람들은 그다지 행복하지 못하다.
그것은 사람들 스스로 행복을 만들지 않는 까닭이니
인간은 선을 행하는 한 누구나 행복에 이른다.

스스로 행복하고 마음속에서 조화를 찾는 한,
그러니까 사랑을 하는 한, 사랑은 유일한 가르침
세상이 우리에게 물려준 단 하나의 교훈이다.

예수도, 부처도, 공자도 그렇게 가르쳤다.
모든 인간에게 세상에서 한 가지 중요한 것은
그의 가장 깊은 곳 그의 영혼, 그의 사랑하는 능력이다.

보리죽을 먹든 맛있는 빵을 먹든
누더기를 걸치든 보석을 휘감든
사랑하는 능력이 살아있는 한,
세상은 순수한 영혼의 화음을 울렸고
언제나 좋은 세상 옳은 세상이었다.

_ 헤르만 헤세

모든 사람에게 있어 한 가지 의무는 '행복'해지는 것이다. 우리가 배우고 익혀 행하는 모든 것은, 우리가 기쁨과 즐거움을 느끼고 고통과 시련을 견디며 하루하루 살아가는 것은 행복해지기 위해서다. 행복해지고자 하는 것, 그것은 우리 모두 '인생의 의무'인 것이다.

DAY 189 한마디의 말실수

말 한마디의 실수가 미치는 영향은 실로 큰데, 사람들은 이를 너무 가볍게 여긴다. '말하다 보면 그럴 수도 있지 뭐' 하는 생각으로 말실수를 가볍게 여긴다. 학식이 아무리 뛰어나도, 무소불위의 권력을 가졌어도 말을 잘못하게 되면 이미지가 깎이고 만다. 반대로 말에 교양이 넘치면 품격이 배어 나온다. 이처럼 말에는 그 사람의 인품이 담겨 있다. 말이 곧 그 사람인 것이다.

베를린 영화제, 베니스 영화제와 더불어 세계 3대 영화제로 꼽히는 칸 영화제에 덴마크의 라스 폰 트리에 감독이 초청받았다. 그는 영화 〈어둠 속의 댄서〉로 황금종려상을 받은 세계 영화계의 거장이다. 그런 그가 한 매체와의 인터뷰에서 다음과 같은 발언을 한 적이 있다.

"저는 가끔 유대인이 될 걸 하고 생각합니다. 하지만 그럴 때마다 제가 나치라는 사실을 알게 됩니다. 저는 히틀러를 이해하고 조금은 공감합니다."

당시 그의 인터뷰 기사는 순식간에 세계로 퍼져 나갔고, 칸 영화제 집행부는 인종 차별 발언으로 물의를 일으킨 그가 모든 행사에 참여할 수 없도록 입장 금지령을 내렸다. 또한 기피 인물로 지목하는 중징계도 내렸다. 그는 독일계 덴마크인이었다.

그는 집행부의 중징계에 대해 다음과 같이 해명했다.

"저는 나치가 아니고 반유대주의자는 더더욱 아닙니다. 그때는 단지 기자에게 농담을 한 것뿐입니다."

"아니, 농담할 게 따로 있지 어떻게 인종 차별 발언을 농담으로 할 수 있습니까? 그어떤 말로도 이는 받아들일 수 없습니다."

집행부에서는 이렇게 말하며 그를 질책했고 해명은 받아들여지지 않았다. 결국, 그의 명성은 한순간에 와르르 무너지고 말았다. 이처럼 말은 늘 조심해서 해야 한다. 자신도 모르게 불쑥 하는 한마디 말에 공든 인생이 와르르 무너져 내릴 수도 있다.

그는 너무 가혹하다고 항변했지만, 그 말에 귀 기울여 준 사람은 아무도 없었다. 만약, 그의 이런 실수를 묵과했다면 칸 영화제가 세계 언론으로부터 강한 질타를 받으며 영화제의 명성에 먹칠을 하고 말았을 것이다.

한마디 말의 힘은 이처럼 힘이 세다. 그러니 말로 인해 공든 인생을 무너뜨리는 우를 범하지 말아야겠다.

불쑥불쑥 생각 없이 하는 말은 실수를 하게 하여 부정적인 이미지를 심어준다. 말은 그 사람의 품격이다. 자신의 품격을 높이고 싶다면 품격 있게 말하고 행동해야 한다.

DAY 190 벤자민 프랭클린의 처세법

미국 건국의 아버지 중 한 사람으로 정치가이자 발명가인 벤자민 프랭클린. 그는 어린 시절 가난으로 인해 학교를 그만두고 10살 때 형의 인쇄소에서 일을 배워, 훗날 인쇄업으로 성공했다. 그 후 펜실베이니아주 하원의원이 되었으며, 체신장관 대리가 되어 우편 업무 발전에 크게 기여했다. 그는 100달러 초상화의 주인공으로 미국 국민들이 가장 존경하는 인물 중 한 명이다.

이런 프랭클린도 젊은 시절에는 남을 깔보고 논쟁하기를 좋아했다. 자신과 생각이 맞지 않으면 상대가 누구든 종종 이렇게 말했다.

"그 친구는 아무리 봐도 무식해. 어떻게 그렇게 생각할 수 있지? 정말이지 아무짝에도 쓸모가 없는 인사야."

그러다 보니 상대에게 마음의 상처를 주고 공격받는 일이 빈번했다. 그랬던 그가 우연한 계기로 이런 나쁜 습관을 고치게 된다.

인쇄업을 하고 있던 프랭클린이 주 의회의 서기로 당선되어 공적인 인쇄물을 맡으며 돈을 벌게 되었는데, 의원 중 한 명이 프랭클린을 다음과 같이 헐뜯었다.

"의원 신분을 악용하여 돈을 벌다니. 나쁜 사람 같으니라고."

사실, 이렇게 비난한 이는 평소 프랭클린에게 감정이 좋지 않았다. 프랭클린은 그의 비판에 마음이 상했지만, 어떻게 하면 감정을 누그러뜨리고 잘 지낼 수 있을지 곰곰이 생각했다. 그러던 중 그가 가지고 있는 희귀한 책을 빌려 달라는 편지를 쓰기로 결심했다. 프랭클린은 상대의 좋은 점을 칭찬하며 책을 빌려줄 것을 정중하게 요청했다.

그러자 놀라운 일이 벌어졌다. 혹시라도 거절할 줄 알았던 그가 이의 없이 책을 빌려준 것이다. 프랭클린은 책을 받아 일주일 동안 읽고 나서 많은 도움이 되었다는 감사의 편지와 함께 책을 돌려주었다. 그런 다음 주 의회에서 그를 만났는데, 그는 아주 호의적으로 프랭클린을 대해 주었다.

"지난번에 빌려 드린 책이 유익했다니 참 다행입니다."

"다시 한번 의원님의 호의에 감사드립니다."

프랭클린은 고개 숙여 감사를 표했다. 상대 역시 활짝 웃으며 답했다. 이후 두 사람은 절친한 사이가 되었다.

자신과 적대 관계에 있는 사람이나 껄끄러운 사람에게 마음을 열고 먼저 다가가는 것도 용기이다. 용기 있는 사람은 상대를 포용함으로써 상대로부터 존중받는다.

DAY 191

막역한 사이일수록 예의를 지켜라

친한 사이일수록 말과 행동을 조심해야 한다. 친하게 지내다 보면 마음이 느슨해져서 자신도 모르게 말하고 행동하게 된다. 친하다고 해서 말을 함부로 하고 행동을 가볍게 해서는 안 된다. 친한 관계일수록 따뜻한 말로 서로 마음을 나누며 즐겁게 살아야 한다. 그럼에도 우리는 이 평범한 진리를 곧잘 잊고 문제를 야기한다.

세계 역사 이래 가장 드넓은 영토를 차지한 영웅 중 한 명인 마케도니아의 알렉산더 대왕. 그는 필리포스 2세의 아들로 태어났다. 알렉산더는 열두 살 때 사나운 말을 길들일 정도로 용맹했다. 또한 그는 고대 그리스 철학자인 아리스토텔레스를 스승으로 모시며 학문적 지식도 두루 갖추어 문무를 겸비한 왕자였다. 그는 아버지 필리포스 2세가 비잔티움과 전쟁을 하러 떠나자 아버지를 대신해 왕국을 맡아 섭정했다.

그러던 어느 날, 트라키아의 마에디족이 반란을 일으켰다. 알렉산더는 단숨에 마에디족을 진압해 그들을 영토에서 내쫓은 뒤, 그 자리에 알렉산드리아라는 도시를 세웠다.

아버지가 세상을 떠난 뒤, 왕위에 오른 알렉산더는 부하들을 인자하고 관대하게 대했다. 그러나 이웃 나라를 하나둘씩 정복해 가더니 점점 자만에 빠지고 성격도 과격해져 갔다.

알렉산더에게는 클레토스라는 친구가 있었다. 그는 장군으로서 알렉산더를 보필하며 권력을 누렸다. 알렉산더는 그를 무척이나 신뢰했는데 그가 자신의 곁에 있다는 것만으로도 든든해할 정도였다.

그러던 어느 날, 이들 사이에 문제가 발생했다. 클레토스가 연회장에서 술에 취해 알렉산더에게 함부로 말하며 추태를 부린 것이다. 아무리 친한 친구 사이여도 많은 사람들이 있는데서 황제를 모욕한다는 것은 있을 수 없는 일이었다. 클레토스의 막말에 알렉산더는 크게 진노했다.

"네가 내 친구라는 이유로 장군에도 오르게 하고, 좋은 집에서 호의호식하며 살게 했거늘……. 그런데 네가 감히 나를 능멸해? 지금껏 나는 너를 친구로 대했으나 이제 너는 내 친구도 아니고 장군도 아니다."

알렉산더는 이렇게 말하며 옆에 있던 병사의 창을 클레토스에게 던졌다. 이때, 창은 그의 가슴에 정확히 꽂혔고 클레토스는 그 자리에서 죽고 말았다.

오래도록 친분을 이어가려면 가까운 사이일수록 서로에게 예를 다해야 한다.

가슴 뛰는 삶

가슴 뛰는 일을 하라.
그것이 당신이 이 세상에 온 이유이자 목적이다.

그리고 그런 삶을 사는 것이 실제로
가능하다는 사실을 당신은 깨달을 필요가 있다.
자신이 원하는 방향으로 삶을
이끌어 나가는 힘이 누구에게나 있다.
두려움을 믿는 사람은
자신의 삶도 두려움으로 가득 차게 만든다.

사랑과 빛을 믿는 사람은 오직 사랑과 빛만을 체험한다.
당신이 체험하는 물리적 현상은
당신이 무엇을 믿고 있는가에 따라 결정된다.
충분히 자신의 모든 부분을 살아가는 일,
그리고 자기 존재가 이미 완전하다는 것을 깨닫는 일,

지금 당신에게 필요한 것은 그것이다.
삶은 당신이 생각하는 것보다 훨씬 단순하다.
진정으로 가슴 뛰는 일을 하고 있다면
모든 것이 당신에게 주어질 것이다.
우주는 무의미한 일을 창조하지 않기 때문이다.
당신이 가슴 뛰는 삶을 살 때
우주는 그 일을 최대한 도와줄 것이다.
이것이 우주의 기본 법칙이다.

_ 다릴 앙카

가슴 뛰는 일은 그것이 무엇이든 역동적이다. 그 일을 하는 순간 행복은 하늘로 솟아오르고, 가슴은 뜨거운 기쁨으로 넘친다. 자신이 가진 소중한 능력으로 가슴 뛰는 일을 하라. 그것은 인간으로서 최고의 권리이자 의무이다.

DAY
193

왕후의 자리를 놓친 여자

프랑스의 영웅 나폴레옹 보나파르트의 조카인 나폴레옹 3세는 절세미인으로 소문난 유게니와 결혼했다. 예나 지금이나 미인을 얻은 남자는 마치 능력이 있어 보인다. 나폴레옹 3세 역시 이런 생각에 빠져 있었다. 그런데 그의 환상은 오래지 않아 깨지고 말았다. 나폴레옹 3세 아내는 잔소리꾼에다 바가지 긁기가 이만저만이 아니었다.

"아니, 당신은 무슨 남자가 그래요?"

"그게 무슨 말이오?"

"당신은 어쩌면 내 마음을 그렇게 몰라요. 어떨 땐 내가 사람이 아닌 목석하고 사는 것 같다니까."

유게니는 남편이 조금이라도 자신의 뜻에 맞지 않으면 사람이 있든 없든 자신이 하고 싶은 대로 말하고 행동했다.

그런데 더한 것은 자신은 남편이 자신의 뜻대로 해주길 바라면서 자신은 남편의 말을 도통 귀담아 듣지 않는 제멋대로의 여자였다. 그러다 보니 아무리 나폴레옹 3세라 할지라고 견뎌낼 재간이 없었다. 그녀는 아름다웠으나 마음씨가 아주 고약했던 것이다. 참다못한 나폴레옹 3세는 유게니와 헤어질 것을 결심했다. 결심을 굳힌 나폴레옹 3세는 경직된 표정으로 유게니에게 말했다.

"우리 서로 갈라섭시다."

남편의 뜻밖의 말에 유게니는 놀라서 말했다.

"그게 무슨 말이에요? 난 그럴 수 없어요."

"아니요. 난 이미 결심했어요. 내 마음은 이미 당신을 떠났어요."

나폴레옹 3세는 단호하게 말했다. 남편의 확고한 결심에 유게니는 그의 마음을 돌이키려 했으나 이미 때늦은 뒤였다. 결국 둘은 갈라서고 말았다.

유게니는 심한 잔소리에다 나폴레옹 3세의 말을 귀담아 듣지 않는 관계로 결국 남편은 유게니를 왕후로 만들지 않았다. 그들의 불행한 결혼생활은 유게니가 자초한 것이다.

부부나 연인 등 가까운 사람이나 사랑하는 사이일수록 말과 행동을 함부로 해서는 안 된다. 작은 가시가 온몸을 곪게 하듯 자칫 불행의 원인이 되기 때문이다. 한 마디 말이나 작은 행동에도 항상 조심 또 조심해야 한다. 그것이 오래 가는 사랑을 만드는 행복의 씨앗이 된다.

DAY 194

긍정적으로 바라보라

WORD

최근에 나는 한참 동안 숲속을 산책하고 방금 돌아온 친구에게 무엇을 보았냐고 물어본 적이 있다. 그녀는 "별로 특별한 게 없었어." 하고 말했다. 한 시간 동안이나 숲 속을 산책하면서 아무것도 주목할 만한 것이 없다니 그럴 수가 있을까. 나는 스스로에게 물어보았다. 아무것도 볼 수가 없는 나는 단지 감촉을 통해서도 나를 흥미롭게 해주는 수많은 것을 발견한다. 나는 잎사귀 하나에서도 정교한 대칭미를 느낀다. 은빛 자작나무의 부드러운 표피를 사랑스러운 듯 어루만지기도 하고 소나무의 거칠고 울퉁불퉁한 나무껍질을 더듬어 보기도 한다.

때때로 이러한 모든 것들을 보고 싶은 열망에 내 가슴은 터질 것만 같다. 단지 감촉을 통해서도 이처럼 많은 기쁨을 얻을 수 있는데 볼 수만 있다면 얼마나 더 많은 아름다움을 발견할 수 있을까. 내일이면 눈이 멀지도 모른다는 생각으로 당신의 눈을 사용하라. 내일이면 귀가 멀게 될 사람처럼 음악을 감상하고, 새들의 노래 소리를 듣고, 오케스트라의 멋진 하모니를 음미하라. 내일이면 다시는 냄새도 맛도 느끼지 못하는 사람처럼 꽃들의 향기를 맡아보고, 온갖 음식을 한 스푼 두 스푼 맛보도록 하라.

_ 헬렌 켈러

같은 대상을 봐도 긍정적인 사람은 긍정적으로 바라보지만, 부정적인 사람은 부정적으로 바라본다. 긍정적인 사람은 아무도 없을 것 같은 상황에서도 생산적인 생각을 끌어내지만, 부정적인 사람은 충분한 상황에서도 생산적인 생각을 끌어내지 못한다. 무엇이든 긍정적으로 생각하고 바라보라.

DAY 195 | **무심코 한 말**

진秦나라의 시황제가 죽자 진승이 난을 일으켰다. 그러자 여기저기서 자신들의 세력을 규합해 들고 일어났다. 그런데 이때 천하호걸 항우項羽가 등장함으로써 하나씩 하나씩 패퇴시키고 막강한 힘을 과시했다. 그 어느 누구도 항우의 적수가 되지 못했지만 단 한 사람 패현 출신의 건달이었던 유방劉邦만이 항우의 적수로 남았다. 유방에게는 한나라 건국 3걸로 불리는 장량과 소하, 한신이 있었다. 하지만 유방은 아직은 항우의 적수가 되지 못했다. 유방이 진나라의 도읍 함양을 먼저 차지했지만, 이를 알고 뒤늦게 도착한 항우에게 함양을 내주고 도망치듯 쫓기어 갔다.

항우는 이미 항복한 진왕 자영을 처형하고, 학살을 일삼고 궁궐을 불태우는 등 온갖 만행을 저질러 그에 대한 백성들의 감정이 좋지 않았다. 항우는 기고만장해서 자신 위에는 사람이 없다며 온갖 만행을 저질렀다. 항우 밑에는 한생이란 이가 있었는데 그는 간의대부로 항우를 보필했다. 항우는 함양이 맘에 들지 않아 자신의 고향인 팽성으로 도읍을 옮기겠다고 말했다. 그러자 한생이 말했다.

"관중은 산과 강으로 가로막혀 있는 천해의 요새이자 비옥한 땅이 있는 곳입니다. 이곳을 도읍으로 하여 천하를 제패하는 것이 좋을 듯합니다."

이에 항우는 버럭 화를 내며 말했다. 그는 고향으로 돌아가 출세한 자신을 자랑하고 싶었던 것이다.

"지금 길거리에서 떠도는 노래를 들어보니 그 내용이 '성공하고도 고향으로 돌아가지 못하면 비단옷을 입고 밤길을 다니는 것과 무엇이 다르리'라고 하던데 이것은 바로 나를 두고 하는 노래가 아니겠느냐. 어서 속히 길일을 잡고 도읍을 팽성으로 옮기도록 하라."

이 말을 들은 한생은 자신도 모르게 "사람들이 말하기를 초나라 사람은 원숭이에게 옷을 입히고 관을 씌었을 뿐이라고 하더니 그 말이 정말이구나." 하고 중얼거렸다. 한생이 무심코 한 말을 들은 항우는 크게 분노하여 "무어라. 저 놈이 감히 나를 능멸하다니. 당장 저놈을 끓는 기름 속에 넣어 죽여라." 하고 말했다. 항우의 명령에 따라 한생은 펄펄 끓는 기름 솥에 던져져 죽임을 당하고 말았다.

무심코 던진 한 마디의 말이 화살이 되어 자신에 돌아오게 됨을 조심 또 조심해야 한다.

기다림의 미학

성급한 열정에 휩쓸리지 않고 인내할 때
인간의 위대한 정신은 빛을 발하는 법이다.

그러기 위해 인간은
먼저 자기 자신의 주인이 되어야 한다.
자신 스스로를 완전히 정복해야만
다른 사람도 다스릴 수 있는 법이다.

길고 긴 기다림 끝에 계절은
무언가를 완성하고 감춰진 것을 무르익게 한다.

이렇듯 신은
우리를 채찍이 아닌 시간으로 길들인다.

"시간과 나는 또 다른 시간 그리고 또 다른 나와 겨룬다."
라는 말이 있다.

지금까지 살아온 시간 속에서
당신의 인생에 무르익은 것은 무엇이며
무르익기를 기다리는 것은 무엇인가?

_ 발타자르 그라시안

모내기를 하고 무더운 여름을 견뎌내야 가을에 벼를 추수하게 된다. 봄, 여름을 잘 견디어야 사과와 배가 익어 그 맛을 볼 수 있다. 이처럼 세상에 존재하는 것은 사람이든 그 무엇이든 때를 기다려야 한다. 그러기 위해서는 인내심을 갖고 묵묵히 무르익기를 기다려야 하는 것이다.

DAY 197 | 믿음을 저버리는 말

어떤 의사가 있었다. 의사는 자신이 맡은 환자를 진료한 후 자신의 소견을 말했다.

"단순한 치료만으로는 회복이 어려우니, 수술을 하는 것이 좋겠습니다."

그러자 환자는 대뜸 이렇게 말했다.

"수술을요? 아니요, 안 받겠습니다. 만일 당신한테 수술을 받으면 나는 죽게 될 겁니다."

"그게 무슨 말입니까? 나한테 수술을 받으면 죽게 된다니요?"

의사는 불쾌한 감정을 자제하며 말했다.

"어쨌든 나는 당신에게는 수술을 받고 싶지 않습니다."

"알았습니다. 그럼 지금 퇴원을 하셔도 좋습니다."

의사는 이렇게 말하며 그를 퇴원시켰다. 이 이야기를 듣게 된 어느 젊은 의사가 그에게 물었다.

"선생님, 그때 왜 환자를 수술하지 않고 퇴원을 시키셨는지요?"

"그가 내게 수술을 받으면 자신이 죽을지도 모른다고 해서였네. 그게 이유일세."

"네, 그랬군요."

젊은 의사는 이렇게 말하며 고개를 끄덕였다.

그런 환자는 수술을 한다고 해도 실패할 확률이 높다. 부정적인 마음을 갖고 수술을 받으면 좋은 결과를 내지 못할 수도 있기 때문이다. 의사는 한 마디 잘못한 말이 사람에게 미치는 영향이 얼마나 큰지를 잘 알았던 것이다.

많은 의사들은 하나같이 말한다.

"살 수 있다는 믿음을 가지면 아무리 힘든 수술도 성공할 수 있다. 하지만 사소한 수술도 믿음을 갖지 않으면 실패할 수도 있다."

옳은 말이다. 믿음은 참으로 중요하다. 믿는다고 하는 것은 긍정이다. 긍정의 에너지는 힘이 세다. 그래서 놀라운 능력을 나타내는 것이다. 하지만 부정은 힘이 약하다. 그런 까닭에 할 수 있는 것도 실패를 하게 된다. 수술이 성공하려면 의사와 환자의 믿음과 신뢰가 하나로 닿아야 한다. 그랬을 때 기적도 만들어 낸다.

말은 현실이 되기도 하고 공허한 허실이 되기도 한다. 현실이 되는 말은 긍정의 에너지가 가득하다. 그러나 허실이 되는 말은 부정의 에너지로 가득하다. 자신이 원하는 것을 얻고 싶다면 그 어떤 상황에서도 긍정적으로 말하고 실행하라.

DAY 198

세 치 혀를 조심하라

혀를 함부로 놀리다 자신의 인생을 망친 사람들에겐 몇 가지 특징이 있다. 첫째는 입에서 나오는 말이 비단결 같아서 그가 하는 말은 거짓이라도 믿게 되고, 둘째는 계략에 능통해서 사람들을 혀로 홀리게 하고, 셋째는 힘 있는 자의 비위를 맞추는 데에 있어서는 입에 혀 같이 굴어 타의 추종을 불허하고, 넷째는 간사스럽고 거짓말에 능통해 사람들을 잘 속였으며, 다섯째는 결국엔 자기가 한 말로 인해 인생을 망친다는 것이다. 이처럼 혀를 함부로 놀리는 사람은 꾀는 깊지만 혀는 바람처럼 가벼워 믿을 사람이 되지 못한다.

진시황제에게는 환관 조고라는 간신이 있었다. 그는 한마디로 간신 중에 간신이었다. 조고는 시황제가 죽자 황제의 유서를 조작했다. 조고는 시황제의 장남 부소와 사이가 좋지 않아 그가 황제가 되면 숙청을 당할까 봐 유서를 조작하여 진시황의 열여덟째 아들 영호혜를 부추겨 형 부소를 죽이고 공신들도 죽이고 황위를 찬탈케 했다.

조고의 사악함이 얼마나 큰지를 잘 알게 하는 이야기이다. 그는 진시황이 죽자 자신에게 불만을 갖고 있는 신하를 가려내기 위해 사슴을 한 마리 끌고 와서는 황제 호혜에게 말했다.

"황제 폐하, 여기 좋은 말 좀 보시옵소서."

"아니, 그건 사슴이 아니요?"

조고의 너무나도 터무니없는 말에 호혜는 고개를 갸웃거리며 말했다. 그러자 조고는 신하들에게 "저게 말이요, 사슴이요?" 하고 물었다. 그러자 조고가 두려운 신하는 말이라고 했고, 몇몇은 사슴이라고 말했다. 조고는 바른말을 한 신하들을 모두 죽이고 말았다.

권력을 손에 쥔 조고는 지금껏 함께 해왔던 이사를 죽이고 자신이 승상의 자리에 올랐다. 그리고 자신의 꼭두각시놀음을 하던 황제 호혜를 죽이고 말았다.

그 후 조고는 억울하게 죽은 황태자 부소의 장남 영자영을 황제의 자리에 오르게 했지만, 조고의 모든 만행을 알고 있던 영자영은 그를 죽이기 위해 여러 장수들과 힘을 모아 황제 즉위식 전에 자객을 보내 조고와 그의 가문을 모두 몰살함으로써 환관 조고의 만행은 종지부를 찍었다.

모든 재앙은 세 치 혀에서 온다. 잘못 놀린 세 치 혀는 자신은 물론 주변 사람들을 곤경에 처하게 한다. 말은 바로 해야 하고 행동 또한 발라야 한다. 항상 언행에 조심 또 조심해야 뒤탈이 없는 법이다.

DAY 199

있는 그대로 받아들여라

뜨겁다고 푸념하고 괴로워하지 마라.
가난하다고 고통으로 생각하고 슬퍼하지 마라.
뜨겁더라도 뜨겁다고 괴로워하는
마음을 없애면 절로 시원한 바람이 분다.
뜨겁다고 괴로워한다고
뜨거운 것이 시원해지지 않는다.
가난하다고 슬퍼하기로
가난한 것이 없어지지 않는다.
슬퍼하지만 않는다면 가난한 것도 즐겁다.
보라, 신이 만드는 이 샘물가에서 얻은
한 모금의 물과 자비심 있는 사람에게서 얻은
한쪽 빵과 그리고 별이 반짝이는 하늘을
천정으로 삼은 이 잠자리 외에는
아무것도 가진 것이 없다는 그것의 즐거움을 알라.

_ 성 프란시스

사람들은 없으면 없다고 불평, 있으면 더 많았으면 하고 바란다. 무더운 날 바람이라도 불었으면 하고 불평을 하고, 바람이 많이 불면 이제 그만 불었으면 하고 불평을 한다. 무엇이든 자신의 마음에 차지 않으면 불만과 불평을 쏟아 놓는다. 이런 마음엔 평안이 없기 때문이다. 무엇이든 있는 그대로 받아들여라. 그러면 마음의 평안을 얻어 매사를 긍정적으로 바라보게 한다.

절망에서 희망을 보다

삶의 의미를 발견하게 함으로써 건강을 찾게 하는 로고테라피Logotherapy학파의 창시자이자 심리학자이며 의사인 빅터 프랭클은 오스트리아 빈에서 태어났다. 그는 의학을 전공하고 우울증과 자살에 대해 집중적으로 연구했다. 그러던 중 정신분석학자인 지그문트 프로이트와 교류를 하며 1924년 그의 추천으로 〈국제 정신분석학 잡지〉에 첫 번째 글을 기고했으며 알프레드 아들러와도 긴밀한 관계를 유지했다. 프랭클은 1926년 '의미치료'라는 개념의 치료법을 시도하여 자살위험이 있는 3천 명의 여성을 치료했다.

오스트리아가 나치의 침략으로 통제를 받자 나치는 프랭클을 통해 정신병을 안락사로 처리하려고 했다. 이에 프랭클은 목숨을 걸고 다른 방법으로 처방을 하곤 했다. 그러는 과정에서 결혼을 했으며 그의 아내가 임신하자 나치에 의해 강제로 낙태되는 슬픔을 겪었다. 프랭클은 부모와 함께 체포되었고 그의 아버지는 사망했으며, 그의 아내와 어머니는 아우슈비츠로 끌려갔다. 그의 어머니는 가스실에서 죽고, 그의 아내는 다시 정치범 수용소로 끌려갔다. 프랭클 또한 정치범 수용소에 수감되어 있었는데 미군에 의해 구조되었다. 그 후 그의 아내와 그의 형제 그리고 형제의 아내들이 잇따라 죽는 고통을 뼛속 깊이 겪었다.

"이제 내 주변에는 아무도 없구나. 나 같은 인생은 산다는 것 자체가 사치야. 이 치욕적인 삶의 고통으로부터 벗어나야 해. 그게 내겐 유일한 희망이지."

프랭클의 입에서는 스스로를 저주하는 말이 아무렇지도 않게 흘러나왔다. 하루하루가 고통이며 절망이었다.

그러던 어느 날 그는 자신을 돌아보았다. 지금 수많은 사람들이 전쟁의 후유증으로 인해 고통 받고 있는데 의사인 자신이 죽는다면 저들은 누가 고통으로부터 지켜주나 하는 생각이었다. 그는 자리에서 털고 일어나 그들과 고통을 함께 하기로 했다.

프랭클은 최악의 상황에서도 강인한 인내로 절망을 극복하고《죽음의 수용소에서》를 출간하여 그 참혹한 상황을 알리는 데 일조하며 베스트셀러 작가가 되었다. 그는 누구보다도 인생의 깊은 슬픔과 좌절, 혹독한 절망을 겪었지만 그러는 가운데 참된 인생을 살기 위해 최선의 노력을 다함으로써 빛과 소금이 되었다.

고통과 절망 중에서도 희망을 바라보면 희망이 가만히 다가와 손을 꼭 잡아준다.

DAY 201 암적인 말을 버리다

　영화 〈파리의 순진한 사람〉, 〈사랑의 퍼레이드〉로 유명한 프랑스 출신의 뮤지컬 배우이자 영화배우인 모리스 슈발리에. 그는 뮤지컬이 영화의 한 장르로 자리를 굳히는 데 크게 기여했다. 그의 트레이드 마크는 지팡이를 들고 모자를 삐딱하게 쓰고, 과장된 프랑스 억양으로 말하는 것이다. 그는 멋진 신사의 이미지로 국제적인 명성을 얻음으로써 미국의 할리우드에 진출하여 성공적인 배우 인생을 살았다. 그런데 그는 한때 지나친 무대 공포증에 시달렸다. 그가 한참 주가를 올리던 때였는데 그는 혹시라도 실수를 하면 어떡하지, 하는 걱정에 사로잡혔다. 자칫하면 그동안 쌓은 인기를 하루아침에 잃을까 염려가 되었던 것이다. 걱정에 사로잡힌 그는 무대에 오르는 것이 두려워졌다. 그러다 보니 신경이 날카로워지고 극도로 예민해졌다.

　"아, 이러다 내 인생이 끝나는 것은 아닐까."

　그는 이렇게 생각하며 자신을 괴롭혔다. 몸도 마음도 점점 쇠약해져 갔다. 그는 이러다가는 안 되겠다 싶어 병원을 찾았다. 그는 흐느끼며 자신을 패배자라고 했고, 의사는 그렇게 생각하기 때문이니 생각으로부터 빠져나오면 성공할 수 있다고 했다. 하지만 너무나 걱정에 사로잡혀 치료 효과가 없었다. 그러자 의사는 소수의 관객 앞에서 연기를 해보라고 권유했다.

　의사의 말에 용기를 얻은 슈발리에는 동네의 작은 무대에서 연기를 했다. 무대에 올랐을 때는 두려움이 앞섰지만 꾹 참고 했다. 그러자 사람들이 박수를 쳐주었다. 그때 슈발리에는 두려움을 극복하지 못하면 영화배우로서의 인생은 끝이라고 생각하며 두려움과 맞서기로 했다.

　"공포심은 영원히 극복할 수 있는 것은 아닙니다. 그러나 나는 공포심을 받아들였고, 공포를 느끼면서도 나의 배우 인생을 포기하지 않았습니다. 그 결과 나는 멋지게 공연을 할 수 있었습니다."

　슈발리에는 지난날을 회상하며 이렇게 말했다.

　슈발리에가 무대 공포에 질려 두려워할 때는 실패자처럼 말하고 행동했지만 공포와 맞섬으로써 세계 영화사의 한 페이지를 장식하는 영화배우가 될 수 있었다.

"나는 할 수 없어.", "나는 너무 두려워", "내 인생은 이대로 끝나고 말 것만 같아"라는 말은 자신을 실패자로 만드는 암적인 말이다. 이런 생각에 사로잡혀 있다면 더 깊어지기 전에 빠져나와야 한다. 그리고 실패를 해도 좋다는 생각으로 맞서야 한다. 그처럼 적극적인 생각을 갖게 되면 설령, 실패를 한다고 해도 다시 도전하겠다는 생각이 들 것이다.

DAY 202 · 불행에서 벗어나다

16세기 프랑스의 철학자이자 사상가이며 고등법원 심사관을 지낸 미셸 몽테뉴.

그는 보르도 고등법원에서 심사관으로 일하며, 동료이자 언어학자이며 문필가였던 에티엔 드 라 보에티와 교류하며, 인간의 삶에 대해 인간관계에 대해 숙고하는 계기를 맞게 되었다. 그런데 에티엔 드 라 보에티가 이질에 걸려 죽자 마음에 깊은 상처를 입고 그 슬픔을 잊기 위해 2년 동안 자유분방하게 시간을 보냈다. 그러다 프랑스아즈 드 라 샤세뉴와 결혼을 했다.

몽테뉴는 신학자인 레몽 드 세봉의 라틴어 저서인《자연신학》을 번역하여 출판했는데 이 책이 그의 첫 번째 책이다. 몽테뉴는 아버지가 세상을 떠나자 막대한 유산을 물려받았다. 이때부터 그는 독서와 명상, 라틴 고전을 비롯한 서적들을 섭렵했다.

몽테뉴는 이후《수상록》1, 2권을 쓰면서 1571년 미셸 훈위를 받았고, 1573년에는 가톨릭교도인 앙리 3세의 시종이 되었다. 그리고 1577년에는 신교도 지도자인 나바라 왕 엔리케의 시종이 되었다.

1580년 출판된《수상록》1, 2권에 실린 글들은 여러 가지 일화에 짤막한 코멘트를 덧붙인 글로 장의 길이가 짧고 비개인적이다. 그 내용을 보면 몽테뉴가 안고 있던 문제들인 모순과 야망, 고통과 죽음 등이다. 이때까지도 몽테뉴는 에티엔 드 라 보에티의 그늘에서 벗어나지 못한 채 인생의 고난에 둘러싸여 있다고 여겨 이를 극복하기 위해 이성과 신념, 의지로 극복하기로 결심을 굳힌다.

이후 몽테뉴는 인생의 변화를 겪으며 1588년《수상록》을 증보해서 제 5판을 출판했으며,《수상록》3권을 출판했다. 3권은《수상록》1, 2권보다 인류에 대해 더 깊이 더 크게 그의 생각이 확대되었다. 그는 인간은 자신이 있는 그대로를 받아들일 때 행복해질 수 있다고 믿게 되었으며, 인간 그 이상이 되려고 하는 건 위험한 유혹이라고 설파했다. 그는 질병을 통해 고통은 쾌락과 서로 의존관계로 받아들이고 고통과 쾌락을 조화시키는 법을 배웠다.

불행이란 생각의 틀에서 벗어나는 방법은 매사를 긍정적으로 생각을 하는 것이다.

DAY
203

자신이 믿는 대로 실현된다

몇 년 전 나는 여행의 일정으로 배를 타고 알래스카 황야를 보러 갔다. 어느 날 빙하 지역을 관광하는 도중 갑작스런 눈보라가 불어와 시야를 가렸고, 나는 같이 갔던 사람들의 무리에서 떨어지고 말았다. 돌풍이 멈춘 뒤 주위를 둘러보았지만 아무도 보이지 않았고 소리를 질러도 아무런 대답이 없었다. 춥고 메마른 산중턱에 혼자 남겨진 나는 두려움에 휩싸이기 시작했다. 그때 워크숍에서 참가자들이 내게 했던 말이 떠올랐다.

"어떻게 해야 할지 모를 때에는 기도를 하세요."

나는 곧바로 기도를 했지만 아무 일도 일어나지 않았다. 날은 점점 어두워졌고 모든 희망을 포기하려는 순간 멀리에서 사람의 모습이 보였다. 나는 있는 힘을 다해 손을 흔들어 내 존재를 알렸다. 그는 물개 사냥을 마치고 돌아오던 에스키모였고, 그는 나를 썰매에 태워 시내로 데리고 가서 일행을 만나게 해주었다. 사실 에스키모가 나타나기 전까지 나는 하늘이 나를 버렸다고 생각했었다.

_ 바바라 골든

최악의 상황에서도 벗어날 수 있다고 굳게 믿고 시도하면 벗어날 수 있다. 그러나 나는 이제 끝났다고 낙담하면 벗어날 수 있는 기회를 영영 놓치고 만다. 스스로에게 믿음을 가져야 한다. 그러면 자신이 믿는 대로 믿음이 실현된다.

스스로를 존경하라

자신을 존경하는 것부터 시작하라.
아직 아무것도 시작하지 않은 자신을
아직 아무런 성과를 내지 못한 자신을
인간으로서 존경하라.
자신을 존경하면
악한 일은 결코 행하지 않는다.
인간으로서 손가락질 당할
행동 따위는 하지 않게 된다.
그렇게 자신을 변화시키고
이상에 차츰 다가가다 보면 어느 사이엔가
타인의 본보기가 되는 인간으로 완성되어간다.
자신의 인생을 완성시키기 위해서는
가장 먼저 스스로를 존경하고 존중하라.

_프리드리히 니체

자신을 존경하는 사람은 악한 일을 하지 않고, 타인에게 아픔을 주는 일은 결코 하지 않는다. 자신을 존경하게 되면
타인을 존경하는 마음이 생겨난다. 자신을 존경하는 것은 곧 자신의 인생을 완성시키는 최선의 행위이다.
자신을 존경하라. 기쁠 때나 슬플 때도 자신을 존경하라. 자신을 존경하는 것이야말로 자신의 인생을 극대화시키는
에너지이다.

교만이 주는 교훈

한 고을에 오랜 수행을 통해 학문이 깊어지고 세상 이치에 밝아진 선사禪師가 있었다. 선사는 사람들에게 바른 도리를 일깨워주기 위해 법문을 열었고, 배움을 얻기 위해 원근 각지에서 사람들이 몰려왔다. 그의 법문을 들은 사람들은 큰 깨달음을 얻게 되었고, 그 소문은 날개를 달고 널리 퍼졌다.

이때, 인근에 살고 있던 선비 셋이 그 소문을 듣고는 선사를 비방하는 헛소문을 퍼뜨렸다.

"돌중이 알면 얼마나 알겠어. 꿍꿍이가 있어 수작을 부리는 거라고."

"맞아. 무슨 냄새가 나."

이들이 이렇게 말하는 것은 자신들의 학문이 더 뛰어남을 은연중에 과시하기 위해서였다. 그러던 어느 날, 자신들이 직접 선사에게 골탕을 먹이자고 계획해서는 암자로 찾아갔다. 선사를 보고는 예의를 차리는 척 이렇게 말했다.

"저희는 인근에 사는 선비들인데 스님께 가르침을 받고자 왔습니다."

"잘 오셨습니다. 자, 이리로 앉으시지요."

선사는 자리를 안내하고는 찻잔에 차를 가득 따라 선비들 앞에 놓아 주었다. 선비들이 차를 마시려고 하니 너무 뜨거워서 마실 수가 없었다.

"소승이 미련하여 물을 너무 뜨겁게 했구려. 여기 차가운 물이 있으니 부어서 식혀 드시지요."

그러자 선비들은 무시를 당한 듯해 불쾌감이 들었다. 한 선비가 선사에게 따지듯 물었다.

"스님, 이렇게 찻잔이 넘칠 듯한데 어떻게 찬물을 부어서 마실 수 있겠습니까?"

선사는 빙그레 웃으며 말했다.

"하하, 그렇습니까. 그런데 바로 그것입니다. 소승에게 배우러 왔다는 분들이 아집으로 가득 차 있는데 어찌 소승의 말이 먹히겠습니까. 진정으로 제 말을 듣기 원하신다면 먼저 마음을 비우셔야 합니다. 마음에 빈자리가 많을수록 많이 배울 수 있는 법이지요. 자만으로 가득한 마음은 찻물이 가득 들어찬 찻잔과 같습니다."

선사의 말을 듣고 선비들은 부끄러워 고개를 들 수 없었다. 결국, 그들은 고개를 숙인 채 도망치듯 암자를 떠나고 말았다.

진정한 배움이란 지식뿐만 아니라 사람의 도리도 함께 배우는 것이다. 교만을 삼가라.

삶다운 삶을 살아라

삶을 즐겁고 편하게 대하라.
삶을 느긋하게 대하라.
불필요한 문제를 만들지 말라.
그대가 가진 문제의 99퍼센트는
삶을 심각하게 대하기 때문에 생긴 것이다.
심각함이 모든 문제의 뿌리이다.

밝고 유쾌하게 살아라.
밝게 산다고 해서 놓치는 것은 없을 것이다.
삶이 곧 신이다.
그러니 하늘 어딘가에 앉아 있는 신을 잊어라.

활기차게 살아라.
생동감으로 넘치는 삶을 살아라.
마치 이 순간이 마지막인 것처럼 매 순간을 살아라.

강렬하게 살아라.
그대 삶이 횃불에 활활 타오르게 하라.
단 한순간만 그렇게 산다 해도 그것으로 충분하다.

강렬하고, 전체적인 한순간이
그대에게 신의 맛을 보여주기에 충분하다.
투명하고 전체적인 한순간,
즉흥적이고 자발적인 한순간을 살아라.
후회나 미련이 남지 않도록 강렬하게 살아라.

_ 오쇼 라즈니쉬

삶은 누구에게나 단 한 번뿐이다. 이토록 소중한 삶을 어찌 무덤덤하게 흘려보낼 수 있을까. 오늘이 마지막인 듯이
강력하게, 뜨겁게, 활기차게 살아야 한다. 그래야 스스로에게 떳떳하고 만족하게 된다.

세계적인 대표적 명문장

"국민의 국민에 의한 국민을 위한 정치."

열다섯 글자로 민주주의 정의를 확실하게 정리함으로써 세계사에 남은 명연설의 주인공 에이브러햄 링컨. 그의 이 짧고 간결한 말 속엔 '민주주란 무엇인가'라는 명제가 함축적으로 잘 나타나 있다.

"국가가 나에게 무엇을 해줄 것인가를 생각하기 전에 내가 국가를 위해 무엇을 해야 할 것인지를 먼저 생각하라."

이는 미국 최초로 40대 기수론을 내세워 40대 초반에 대통령이 된 존 F. 케네디가 한 말이다. 대통령으로서 국민들에게 바라는 국민의 자세와 도리가 함축적으로 잘 나타나 있다.

"나에게 자유를 달라. 그렇지 않으면 죽음을 달라."

이는 미국 독립전쟁을 승리로 이끈 대통령 패트릭 헨리가 한 말이다. 이 말엔 자유에 대한 간절한 염원이 잘 나타나 있다.

"노병은 결코 죽지 않는다. 다만 사라질 뿐이다."

이는 20세기의 탁월한 전쟁 영웅인 맥아더 원수가 한 말이다. 맥아더는 대통령이 될 수 있는 상황에서도 군인은 군인답게 군인의 길을 가야 한다며 자신의 신념을 지킨 것으로도 유명하다.

세계적으로 말 잘하는 사람들이 어디 이뿐이겠는가. "나의 사전에 불가능은 없다"라고 말한 나폴레옹, "너 자신을 알라"라고 말한 소크라테스, "그래도 지구는 돈다"라고 말한 갈릴레오 갈릴레이, 20세기의 세계정세를 "철의 장막"이라는 말로 정의한 윈스턴 처칠 등 실로 많다. 다만 우리가 모를 뿐이다.

명문장의 특징은 함축적이고, 간결하고, 강렬하다. 왜 그럴까. 기억하기 쉽고 가슴에 깊이 남기 때문이다. 명문장은 '언어의 진주'이다.

DAY 208

관용의 말

미국인들에게 친절의 대명사로 불리는 존 워너메이커가 백화점 사장으로 있었을 때의 일이다. 어느 날 백화점으로 투서가 날아들었다. 글에는 백화점 직원 중에 한 명이 자신에게 폭언을 했다는 고객의 항의가 담겨 있었다. 워너메이커는 해당 직원을 자신의 방으로 불렀다. 잠시 후, 부름을 받고 직원이 사무실로 들어왔다.

"어서 오게. 자, 거기 앉게나."

직원은 워너메이커의 부드러운 모습에 긴장이 풀렸다. 그의 입장에서는 문책을 당할 각오로 온 것인데 자신을 대하는 사장의 태도가 따뜻하고 한없이 부드러워 조금은 당혹스럽기도 했다.

"어떤 고객으로부터 자네가 욕을 했다는 투서가 날아들었는데 그게 사실인가."

"네, 사장님 그게……. 그분이 너무나 말도 안 되는 요구를 했는데 들어주지 않자 심한 욕을 하며 제게 모욕감을 주었습니다."

"그랬군. 그런데 고객에게 그렇게 하고 나니 기분이 어떻던가. 통쾌하던가?"

워너메이커가 빙그레 웃으며 말하자 직원은 겸연쩍어 하며 자신 역시 기분이 좋지 않았다고 말하며 용서를 구했다. 그때였다. 워너메이커가 물었다.

"자네 어머니 병환은 좀 어떠신가?"

"네? 사장님께서 그걸 어떻게……."

워너메이커의 물음에 직원은 깜짝 놀라 되물었다. 그는 모범 직원이 왜 그런 행동을 했는지 알아본 것이다. 그러면서 직원을 위로해주며 문책은커녕 휴가에다 보너스까지 주었다.

"사…… 사장님, 정말 감사합니다. 그리고 두 번 다시는 이런 불미스러운 일이 없도록 하겠습니다."

직원은 너무도 감격하여 말까지 더듬거리며 말했다.

"알겠네. 나도 자네가 꼭 그럴 것이라고 믿네. 그럼 이만 가 보게."

워너메이커는 직원의 등을 두드려 주며 말했다.

이후, 그는 누구보다도 친절하고 성실한 일급 직원이 되었다.

상대의 잘못을 너그럽게 감싸주는 관용의 말은 상대를 감동시킨다. 그렇다. 문책보다 더 중요한 것은 상대가 진심으로 반성할 수 있는 기회를 주는 것이다.

DAY
209

당신의 사랑입니다

나의 존재를 조금만 남겨 주십시오.
그 존재에 의해 당신을 나의 모든 것이라고 부를 수 있도록.
나의 의지를 조금만 남겨 주십시오.
그 의지에 의해 나는 어디에나 있는 당신을 느끼고,
모든 것 속에서 당신을 만나고,
어느 순간에도 당신에게 사랑을 바칠 수 있도록.

나의 존재를 조금만 남겨 주십시오.
그 존재에 의해 내가 당신을 숨기는 일이 없도록.
나의 사슬을 조금만 남겨 주십시오.
그 사슬에 의해 나는 당신과 영원히 연결되어 있습니다.
당신의 뜻은 나의 생명 속에서 이루어집니다.
그것이 바로 당신의 사랑입니다.

_ 라빈드라나트 타고르

아시아 최초로 노벨문학상을 수상한 라빈드라나트 타고르. 그에게 노벨상을 안겨준 시집 《기탄잘리》. 절대적인 사
랑과 행복을 노래하는 이 생동감 넘치는 시처럼 사랑할 수 있다면, 얼마나 아름답고 감사한 삶일까. 그런데 그걸 알
고도 실행하지 못하는 게 우리 인간이다. 이것이 인간 최대의 모순이다. 내가 사랑하는 사람, 그 사람이야말로 세상
에서 가장 소중한 사람이다. 사랑하는 사람은 곁에 있다는 것만으로도 용기를 주고 위안이 되어준다. 이토록 아름
답고 가슴을 벅차게 하는 존재가 사랑하는 사람이다. 하지만 그처럼 소중한 사랑을 헌신짝처럼 버리는 사람들이 있
다. 그리고 뒤늦게 자신의 어리석음을 한탄한다.
타고르의 글 속엔 사랑하는 이에 대한 절대적인 사랑과 믿음이 잘 나타나 있다. 소리 내어 몇 번이고 읽어 보라. 마
음이 따뜻해져오는 기분을 느끼게 될 것이다.

CHAPTER 5

배움의 가치

교육과 학문

EDUCATION

하브루타

유대인은 둘 이상이 모여 공부를 한다. 이른바 토론식 학습법이다. 유대인이 토론식 공부에 정통한 것은 어린 시절부터 질문을 하고 답하는 것에 익숙해졌기 때문이다. 이를 하브루타Chavruta라고 한다. 이는 '우정', '동반자 관계'를 뜻하는 아랍어로 '친구', '동반자'를 뜻하는 하버Chaver에서 유래했다.

유대인의 전통 교육방식인 토론식 공부는《탈무드》와〈토라〉등도 예외가 아니다. 그들이 하는 모든 공부는 토론식으로 진행된다. 질문을 하고 답하는 토론식 공부는 상대방의 생각과 자신의 생각을 비교함으로써 서로의 생각을 배우게 되고, 그러는 가운데 이야기하는 방법, 즉 대화법도 계발된다.

또한 창의적인 생각을 공유함으로써 개인의 발전은 물론 전체를 생각하고 위하는 마음이 싹트게 된다. 유대인이 응집력이 좋은 것은 어린 시절부터 서로의 생각을 배우고 서로를 존중하는 마음에 있다고 하겠다. 그리고 토론식 공부를 통해 논리력이 향상되고, 잘 정리된 논리력은 대화와 논쟁을 하는 데 있어 큰 도움이 된다.

토론식 공부는 주입식 공부법의 맹점인 비창의적이고 비주도적인 학습을 창의적이고 주도적인 학습으로 이끌어내는 선진적인 학습법이다. 유대인의 평균 아이큐는 우리나라 사람들에 비해 월등히 낮다. 그런데 그럼에도 불구하고 그들이 우리나라 사람들보다 창의적인 것은 어린 시절부터 다져진 창의적인 학습법에 의해서다.

20세기의 최고 물리학자인 알버트 아인슈타인은 유대인 후손으로 유대인 전통학습법인 하브루타 교육을 받았던 것이다. 토론식 학습법이 유대인에게 긍정적인 영향을 미치는 것은 바로 '토론'을 통해 창의력은 물론 논리력을 키울 수 있기 때문이다. 논리는 대화를 함에 있어 자신의 생각을 뒷받침해주는 매우 중요한 비언어적 화법 요소인 것이다.

미국 국무부 장관으로서 외교의 달인으로 불리며 한 시대를 풍미했던 헨리 키신저는 자신만의 색깔을 지닌 토론의 귀재였다. 자신만의 능력으로 미국 이민자에서 국무장관으로 이름을 떨친 헨리 키신저. 그가 성공할 수 있었던 것은 하브루타 학습법에 있었던 것이다.

이런 관점에서 볼 때 유대인의 전통 학습법인 하브루타, 즉 토론식 학습법은 매우 큰 의미를 지닌 유대인만의 독창적인 교육법이라고 할 수 있다.

두 명이 짝을 이루어 서로 질문하고, 대화하고, 토론하며, 논쟁하며 진리를 찾는 유대인만의 독창적인 정통 학습법을 말한다.

DAY 211

마르바 콜린스

  독서교육이 한 인간의 인격 형성과 삶에 있어 얼마나 지대한 영향을 미치는지를 단적으로 보여준 예가 있다. 독서교육의 열풍을 일으킨 이는 미국의 흑인 여성 마르바 콜린스이다. 그녀는 비서학을 전공하고 백인 상사 밑에서 일하다 2년 만에 그만두었다. 그 당시 비서직은 흑인 여성들이 가장 선호하는 직업이었다. 하지만 그녀는 자신이 할 일이 아니라고 생각한 것이다.

  이후 그녀가 관심을 기울인 것은 불우한 환경에 처한 아이들을 위해 가르치는 일이었다. 아이들을 가르치기로 굳게 결심한 그녀는 1975년 시카고 빈민촌에 학교를 설립했다.

  콜린스가 가르친 아이들은 대개가 흑인 문제아들이었다. 그녀가 가르침에서 가장 중요시했던 것은 '책 읽기'와 '글쓰기'였다. 교육을 시작하고 나서 한동안 많은 어려움이 따랐다. 문제아들이다 보니 제멋대로였다. 그런데다 재정이 열악한 것도 그녀를 힘들게 했다. 그럼에도 그녀는 인내와 열정을 다해 아이들을 지도했다. 그러자 아이들이 서서히 변하기 시작했다. 꾸준한 책 읽기를 통해 아이들은 생각하는 힘을 기르고, 글쓰기를 통해 논리력과 통찰력을 길렀다. 뿐만 아니라 인성도 기를 수 있었다. 그렇게 되자 아이들이 완전히 변화했다. 아이들은 중학교와 고등학교에 진학하게 되었고 대학을 마치고 사회에 진출하여 두각을 나타냈다. 기적과도 같은 일이었다. 그녀의 독서교육방법은 매우 획기적인 것으로 미국 전역에 널리 알려졌다.

  미국 레이건 정부는 그녀의 혁신적인 교육 철학에 크게 감동하여 교육부 장관직을 제의했지만 그녀는 정중하게 거절했다. 그녀가 명예가 따르는 장관이라는 막중한 제의를 거절한 이유는 아주 소박했다. 아이들을 직접 가르치는 일이 더 가치 있고 행복한 일이라고 생각했기 때문이다. 가르치는 일은 그녀에게 있어 가장 가치 있는 일이며, 행복이며, 삶에 대한 믿음의 증거였다.

  마르바 콜린스는 독특한 철학(인문 서적을 탐독하고 자신의 관점으로 글쓰기)으로 교육하여 큰 성과를 얻으며, 교육의 참된 가치를 실천한 개혁자이자 참교육자로 평가받고 있다.

◆ 마르바 콜린스 1936~
대학에서 비서학을 전공했다. 독서교육에 관심을 두고 불우한 아이들을 가르쳐 독서교육의 참된 중요성을 미국 사회에 널리 알린 것으로 유명하다.

마리아 몬테소리

마리아 테클라 아르테미시아 몬테소리는 이탈리아의 교육자이자 의사이다. 마리아는 1870년 이탈리아 안코나에서 태어났다. 그녀는 6세 때 초등학교에 입학해 열심히 공부했다.

그러던 어느 날 선생님이 들려준 이야기에 큰 감동을 받고 자신의 미래에 대해 생각했다. 선생님이 들려준 이야기는 '교회의 박사'라고 부르는 시에나 캐서린의 일대기로 그녀가 수도원에 들어가 간호사가 되어 평생을 가난하고 아픈 사람들을 위해 헌신한 이야기였다.

마리아는 의사가 되기로 결심하고 아버지의 반대에도 불구하고 13세에 '미켈란젤로 기술학교'에 입학하여 수학, 미술, 고전 문학 등을 배웠다.

1886년 우수한 성적으로 학교를 졸업한 마리아는 의과대학에 들어가기로 결심했다. 당시 이탈리아에는 여자 의사가 한 명도 없었다. 이탈리아에서는 여자의 의과대학 입학을 허용하지 않았기 때문이다. 의과대학 교수들은 토의 끝에 마리아의 입학을 허락했다. 이유는 그녀가 얼마 버티지 못하고 스스로 그만둘 거라고 생각했던 것이다. 하지만 그 예상은 빗나갔다.

1890년 마리아는 로마 대학에 입학했다. 남자들만 있는 곳에 여자 혼자 공부한다는 것은 생각보다 어려웠다. 여자라고 무시하고 깔보며 수업을 방해하기도 했다. 마리아는 자신을 이겨내며 공부한 끝에 의사시험에 당당히 합격해 의사가 되어 로마 대학 정신과 보조 의사로 근무를 시작했다. 그녀가 하는 일은 정신과에 있는 어린 환자 중에 교육으로 치료할 수 있는 아이를 찾아내는 일이었다. 그녀는 지적장애가 있는 아이들의 질병과 그것을 교육적으로 치료할 수 있는 방법에 대해 생각했다.

마리아는 아이들을 돌보면서 지적장애 아이들의 교육방식을 완전히 바꿔야 한다는 것을 깨달았다. 그녀는 교육을 연구하기 위해 로마 대학 교육학부에 입학해 공부한 후 본격적으로 연구에 몰입했다.

1898년 마리아는 국립장애인학교의 책임자가 되었으며, 1906년 로마 정부로부터 위임받은 로마시 빈민가 출신의 3세에서 6세 어린이 60명을 맡아 자신의 방식대로 교육을 했다. 아이들은 몰라보게 달라졌고, 널리 알려졌다. 그녀가 창안한 교육법은 '몬테소리 교육법'이다.

마리아는 1932년부터 1950년까지 세계 곳곳을 다니며 교육을 통해 평화를 실천해야 한다며 강연했다. 이러한 업적을 높이 사 노벨평화상 후보로 추천했으나 사양하는 등 오직 교육에만 열정을 바친 진정한 교육자이다.

　그녀의 저서로는《가정에서의 어린이Das Kind in der Familie》(1926),《교회에서의 어린이The Child in the Church》(1929),《인간 가능성의 교육To Educate Human Potential》(1948) 등이 있다.

◆ 마리아 몬테소리 1870~1952
이탈리아에서 태어남. 의사, 교육자이다.

참된 가르침의 표본

나무 장사를 하며 사는 랍비가 있었다. 랍비는 산에서 나무를 해서 마을까지 실어 나르느라, 많은 시간을 허비해야만 했다. 그는 《탈무드》를 연구하는 데 시간이 너무 부족해 당나귀를 한 마리 샀다.

"자, 이제 당나귀가 있으니 《탈무드》를 연구하는 데 많은 시간을 벌 수 있겠군."

랍비는 이렇게 말하며 활짝 웃었다. 그러자 제자들도 크게 기뻐하며 당나귀를 끌고 냇가로 가서 씻겨주었다. 그때 갑자기 당나귀 목구멍에서 다이아몬드가 튀어나왔다.

"다이아몬드다!"

한 제자가 크게 소리치자 다른 제자들의 눈은 일제히 당나귀와 다이아몬드에 쏠렸다. 번쩍번쩍 빛나는 다이아몬드는 눈이 부실 만큼 아름다웠다.

"이 다이아몬드를 선생님께 갖다 드리자. 그러면 선생님께서 나무를 해다 팔지 않으셔도 되니까."

"그래 맞아. 선생님께서 그 힘든 일을 안 하시는 것만도 얼마나 감사한 일이야."

제자들은 다이아몬드를 랍비에게 갖다 주었다. 그러나 기뻐할 줄 알았던 랍비는 근엄한 목소리로 말했다.

"지금 당장 그 다이아몬드를 당나귀 전 주인에게 갖다 주어라."

그러자 제자들은 어리둥절한 표정으로 물었다.

"선생님, 이 당나귀는 선생님께서 사신 것이 아닙니까?"

"그랬지."

"그런데 왜 당나귀 전 주인에게 갖다 주라고 하시지요?"

"나는 당나귀를 산 거지 다이아몬드를 산 것은 아니다. 나는 당나귀만 갖겠다. 그러니 다이아몬드는 당나귀 전 주인에게 갖다 주도록 해라."

제자들은 랍비의 말을 듣고 크게 감동하여 더욱 그를 존경했다.

이는 《탈무드》에 있는 〈당나귀와 다이아몬드〉 이야기로 랍비의 정직한 마음이 잘 나타나 있다. 랍비는 자신이 소유해도 전혀 문제될 게 없지만, 다이아몬드를 돌려주었다. 이것이야말로 참된 가르침의 표본인 것이다.

《탈무드Talmud》는 5천 년 전부터 내려오는 유대인들 삶의 모든 지혜를 담은 지혜서이다.

DAY 214 스승과 제자

헨리 애덤스Henry Adams (1838~1918, 미국의 역사학자. 문필가. 주요 저서《헨리 애덤스의 교육》)는 "스승은 영원한 영향을 준다"고 말했다. 이 말엔 스승이 제자에게 미치는 영향이 얼마나 절대적인 의미를 지녔는지 잘 나타나 있다. 애덤스의 말처럼 스승의 영향은 실로 크다. 스승의 가르침을 훌륭히 받은 사람들은 자신의 분야에서 뚜렷한 족적을 남긴 사실이 그것을 증명하고 있다.

사람은 제아무리 영특하다고 하나, 진리의 길로 이끌어 줄 스승이 없이는 저 홀로 잘 되는 법은 없다. 서양철학의 대표적인 철학자 소크라테스(B.C 470~399, 고대 그리스 철학자)는 플라톤(고대 그리스 철학자. 형이상학의 수립자)에게 가르침을 주었으며, 플라톤은 아리스토텔레스(B.C 384~322, 고대 그리스 최대의 철학자. 물리학, 형이상학, 동물학, 논리학, 수사학 등 다양한 주제에서 서양 철학의 포괄적인 체계를 창조했다.)에게 가르침을 주었다. 플라톤과 아리스토텔레스는 각자의 철학을 펼침으로써 서양 철학사에 큰 획을 그었다.

동양철학의 대표 주자격인 공자孔子는 훌륭한 제자 칠십을 두었는데, 그중 안회顔回를 가장 아끼고 사랑했다. 그가 공자의 가르침을 가장 잘 받아들이고 잘 지켜 행했기 때문이다. 동서양을 막론하고 스승은 누구라 할지라도, 자신의 가르침을 잘 받아들이고 열심히 노력하는 제자를 아끼는 것은 인지상정이다.

조선시대 성종의 총애와 신뢰를 한 몸에 받았던 점필재佔畢齋 김종직金宗直(1431~1492. 영남학파의 종조. 사림파의 거두. 문신. 사상가. 성리학자. 정치가. 형조판서. 지중추부사. 저서《유두유록》,《청구풍아》,《당후일기》)은 정여창, 김굉필, 홍유선, 김일손, 이승언, 권오복, 이원을 비롯한 조광조, 이황, 이이 등 수많은 제자들을 배출했다.

조선 말기 다산茶山 정약용丁若鏞은 황상에게 가르침을 주어 그가 뛰어난 학문의 길을 가도록 이끌어 주었다.

"스승이란 도를 전하는 것이 그의 본분이다. 도를 터득한 사람이 있다면 그곳에 스승이 있는 것이 된다. 나이의 많고 적음, 신분의 귀천과는 아무 관계가 없는 것이다."

이는《문장궤범文章軌範(중국 송나라 사방득謝枋得이 편찬한 산문선집)》에 나오는 글귀로 '스승이란 무엇인가'에 대한 정의가 잘 나타나 있다. 스승이란 '도道'를 전하는 사람이라는 말이 스승의 본분을 함축적으로 잘 말해준다고 하겠다.

좋은 스승은 양초와 같아서 스스로를 태워 다른 이의 길을 밝혀준다.

프리드리히 프뢰벨

프리드리히 빌헬름 아우구스트 프뢰벨은 독일의 교육자이자 유아교육의 아버지로 불린다. 그는 1782년 정통주의 루터교회 목사 아들로 태어났다. 그는 막내로 생후 9개월 만에 어머니를 잃고 4세 때 새어머니를 맞았지만 소외를 당하고, 10세 때 친어머니 오빠네 집에서 4년 동안 지내며 보살핌을 받았다.

프뢰벨은 많은 친구들을 사귀며 유년과 청소년 시절을 보내고 1799년 대학에 입학해 철학을 배웠다. 철학자 프리드리히 실러에게 역사를 배우고, 프리드리히 셸링에겐 철학을 배웠지만 학비를 댈 수 없어 자퇴를 했다. 이후 프뢰벨은 밴 베루크의 산림청에서 서기, 측량사 등을 전전하다 1805년 프랑크푸르트 암 마인 모범학교의 교사가 되었다. 그는 이베르돈에 있는 페스탈로치를 방문하고 그의 사상에 감동을 받아 2년 동안 페스탈로치로부터 배웠다.

1816년 튀링겐의 그리스하임에 일반 독일 교육원을 설립하고 다음 해에 카일하우로 이전했으며, 베를린 명문가의 딸과 결혼한 후 교육활동에 매진했다. 그는 1826년 《인간의 교육》을 발간하고, 1833년에는 《인간교육의 개요》를 발간했다. 그리고 새로운 어린이 교육을 위해 1840년 일반 독일유치원을 설립했다. 또 1842년에는 유치원 여교사 과정을 개설했으며, 1844년에 《어머니와 애무의 노래》를 발간했다.

프뢰벨은 어린이의 본질을 신적인 것으로 파악했으며, 이러한 아동주의의 근거를 바탕으로 수동적이고 추종적인 교육을 주장했다. 즉 정원사가 식물의 본성에 따라 물과 비료를 주고 햇빛과 온도를 고려하여 가지치기를 해주듯 교육자 또한 아이의 품성에 따라 아이가 성장할 수 있도록 환경을 조성하고 노력해야 한다고 말했다. 그리고 나아가 어린이가 창조활동을 하도록 해야 한다고 생각하고 그것을 실천했다. 그는 '킨더가르텐'이라는 명칭을 고안했는데 이는 '어린이들의 뜰'이라는 말이다.

1845년 프뢰벨은 자신의 유치원 교육학 이념을 알리기 위해 수년 동안 강연을 했다. 그러나 1851년 프뢰벨의 유치원이 무신론적 사회주의 성향을 지녔다고 해서 프로이센 정부에 의해 폐원되었다. 그는 이의 부당함에 대해 온갖 노력을 다했지만 뜻을 이루지 못하고, 1852년 세상을 떠났다.

◆ 프리드리히 프뢰벨 1782~1852
독일에서 태어남. 교육자이다.

DAY 216 본질주의 교육 _윌리엄 베글리

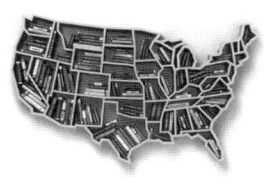

　　본질주의 교육이란, 사회의 전통적인 문화내용 가운데 본질적인 지식, 법칙, 기능을 발견하여 다음 세대에 전달하는 것을 중시하는 교육사상이다. 본질주의 교육은 진보주의(교육학에서 아동의 흥미와 개성을 중시하는 교육철학)가 아동중심 교육으로 치우치는 데 대해 절충적 입장을 취하고 있다. 교육내용으로는 개인적 경험보다 민족적 경험이 포함된 전통적 교육과정을 중시한다.

　　교육방법으로는 첫째, 이해보다는 습득을 중시하고, 둘째, 학생의 자율적 학습보다는 교사의 지도를 중시하고, 셋째, 자유보다는 훈련을 중시하고, 넷째, 학생의 일시적 흥미보다는 노력을 강조한다.

　　대표적인 학자로는 윌리엄 챈들러 베글리가 있다. 베글리는 1874년 미국에서 태어났으며 미국의 본질주의 교육자이다. 그는 미시건 주립대학, 위스콘신 대학, 코넬 대학을 거쳐 1895년부터 교직생활을 했다.

　　베글리는 진보주의 교육이 개관적, 전통적 문화를 경시하고 지나친 아동의 자유와 개인적 욕망만을 존중하는 방임주의를 취하기 때문에 사회에서 요구하는 기본적 학력을 배우는 데 많은 결함과 지체 현상이 나타나고, 그에 따라 범죄와 이혼율이 증가하고 정치적으로는 부패한다고 주장했다.

　　1938년 미국교육의 향상을 위한 '본질주의 위원회'를 발족하여, 본질주의 교육운동을 본격적으로 시작했다. 그의 이러한 노력은 현대 교육이 간과할 수 있는 전통적인 문화와 객관적 교육에 대해 일깨우는 데 큰 공헌을 했다.

　　베글리는 1908년부터 1917년까지 일리노이 대학교수를 지냈으며, 1940년 퇴직 때까지 컬럼비아 대학교 교육학 교수로 지냈다. 그의 대표적인 저서로는 《교육과정》, 《학급경영》, 《교육적 가치》, 《학교훈련》 등이 있다.

◆ 윌리엄 챈들러 베글리 1874~1946
미국에서 태어남. 본질주의 교육자이다.

진보주의 교육 _존 듀이

진보주의 교육이란, 아동의 흥미와 개성을 중시하는 교육 철학을 말한다. 영국의 경험론과 공리주의, 찰스 다윈의 진화론과 결합에 의하여 이루어진 실용주의에 기반을 두고, 전인적 인간 육성을 목표로 한다. 다음은 진보주의 교육에서 중시하는 교육 방법이다.

교육방법의 핵심은 첫째, 집단적 활동으로서의 회의와 협의 및 계획과 참여 등 사회화의 방법을 중시하고, 둘째, 지적 경험과 실제적 경험 그리고 사회적 경험과 미적 경험, 정의적 경험 등 다양한 경험적 방법을 중시하고, 셋째, 지식과 이해, 기능, 태도, 흥미 등의 종합적 학습방법을 중시한다. 넷째, 자주적이고 능동적인 학습을 위해 아동 자신이 문제를 선택하고 계획하여 실행하고 평가하는 문제법과 구안법을 중시한다.

진보주의 교육의 대표적인 학자로는 존 듀이가 있다. 존 듀이는 1859년 미국에서 태어난 미국의 철학자이자 교육자이며 심리학자이다. 그는 미네소타 대학교와 미시건 대학교에서 철학교수를 지내고, 1894년 시카고 대학교에서 철학과 심리학, 교육학의 학부장을 역임했다. 그는 1905년 컬럼비아 대학교에서 철학과 교육학과의 교수로 재직하며 《민주주의와 교육》을 펴냈다.

존 듀이는 교육은 미래생활을 위한 준비가 아니며, 생활 그 자체로써 생의 시초부터 살아있는 동안 계속되는 생활과정 그 자체로 첫째는 아동의 매일매일의 생활을 통한 성장이며, 둘째는 아동의 생활경험이 계속적으로 재구성되는 과정이라고 주장했다.

교육목적도 교육은 생활의 과정이지 성인생활의 준비가 아니기 때문에 교육과정을 관찰하면서 교사의 논리적이고, 체계적인 설명보다는 아동 스스로 주체가 되어 자발적 학습으로 지식과 태도를 종합적으로 습득하는 방법을 적극 장려했다.

존 듀이의 대표적인 저서로는 《민주주의와 교육》, 《인간성과 행위》, 《경험과 교육》, 《학교와 사회》 등이 있다.

◆ 존 듀이 1859~1592
미국에서 태어남. 철학자, 교육자, 심리학자이다.

DAY 218 엘렌 케이

　엘렌 캐롤리나 소피아 케이는 스웨덴의 사상가이자 교육자로 1849년 스웨덴 순스홀름에서 태어났다. 그녀의 아버지는 급진파 정치가로 국무장관을 지냈다. 그녀는 6세 때 독일어를 배우고, 14세 때 프랑스어를 배웠다. 그리고 18세 때 입센 작품을 읽고 종교와 사회문제에 대해 관심을 갖기 시작했다. 그녀의 나이 25세 때 아동교육과 여성의 자유에 관한 논문을 발표했다. 그녀는 20대 시절 유럽의 여러 도시들을 여행하며 견문을 넓힘은 물론 덴마크에서 보내며 민중대학제도에 대해 깊은 인상을 받았다. 그녀는 그곳에서 교사로 일했다. 1900년 스웨덴에서 출간한《어린이의 세기》는 그녀의 저서 중 가장 중요하고 널리 알려진 책으로 그녀가 세계적인 여성 작가로 명성을 얻게 했다.

　엘렌 케이의 교육사상은 루소의 개인적인 자유주의에 찰스 다윈의 생물학적 원리를 함께 해 교육론을 구성했다. 이러한 그녀의 교육사상은《어린이의 세기》에 나타나 있는데 주요 내용을 보면 첫째는 아동의 선천적이며 고유한 본성을 억압하고, 다른 사람의 인격을 모독한다는 것은 죄이며, 둘째는 교사의 임무는 아동의 선천적인 경향성을 이해하여 그것을 바탕으로 교육의 출발점으로 삼고, 셋째는 아동의 인격과 생활과 있는 그대로의 진실을 이해해야 하며, 넷째는 선천적인 재능을 계발시키지 않고 외부로부터의 강요와 압박으로 성인사회의 생활습관, 인격을 가하는 것은 억압에 그치는 것이 아니라 선한 본성에 반대되는 방향으로 빗나가게 하며, 다섯째는 엄격한 생활방식과 규칙적인 습관을 강요하지 말고 자유롭게 활동하게 하며, 여섯째는 아동을 방임하고 고립하지 말고 안정된 사회 환경에서 타인의 권리와 충돌하지 않는 한에서 자유롭게 자기활동을 하게 하며, 일곱 번째는 성인의 생활방식을 가르칠 경우 가르치는 사람이 스스로 모범을 보여 아동이 따라할 수 있도록 해야 한다고 주장했다.

　엘렌 케이는 다양한 주제에 대한 논문과 논설기사를 쓰고 에세이 형식으로 많은 글을 발표했는데 1889년에는《연설과 출판의 자유에 대하여》, 1896년에는《개인주의와 사회주의》등 많은 저서를 출간했다.

◆ 엘렌 케이 1849~1926
스웨덴에서 태어남. 사상가이자 교육자이다.

DAY 219 학행일치 學行一致 EDUCATION

　조선 전기 문인이자 문신이며 성리학자인 김종직은 늘 적극적인 자세로 학문 연구에 힘쓴 학자였다. 그는 정몽주에서 길재로, 길재에서 그의 아버지인 김숙자에게 이어진 학풍을 이어받아 크게 발전시킴으로써 영남학파의 종조가 되었으며 사림파의 시조가 되었다. 그는 수많은 제자를 길러냈는데 대표적인 제자로 김굉필, 정여창, 김일손, 손중돈, 이복, 권오복, 남곤, 권경유, 남효온, 조위, 이원, 강희맹 등 일일이 셀 수 없을 정도로 많다. 조선 전기에서 중기로 내려오는 문신들 중 유명한 학자들은 대개 김종직의 학풍을 이어받은 제자들이다.

　김종직을 따르는 제자들이 많았던 것은 그의 올곧은 정신과 뛰어난 학식, 굳은 절개 특히, 학행일치學行一致를 실천한 대학자이기 때문이다. 학행일치란 학문과 행동이 일치하는 것으로 많은 사람들이 존경심을 품고 가르침을 받기 위해 몰려들었던 것이다. 학문과 삶이 같았다는 것은 그것이야말로 진정한 학자의 본질인 것이다.

　성종은 김종직의 학문의 출중함과 올곧은 인품을 높이 샀다. 그의 말이라면 어떤 말도 받아들여 시행할 정도로 그를 신뢰했다. 김종직에 대한 성종의 믿음은 대단했다. 김종직이 신분과 집안 배경을 가리지 않고 인재를 등용할 것을 진언하자 성종은 그대로 시행했다. 면학 분위기의 장려를 권고하자 전국에 서원, 향교, 서당을 짓는 등 적극적으로 시행했다.

　면학 분위기를 위해 먼저 모범을 보여야 한다고 하자 성종은 경연에 자주 참여했다. 성종은 김종직에게 금대金帶를 선물로 하사했고, 정치에 뜻을 접고 고향으로 내려간 그에게 세 번씩이나 간청하여 조정으로 불러들이는 등 극진하게 대했다.

　김종직은 옳고 그름에 정확했으며 의리와 믿음을 매우 중요하게 생각했다. 그는 세조 앞에서도 전혀 주눅 드는 법이 없었다. 이에 대한 일화이다.

　김종직은 1463년에 세조에게 불사佛事를 간언하다가 파직당했다. 1464년에는 세조에게 음양오행 등의 잡학을 장려한다며 극구 반대하다 어려움을 겪기도 했다. 그는 올곧은 정신과 뛰어난 학문으로 언제나 한결같은 모습을 보이며 당파를 떠나 많은 사람들로부터 존경받은 현인이었다.

◆ 김종직 1431~1492
조선 전기 문신이자 성리학자. 영남학파의 종조로 사림파 시조. 저서 《점필재집》, 《유두유록》, 《청구풍아》, 《당후일기》, 《동문수》 외 다수가 있다.

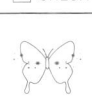

DAY 220 배움의 자세

중국 동진 말기에 태어나 남조의 송나라 초기에 살았던 시인 도연명은 흘러가는 청춘을 주제로 다음과 같은 시를 남겼다.

盛年不重來 성년부중래　一日難再晨 일일난재신
及時當勉勵 급시당면려　歲月不待人 세월부대인

'청춘은 다시 돌아오지 않고, 새벽은 하루에 한 번뿐이다. 좋은 시절에 부지런히 힘 쓸지니, 세월은 사람을 기다려 주지 않는다'는 뜻이다. 이는 무엇을 말하는가. 배우기에 힘쓰라는 말이다. 배움이란 평생을 해도 모자란 것이지만, 그래도 총기가 넘치고 기운이 넘치는 청춘시절에 열심을 다한다면 그만큼 삶을 보다 더 자신이 바라는 대로 살 수 있기에 그것이야말로 바람직한 배움의 자세인 것이다. 그 또한 시간의 소중함을 깊이 깨달아 시간 낭비를 스스로도 엄격하게 다스렸다. 그는 29세에 벼슬길에 올랐지만 늘 전원생활을 동경했다. 그로부터 10여 년을 흘려보낸 뒤 그의 나이 41세에 누이의 죽음을 구실로 관직을 사임하고 낙향했다.

그는 큰 벼슬을 지내지도 않았고, 뛰어난 공적을 세운 적도 없지만 전원시를 개척한 위대한 시인으로 평가받고 있다. 그는 무욕의 품성으로 언제나 검소하고 소박하게 생활했다. 매사에 억지로 꾀하지 않았으며 순리적으로 생각하고 행동했다. 노자의 무위無爲와 맥락이 비슷한데 그만큼 그는 순수하고 자연 친화적인 사람이었다.

도연명은 가정사에 있어서도 매우 모범적인 삶을 추구했다. 당시 관리들이나 유명인사들은 처첩 생활을 했지만 그는 성적인 것에 에너지를 낭비하지 않았다. 그의 삶은 학처럼 고고하고 유유자적했지만 그렇다고 그가 당시 현실로부터 도피한 것은 아니었다. 그는 자신의 신념을 따랐고, 진리를 추구하며 삶의 진정성을 획득했다. 도연명은 본질을 잃지 않는 삶을 지향했다.

그는 학문 정진에 힘쓰고 노력했기에 이백, 두보, 백거이 등과 어깨를 나란히 하는 시인이 되었으며, 작품에는 그의 고결한 성품이 그대로 담겨 있어 북송의 시인 소식은 도연명을 중국 역사상 최고의 시인이라고 극찬했다.

좋은 시절 부지런히 힘쓰라는 그의 말은 '배움의 자세'를 잘 알게 한다.

◆ 도연명 365~427
중국 시인. 주요 작품《오류선생전》,《도화원기》,《귀거래사》

DAY 221 윌리엄 오슬러

근대 의학의 아버지로 불리며 세계 최고의 의과대학인 존스홉킨스 대학을 설립한 윌리엄 오슬러. 그는 목사인 아버지처럼 목회를 하려고 했으나 포기하고 토론토 의과대학에 입학했다. 진로와 미래에 대해 진지하게 고민하던 중 영국의 사상가 토머스 칼라일의 글을 읽고 그의 삶은 변화의 계기를 맞이했다.

"우리들의 중요한 임무는 멀리 있는 것이 아니다. 희미한 것을 보는 것이 아니라, 가까이 있는 분명한 것을 실천하는 것이다."

그날 이후 그의 생활은 180도 달라졌다. 의과 공부를 하면서도 막연했던 그의 미래는 분명하고 확실해졌다. 그는 하나를 배워도 확실하게 배웠고, 실습을 할 때도 다른 친구들보다 더 열심히 했다. 그의 실력은 날로 늘어갔고 교수진들에게도 인정받았다. 확고한 신념으로 자신의 길을 닦아 나가던 그는 맥길 대학교로 옮겨 공부한 끝에 의사자격증을 취득했다. 그 후 윌리엄 오슬러는 유럽의 연구소를 방문해 견문을 넓혀 나갔다. 그는 연구소 중에서도 실험 생리학을 부각시킨 존 버든 샌더슨의 생리학 연구소가 있는 런던 대학교에 머물며 배움을 지속했다.

캐나다로 돌아온 윌리엄 오슬러는 일반 진료를 시작했고, 맥길 대학교 의학연구소의 강사에서 교수로 임용되었다. 그는 몬트리올 종합병원으로 자리를 옮겨 의사로 일하면서도 대학에서 가르치는 것을 멈추지 않았다. 윌리엄 오슬러는 환자 진료와 강의, 연구를 병행하며 자신을 한시도 가만히 두지 않았다. 하루가 이틀이나 되는 것처럼 썼고, 오늘이라는 시간을 인생에서 가장 소중하게 여겼다.

그는 미국 볼티모어에 새로 생기는 존스홉킨스 대학의 의학교수로 와달라는 초청을 받고 흔쾌히 승낙했다. 윌리엄 오슬러는 자신을 포함한 네 명의 멤버들과 대학의 설립자가 되었다.

윌리엄 오슬러는 존스홉킨스를 세계 최고의 의과대학으로 만들기 위해 멤버들과 함께 새로운 시스템으로 운영했다. 모든 연구는 철저하게 책상이 아닌 실험실에서 진행되었다. 머리가 아닌 손으로 실습하며 학생들이 실력을 쌓도록 했다. 그 결과 존스홉킨스 대학의 명성은 날로 높아져 최고의 대학이라는 평가를 받게 되었다.

◆ 윌리엄 오슬러 1849~1919
의사. 미국 존스홉킨스 의과대학 설립자이다.

잘츠만의 교육사상

독일의 교육 개혁가인 바제도의 범애汎愛학교 교사였던 잘츠만은 자신의 저서《게에 관한 소서》와《개미의 소서》를 통해 범애파 교육 사상가로서의 면모를 한껏 드러냈으며, 학교를 창설하여 범애학교의 교육을 실시하기도 했다.

잘츠만은 범애파의 다른 교육자와 같이 교수教授의 출발점을 실물의 관찰에 두었다. 그래서 사물과 언어와의 학습을 병행시켜야 한다고 말했다. 또 야외나 공장 및 현장에 가서 그것을 관찰시키도록 하고 여행할 것을 권유했다. 잘츠만은 교육의 효과는 교육자에게 달려 있다고 생각하여 교사의 양성방법에 관해서 언급했고, 인간 그 자체를 고상하게 할 수 있는 것은 오직 교육뿐이라고 했다.

잘츠만은 교육이란 어린이 활력의 발전 및 연습이라고 전제하고, 자연의 순서에 따라 행해지는 것이 최상의 방법이라고 했다. 또한 정신의 발전은 체력이 그 기초를 이루는 것이므로 먼저 어린이의 체육에 중점을 두고 신체의 발달에 힘쓰며, 그 뒤에 감각, 기억, 상상 및 사고 등의 심적 활동을 시켜야 한다고 주장했다. 다음은 잘츠만의 범애학교 교사가 지켜야 할 원칙이다.

첫째, 건강할 것 둘째, 언제나 쾌활할 것 셋째, 아동과 화목하게 사귀는 것을 배울 것 넷째, 아동에 관한 사항이 따르는 것을 배울 것 다섯째, 자연 생산물에 대한 명료한 지식을 얻는 데 노력할 것 여섯째, 근면이 일의 성취를 가져온다는 것을 배울 것 일곱째, 손의 사용을 배울 것 여덟째, 시간을 절약하는 습관을 기를 것 아홉째, 건강한 아동을 가진 가정이나 교육기관과 관계할 것 열 번째, 아동으로 하여금 자기의 의무를 확신하게 하는 기능을 갖도록 노력할 것 열한 번째, 아동에게 행하도록 할 것은 먼저 스스로 행할 것 등 모두 11가지이다.

◆ 잘츠만 1744~1811
독일에서 태어남. 교육자이다.

DAY 223 랍비 힐렐

랍비 힐렐은 B.C. 1세기 후반부터 A.D. 25년경에 활동한 유대교 현자로 유대인들의 추앙을 받는 인물이다. 그는 성서주석과 유대교 전승 해석의 대가이다. 힐렐은 2000년 전에 바빌로니아에서 태어났다. 그는 배우기 위해 스무 살 때 이스라엘로 갔다. 그 당시 이스라엘은 로마의 지배 아래에 있어 삶의 환경이 매우 열악했다. 어쩌다 운 좋은 날은 한 닢의 동전을 벌기도 했지만, 그렇지 않은 날은 굶주린 배를 움켜쥐고 학교 지붕에 올라가 굴뚝에 귀를 대고 밤늦도록 강의를 들었다.

그러던 어느 날 그는 강의를 듣다 그만 잠이 들고 말았다. 한겨울이라 내린 눈이 그의 몸을 덮고 말았다. 다음 날 아침 수업이 시작되었는데 교실 안이 어두워 학생들이 천장을 쳐다보았다. 그런데 지붕에 난 창을 어떤 사람이 가리고 있다는 걸 알고는 서둘러 힐렐을 끌어내렸다. 그의 몸은 꽁꽁 얼어있었다. 교사와 학생들의 보살핌으로 힐렐은 건강을 회복할 수 있었다.

어쩌다 지붕에 올라갔느냐는 선생님의 말에 그는 자초지종을 말했다. 그러자 그의 말을 듣고 감동한 학교 측의 배려로 수업료를 면제 받고 공부를 할 수 있었다. 그리고 그 일을 계기로 유대인 학교에서는 수업료가 없어졌다고 한다.

힐렐은 열심히 공부하여 랍비 요한나 벤 자카이와 랍비 아키바와 함께 3대 현인으로 존경받는 랍비가 되었다.

"자기의 지위를 다른 사람들 앞에서 과시하는 사람은 이미 스스로의 인격에 상처를 입히고 있다."

"스스로 자신을 생각하지 않는다면 누가 자기를 생각해주겠는가."

"배우고자 하는 사람은 부끄러워해서는 안 된다."

이는 힐렐이 한 말로 하나하나가 진정성이 넘치고 반드시 실천해야 할 일이라는 것을 교훈으로 새기게 한다.

그렇다. 그는 최악의 순간에도 자신을 포기하지 않고 최선을 다했기에 자신이 원하는 삶을 살 수 있었으며, 지금도 유대인들의 존경을 받는 현자가 되었다.

◆ 힐렐
2000년 전 바빌로니아에서 태어남. 유대인 3대 랍비 중 한 사람이다.

DAY 224 | 절대주의 사회의 교육

절대주의 사회는 봉건사회에서 근대 시민사회로 이행하는 과도기인 17세기에서 18세기에 나타났다. 이 시기는 봉건주의 최종단계인 동시에 자본주의 사회의 시초가 되는 단계였다. 봉건주의 세력과 부르주아 세력이 상호 균형적으로 정치, 경제에 참여했던 반봉건적이며 반부르주아적인 이중적 특징을 지닌 사회였다.

절대주의 사회의 교육은 절대주의 체제를 유지 및 강화하기 위해 중요시되고, 국가적인 학교 체계를 목표로 한다. 그렇게 하기 위해 교회가 갖고 있던 교육의 주도권을 국가에 이관하기 위해 교육권 투쟁도 전개되었다. 국가가 교육 주도권을 갖게 되자 교육내용도 전통적인 고전 중심, 인문 중심, 종교 중심에서 점차적으로 세속화되었으며, 교육제도도 근대적으로 개편되었다.

초기 절대주의 사회의 학교제도는 절대군주의 근간인 귀족자제의 교육이 중심이었다. 서민교육이나 민중교육은 아예 생각지도 않았다.

중앙집권제도의 정비와 상비군의 강화에 의한 영토 확대정책의 추진에 따라 지적 수준이 높고 교양 있는 고급 승직자昇職者, 관료, 장교를 양성하기 위한 정비가 시작되었다. 그러나 일반 민중의 교육적 요구가 증대함에 따라 점차 민중교육 기관도 정비되어 근대적인 공교육제도와 초등 의무교육제도가 생겨났다. 여기에 특권귀족의 교육기관으로 중등, 대학과 민중교육기관으로 초등학교의 복선형적인 교육제도가 나타났으며, 이 복선형적인 교육제도는 유럽 교육제도의 전통이 된 것이다.

절대주의 사회의 교육을 간단히 정리하면 다음과 같다. 첫째는 교육의 종주권이 교회로부터 국가에 이관되어 중세 이래 교회만의 전유물이었던 교육제도는 세속정부가 전담했다. 둘째, 학교제도에서는 관료와 상비군의 간부 양성을 위한 중등교육 학교제도가 정비되고, 민중의 자녀를 위한 초등교육제도는 2차적인 것으로 배려되었다. 그런 관계로 교육의 형태는 전형적인 복선형이었다. 셋째, 교육의 목적은 부국강병과 충성심이 많고 선량한 신민의 양성이었다. 넷째, 교육의 내용은 왕권에 대한 충성심과 기능, 실과, 수학 및 근대어 등의 실용적인 것이었다.

절대주의 체제는 흔히 절대왕정이라 불린다. 봉건제도와 근대제도의 과도기에 위치한 절대왕정은 여전히 토지의 영유관계 기반이기 때문에 절대군주들은 토지 영유권자와 교회를 자신에게 종속시키면서 동시에 시민계급의 지지를 얻으려 했다.

계몽사조와 교육

계몽사조란, 전통의 속박에서 벗어나 자유로운 지식을 보급시키고, 사회를 무지한 상태로부터 벗어나게 하려 했던 합리주의적인 유럽사상을 말한다. 이 사조는 18세기 유럽을 지배한 사상으로, 자유롭게 자각된 개인의 지성존중의 정신을 전제조건으로 했고, 지식의 근원을 책에서가 아니라 자연에서, 전통에서가 아니라 경험을 통해서, 고전에서가 아니라 관찰과 실험을 통해서 구해야 한다고 영국의 사상가 베이컨과 존 로크는 주장했다. 이 사조는 유럽 전역에 퍼져, 18세기에 절정을 이루었던 광범위한 사상적 운동이자 사회운동이었다.

인간의 어리석음을 일깨우는 것을 본분으로 한 계몽운동은 그 자체가 하나의 교육운동이다. 계몽 사상가들은 인간은 교육에 의해서 사람의 지혜가 열리고 문화가 발달할 수 있고, 개명된 자태에 따라 오래된 폐단을 타파하고 사회를 밝게 하는 동시에 보다 합리적인 사회로 진보시킬 수 있다고 믿었다. 교육의 가능성과 교육에 의한 사회개조 및 역사적 진보의 가능성을 확신한 계몽 사상가들은 사회개조나 역사적 진전의 근원은 인간의 이성을 발달시키는 데 있다고 굳게 믿었다. 계몽사상의 교육목적은 추리능력을 길러서 이성의 자유를 속박하는 종교, 정치, 사회의 모든 권력적 구속을 제거하는 것이었다. 즉 인간은 자기 스스로 생각하고, 모든 사물을 그들 자신의 이성의 힘으로 판단할 수 있도록 하는 데 목적을 두었다. 또 궁극적 목적은 모든 속박으로부터 인간의 이성을 해방시키는 데 있었다. 이러한 목적을 달성하기 위한 교육내용은 합리적인 것만으로 구성하여 철학이 가장 가치 있는 학과목으로 인정되었다. 철학이나 과학, 정치, 경제, 미술, 문학, 사교상의 예법 등을 주요한 교육내용으로 하는 대신에 종교와 실제 생활의 현실은 채택하지 않았다.

교육방법은 냉정하고 비판적이고 분석적인 태도만이 용납되었다. 계몽 사상가들의 교육방법 면에서 주요한 특징은 냉정한 추리력과 지성을 인간생활과 제도의 모든 부분에 적용하고, 그 시련을 이겨내지 못하는 것은 모두 부정하려는 데 있었다. 그런 까닭에 이지적인 면에만 특별한 관심을 갖고 감정적인 면은 모두 무시했던 것이다.

계몽 사조는 16~18세기에 유럽 전역에서 일어난 혁신적 사상이며, 인간적이고 합리적인 사유를 제창하고, 이성의 계몽을 통해 인간 생활의 진보와 개선을 꾀하려 했다.

DAY 226 자연주의 교육

자연주의 교육사상은 18세기에 전개된 현대 교육의 특징인 심리학적이며, 과학적이고 사회학적 경향의 기저가 되는 학설이다. 자연주의 교육사상은 다른 어떤 교육운동보다도 인간교육의 실제적인 정신, 목적, 성격에 많은 영향을 주었다.

자연주의의 핵심을 크게 두 가지로 본다면 첫째, 감각적 실학주의의 계승임과 동시에 19세기 심리적 계발주의의 선구가 되었다. 이는 자연에 일치하는 교육으로, 교육과정에 대한 자연법칙의 발견, 형성, 응용을 기본으로 한 것이다. 자연에 일치하는 교육을 한다는 것은 인간의 발달을 자연법칙에 합치하도록 하는 교육을 뜻하는 것으로, 개인을 교육하는 방법을 알려면 그 개인적인 성장에 대한 이해가 필수요인이 되고, 교육목적이나 교육과정은 피교육자의 신체적 성장의 특성을 연구하여 그에 합치시켜야 한다는 것이다. 둘째, '자연으로 돌아가라'라고 한 루소의 주장이 의미하듯 인위적인 모든 것을 부정하고 자연적인 것으로 돌아가는 교육을 주창한다. 그래서 자연주의는 아동에 대한 인위적인 훈련을 공격하고, 아동의 자연스러운 자발성을 억압하고 아동을 인형처럼 다루는 모든 인위적인 것을 비난했다. 뿐만 아니라 아동을 보모나 가정교사에게 맡기는 당시의 풍조에 대해 비판하고, 단순한 농가 생활과 자연스러운 아동의 양육으로 돌아가라고 주장했다.

자연주의는 인간의 선한 천성과 덕성을 잘 보존하고, 본래 개인의 권리를 인정하는 사회형성을 목표로 하여, 모든 사람이 자연적, 기본적 미덕인 평등, 우애, 자유를 누릴 수 있는 사회를 건설하는 것을 교육의 궁극적인 목적으로 삼았다. 또 자연주의 교육은 방임과 불간섭으로 해야 한다고 하여 인위적인 사회의 모든 죄악을 방어할 아동의 선한 천성이 자유롭게 발전할 수 있게 함을 목적으로 했다.

자연주의자들이 주장하는 교육은 생활을 위한 준비가 아니라 생활 그 자체이며, 외부에서의 강제가 아니라 자연적 발달인 성장의 과정이므로 교육의 궁극 목표는 개인의 천부적인 권리가 보전되고, 자연의 상태를 유지하는 데 있다고 했다.

자연주의 교육은 '자연을 교재로, 자연법칙을 교육방법으로, 자연성 회복을 교육의 목적'으로 한다.

바제도의 교육사상

독일의 교육 개혁가인 요한 베른하르트 바제도는 루소의 교육사상에 공감함은 물론《에밀》을 읽고 크게 감동했다. 그는 기금을 마련하여 1774년 범애汎愛학교를 설립하고 자연주의 교육사상을 실천했다. 바제도의 교육사상은 100여 개의 삽화를 넣은《초등 교수서》에 잘 나타나 있다. 이 책은 루소의《에밀》과 더불어 자연주의 교육발전의 기초를 이루었다.

그는 국가의 행복은 시민의 덕성에 달려 있고, 시민의 덕성은 교육에 의해서 형성된다고 보았다. 그러므로 학교는 국가의 지도 감독 하에 있어야 하며, 시민교육의 진흥은 유능한 교사에 의해 이루어지는 관계로 유능한 교사의 양성이 우선되어야 하며, 교육개선의 제1의 조건은 좋은 교수서敎授書의 출판에 있다고 주장했다. 바제도의 교육의 목적은 아동으로 하여금 공익에 힘쓰게 하고, 애국적이고 행복한 생활을 할 수 있게 준비시키는 데 있었다.

그는 교육방법에 대해서는 루소와 로크 둘 다 통하는 점이 많았다. 또한 훈육에 있어서는 자유를 존중하여 아동을 위협하지 말고 선량한 모범을 보이는 것이 가장 좋은 방법이라고 했으며, 체육은 단련주의를 주장했다.

바제도는 교수방법으로써의 학습을 강제로 시켜서는 안 된다고 주장하며 교습법의 세 가지 법칙을 제시했다.

첫째, 많이 가르치지 말고 유쾌하게 배우도록 해야 한다.

둘째, 많이 가르치지 말고 초보적인 학습에서 적당한 순서로 배우도록 해야 한다.

셋째, 많이 가르치지 말고 참으로 유익한 지식만을 가르쳐야 한다.

◆ 바제도 1724~1790
독일에서 태어남. 독일의 교육 개혁가이다.

DAY 228 교육이론

    교육이론의 역사는 그리스의 교육가들과 학자들로부터 시작되었다. 또한 18세기 이후의 교수와 성인 교육학을 포함한다. 20세기에 와서 이론은 교수, 평가, 교육법에 대한 다양한 학술적 접근을 포괄한다. 교육의 이론과 실제는 교육환경 속에서 일어나는 현상을 연구대상으로 삼는다. 교수에 대한 접근으로써 실제적인 활동방법은 이론적인 탐구 행복보다 더욱 영향력이 있다. 교육사상가로서 교육개혁에 기여했던 페스탈로치나 프뢰벨, 몬테소리는 이론적인 교수보다는 교훈이나 실제적인 문제해결의 업적에 크게 기여했다.

    교육현상에서는 전통적으로 실제적인 행동에 먼저 주의를 기울여, 현실적으로 평가해서 효력이 나타나면 만족했다. 그러나 결과적으로는 이론에 대한 탐구의 필요성이 등한시되어 순수한 교육이론은 발전되지 못하고 비슷한 다른 학문에서 발달된 이론을 좁은 범위에 적용시키는 정도였다.

    현대에 와서는 교육의 실제에 대한 연구와 이를 설명하기 위한 이론적 구조를 형성하기 위한 노력이 지속되어, 교육적인 사상들을 설명하고 그 인과관계를 밝혀 보기 위해서 일반화와 법칙, 공리와 정리 등을 엄격하게 다듬어서 정의했다.

    교육이론은 사회과학의 이론으로서 교육환경에서 적용되는 범위와 한계, 대상 등의 한정된 영역을 갖고 있으며, 모든 교육현상에 근거한 개념체계를 형성한다. 이러한 개념체계에서 개념 상호간에 유기적인 관계가 성립되어 교육이론을 정립하며, 교육현상에 대해서는 기술, 예언, 설명, 통제 등 이 네 가지의 기능을 발휘한다.

    첫째, 기술적인 기능은 교육현상에서 참이라 인정하는 일련의 전제로부터 필연적으로, 논리적으로 유도되는 문장형성을 의미하며, 사실과 관찰되는 현상을 정리하여 체계를 세워 이론에 공헌하는 역할을 한다.

    둘째, 예언적 기능은 교육현상 속에서 이미 알려진 사실들의 관계로부터 아직 관찰되지 못한 사상을 추론하여 그 관계를 밝혀내는 역할을 한다.

    셋째, 설명적인 기능은 교육현상의 개념들을 논리적인 구조로 얽어매어주는 역할을 한다. 교육이론의 설명은 교육현실의 법칙이나 사실을 전제하고, 거기에서 논리적인 결론을 연역해내는 형식을 취하고 있다. 설명은 상관관계가 높은 인과관계의 법칙을 갖는다.

교육과 학습의 목적 및 적용, 해석에 대한 이론을 교육이론이라고 한다.

DAY 229 어린이의 세기

《어린이의 세기》는 스웨덴의 사상가이자 교육자인 엘렌 케이의 명성을 널리 알린 그녀의 저서이다.《어린이의 세기》는 20세기 교육학의 이론적인 바이블로 불리는 루소의《에밀》이나 페스탈로치의 저서들과 대등한 수준으로 평가 받는다.

엘렌 케이는《어린이의 세기》에서 20세기에 새로운 인간의 양성이 필요하며, 이는 새로운 교육을 통해서만 가능하다고 주장했다. 그녀의 교육학은 어린이부터라는 지향성 아래 스스로 성장하는 것을 목표로 한다. 가정교육의 중요성, 체벌금지, 성적표 폐지, 대안학교 설립 등 이 책이 제시하는 주장들은 출간된 지 100년이 지난 지금도 여전히 유효하고 진행 중이다.

《어린이의 세기》는 정치, 사회, 문화적인 문제, 여성문제, 학교 교육문제 등 다양한 분야에 대한 엘렌 케이의 관심이 집대성된 책이라고 할 수 있다. 이 책은 독일 사상사에 있어 중요한 두 인물인 괴테와 니체의 근본적인 이념을 수용하고 있으며, 스피노자의 일원론에 기초하여 신, 세계, 영혼 등에 대한 자신의 철학사상을 제시하고 있다. 또한 몽테뉴, 루소, 스펜서 등의 교육사상과 연관성 속에서 교육에 대한 입장이 피력되고 있다. 그녀는 이들에 대한 단순한 수용에서 나아가 비판적 분석을 통해 자신의 입장을 강화하고, 독자적인 독자의 입장을 취하거나 필요에 따라 통합하기도 한다.

개혁교육학 운동 안에는 매우 다양한 이론과 실천들이 포함되어 있다. 하지만 전통적인 성인 중심의 학교에 대한 비판과 함께 새로운 어린이 이해를 토대로 하여 모든 교육의 중심을 어린이에게 두고자 하는 어린이 중심의 교육을 추구한다는 공통점을 갖는다. 이처럼 개혁교육학 운동의 공통적인 특성으로서 어린이로부터라는 지향성을 강조하면서 형성된 교육 운동의 흐름을 특별히 '어린이로부터의 교육학'이라고 부른다. 엘렌 케이는 바로 이러한 교육학의 흐름의 가장 대표적인 인물로 평가되고 있으며, 나아가 창시자로 인정받는다.

엘렌 케이의 교육의 목적은 각 어린이가 자유롭고 독립적인 개체로 발달하도록 하는 것이다. 가능한 한 어린이를 직접 규제하는 것을 줄이고 그 대신에 어린이가 스스로 발달할 수 있는 친화적인 환경을 조성하는 것을 의미한다. 그리하여 엘렌 케이에게 가장 좋은 교육은 스스로 성장하게 두는 것, 환경의 형성에 목표를 두는 것이다.

◆ 엘렌 케이 1849~1926
스웨덴의 여성 사상가. 문학사, 여성문제, 교육문제에 걸쳐 휴머니즘의 입장에서 저작 활동을 했다.

DAY 230 존 로크의 교육사상

존 로크는 영국의 경험주의 철학자로 교육에 있어서도 탁월한 식견을 갖고 있었다. 그의 교육사상은 《교육론》 속에 포함되어 있는데, 그 내용은 체육론, 덕육론德育論, 지육론智育論 등으로 되어 있다.

존 로크는 신사의 양성을 교육목적으로 보고, 신사가 구비해야 할 기본적인 요소는 신체적, 도덕적, 지적인 면을 모두 갖추는 것이라고 하여 지, 덕, 체의 교육론을 폈다.

존 로크는 '건전한 신체에 건전한 정신'이라는 표어 밑에 단련주의에 입각한 체육론을 제시하고, 건전한 신체를 기르기 위한 여러 가지 유의사항을 나열했다. 덕육론에 있어서 그는 덕육의 목적을 자신의 욕망을 억제하고 이성에 따라 행동하도록 하는 데 두었다. 지육론에 있어서는 서적에 의한 학습을 거부하고 주지주의(지성이나 이성을 의지나 감정보다도 우위에 두는 입장)에 대하여 경멸하는 태도를 취했다. 학식이 풍부한 사람이라도 덕이 없으면 사회적으로 존경을 받지 못하기 때문이었다.

존 로크에게 있어 지육의 목적은 신사에게 필요한 교양의 일부 요소로서, 오직 덕을 높이는 수단으로서의 지식을 체득하는 것이었다. 그의 교육사상은 일면으로는 실학주의 사상에 입각한 실용적인 전인교육全人敎育을 주장한 것으로, 한편으로는 이성만능의 합리주의와 경험론에 형식도야설을 주장한 것이다.

존 로크는 기존의 암기식, 주지주의적 교육을 지양하고, 체육을 가장 우위에 두었으며, 덕육의 함양을 위한 훈육 중시의 교육을 강조했다. 존 로크의 교육사상은 영국 신사교육의 이상이었으며, 귀족교육의 토대가 되었다.

◆ 존 로크 1632~1704
영국에서 태어남. 계몽주의 선구자. 철학자이자 정치사상가. 주요 저서로 《인간 지성론》, 《통치론》, 《관용에 대한 편지》가 있다.

DAY 231 루소의 교육사상

장 자크 루소는 자연주의 교육사상의 대표적인 사상가이다. 그의 교육 철학과 사상은 그의 대표적인 저서인 《에밀》에 잘 나타나 있다. 그는 인간을 교육하는 세 가지 주체를 자연, 인간, 사물로 보고 사람의 능력을 내부로부터 발전시키는 것은 자연교육이고, 이 교육을 어떻게 이용할 것인가를 가르치는 것은 인간의 교육이고, 우리가 접촉하는 주변의 사물에 대한 경험을 얻는 것은 사물의 교육이라고 했다. 그리고 이 세 가지의 교육이 서로 어긋날 때 그릇된 인간이 형성되고, 조화를 이루어 동일한 목적에 집중될 때에 사람은 비로소 완전한 교육을 받게 된다고 말했다.

루소는 교육을 소극적인 것으로만 보아 교육이 적극적으로 사람의 성장에 간섭하는 것은 부당하다고 주장했다. 루소가 말하는 소극적인 교육이란 자연성의 내적 발전을 방해하는 모든 것을 저지하고, 인위적인 영향을 가하는 것을 피하는 교육을 뜻한다. 그런 까닭에 교육은 도덕이나 진리를 가르쳐주는 것이 아니라, 어린이의 마음이 악이나 옳지 못한 정신에 침해되지 않도록 보호해주는 것이어야 한다고 말했다. 그는 자연적인 교육방법을 강조했다. 어린이들에게 생리상 필요한 모든 것을 충족시켜 주는 반면, 모든 간섭을 자제하고, 운동을 자유롭게 시키고, 자발적으로 활동하도록 하는 교육이 필요하다고 강조했다.

루소가 가진 교육관의 중요한 요지는 다음과 같다. 첫째, 교육의 목적은 도덕적인 자유, 즉 자유와 규율, 의지의 독립성과 사회정의를 양립시킬 수 있는 인간을 만드는 데 있다. 둘째, 교육은 기존 문화재의 전달에 의해 미래의 생활을 준비하는 것이 아니라, 그때 그때의 생활 실천을 통해서 인생의 선과 악에 가장 잘 견딜 수 있는 인간을 만들어야 한다. 셋째, 교육 내용의 선택도 지식의 체계에 대신하여 생활의 원리가 중요시된다. 수공적 작업이 중시되고, 생산 활동의 교육적 의의에 대한 올바른 이해가 촉구된다. 넷째, 어린이의 성장 발달의 각 단계는 고유한 중요성을 지니고 있기 때문에 교육방법은 그 고유한 성격에 맞추어 결정되어야 한다는 것이다.

◆ 장 자크 루소 1712~1778
프랑스에서 태어남. 자연주의 교육 사상가이다.

DAY 232 교육심리학

    교육심리학이란 교육에 직접 관련된 심리학의 응용 분야로서 심리학의 원리나 방법을 교육에 적용하고 응용하는 학문을 말한다.

    교육심리학에 있어 교육학은 예상 불가능한 교실을 배경으로 하고, 심리학은 통제된 실험실을 배경으로 한다. 심리학은 인간행동에 관한 과학적 연구를 하는 학문이며 인간의 정신생활의 법칙을 탐구하려는 것이기 때문에 인간의 형성을 직접적인 목표로 삼고 있는 교육에는 가장 밀접하게 관련되어 있다. 뿐만 아니라 교육현상에는 교육이라는 장과 교육활동에 있어서 그 자체의 독특한 문제와 연구영역이 있기 때문에 교육심리학을 더욱 엄밀히 말하면 교육이라는 장에서 제기되는 문제를 심리학적인 입장과 방법에 의하여 해결하고자 하는 학문이라고 할 수 있다.

    이런 점에서 교육심리학은 어린이가 출생해서 성인이 될 때까지 교육적인 발달이 진전됨에 따라 개인의 학습경험을 기술記述하고 설명해주는 과학적 심리학이라고 할 수 있다. 또 교육심리학은 교육활동에 있어서의 어떻게, 언제의 질문에 응답하는 것이 그 임무라고 할 수 있다. 그런 까닭에 교육심리학을 성립시키는 조건은 교육이 제기하는 문제와 현대 심리학이 제시하고 있는 원리와 방법의 두 가지가 된다. 그러므로 교육심리학을 연구하려는 사람은 현재 교육의 특성과 그것이 심리학에서 해결을 구하고자 하는 문제를 알고, 한편으로는 현대 심리학의 입장과 방법을 알 필요가 있다.

    교육심리학은 교육현상의 사회적 제 기능에 관한 심리학으로서 그 영역은 비교적 광범위하다. 교육활동이 사회 안에서 부단히 성장 발달하고 있는 피교육자와 교육자 사이의 작용이라고 본다면, 교육심리학은 교육의 장으로서의 사회의 변화현상의 문제, 교육을 받는 피교육자, 즉 아동들과 학생들의 심리발달의 문제, 능률적이고 효과적인 지도를 위한 교육기술의 문제 등을 모두 포괄한다고 할 수 있다.

    행동주의의 대표적인 학자인 스키너는 성장과 발달, 학습, 성격과 적응, 측정과 평가, 교수와 지도의 분야로 분류했으며, 게이치는 발달, 학습, 측정과 평가, 성격과 적응으로 분류했다. 또 크론바흐는 모든 행동과정을 학습이라는 관점에서 다뤘다.

교육심리학은 교육의 과정에서 일어나는 문제를 심리학적 측면에서 연구하여 그 방법을 제시함으로써 교육의 효과를 극대화하려는 학문이다.

역진행 수업

역진행 수업이란, 학습자가 필수 개념을 온라인으로 미리 학습한 후 오프라인에서는 교수와 학습자의 토론을 위주로 진행하는 수업방식을 말한다. 이를 좀 더 부연한다면 역진행 수업은 혼합형 학습의 한 형태로 정보기술을 활용하여 수업에서 학습을 극대화할 수 있도록 강의보다는 학생과의 상호작용에 시간을 더 할애하는 수업방식이다.

1990년 동료교수법을 개발한 하버드의 에릭 교수는 컴퓨터를 활용하여 수업을 진행하면서 강의를 하는 대신 수업내용을 코칭할 수 있다는 것을 알게 되었으며, 그 결과 그와 그의 조교는 컴퓨터를 활용한 강의 전달과 코칭을 하지 않았으면 발견할 수 없는 몇 가지의 오해들을 다룰 수 있게 되었다. 그리고 그는 컴퓨터는 곧 교육의 필수적인 요소가 될 것이라고 말했다. 또한 컴퓨터가 교사를 대체할 수는 없지만, 교육의 질을 개선하는 데 있어 중요한 도구가 될 것이라고 말했다.

전통적인 수업방식에서 학생들은 수업시간에 다룰 교재의 내용을 미리 읽어보는 것이 권장되었으며 교재의 내용은 다음 날 수업시간에 다루어졌다. 수업을 마친 후 학생들은 학습내용을 잘 이해했다는 것을 보여주기 위해 숙제를 해야 했다. 그러나 역진행 수업방식은 이와 반대이다. 학생들은 수업에 앞서 수업내용을 교수자가 제공하는 자료를 통해 학습하고, 교실에서의 수업은 실제적인 과제를 연습하거나 문제풀이를 통해 지식을 적용하게 된다. 이때 교수자는 문제풀이가 안 되거나 과제가 어려운 학생들을 도와준다. 그런 까닭에 개별화 수업, 프로젝트 중심 학습 등과 같은 학습자 중심 활동 시간을 포함시킬 수 있다.

역진행 수업방식에서 교수자는 학생들의 학습을 이끄는 데 더 많은 시간을 할애하게 되며 또한 학생들이 정보를 이해하고 새로운 아이디어를 만들어 내는 것을 촉진시키는 데 주된 역할을 한다. 이 수업방식의 효과로는 학생들의 수업 중도 탈락율이 감소되고, 학생들이 학습하게 되는 정보의 양이 증가했다는 통계가 있다. 하지만 많은 사람들이 이 수업방식이 학교 밖에서 인터넷 사용이 어려운 학생들에게는 효과적이지 못할 수 있다는 것을 우려한다.

역진행 수업은 사람들의 우려에도 교수자와 학생들 간에 상호작용을 하는 데 매우 유리하고 효과적일 수 있으므로 이를 적절히 잘 활용한다면 학생들의 수업을 도움으로써 학습효과를 높이는 데 매우 긍정적일 수 있다는 것을 간과하지 말아야 한다.

플립러닝이라고 불리기도 하며 우리나라에서는 카이스트KAIST, 울산과학기술원UNIST, 서울대, 고려대 등이 이러한 방식을 도입해 시행하고 있다.

DAY 234 페스탈로치의 교육사상

교육의 개혁자이자 사상가인 페스탈로치의 교육이론은 교육의 실천을 통한 비범한 관찰력으로 아동의 내면에 깊이 자리 잡고 있는 인간성을 직관하고, 그것을 사랑하고 믿고 기르고 드러내는 등의 끝없는 교육정신이 원천을 이룬다. 그를 참된 교육사상가이자 실천자로 온 세상 사람들이 높이 추앙하는 것은 그의 그러한 교육정신을 높이 평가하기 때문이다.

페스탈로치의 교육이론의 핵심은 인간성이다. 그것은 모든 사람에게 한결같이 선천적으로 주어지는 것인 동시에 환경의 자극을 받아서 밖으로 뻗어나가는 힘을 지닌 것이다. 그는 교육의 이상이 바로 그러한 인간성을 개개인의 어린이가 계발하는 일이라고 믿었다. 그는 당시 지배계급의 전제와 부패, 타락을 공격하고 민중을 진실로 행복하게 하는 사회의 필요성을 강조하고, 그것을 위한 생활주의의 교육을 제창했다. 그는 순수한 인간성을 향해서 인간의 도덕적, 지적, 신체적인 능력을 조화롭게 발전시키는 것을 생활교육의 목적으로 생각했다.

페스탈로치는 인간에게는 무엇보다도 정신적인, 보이지 않는 내면의 근본력이 있는데 교육은 이 인간정신의 근본력을 북돋우고 드러내는 일이며, 그것을 방해하고 억압하는 교육은 아무리 유용한 지식과 기술을 전달한다고 하더라도 참된 교육은 아니라고 보았다. 그는 인간정신의 근본력을 정신력, 심정력, 기술력의 세 가지로 표현했는데, 그것은 '지'와 '의'와 '행'에 해당하는 것이다. 또 이는 머리, 심장, 손으로 표현되기도 하고 3H로 간단하게 요약되기도 한다.

페스탈로치 교육사상의 특징은 구체적, 전체적, 체험을 교육의 원리로 삼는 것이었다. 지식교육, 기술교육, 도덕교육, 그 어느 것을 막론하고 구체적, 개별적, 경험을 통하여 보편적 이념의 실현을 시도했던 것이다.

그의 대표적인 저서로는 《린하르트와 게르투르트》, 《은자의 황혼》, 《게르투르트는 그의 자녀를 어떻게 가르치나》가 있다.

◆ 요한 H. 페스탈로치 1746~1827
스위스에서 태어남. 교육개혁자이다.

DAY 235 계발주의 교육

　　계발주의 교육이란 소크라테스의 교육방법에 의한 진리 발견의 교육방법을 그 근원으로 하고 있다. 이 교육을 인간 양육으로 보는 합리주의 또는 형식도야주의와 자연성장으로 보는 자연주의 교육사상을 종합하고 절충하려는 성격을 지닌다. 이는 아동연구에서 쌓은 심리학적 지식을 기초로 하여 아동의 내부적 여러 능력의 계발을 지도하고 조성하는 것을 강조하며, 머리와 손과 마음 등에 내재한 여러 능력의 조화적 계발, 도덕적 품성의 계발, 아동의 선천적 능력의 계발 등을 교육의 목적으로 한다.

　　교육내용으로는 활동 중심의 교육과정을 요구하며, 교과로는 독서, 산수, 습자, 과학, 역사, 어학, 지리, 문학, 유희, 음악, 미술 등이 강조되었으며, 교육방법으로는 아동 활동의 원칙, 유희, 흥미와 원칙, 형식적 교수 단계설, 창작활동의 원칙 등이 역설되었다.

　　이와 같은 교육의 목적, 내용, 방법은 계발주의 교육자에 따라서 그 강조점이 다르지만, 일반적으로 다음과 같은 점에서 공통된 주요 특색이 있다. 이를 구체적으로 살펴보면 첫째, 아동을 성인의 축소판으로 보지 않고 그때그때 충실히 몸과 마음을 닦아 길러야 할 존엄한 존재로 본다. 둘째, 아동들의 심리에 기저를 둔 교육을 역설하여 도야 내용에만 주의할 것이 아니라, 도야 대상인 아동의 본성과 심리상태를 연구하여 그에 적합한 교육을 할 것을 강조한다. 셋째, 자연주의적 원리의 발전으로서 코메니우스와 루소의 교육사상을 아울러 발전시키는 것이다. 넷째, 노력할 때에 흥미, 발전이 있고, 흥미가 있을 때 노력을 집중적으로 하게 된다. 다섯째, 교육은 발전의 과정이며 그 발전에 있어 가장 중요한 것은 그 초기이므로 중등교육이나 고등교육보다 초등교육에 관심의 초점을 두어 초등교육의 개선에 지대한 노력을 기울였다. 또한 학습지도의 개선, 교사양성의 중시와 교육과정 전반에 관한 이해의 촉진 등 교육의 외부적인 면보다 내부적인 상태의 쇄신에 노력했던 점 등이다. 계발주의 교육을 심리적 교육설 또는 발달주의 교육이라고도 하는데, 이 교육사상의 대표적인 인물로는 페스탈로치와 헤르바르트 그리고 프뢰벨을 들 수 있다.

◆ 헤르바르트 1776~1841
독일 출생의 철학자이자 교육학자이다. 스승인 페스탈로치의 민주주의적 원리를 이어받아 교육학에 영향을 끼쳤다.

사회학습이론

사회학습이론이란, 관찰학습이라고도 하는데 다른 사람의 행동과 그 결과의 관찰로 학습이 이루어진다고 보는 이론을 말한다. 이 이론은 고전적 조건형성, 조작적 조건화 이론, 인지심리학에 기반을 둔다. 또한 개체가 개별적으로 어떤 행동을 수정할 수 있다는 면과 함께 다른 개체의 모델 행동을 통해 보상하는 모방에서 더 많은 유기체가 그런 유의미한 행동을 효과적으로 학습할 수 있다는 심리학 이론이다.

사회학습이론의 권위자이자 심리학자인 앨버트 반두라는 인간을 사회적인 동물로 보고 직접적인 보상이나 벌의 결과를 통해서만 바람직한 행동을 형성하는 것이 아니라 다른 사람의 행동과 그 결과를 관찰하는 것으로도 학습이 이루어진다고 주장했다. 이것을 관찰학습이라고 하는데 이 학습에는 두 가지의 유형이 있다.

첫째, 관찰을 통한 고전적 조건화이다. 이는 어떤 유기체가 특정 조건자극에 대해 공포반응을 학습하게 된다. 가령, 두더지를 보고 깜짝 놀라는 형을 본 동생이 두더지를 보게 되면 놀라게 되는 현상이다. 둘째, 관찰을 통한 조작적 조건화이다. 이는 어떤 유기체가 어떤 행동을 했을 때 강화를 받는 것을 목격했다면 다른 유기체도 그 행동을 하기 원하게 된다. 가령, 형이 시금치를 먹고 어머니에게 칭찬받는 것을 동생이 보게 되면 동생 또한 시금치 먹기를 원한다는 것이다. 그러나 어떤 유기체가 어떤 행동을 했을 때 혐오 자극이 제공되는 것을 목격한다면 다른 유기체도 그 행동을 하지 않으려고 한다.

관찰학습은 네 가지 과정에 의해 구분된다. 첫째, 주의집중과정은 유기체가 관찰학습의 모델이 되는 행동과 그 결과에 주의를 기울이는 것을 말한다. 둘째, 유지과정은 관찰학습의 모델이 되는 행동을 돌이켜보기 위해 관찰자가 하는 이지적 행위이다. 셋째, 행동재생과정은 기억되어 있는 모델의 행동을 본인의 신체로 직접 재생산하는 과정을 말한다. 넷째, 동기화는 실제 행동으로 실현하고자 하는 동기나 욕구의 과정을 말한다. 관찰자가 모델의 행동을 정확하게 기억하고 운동능력을 지니게 되었다고 하더라도 유기체가 직접 행동하려는 동기가 없으면 실제 행동으로 나타나지 않게 된다.

모델을 통한 관찰학습이 매우 효과적이지만, 이것이 제대로 실행되지 않는다면 부정적인 정서 반응을 유발할 수 있다는 점을 간과해서는 안 된다.

◆ 앨버트 반두라 1925~
캐나다 출생. 미국의 심리학자이자 사회학습이론의 주창자이다.

DAY 237 | 몬테소리 교육법

몬테소리 교육법은 이탈리아의 교육자이자 의사인 마리아 몬테소리에 의해 개발된 교육법이다. 마리아는 로마 대학 정신과 보조 의사로 근무하면서 지적장애가 있는 아이들의 질병과 그것을 교육적으로 치료할 수 있는 방법에 대해 생각했다. 그녀가 본격적으로 연구에 몰입하여 창안한 교육법을 '몬테소리 교육법The Montessori Method'이라고 한다.

몬테소리 교육의 이론적 기초 5가지를 보면 첫째, 민감기로 유아가 어떤 행동에 대해 좀 더 영향을 받기 쉽게 특정한 기술을 쉽게 배울 수 있는 시기를 말한다. 둘째, 흡수 정신은 유아 내면에 잠재되어 있는 정신적 능력을 통해 환경을 받아들이고 스스로 경험하여 배우는 특성이다. 셋째, 정상화 이론은 유아는 준비된 환경에서 스스로 선택한 활동을 하는 동안 즐겁고 행복하게 정상화가 된다는 것이며 넷째, 자동교육은 유아 스스로 학습할 수 있다고 보고 유아가 준비된 환경에서 능동적으로 자유롭게 선택한 활동을 할 때 자연스럽게 학습이 이루어지는 것을 말한다. 다섯째, 준비된 환경은 유아의 발달단계에 대한 교사의 세밀한 관찰을 통해 적절한 교구를 준비해주는 환경을 말한다.

교사는 아동의 활동을 세심하게 관찰하고, 측정하고, 기록하여 이를 참고로 하여 아동에게 지시를 하되 첫째, 아동의 자기활동을 돕는 정리된 환경을 제공해야 한다. 교사는 아이들을 지켜보다 필요할 때만 지시를 해야 한다고 했다. 그리고 지적 장애가 있는 아이들에게 놀잇감을 주자 훌륭히 학습하는 것을 보고 이를 일반 아이들에게도 적용시키고, 색채감각의 자극과 대소大小, 장단長短의 자각을 위해 여러 가지 크기와 나무 조각 구슬 등의 놀잇감을 이용했다.

이를 좀 더 부연한다면 효율적인 교육을 위해서는 작업실, 이야기 교실, 식당, 목욕탕, 정원이 있는 집을 교육 장소로 했다는 것이다. 그리고 흑판을 비롯해 모든 비품은 어린이 중심으로 갖추었다. 그리고 그림, 무용과 음악, 놀이를 위한 이야기 교실에는 피아노를 갖추고, 화분으로 인테리어를 하고 식당에는 어린이들의 눈높이에 맞춰 식기류를 구비했다.

이렇듯 모든 것은 어린이들의 자율적인 환경을 만들어 지적장애가 있는 어린이로부터 장애가 없는 어린이에까지 교육방법을 적용시킨 '감각훈련 놀잇감'을 발견한 것은 획기적인 교육혁신이라고 할 만하다.

◆ 마리아 몬테소리 1870~1952
이탈리아에서 태어남. 의사, 교육자이다

DAY 238 교수설계

　교수설계라는 것은 교육 장소 등에서 학습자의 유연성을 유지하면서 높은 학습효과를 내는 것을 목적으로 계획을 세우는 것을 말한다. 교수설계의 의미는 작게 나뉜 학습 교육을 단위로 지침을 만드는 일이다. 학습 요구 분석 및 체제적 수업을 설계하며, 수업 설계방법을 교수공학이라고 한다. 교수설계의 기초는 학습 이론, 커뮤니케이션 이론, 정보학, 미디어 기술과 이것을 통합한 교수설계 이론 모형이다.

　교수설계는 '사람을 어떻게 학습시킬 것인가, 교육이란 무엇인가'라는 질문에 대치하고 더 좋은 학습 환경을 종합적으로 설계하는 것을 목표로 한다.

　교수설계 분야의 기초의 대부분은 제2차 세계대전 때 만들어졌다. 당시 미군은 총 취급과 대양을 통과하기, 배 조정, 폭탄제조 등 복잡하고 전문적인 작업을 할 수 있도록 많은 사람들을 급하게 훈련할 필요가 있었다. 훈련은 미국의 심리학자인 벌루스 스키너에 의한 조작적 조건 형성이론을 근거로 관찰 가능한 행동의 변화에 초점이 맞춰졌다. 문제는 작은 하위 과제로 분해되고 각각의 하위과제는 별도의 학습 목표로 취급되었다. 올바른 행위는 보상되고, 잘못된 행위는 교정되었다. 전시상황에서 훈련 모형의 성공으로 전후에는 기업과 공장에 도입되고, 초중고 교육에도 도입되었다.

　미국의 교육심리학자인 벤자민 블룸은 1955년 교육 목표 분류에 대해 발표했다. 그는 인지적 영역, 정신운동적 영역, 정의적인 영역 등 3개의 학습영역을 설정했다. 이는 지금도 여전히 유효하다.

　1960년대에는 심리학자 장 피아제의 인지 발달 연구가 영어권에 널리 알려졌다. 피아제에 따르면 아이의 생각이 발달하는 과정은 통과해야 하는 불연속적인 단계가 여러 개 있다. 어린이는 구체적인 직업이 가능한 정보를 처리하지 못하고 추상적인 생각, 과거 회고, 미래의 예측을 할 수 없는 것으로 나타났다. 그런데 나이가 들수록 이러한 능력이 생겨나는 것이다.

　1970년대 수학자이자 컴퓨터과학자인 시모어 페퍼트는 로고라는 프로그래밍 언어를 만들었으며, 1980년대와 1990년대에는 구성주의 이론이 나타나면서 학문의 세계도 포스트모더니즘의 영향을 받았다. 20세기 후반이 되어서는 인지주의 이론이 등장했다. 이것은 사람의 뇌가 어떻게 정보를 처리하고 저장하는지 그 방법을 대표하는 모형을 제시하는 이론이다.

교수설계는 교수 학습원리를 자료, 활동, 정보자원과 평가를 위한 계획으로 전환하는 체계적인 성찰 과정을 말하는 것이다.

DAY 239 실학주의

　실학주의란, 문예부흥 이후 교육사상의 주류를 이루고 있던 언어주의와 형식주의를 벗어나 모든 교육을 현실적으로 생활과 관련지으려고 했던 교육운동을 말한다. 실학주의는 고전의 암기나 어법과 문법에 치중하는 교육은 현실 생활과는 동떨어진 것이므로 교육을 현실에 부합시키고 실제 생활에 수반되는 여러 가지 사회적 현상에 대하여 학생이 더욱 잘 적응을 할 수 있도록 교육하고 훈련하고자 하는 것이다.

　16세기의 인문주의는 고전과 그 언어의 형식을 지나치게 존중하는 형식화된 인문주의에 빠졌지만, 17세기에 와서는 내용을 존중하고 현실과 실물의 직관을 통해 우리의 실생활에 필요한 지식을 가르침으로써 실생활에 필요한 유능한 인물을 양성하려는 실학주의가 나타났다. 다시 말해 16세기에 나타난 새로운 과학적 방법과 철학적 방법의 결합은 과학과 철학에 중요한 영향을 끼쳤으며, 교육의 발달에도 큰 영향을 주었던 것이다. 즉 진리 발견의 과학적인 방법은 교육에 있어서도 인간의 능력과 이성 및 경험을 존중하는 실학주의 교육을 탄생하게 하였다. 이러한 과정 속에서 대두된 실학주의 성격은 언어 이전에 사물이라고 하는 표어 속에 집약되고 있다. 실학주의 교육사상은 경험적 사물을 중히 여김과 동시에 모국어를 존중하는 기운氣運이 일어나서 라틴어 대신 국어를 사용하게 되었다.

　16세기 인문주의자들의 형식적 언어주의의 폐해를 공격하고, 교육은 실생활에서 유능하게 활동할 수 있는 인간을 양성해야 한다고 주장했다.

　실학주의는 그 주된 성격에 따라서 인문적 실학주의, 감각적 실학주의, 사회적 실학주의의 세 가지 유형으로 구분된다. 첫째. 인문적 실학주의는 인문주의적 색채를 띤 실학주의로서 고전을 배운다는 점에서는 인문주의 교육과 같으나, 고전을 배워 실생활에 이용한다는 뜻에서 실학주의적 성격을 가지고 있다. 둘째, 사회적 실학주의는 인문적 실학주의가 내세우는 고전을 통한 교육을 받게 하고 사회생활의 경험을 교육의 내용으로 한다. 즉 사회 안에서 생활하는 인간의 사회관계를 중요시하고 세정에 밝은 사람의 양성을 교육목적으로 했다. 셋째, 감각적 실학주의는 과학의 발달에 의한 자연과학의 지식과 연구방법을 교육에 도입하여 인간생활의 향상을 꾀하고자 했다. 즉 실물이나 표본, 그림과 같이 감각할 수 있는 구체적인 사물을 교재로 하여 교육함으로써 참된 지식을 얻게 하려는 것이며 이를 과학적 실학주의라고도 한다.

실학은 '실제로 소용되는 참된 학문'이라는 뜻으로 허학虛學과 대립된 말로 폭넓게 쓰여 왔다.

DAY
240   **인문학**

    인문학은 인간의 언어, 문학, 예술, 철학, 역사 등을 연구하는 학문이다. 인간과 인간의 근원문제, 인간과 인간의 문화에 관심을 갖거나 인간의 가치와 인간만이 지닌 자기표현 능력을 바르게 이해하기 위한 것이다. 또한 인간의 사상과 문화에 관해 탐구하는 학문이기도 하다.

    서양에서 인문학에 대한 연구는 고대 그리스까지 그 범위가 아주 넓고 깊다. 로마 시대에는 음악, 기하, 산술, 천문과 함께 문법, 수사, 논리를 포함한 7가지의 인문적 학문의 개념이 생겨났다. 이들 과목은 중세 교육에 있어 중요한 인문학의 중심이 되었는데, 르네상스시대에 하나의 중요한 전환이 발생되었다. 그것은 인문과학이 전통적인 분야로부터 문학과 역사와 같은 분야로의 전환에 상응하는 실용적이기보다는 오히려 학문적인 과목으로 간주되기 시작했던 것이다.

    20세기에는 민주사회에서 평등원칙에 적합한 용어로써 인문과학을 재정의하려는 포스트모더니즘 운동에 의해 논의되었으며 지금에 이르렀다.

    인문학의 분야에 대해 간략히 살펴보면 첫째, 고전학은 고전고대의 문화, 즉 그리스와 로마 문화를 일컫는다. 고전연구는 인문학의 토대가 되었으며, 지금도 문학이나 철학 등에서는 고전적 관념의 영향이 강하다. 둘째, 역사학은 인간과 사회, 제도, 시간의 흐름에 따라 변해온 것에 대한 연구와 해석 및 재창조를 위한 학문이다. 인문학의 한 분야로 간주되어 오던 사회학은 근대와 현대에 이르러서 미국과 프랑스에서는 사회과학으로 분류한다. 셋째, 언어는 근대와 현대에 있어 인문학 연구의 핵심이다. 그러나 언어에 대한 과학적 연구는 사회과학으로 본다. 문학은 언어예술이며 문예이다. 문예학은 예술학의 핵심이며 인문학의 중심학문이다. 넷째, 음악은 소리예술이자 시간예술이다. 음악은 인간의 정신과 밀접한 예술로 인간의 이성과 감성의 조화의 산물이기 때문에 음악의 역사라든가, 이에 대한 탐구는 인문학의 필수이다. 다섯째, 철학은 세계와 인간과 사물과 현상의 가치와 궁극적인 뜻을 향한 본질적이고 총체적이다. 또 현대철학은 언어철학과 논리학에 큰 비중을 둔다. 이 밖에도 공연예술학, 연극, 무용, 종교학, 미술사학 등을 들 수 있다.

    인문학은 인간의 삶에 있어 옳고 그름, 어떻게 사는 것이 잘 사는 것인지에 대한, 인간의 삶에 있어 빛과 길이 되는 학문이다. 그런 관점에서 인문학을 깊이 있게 탐구하고 모색해야 할 필요가 있다.

인문학이라는 용어는 이 용어는 키케로Cicero가 일종의 교육 프로그램을 작성할 때 원칙으로 삼은 라틴어 '휴마니타스'에서 유래되었다.

사회학

사회학이란, 사회관계의 근본 원리를 탐구하고 사회의 조직이나 구성상의 여러 특징을 연구하는 학문을 말한다. 사회학은 방법론이나 탐구하는 주제로 볼 때 매우 광범위한 학문으로서 사화과학의 한 분야로 다루어지기도 한다. 하지만 사회학이란 이런 것이다 하고 단정지어 말하는 것은 쉬운 일이 아니다. 그만큼 탐구대상이 많은 학문이기 때문이다.

사회학은 근대사회의 과학적 자각으로 생겨난 학문으로, 사회학이란 명칭은 프랑스의 철학자이자 사회학자인 오귀스트 콩트가 그의 저서 《실증철학강의》에서 처음 사용했다. 그 후 영국의 사회학자이자 철학자인 허바트 스펜서에 의하여, 그리고 독일에서는 사회학자이자 법학자인 로렌츠 폰 슈타인에 의하여, 미국에서는 워드에 의하여 그 영역이 발전되어졌다. 하지만 초기의 사회학은 폭이 광범위할 뿐 내용면에서는 그렇게 탄탄하지 못했다. 그런 관계로 20세기 들어서는 심리학적 사회학과 개별 과학으로서의 사회학 등이 사회학의 주류를 이루게 되었다.

사회를 인간심리의 상호적 교섭으로써 파악하는 입장은 사회학을 심간심리학이라고 본 프랑스의 사회학자 장 가브리엘 타르드에 의해 터전이 이루어졌다. 이러한 심리학적 사회학은 영국에서는 호부하우스, 미국에서는 기딩스에 의해 발전되었다.

20세기에 들어 1930년대까지는 독일과 프랑스의 사회학이 지배적이었다. 그러나 나치로 인해 독일 사회학은 쇠퇴하게 되었으며, 미국의 사회학은 상대적으로 크게 발전했다. 그로 인해 현대 사회학은 미국이 세계 중심이 되어 그 영향이 막강하다고 하겠다. 그리고 그 분야도 크게 확대되었는데 도시사회학, 농촌사회학, 산업사회학, 교육사회학, 법사회학, 정치사회학, 종교사회학 등 그 분야가 다양하다.

사회학의 기본적인 문제는 사회와 개인의 문제로 사회학 연구의 첫 출발점은 구체적인 인간의 사회적 행위의 분석이다. 둘째는 사회학의 중심적 과제라고도 할 만한 집단의 연구이다. 이는 인간의 사회적인 공동생활은 여러 가지 집단의 구성원으로서 행하는 생활인 까닭이다. 셋째는 사회의 문화에 대한 연구이다. 현대에 있어 문화를 둘러싸고 일어나는 문제가 그만큼 많다는 것을 뜻한다.

사회학은 내용을 실증적으로 연구한다. 이는 실증주의를 표방한 초창기 이래 사회학의 전통이기 때문이다. 정보화 사회에서의 사회학은 보다 더 포괄적이고 다양화된다는 점에서 그에 따른 연구가 지속되어야 할 것이다.

◆ 오귀스트 콩트 1798~1857
프랑스 출생. 프랑스의 철학자이다.

DAY
242

미학

미학이란 자연, 인생이나 예술 작품이 가진 아름다움의 본질이나 형태를 연구하는 학문을 말한다. 여러 학문의 상위에 위치하는 미 자체의 학문을 제창한 플라톤을 대표로 하는 서양의 전통적 미학은 초월적 가치로서의 미를 고찰한다. 미학이라는 말을 처음 사용한 사람은 라이프니츠 볼프 학파의 바움가르텐이다. 그는 그때까지 이성적 인식에 비해 한 단계 낮게 평가되고 있던 감성적 인식에 독자적인 의의를 부여하여 이성적 인식의 학문인 논리학과 함께 감성적 인식의 학문도 철학의 한 부분으로 수립하고 그것에 에스테티카란 명칭을 부여했다. 그리고 미美란, 곧 감성적 인식의 완전한 것을 의미함으로 감성적 인식의 학문인 동시에 미의 학문이라고 생각했다. 여기에 근대 미학의 방향이 발생된 것이다. 고전 미학은 미의 본질을 묻는 형이상학이어서 플라톤에서와 마찬가지로 영원히 변하지 않는 초감각적 존재로서의 미의 이념을 추구했다. 그런데 근대 미학에서는 감성적 인식에 의하여 포착된 현상으로서 미, 즉 미적인 것을 대상으로 한다. 이 미적인 것은 이념으로서 추구되는 미가 아니라 우리들의 의식에 비쳐지는 미를 말한다. 그러므로 미적인 것을 추구하는 근대 미학은 자연히 미의식론을 중심으로 해서 전개되게 했다.

임마누엘 칸트는 감성적 현상으로서의 미의식의 기초를 선험先驗적인 것에 두었지만, 의식에 비쳐지는 단순한 현상으로서의 미적인 것을 탐구하는 방향은 당연히 경험주의와 결부된다.

19세기 후반부터는 독일 관념론의 사변적 미학을 대신해 경험적으로 관찰되는 사례를 근거로 하여 미의 이론을 구축해 나가는 경향이 현저해졌다. 페흐너는 '아래로부터의 미학'을 제창하면서 심리학의 입장에서 미적 경험의 제법칙을 탐구하려는 '실험미학'을 주장했다. 그리고 나아가 미적 현상의 해명에 사회학적 방법을 적용시키려는 '사화학적 미학'이나, 분석철학의 언어분석 방법을 미학에 적용하려고 하는 '분석미학' 등 다양화되었다.

◆ 바움가르텐 1714~1762
독일 출생. 독일의 철학자로 미학美學을 최초로 철학의 독립된 부분으로 나누었다.

DAY 243 헤르바르트

독일의 철학자이자 심리학자이며 교육학자인 요한 프리드리히 헤르바르트는 올덴 부르크에서 태어났다. 법률가인 아버지를 둔 그는 유복한 가정환경 속에서 교육열이 높은 어머니의 가르침에 따라 공부는 물론 음악과 사교교육을 받았다.

헤르바르트는 1788년부터 올덴부르크 라틴어 학교에서 수학과 라틴어, 자연과학과 칸트의 철학을 공부했다. 그는 1794년 예나 대학교에서 법률을 공부했으나 철학에 관심을 기울였다.

헤르바르트는 1797년 스위스 베른 주지사의 집에 가정교사로 입주했으며, 페스탈로치를 만난 후 그의 교육사상에 큰 영향을 받았다. 그 후 1802년 괴팅겐으로 가서 박사학위와 교수자격을 취득하고, 1805년부터 철학과 교육학 조교수로 활동했다. 그리고 1806년 《일반교육학》과 《형이상학의 주안점들》을 출간했다. 1808년 칸트의 후임으로 쾨니히스베르크 대학의 정교수로 취임하여 철학을 강의하다 1810년 새로 개설된 교육학과를 맡아 부속학교를 설립 운영했다.

헤르바르트는 《일반교육학》을 발표함으로써 서양에서 최초로 교육학을 근대적 의미의 학문으로 정립한 인물로 인정받았다. 그가 발표한 일반교육이란 모든 종류의 교육활동에 일반적인, 공통적인 이론적 토대가 될 수 있는 교론론을 제시하고자 붙여진 명칭이다. 이 책에는 교육의 목적에 대해 밝히고, 이에 근거한 교육과정을 설명하고 있다.

헤르바르트의 교육 목적은 임의의 목적과 필연적 목적으로 구성된다고 보고 있는데, 임의의 목적은 삶의 다양한 필요를 위한 실용적 목적을 말하며, 이를 위해서는 정신적 활력인 흥미를 다면화시켜야 한다고 주장했다. 삶의 모든 영역에 대하여 폭넓은 흥미를 갖게 되면 변화하는 삶의 상황에 대해 유연하게 대처할 수 있을 뿐만 아니라 정신적으로 개방된 교양인이 될 수 있다는 것이다.

교육의 필연적 목적은 인간의 인간다움을 최종적으로 담보할 수 있는 특성으로서의 도덕성을 확립하는 것이다.

헤르바르트의 주요 저서로는 《일반교육학》, 《심리학교본》이 있다.

◆ J. F. 헤르바르트 1776~1841
독일에서 태어남. 철학자. 교육학자이다.

DAY 244   연결주의

    연결주의란, 조지 시멘스를 중심으로 디지털 환경 속에서 학습을 설명하기 위해 제시된 학습이론이다. 연결주의 학습이론의 원리의 핵심 아이디어는 학습을 '다양한 교점의 연결'로 보는 것이다. 이때 교점은 학습자, 교수자, 학습에 개입하는 정보, 테크놀로지, 데이터 등을 모두 포함한다. 학습자가 다양한 교점을 연결함으로써 네트워크 안에서 새로운 지식을 습득하고 이들 교점과의 연결을 지속하거나 확장함으로써 새로운 정보를 지속적으로 습득하는 학습에 주목한다.

    연결주의를 처음으로 제시한 조지 시멘스의 연결주의 원리는 첫째, 학습과 지식은 의견의 다양성에 의존한다. 둘째, 학습이란 특수화된 교점이나 정보원을 연결하는 과정이다. 셋째, 학습은 비인간 기기에 존재할 수 있다. 넷째, 현재 무엇을 알고 있느냐보다는 추가적으로 알 수 있는 능력이 더 중요하며, 이를 위해 연결을 풍부하게 하거나 유지하며 학습을 하는 것이 중요하다. 다섯째, 영역, 아이디어, 개념들 간에 연결 관계를 파악할 수 있는 능력이 핵심적 능력이다. 여섯째, 시의성(정확하고 최신의 지식을 알고 있는 것)이 모든 연결주의 학습활동의 목적이다. 일곱째, 의사결정 자체가 학습 과정이며 어떤 것을 배울지에 대한 선택과 입력되고 있는 정보의 의미는 변화하는 현실이라는 렌즈를 통해 해석된다. 현재의 정답이 현재의 결정을 좌우한 정보의 변화로 인해 내일은 잘못된 것이 될 수도 있다.

    연결주의는 지식을 창발적이고, 혼돈스러우며, 분절되어 있고, 맥락화된 것으로 규정한다. 지식은 완결되지 않은 과정적인 것이며 학습은 혼돈의 경계에서 발생한 것이라고 보는 복잡계 이론의 주장과도 일맥상통한다.

    연결주의는 구성주의와 달리 집단 단위의 학습이 아닌 네트워크의 학습에 초점을 맞춘다. 네트워크는 가상 실천 공동체이다. 이 가상 실천 공동체는 다음과 같은 특성을 지닌다. 첫째, 네트워크 내 규범은 창발적으로 등장한다. 둘째, 네트워크는 구성원 간 공유된 흥미를 기반으로 이루어지고 구성원의 참여 및 탈퇴는 유연하게 이루어진다. 셋째, 네트워크는 이타주의와 명성을 동력으로 유지한다. 넷째, 연결주의가 강조하는 학습단위인 네트워크는 이러한 특성으로 인해 학습자의 동기와 참여에 대한 지속성의 문제, 예상치 못한 변화에 대한 대응력 문제, 프라이버시 보호와 관련된 문제점들이 제기되기도 한다.

연결주의는 디지털 환경 속에서 매우 흥미로운 학습 이론이라 할 수 있다.

DAY
245

아이비리그

아이비리그는 미국 북동부에 위치한 하버드 대학교, 예일 대학교, 프린스턴 대학교, 펜실베이니아 대학교, 컬럼비아 대학교, 코넬 대학교, 다트머스 대학교, 브라운 대학교 등 8개 명문대학을 지칭하는 말이다.

아이비리그라는 용어는 학문적 우수성, 까다로운 입학 조건, 사회엘리트주의라는 의미를 함축하고 있다. 또한 미국의 가장 오래된 학교들에 속하는 교육 철학을 상징하기도 한다. 그리고 이 8개 대학이 결성한 운동경기 연맹을 가리키는 용어이기도 하다.

아이비리그라는 명칭이 사용되기 시작한 것은 1936년 〈뉴욕헤럴드 트리뷴〉지 기자였던 스탠리 우드가 오래된 이 대학들을 취재하며 신문기사에 '아이비리그'라는 낱말을 쓴 이후부터이다.

아이비리그 대학교들은 공통된 특징이 있는데, 그것은 영국에서 온 청교도를 비롯한 초기 개척자들이 정착했던 미국 북동부 지역에 위치해 있다는 것과 미국에서 가장 오랜 역사를 지닌 명문 대학교라는 것이다.

1833년 설립된 코넬 대학교를 제외한 7개 대학교들은 미국 독립전쟁 이전에 세워졌으며, 역사가 가장 오래된 하버드 대학교는 1636년에 설립되었다. 하버드 대학교는 영국 청교도들이 미국에 정착한 후 세워진 첫 대학교라는 점에서 그 의미가 매우 크다고 하겠다.

아이비리그 대학교들은 학문적인 우수성과 까다로운 입학 조건들로 인해 최고의 인재들만 입학이 가능하다. 또 비싼 등록금 때문에 사회적인 신분과 지위가 높거나 부유한 집안의 자녀들이 주로 입학한다.

빌 클린턴, 버락 오바마, 조지 부시 대통령을 비롯한 몇몇 전직 대통령은 물론, 졸업은 하지 않았지만 빌 게이츠나 마크 저커버그 등 뛰어난 경영인을 비롯해 정치, 경제, 문화, 예술 등의 분야에서 많은 인재를 배출한 명문 대학의 상징이기도 하다.

오랜 역사를 가진 미국 북동부 8개 대학의 건물이 담쟁이덩굴인 아이비ivy로 덮여 있는 모습에서 '아이비'라는 명칭이 유래했다고 한다.

DAY 246 수사학

수사학修辭學이란, 설득의 수단으로 문장과 언어의 사용법, 대중연설의 기술을 연구하는 학문을 일러 말한다. 수사학은 담론談論의 예술로서 고대 그리스와 로마시대 때 웅변가들에게 토론법이나 대중 연설 시 여러 가지 화술을 훈련하는 데 적용했다.

수사학의 정의는 고대 그리스 철학자 아리스토텔레스에서 유래되었는데, 그는 수사학을 논리학과 정치학을 보완하는 것으로 여겨, 어떤 주어진 상황에서도 활용할 수 있는 설득의 수단을 찾는 능력이라고 말했다. 수사학은 전형적으로는 논증論證의 이해와 발견, 발전을 위한 발견법을 제공한다. 고대 로마시대에 처음으로 집대성된 수사학의 5대 규범은 설득력 있는 연설을 설계하는 전통 규범을 따르며 발견술, 배열술, 표현술, 기억술, 연기술로 구성된다. 수사학은 문법과 논리와 함께 담론의 세 가지 기술 중 하나이다.

아리스토텔레스는 수사학의 이용법을 세 가지로 분류했다. 첫째, 토의연설은 정치 집회에서 조언할 때 둘째, 법정연설은 법정에서 셋째, 과시적 연설은 상황에 따라 남을 찬양하거나 비난하는 의식에서 사용되었다. 이 세 가지는 듣는 사람들에게 무엇인가를 이해시키거나 의도한 효과를 내기 위한 '설득력 있는 요소'가 포함되었다.

최근에 와서 수사학에 변화가 일어나게 된 것은 르네상스 이후 인식론이 변화한 까닭이다. 르네 데카르트와 존 로크에서 시작하여 프리드리히 니체를 거쳐 토마스 쿤 같은 근대 철학자에 이르기까지 언어의 현실에 대한 관계성이 지속적으로 변화했던 것이다. 이를 좀 더 부연한다면 언어가 절대적인 진리나 현실을 반영한다는 고전적인 개념이 없어지고, 언어는 주로 현실이 우리에게 의미하는 것을 규정한다는 개념이 생긴 것이다. 이처럼 인식론의 변화로 진리는 더 이상 언어가 호소력 있게 제시하는 고정관념이 아니라 언어가 제공하는 관점에 관계되는 개념으로 변화되었다.

수사학은 그리스 로마시대에 있어 대중의 설득을 위한 언어의 도구로서 매우 유용했고, 시대의 흐름을 반영하는 바로미터와도 같았다. 하지만 시대의 흐름에 따라 인식론은 변화했으며, 그에 따른 수사학도 변화되었다.

수사학은 언어의 사용법과 문장의 사용에 있어 효과적인 학문이라는 관점에서 볼 때 매우 중요성을 지닌 학문이라고 하겠다.

◆ 토마스 쿤 1922~1996
미국의 과학사학자 겸 철학자. 주요 저서로는《과학혁명의 구조》외 다수가 있다.

논리학

논리학이란, 논리 및 그것과 관계된 구성과 원리를 분석하고 체계화하는 학문을 말한다. 이를 좀 더 구체적으로 말한다면 논리학은 타당한 논증, 추론과 증명의 법칙을 연구하는 '논증의 학문'이라고 정의(定義)할 수 있다. 그리고 판단, 추리, 개념 등과 관련하여 올바른 명제를 전제로 하는 타당한 추론의 형식에 관한 '인문과학'이라고도 한다.

고전적인 논리학의 토대는 아리스토텔레스에 의해 만들어졌다. 그의 오르가논에서 올바른 추론 및 증명을 논하는 논증의 토대가 제시되었으며, 이는 수천 년 동안 서양 철학 발전에 근본을 이루었다. 그리고 중세에 와서는 아리스토텔레스의 논리학을 바탕으로 라이프니츠, 오컴 등의 철학자들의 다양한 연구가 펼쳐졌다.

이후 근대에 와서는 고트로브 프레게가 술어 논리를 고안했으며, 주세페 페아노는 집합론을 발전시켜 수학의 논리적 기초를 세웠다. 또 현대에 와서는 체르멜로, 프렝겔 공리에 선택공리가 추가된 수학기초론을 이루었으며, 다양한 대상들을 다룰 수 있도록 하는 직관논리, 양상논리 등 새로운 수리논리학적 체계가 세워졌다.

논리학에는 형식적 논리학과 비형식적 논리학이 있다. 첫째, 형식적 논리학은 개개인의 판단이나 개념의 내용에 상관없이 추리의 형식상 타당성만을 문제로 삼는다. 형식적 논리학은 아리스토텔레스로 대표되는 고전논리학과 현대의 형식논리학은 수리논리학을 가리키는 말로 쓰이며, 현대 수학의 근간(根幹)을 이루는 수학기초론을 구성하기도 한다. 둘째, 비형식적 논리학은 형식체계에 중심을 두지 않는 논리학을 흔히 비형식 논리학으로 부르는데, 추리형식의 타당성뿐만이 아니라 판단이나 개념의 내용이 진리인 것 같은 인식을 얻기 위한 사고의 경로나 그 형태를 연구한다. 철학자들은 자신의 철학적 인식을 바르게 하기 위해 아리스토텔레스의 연역적 논리학 대신 자신의 입장에서 특징 있는 인식적 논리학을 설정했다. 베이컨의 귀납적 논리학이나 칸트의 선험적 논리학, 그리고 헤겔과 마르크스의 변증법적 논리학, 존 듀이의 실험적 논리학이 그것이라고 할 수 있다.

논리학은 "무엇이 올바른 추론인가?"라는 문제를 해결하기 위해 출발한 학문이다.

DAY 248 정치학

　정치학은 정치사상과 현상을 연구하는 학문으로 사회과학의 한 분야이다. 정치사상이나 정치이론은 인간이 정치생활을 시작하면서 있었다고 볼 수 있다. 정치에 대한 연구는 기원전 4세기에 아리스토텔레스에 의해 이루어졌다. 이후 아리스토텔레스의 정치학은 중세 말엽 서방교회의 신학자이자 스콜라 철학자인 토마스 아퀴나스에 의해 다시 거론되었다. 그러나 고대와 중세의 정치학은 도시공동체나 세계적 공동체를 대상으로 하며 윤리나 신앙의 입장에서 전개되었다는 점에서 근대적 의미의 정치학과 그 성격을 달리한다.

　근대 정치학은 근대의 주권국가를 대상으로 한다는 점에서 그 이전의 정치학과 구별된다. 르네상스시대 이탈리아 사상가이자 정치철학자 마키아벨리는 도덕적인 선입견을 벗어난 객관적인 방법을 통해서 세속군주의 통치기술을 논했고, 프랑스의 사상가이자 법학자 보댕은 법률학적 입장에서 근대국가의 주권과 군주의 절대성에 대한 이론적 근거를 제시했다. 이 시기에 있어서의 정치학은 국가의 주권성과 군주 권력의 만능성을 정당화하는 학문의 성격을 가졌다고 볼 수 있다.

　이후 근대의 정치학은 국가 주권 이론에 대한 새로운 해석은 자연법사상에 기초를 갖는 국가계약설에서 비롯된다. 국가계약설이란, 사회 및 국가의 기원에 관한 학설로 자연 상태에서 자유와 평등을 누리던 개인이 그 주체적 의지로서 서로 계약을 맺어 사회를 형성했으며, 개인은 모든 자유권을 국가에 위임하고 대신에 재산의 보호를 받지만 항상 시민에게 혁명권이 있다고 주장하는 학설을 말한다. 그러나 프랑스혁명 이후 혁명의 과격성이 남긴 후유증은 자연법사상과 국가계약설에 대한 반발을 불러일으켰다. 즉 국가계약설은 국가의 사회의 생성을 인간의 역사나 경험을 조금도 고려하지 않았다는 비난을 면할 도리가 없다. 이에 대해 영국의 공리주의 사상가들은 공리주의의 개념을 중심으로 한 경험주의 이론에 입각한 정치이론을 전개했다.

　현대에 와서는 미국에서 발달한 과학적인 방법과 정치의 실태를 해명하려는 비법학적인 연구의 전통은 세계적으로 정치학의 연구와 교수의 방향을 설정했다. 전통적 정치학 연구에 머물러 있던 유럽의 정치학계도 미국의 정치학을 받아들여 과학적으로 정리된 정치학 연구의 영향을 받았다.

　미국의 정치학계는 과학적 정치학의 새로운 분야를 개척함으로써 오늘날의 정치학에 이르게 하는 데 크게 공헌했다.

정치학이란 결국 국가권력 행사에 영향을 미치려는 여러 세력들 간의 갈등과 투쟁 및 타협으로 나타나는 국가 현상을 연구하는 학문이다.

문답법

문답법은 비판적 사고력을 길러주는 방법의 하나로 소크라테스식 대화법이라고 한다. 소크라테스식 대화법이란, 대화를 통해서 상대방이 알고 있는 지식을 상기해 내도록 하는 것으로, 여기에는 소극적 측면인 소크라테스적 반어와 적극적 측면으로써의 산파술을 생각할 수 있다. 소크라테스적 반어는 대화의 상대자로부터 로고스를 끌어내 무지의 자각, 아포리아로 유도하는 소크라테스의 독특한 무지를 가장하는 태도이며, 산파술은 상대방이 제출한 논설이나 질문을 거듭함으로써 개념규정을 음미하고 당사자가 의식하지 못했던 새로운 사상을 낳게 하는 문답법이다.

소크라테스는 자기 스스로 이제 새로운 지혜를 낳을 수 있는 능력은 없으나 다른 사람들이 그것을 낳는 것을 도와 그 지혜의 진위는 식별할 수 있다고 하면서, 자기의 활동을 어머니의 직업인 산파에 비유, 산파술이라고 불렀던 것이다.

소크라테스식 대화법의 장점은 첫째, 학생들의 사고를 외형적으로 드러내 보인다. 그래서 스스로의 사고를 보다 더 의식하고, 정교화하고, 발전시키며 평가해 가도록 안내하는 데 목적이 있다. 둘째, 모든 사고에는 논리, 즉 구조가 있다는 아이디어에 기초하고 있다. 사고란, 여러 요소들이 서로 연결되어 전체적인 체계를 이루고 있으며 논리는 관계를 의미하고 이것들이 부분들 간의 관계에 따라 사고의 전체는 하나의 체제를 이룬다. 어떤 하나의 진술이 있다면 그것은 그 밑바탕에서 일어나고 있는 전체적인 사고의 한 부분이며 전체 중에서 작은 한 부분만을 나타내 보여주는 것이라고 이해할 필요가 있다. 하지만 사고의 밑바탕에 있는 사고 체제가 불분명하거나, 피상적이거나, 편협하거나, 무비판적이거나 또는 제대로 개발되어 있지 못할 수도 있다. 셋째, 수업이나 기타의 학습장면에서 손쉽게 적용될 수 있다. 이들의 대부분은 질문하고 대답하는 변증법적인 대화의 과정으로 이루어지기 때문이다. 여기서 주의할 것은 소크라테스식 대화법은 아무렇게나 떠드는 대화라고 오해해서는 안 된다. 소크라테스식 대화법은 분명한 목적을 가지고 있으며, 그러한 목적을 성취하기 위한 독특한 방법을 가진 대화법이다. 그러나 소크라테스식 대화법에서 한 가지 문제가 있다면 묻고 대답하는 것이 제대로 이루어지지 않는다면 그 효과는 지극히 미흡하거나 기대할 수 없다는 데 있다는 것이다.

문답법의 주요 요소로는 비판적 질문과 적극적인 경청을 들 수 있다.

DAY 250 실험주의

　실험주의 교육사상은 감정적 자유주의 교육사상과는 달리 인간의 소질과 외부 영향과의 관계에 대한 실험적 연구를 토대로 하여 교육방법을 결정하려고 하는 사상이다. 실험주의 교육사상의 발달을 촉진시킨 학문은 생리학과 아동심리학 그리고 사회통계학과 인류학이다.

　실험주의 방법의 특색은 실험과 관찰, 통계 등의 방법을 많이 이용한다는 데 있다. 실험주의 교육학은 기존의 직관적, 사변적인 방법보다 실험에 의한 객관적 원리를 중시하고, 개인의 의견보다는 사회적 통계를 중시하며, 윤리학이나 심리학보다 생물학과 인류학 등의 자연과학을 보조 학문으로 채택한다.

　실험주의의 대표적인 학자는 독인의 심리학자이자 교육학자인 에른스트 모이만이다. 그는 목사의 아들로 태어나 베를린, 할레, 본 등의 대학에서 신학을 공부한 후 라이프치히 대학의 분트에게서 실험심리학을 배웠으며, 취리히 대학교와 함부르크 대학교에서 교수를 지냈다.

　그는 기존의 교육학은 교육의 목적으로부터 교육학을 연역하려 하기 때문에 주관적인 편견과 독단에 빠지기 쉽다고 보았다. 그래서 그는 교육 사실에 대한 과학적 실험연구를 기초로 하여 새로운 교육학 발전의 필요성을 주장했다. 그러나 그가 생각하는 실험교육학은 연구의 영역을 교육이념과 교육사실의 두 영역으로 구분하고, 실험이 가능한 것을 교육 사실의 영역으로 보았다.

　모이만은 실험교육학에서 연구할 것으로 첫째, 아동의 신체 및 정신적인 발달 둘째, 아동 개인의 성격, 지능, 소질 셋째, 교육 및 교수방법의 규칙 설정 넷째, 학교조직 등이다. 모이만의 실험교육학의 사상은 영국의 러스크, 미국의 심리학자이자 교육학자인 그랜빌 스탠리 홀과 미국의 심리학자인 찰스 허바드 저드 등에 영향을 끼쳤으며 그로 인해 교육의 심리적 실험연구를 발전시켰던 것이다.

　모이만의 주요 저서로는 《기억의 경제와 기술》, 《학습경제 및 기술에 대하여》, 《아동의 언어》 등이 있다.

◆ 에른스트 모이만 1862~1915
독일에서 태어남. 심리학자. 교육학자이다.

사회과학

사회과학은 인간과 인간 사이의 관계에서 일어나는 사회현상과 인간의 사회적 행동을 탐구하는 과학의 한 분야이다. 이를 좀 더 부연한다면 사회과학은 자연과학의 발전에 영향을 받아 발전한 과학적 방법을 사용하여 사회현상을 연구한다. 그런 까닭에 자연과학과 같이 사회과학 역시 경험적 지식체계를 구축하는 경험과학이라고 할 수 있다. 그러나 자연과학과는 달리 사회과학은 인간 사이의 관계를 연구하기 때문에 가치관의 문제가 따를 수밖에 없다. 그래서 자연과학과 같은 방법으로 사회현상을 연구하기에는 한계가 있기 마련이다. 그렇지만 사회현상에 대해서 독자적인 방법을 추구할 수 있기 때문에 사회과학은 이를 설명할 수 있다.

사회과학이 다루는 사회현상은 사회 그 자체의 구성에서부터 사회에서 일어나는 경제, 정치, 문화적인 사건뿐만 아니라 사회의 구성원인 개인의 심리에 이르기까지 매우 다양하다. 이들 가운데 몇 가지만 살펴보기로 하겠다.

첫째, 인류학은 인간에 관한 한 모든 것을 연구하는 학문이다. 인간은 생물학적 속성과 문화적 특징을 가진 존재로 인류학은 양 측면을 다 포함하여 광범위한 영역에서 인간을 연구한다. 인류학은 19세기 이후 학문으로 체계화되었으며 미국과 유럽에서도 발전되어 왔다. 둘째, 사회학은 인간사회와 인간의 사회적 행위를 연구하는 학문으로, 사회 행동을 앞세워서 동적인 의미를 강조하고 구조 속에 질서의 의의를 찾을 수 있는 양면성을 가진 개념이다. 사회학에서는 다양한 사회연구 기법을 이용하여 경험적인 조사를 하고 그 결과를 분석한다. 사회학은 이러한 의미에서 사회과학의 한 분야로 다루어진다. 셋째, 경제학은 인간의 생활 가운데 부와 재화 및 생산, 분배, 소비 활동을 다루는 사회과학의 한 분야이다. 경제학은 자원 등 경제적 가치가 있는 대상이 희소하고 이를 선택할 때에는 기회비용이 발생한다는 것을 기본적인 전제로 한다. 넷째, 정치학은 정치 체제나 정치 행위와 같은 정치 현상을 연구하는 사회과학이다. 정치학은 서로 연관되어 있는 정치적 사건과 여러 조건들을 살피고 세계 정치 방향을 연구하여 그 안에 있는 규칙성을 발견하고 개념화하는 데 의의가 있다. 다섯째, 심리학은 인간의 행동과 심리과정을 과학적으로 연구하는 경험과학의 한 분야이다. 심리학은 연구 분야에 따라 생리심리학, 인지심리학, 발달심리학, 교육심리학 등으로 나눌 수 있다.

이밖에도 사회과학에는 지리학, 법학, 경영학, 행정학 등 다양한 학문적 체계를 지니고 있다.

DAY 252 심리언어학

심리언어학은 언어습득과 언어를 사용할 때 작용하는 인간의 내재적, 정신적 과정을 과학적으로 연구하고 설명하는 학문으로, 심리학에서 언어학 분야를 연구하면서 시작되었다.

심리언어학은 1936년 미국의 심리학자인 제이콥 로버트 캔터가 자신의 저서《언어와 심리언어학》에서 처음 사용했다. 하지만 학문적으로 사용하게 된 것은 1953년 미국 인디애나 대학교에서 개최된 '심리언어학' 토론회에서부터다.

심리언어학은 1950년대 그 이론적 기초로 행동주의 심리학을 바탕으로 했다. 당시에는 언어의 학습은 끊임없이 자극과 강화를 통해 연습된다고 믿었다. 언어교수법으로는 어법구조가 강조되었으며, 뜻의 변화는 가볍게 다루었는데 문형 연습이 강조되었다.

1957년 미국의 언어학자이자 철학자인 노암 촘스키가 '어법 생성의 이론'을 발표했으며 '언어사용의 모델'과 '언어 구성과 뜻의 저장과 기억' 그리고 '각 문장에 대한 두뇌의 처리 과정'을 주제로 활발하게 토론이 전개되었다.

1959년 촘스키는 동물에 대한 자극, 반응 및 강화의 해석을 통해 증명할 수 있었음에도 사람의 언어는 본래 매우 복잡하고 확정하기 어려운 자극과 반응이 있으며, 이를 통해 행동주의 심리학이 언어에 관해 해석할 수 있는 것은 명확하지 않아 설득력이 약하다고 주장했다. 이후 심리언어학은 촘스키의 이론이 심리학과 실증언어학 중 심리세기의 연구 및 실험에 적용될 수 있는지에 초점을 두었다.

심리언어학의 주된 연구는 인간 언어의 발생, 습득 및 처리, 상실 및 회복, 실어증과 언어 장애, 말소리의 산출과 지각 등이며, 언어 각 접촉 분야는 다루지 않는다. 신경언어학 분야를 접목하여 언어습득이나 발달 및 언어처리 등을 뇌의 어느 부분에서 담당하는지를 밝혀내는 데 있다. 그리고 언어를 어떻게 구성하고 사용하는지와 어떻게 언어를 통해 사상을 표현하고 사고하는지를 범위로 하고 있으며, 그 연구의 중심 분야에는 심리학, 인지과학, 언어학의 이론과 연구방법이 있다.

◆ 노암 촘스키 1928~
미국의 언어학자이며 1960년대부터 활발히 사회운동에 참여하여 미국을 대표하는 비판적 지식인으로 평가받고 있다.

멘토링

멘토링Mentoring이란, 풍부한 경험과 지혜를 겸비한 사람이 일대일로 지도와 조언을 해주는 행위를 말한다. 멘토링은 그리스 신화에서 유래한 말로 고대 그리스의 이타이카 왕국의 왕 오디세이는 트로이 전쟁에 출정하면서 사랑하는 아들을 가장 믿을 만한 친구에게 부탁했다. 그 친구는 오디세이가 전쟁에서 돌아오기까지 무려 10년 동안 친구이자 상담자로서 때로는 아버지가 되어 정성을 다해 왕자를 돌보며 훌륭하게 키워냈다.

전쟁이 끝나고 왕궁으로 돌아온 오디세이는 훌륭하게 자란 왕자의 모습을 보고 크게 감탄했다. 오디세이는 왕자를 훌륭하게 키워준 친구에게 칭찬을 아끼지 않았다. 왕을 대신하여 왕자를 잘 양육한 친구의 이름이 바로 멘토이다. 이후 멘토Mentor는 '지혜와 신뢰로 한 사람의 인생을 이끌어 주는 스승' 또는 '조력자'라는 뜻으로 쓰이고 있다. 그리고 조력을 받는 사람을 멘티Mentee라고 한다.

멘토링에는 세 가지 유형이 있는데 첫째, 비공식 멘토링은 경험자와 비경험자 사이에서 일어나는 상호작용이 자연발생적이고 비체계적인 매칭으로 이루어지는 멘토링을 말한다. 둘째, 혼합형 멘토링은 맨토와 멘티의 계획적 매칭없이 관계가 성립된 멘토링을 말한다. 셋째, 공식적이며 체계적인 멘토링은 조직적이고 공식적인 멘토링으로 멘토와 멘티의 관계가 계획적이고 체계적 매칭으로 이루어졌으며 추진 팀에 의한 과정설계, 진행, 평가 및 멘토와 멘티 간의 협약서, 멘토링 실천계획서 등을 포함하는 것을 말한다.

멘토링이 중요한 것은 멘토링을 통해 멘티가 지식과 지혜를 습득함은 물론 인생을 살아가는 데 있어 빛과 소금의 역할을 하는 데 큰 도움이 되기 때문이다. 멘토링은 현대 사회에 있어 매우 중요한 교육과 조력의 본보기라고 할 수 있다.

현대에 와서 멘토링은 참여자들의 자아 개념, 자아 존중감, 대인 관계 능력 등에서 긍정적 변화를 이끌어 내는 데 효과적으로 알려졌으며, 멘티뿐만 아니라 멘토의 성장에도 도움이 되고 있다.

DAY 254 예술학

　예술학이란, 예술의 기원, 목적, 기능, 창작방법, 감상, 예술의 역사 등 예술과 관련된 모든 내용을 다루는 학문을 말한다. 이를 좀 더 부연한다면 예술학은 예술에 관한 종합적 학문으로 사회문화적, 사상적, 정신분석학적 그리고 비평적으로 접근함으로써 다양한 방법으로 연구하는 학문인 것이다.

　예술에 대해 고대 그리스 철학자 플라톤은 "비이성적 작업은 예술이라고 하지 않는다"라고 주장했으며, 그의 제자인 아리스토텔레스는 "정확한 추론에 따라 생산하는 지속적인 성향이다"라고 말했다.

　플라톤과 아리스토텔레스의 말에서 보듯 고전시대의 예술은 시와 음악, 연극, 웅변, 천문술은 물론 인간의 삶과 관계된 것 등 광범위한 개념을 지녔었다. 그런데 르네상스시대에 오면서 그 범위가 축소되었으며, 18세기에 이르러서야 비로소 예술의 개념이 오늘날과 같이 규정되었다.

　오늘날의 예술학은 철학, 사회학 등 다양한 학문과 더불어 연관성을 지녀 연구의 범위가 매우 광범위하다. 이를 영역별로 살펴보면 예술사, 예술경영, 예술행정, 예술의 역사, 예술의 과제, 예술론 등으로 나눌 수 있다. 또한 예술학은 예술철학과 구별하여 예술을 과학적으로 연구하는 의미로도 볼 수 있다. 예술 사회학은 예술의 사회학적 연구학문으로서 19세기 중엽에 일어났던 실증주의와 더불어 발달해 오늘에 이르렀다.

　예술학과 관련된 직업으로는 사진작가, 학예사, 큐레이터, 미술기획전시자, 미술평론가, 음악평론가 등을 비롯해 그 범위가 넓다. 나아가 문화적 욕구를 충족시키려는 사람들이 늘어나는 만큼 예술학과 관련된 직업은 보다 더 광범위하게 됨으로써 더 세분화될 것으로 본다.

오늘날에는 예술의 문제를 철학적으로 고찰하는 '예술 철학'이 또한 독자적인 영역을 구축하고 있다.

실학

實學　　EDUCATION

　실학實學은 17세기에서 19세기 전반에 걸쳐 나타난 개혁적인 조선 유학의 학풍을 일러 말한다. 조선의 실학파 학자들은 정치, 경제, 종교, 문화 등의 제도를 개선하여 절박한 민생문제와 사회문제를 해결하려는 데 그 목적을 두고 학문연구에 치중했다. 조선의 실학은 서양의 과학과 같은 경세의 학문으로 볼 수 있으며, 주자학의 관념적인 것에서 벗어나 실제적이고 실용적인 학문을 추구했다.

　조선에 실학사상이 발생되던 시기 중국의 문화는 한인漢人의 한문화 재건으로부터 오는 고증학적 학풍과 서구 과학을 받아들임으로써 얻은 이용후생利用厚生의 경제정책을 내용으로 하는 것인데 그것을 북학파의 홍대용, 박지원, 박제가 등의 신진학자들이 받아들여 발전시켰다. 이들은 중국의 문물제도를 배워 한국 실학이 발전하는 데 초석이 되었다.

　실학파는 17세기 이수광과 유형원을 시작으로 18세기에는 이익과 박지원, 그리고 19세기에는 정약용, 감정희 등이 실학을 주장하고 적극 펼쳐나갔다. 이를 크게 두 가지로 보면 첫째, 경세치용 학파는 유형원과 이익, 정약용을 들 수 있다. 유형원은 균전론을 내세워 자영농 육성을 위한 토지제도 개혁을 주장했으며, 양반문벌제도와 과거제도, 노비제도의 문제점을 비판했다. 이익은 자영농 육성을 위한 토지제도로 한전론을 주장하고, 여섯 가지 사회적 폐단을 지적 비판했다. 정약용은 토지를 공동 소유하고 이를 공동 경작, 공동 분배하는 여전론을 주장했다. 둘째, 이용후생 학파는 유수원, 홍대용, 박지원, 박제가 등을 들 수 있다. 유수원은 북학파의 선구자로 상공업의 진흥과 기술의 혁신을 강조하고, 사농공상의 직업의 평등 전문화를 주장했다. 홍대용은 기술혁신과 문벌제도의 철폐, 사대부의 중화사상을 비판했다. 박지원은 상공업의 진흥을 강조하고, 화폐 유통의 필요성을 주장했으며, 양반문벌제도를 비판했다. 그리고 영농방법의 혁신, 상업적 농업의 장려, 수리시절 확충을 통해 농업 생산력을 높이는 데 주력했다. 박제가는 청의 문물을 적극적으로 받아들일 것을 주장했다. 이밖에도 이덕무, 홍양호, 유득공 등이 있다.

　실학이 발전함에 따라 우리의 역사, 지리, 국어 등을 연구하는 국학이 발달했다. 나아가 전통적 과학기술을 계승하면서 서양의 과학기술을 수용하여 과학기술 발전에도 큰 진전이 있었다. 실학사상은 실증적, 민족적, 근대 지향적 특성을 지닌 학문이다. 북학파 실학사상은 19세기 후반에 개화사상으로 이어졌다.

실학이란 조선 말기, 실생활의 유익을 목표로 하는 실용적인 학문을 말한다.

DAY 256 고증학

　고증학은 중국 명나라 말기부터 청나라 초반 사이에 언어학, 문헌학을 중심으로 객관적이고 실증적인 태도를 견지하면서 발전한 유학의 한 분야를 일러 말한다.

　학문의 대상이 개인의 내면적인 문제에서 외적인 정치, 사회문제로 전환하게 된 배후에는 명나라 말기 정치적 혼미, 사회적 변동을 비롯해 이민족인 만주인의 중국 침입과 지배라는 국가와 민족의 위기 상황이 있었다. 이에 따라 유로遺老들의 경세치용 의식에는 만주인과 청나라에 반대하는 민족의식이 스며 있었다. 이러한 경세치용의 학문은 청나라 초기에 걸쳐 청나라 초기의 3대유로 불리는 황종희, 고염무, 왕부지 등에 계승되어 그들의 경학과 사학에 관한 탁월한 연구 속에서 발전되었다. 그러나 그들의 경학과 사학의 연구가 고증학으로 발전되어진 것은 아니다. 청나라의 지배가 확립되고 사상탄압 정책에 의해 실증적 측면만이 발전하여 고증학의 전성시대를 드러낸 것이다.

　고증학은 실사구시를 모토로 하여 그 중심에는 언어학과 문헌학의 연구가 있다. 청나라 초기의 고증학은 고염무에 이어 염약거, 호위 등이 기초를 굳혔고, 전성기에 들어서면서 순수한 한학을 개척한 쑤저우의 혜동과 그 계통의 여소객, 강성 등 고염무의 학풍을 받고 다시 천문역산, 예제의 학에 뛰어난 안후이의 강영과 그 계통의 대진, 단옥재, 왕인지와《사고전서》의 발기자인 북경의 주균, 그것을 완성시킨 기균, 그 밖에 고증학의 집대성인 완원 등 각지에 수많은 학자가 배출되어 다양한 학풍을 이뤘다.

　고증학의 한학적인 방법론에 대하여 안휘성 동성의 방포는 송대의 유학을 숭상하고 단송팔대가 고문을 이상으로 하는 학풍을 열었다. 이 학풍은 동향 사람인 요내에 의하여 확립되고, 청나라 말기의 증국번과 진례, 주차기 등에 승계되었다. 이 학파를 동성파라고 한다.

　청대 고증학의 역사적 특징은 그 비정치적인 성격에 있었다. 때문에 청대 중기에서 말기에 이르는 청조의 정치적, 사회적 곤란이 격화함에 따라 전성기에 다다른 고증학도 차츰 쇠퇴하고 새로이 경세치영의 학문으로서의 공양학이 대두하게 되었다.

　고증학은 실학, 박학과 더불어 고학이라는 복고적 요소가 내재해 있었기 때문에 현실의 물질세계가 인간의 미래에 대한 관심으로는 이어지지 못했다. 그러나 조선에서 실학은 현실을 고민하고 사회모순을 해결하고자 하는 경세치용의 학문으로 발전했다.

고증학에서 그 대상으로 삼는 영역은 경학經學을 중심으로 문자학, 음운학, 역사학, 지리학, 금석학 등 매우 광범위하다.

보편지식

　보편지식이란, 개인차심리학에서 '비전문가들 사이에서 소통 가능한 문화적 지식' 이라고 정의한 것이다. 고도의 훈련을 받아 획득 가능한 특별한 지식이나 한 분야에 서만 적용 가능한 지식은 배제한다.

　한 분야에서 쉽게 지식을 쌓은 사람은 다른 분야에서도 능력을 쉽게 발휘한다는 연구들이 있다. 보편지식은 장기 의미 기억과 관계가 있다고 간주된다. 다수의 연구에서 남성이 여성에 비해 보편지식의 영역이 더 크다는 사실이 알려져 있다. 이것은 기억 능력의 차이보다는 관심사에 대한 젠더 차이에 의해 발생되는 것으로 보인다. 최근 연구들에서는 보편지식이 학생들의 수험 능력, 교정 능력과 관계가 있다는 것이 밝혀졌다.

　개인차심리학에서 연구자들이 '비전문가들 사이에서 소통 가능한 문화적 지식'이라고 정의한 바 있는 보편지식은 특별한 훈련을 받지 않은 문외한 이들에게도 전해질 수 있는 모든 영역에 해당된다. 또 이 정의는 한두 매체 혹은 TV시트콤 등에서 한두 번 언급된 일회성 지식들을 배제한다. 연구자들은 20개 정도(미술, 생물학, 클래식, 요리, 탐험, 패션, 영화, 금융, 게임, 과학, 지리, 역사, 과학사, 문학, 수학, 약학, 음악, 정치학, 대중음악, 스포츠)의 영역을 정의했다.

　연구진들은 이 영역들 외에도 다른 영역이 더 존재할 수 있다고 인정하고 있으며 이상의 20개 영역은 성격에 따라 시사, 패션, 가족, 건강, 과학, 예술 등 6개의 분류가 가능하다. 각각의 영역들은 또 서로 깊게 맞물려 있으며 한 영역에서 강한 사람은 다른 영역에서도 강한 경향을 보였다. 그리고 각자 자신 있는 자기만의 영역이 존재했다. 이것은 지식 수준에 영향을 미치는 공통 요소와 개별 요소들이 있음을 의미한다. 또 지식 수준은 그 영역에 대한 관심사나 교육 정도에 따라 달랐다.

　보편지식 시험에서 높은 점수를 받은 사람들은 지능검사 점수도 높았다. 보편지식은 발화능력과 상관관계가 있으며, 수리능력이나 공산능력과는 상관관계가 없거나 약하다. 결정성 지능처럼 보편지식도 나이와 함께 많아지는 경향이 있다. 또한 특정 분야의 지식이 방대한 사람은 일반적으로 사실관계 정보에 대해 좋은 장기 기억력을 가지고 있으며 다른 영역의 지식들 사이에도 연결고리를 가진다. 즉 보편지식의 차이는 장기 의미 기억에서 정보를 추출하는 능력의 차이를 반영한다. 정보 추출 능력에서 개인차가 생기는 것은 모든 영역의 의미 기억이 서로 연결되어 있기 때문이다.

모든 것에 두루 미치거나 공통되는 교육이나 경험, 또는 연구를 통해 얻은 체계화된 인식의 총체를 말한다.

DAY 258 파이데이아

파이데이아란, B.C. 5세기 중엽 고대 그리스와 헬레니즘 문화권의 교육제도(교육과정)를 일러 말한다. 파이데이아는 최고의 학문으로서 문법, 수사학, 수학, 음악, 지리학, 자연사, 철학, 체육 등을 가르쳤다. 그것은 고대 그리스 젊은이들을 폴리스의 능동적이며 지적인 시민으로 양성하기 위해서였다. 이 교육은 실용적이면서 몇 가지 교과목에 기초한 사회화에 집중되어 있었다. 이상적이고 폴리스에서 성공적으로 교육받은 사람이라면 지적으로나 윤리적으로나 물리적으로 세련된 사람이며 체조, 레슬링 등은 고대 그리스 문학과 철학 못지않게 중요하게 생각했다.

그리스인들은 파이데이아가 그리스 문화의 지적 수준을 높이는 귀족계급을 육성하기 위한 것이라고 생각했다. 파이데이아는 최고의 교육과정답게 완벽함 혹은 탁월함이 목적인데 아레테적인 것, 즉 어떤 종류의 우수성을 뜻하는 것으로 아레테는 그리스 문화의 핵심 개념이라고 할 수 있다.

고대 그리스 시인 호메로스는 펠레우스와 아킬레우스에게 준비된 탁월함이라 가르쳤다. 호메로스는 고대 그리스 문학의 가장 오래된 서사시인 〈일리아스〉에서 그리스인과 트로이인의 용기와 체력의 우수성을 묘사했다. 호메로스는 또 오디세이아에서 승리를 위한 필수조건으로 정신력과 위트를 강조했다. 여기서 아레테는 영웅이 되기 위한 필요조건으로 적과의 싸움에서 승리를 이끌어 내기 위해서는 반드시 필요한 것이었다.

이러한 사고는 문학은 물론 올림픽 등에서 마찬가지로 필수조건으로 작용했다. 플라톤의 아카데메이아에 대항해 변론술학교를 만든 고대 그리스 웅변가인 이소크라테스는 폭넓은 인간교육을 이상으로 했으며 수많은 인재를 배출해 훗날 인문주의적 교육의 아버지로 불리었다. 이처럼 플라톤과 이소크라테스는 강력한 영향력을 지닌 학파를 만들었는데 이들로 인해 아레테의 의미와 그 필요성은 더욱 확장되었다.

그리스인들은 자신 스스로를 탐미주의眈美主義자로 지칭하며 그로 인해 이를 자신들의 미학美學에 투영시켰다. 또한 그들은 자연미를 중요하게 여겼으며, 중용中庸을 중시했다.

이렇듯 그리스인들은 모든 것에서 균형을 이루고 중용을 실천하기 위해 노력했다. 중용은 그리스인들이 건축, 미술, 정치, 심리 등의 파이데이아를 표현하는 개념이기도 하다.

파이데이아란 B.C 5세기 중엽 고대 그리스와 헬레니즘 문화권의 교육제도를 말한다.

윤리학

윤리학이란, 도덕의 원리, 기원, 본질과 같은 인간의 올바른 행동과 선한 삶을 근원적이고 총체적으로 규명하는 철학의 주요 분야를 일러 말한다. 이를 좀 더 부연하다면 윤리학은 도덕 철학이라고도 말하는데, 윤리학은 인간의 행위에 관한 규범을 연구하는 학문으로써, 사회에서 사람과 사람의 관계를 규정하는 규범과 원리 그리고 규칙에 대한 학문이라고 할 수 있다.

윤리학은 옳고 그름을 논하는 일반적인 통념과는 다른데, 그것은 윤리학에서 주로 다루는 것은 '선한 삶'으로 일반적으로 가치 있게 사는 삶이거나 단순히 만족하는 삶이 아니다. 대다수의 철학자들은 일상적인 도덕 행위보다 더 중요한 것을 지향하는 삶을 생각한 것이다. 즉 도덕 자체는 학문은 아니지만 그것을 방법론적으로 연구하는 것이 윤리학인데, 그 연구 영역은 도덕현상과 도덕의 본질로 나뉜다.

서양 윤리학은 소크라테스와 플라톤에 의하여 철학의 중요한 연구과제로 정착되었으나, 아리스토텔레스에 의해 이론적으로 체계화되었다. 여기서 그리스인과 로마인의 윤리학의 근본문제는 최고의 선을 밝히는 것으로, 최고의 선은 인간 행위의 궁극의 목적이며 그것을 획득하는 것은 인간을 행복하게 만드는 것이다. 중세시대엔 신의 계명을 실천하는 것을 중시함과 동시에 최고의 선을 행하는 것을 궁극의 목표로 삼았다. 그러나 칸트는 최고의 선이나 궁극적인 행위의 목적으로서의 윤리학을 도덕성의 학문으로서의 윤리학과 구별하였다. 근세 영국의 윤리학은 존 로크, 벤담, 밀 등이 경험론에 입각한 '최대 다수 최대 행복'이라는 공리주의를 주창했다.

서양 윤리학은 근세의 전통적인 윤리학을 이어받은 형식주의적인 윤리이론, 공리주의이론, 자연주의 윤리이론 외에도 영미英美의 분석 윤리학과 전통적인 윤리학을 새롭게 해석하기 위한 규범 윤리학, 현상학적 윤리학, 실존주의 윤리학 등을 들 수 있다.

동양적 관점에서 윤리는 '인仁'과 '의議'와 '예禮'를 들 수 있다. '인', 즉 어질다는 것은 덕성스러움을 뜻하는 바 어진 사람, 즉 덕망이 있는 사람은 의롭고, 예의를 갖춰 인간관계에 있어 도리를 다함으로써 적을 지지 않는다. '의'는 옳음으로 의로운 사람은 품성이 반듯하고 행위 또한 발라 인간관계에서 막힘이 없으며, '예'는 도덕적으로 반듯하여 누구에게나 거부감을 주지 않아 인간관계에 있어 물 흐르듯 자연스럽다. 인과 의, 예는 동양적 윤리의 모체라고 할 수 있다. 그래서 동양에서는 인간적

도리와 책임을 다하지 못하면 스스로를 벌함으로써 윤리적으로부터 자유로워지려고 노력했던 것이다.

　이렇듯 서양 윤리학이나 동양 윤리학은 학문으로써 추구하는 방법에는 차이가 있다. 서양 윤리학은 철학의 중요한 연구과제로서 최고의 선善을 밝히는 것이었다. 이에 비해 동양 윤리학은 '인仁'과 '의義'와 '예禮'를 동양적 윤리의 모체로 여겨 이를 학문적으로 연구하였다.

　그러나 본질적인 면에서는 서양 윤리학의 선이나 동양 윤리학의 인과 의와 예는 인간다운 삶을 목표한다는 점에서는 일맥상통하다고 할 수 있다. 인과 의와 예는 곧 선이 그 주체가 되는 까닭이다.

윤리학이란 인간의 행위에 관한 여러 가지 문제와 규범 등을 연구하는 학문을 말한다. 이를 세분화하면 실천 윤리학, 규범 윤리학, 가치 윤리학, 니코마코스 윤리학으로 나눌 수 있다.

모델링

모델링이란, 사회인지 학습이론에서 핵심적인 요소를 말하는 것으로, 하나의 모델을 관찰함으로써 나타나는 행동적, 인지적, 정의적 변화를 가리키는 일반적인 용어다.

역사적으로 모방은 행동 전수의 중요한 수단으로 간주되었다. 고대 그리스인들은 다른 사람들의 행동 그리고 추상화된 모델에 대한 관찰학습을 의미하는 단어로 미메시스를 사용했다. 모방에 대한 다른 관점들을 살펴보면 모방을 본능, 발달, 조건형성, 도구적 행동과 연관 짓는다.

사회학습이론의 권위자이자 심리학자인 앨버트 반두라는 모델링의 주된 기능을 반응 촉진, 억제와 탈억제, 관찰학습의 세 가지로 구분했다. 첫째, 사람들은 많은 기능과 행동을 배우는데, 배운 것들을 행동으로 옮길 동기가 부족하기 때문에 실제로 수행하지 않는다. 반응촉진이란, 관찰자들이 적절하게 행동하게 하는 사회적 자극으로서의 역할을 수행하는 모델화된 행동을 말한다. 반응촉진 모델링은 의식적인 인식 없이도 일어날 수 있다. 사람들이 자신의 사회적 환경 속에 있는 사람들의 행동과 관습을 무의식적으로 모방한다는 카멜레온 효과의 증거를 발견했다. 행동에 대한 인식은 적합한 행동이라는 반응을 유도할 수 있다. 둘째, 모델을 관찰하는 것은 이전에 학습된 행동에 대한 억제를 강화시키거나 약화시킬 수 있다. 억제는 모델들이 어떤 행동을 수행한 것 때문에 벌을 받았을 때 일어나며, 결과적으로 관찰자가 그러한 행동을 그만하도록 하고 예방하는 데 도움을 준다. 탈억제는 모델들이 부정적인 결과를 경험하지 않은 채 위협적이거나 금지된 행동을 수행할 때 일어나며 관찰자들로 하여금 동일한 행동을 수행하도록 유도할 수 있다. 억제와 탈억제는 사람들이 이미 학습해온 행동을 반영한다는 점에서 반응 촉진과 유사하다. 그러나 반응 촉진은 일반적으로 사회적으로 수용할 수 있는 행동을 포함하고 있는 반면, 억제되거나 탈억제된 행동은 종종 도덕적, 법적인 함축을 가지며 감정을 수반한다는 점에서 차이가 있다. 셋째, 모델링을 통한 관찰학습은 관찰자가 새로운 행동 패턴들을 보여줄 때 일어난다. 이 행동 패턴들이 관찰자의 동기 수준이 높더라도 모델화된 행동을 접하기 전에는 발생의 가능성이 전혀 없는 것이다. 핵심적인 과정은 새로운 행동을 만들어 내기 위한 방법들에 관한 정보가 모델로부터 관찰자에게 전달되는 것이다. 그리고 관찰학습은 네 가지 과정, 즉 주의 집중, 파지, 산출, 동기유발로 구성되어 있다.

모델링이란 하나의 모델을 관찰함으로써 나타나는 행동적, 인지적, 정의적 변화를 가리키는 일반적인 용어이자 사회인지 학습이론의 핵심 요소이다.

DAY 261

평생학습 _교육

평생학습이란, 학교 교육이나 기업 내 교육 이외에 일반인이 참여할 수 있는 평생 교육으로서의 학습을 말한다. 즉 인간 개개인의 평생에 걸친 심도 있는 교육을 일러 말하는 것이다.

국가와 사회적 측면에서 평생학습은 개인의 경쟁력을 강화시킴으로써 국가경쟁력을 도모하고, 사회구성원으로 하여금 개개인의 권리와 의무에 대한 인식을 높여 보다 신뢰할 수 있는 사회를 만들려는 목적을 지닌다. 그리고 개개인의 능력을 충분히 계발하게 하여 풍성한 삶, 가치 있는 삶을 영위할 수 있는 기반을 마련하려는 데에 그 목적이 있다.

평생학습이란, 개인이 태어나면서부터 죽을 때까지 전 생애에 걸친 교육과 학교는 물론 사회 전체교육을 통합함으로써 종합적인 교육체계를 이루는 것을 말한다. 평생 학습은 연령과 사회적 신분의 한계를 벗어나 일생 동안 교육을 받을 수 있다는 데 그 의미가 있다. 즉 개개인 자신의 자아실현과 만족을 위한 자기주도적 학습인 것이다.

평생학습에서 5가지 핵심전략이 평생학습의 정책 개혁을 추진하는 전략으로 꼽을 수 있다. 첫째, 학습의 모든 형태를 인정하며, 공식과정의 학습만으로는 제한시킬 필요가 없다. 둘째, 기초기관을 설립하는 것이 중요하다. 전통적인 자기주도 학습을 담당하는 기관, 동기, 자본을 이용하는 것이다. 셋째, 평생교육의 환경에서 우선권에 접근하는 것을 개선하는 것이다. 개인이 인생에서 학습할 수 있는 기회를 다양하게 제공하고 지식 기반 경제의 사회를 살면서 교육 및 학습의 자원에서 배제되지 않도록 하는 것이다. 넷째, 경제개발협력기구OECD가 강조하는 것은 자원분배의 중요성이다. 각 분야에서 인센티브를 제공하여 다양한 참여자를 지원하고, 그 결과로 평생학습을 증진시킬 수 있다. 다섯째, 정책개방에서의 협력이 요구된다. 넓은 범위의 파트너를 만남으로써 교육부 이외의 다양한 정부 부처의 협력이 필요하다.

1999년 평생교육법이 제정되었으며, 2000년 3월부터 법이 시행되었다. 이는 궁극적으로 우리나라 교육제도가 평생교육의 이념에 따라 재편성되어야 한다는 것을 의미한다. 하지만 이 법이 평생학습권을 보장하고 실현시키기에는 부족한 점이 있다. 하지만 평생교육학습은 교육을 받을 권리를 지닌 개인에게 있어 매우 큰 의미를 지닌다는 것은 분명한 사실이라고 할 수 있다.

학교 교육이나 기업 내 교육 이외에 일반인이 참여할 수 있는 평생 교육으로서의 학습을 말한다.

CHAPTER 6

삶과 희열

음악

MUSIC

DAY 262 | 메시아의 탄생

음악의 어머니로 불리는 바로크 시대의 위대한 음악가 프리드리히 헨델. 그는 독일에서 태어나 이탈리아에서 음악 활동을 펼치면서 명성을 얻은 후 영국으로 갔다. 그가 영국에 발을 붙인 것은 오페라 〈리날도〉가 런던에서 큰 호응을 얻었기 때문이다. 그는 〈앤 여왕의 생일을 위한 송가〉를 작곡하여 앤 여왕의 총애를 한 몸에 받았다. 1726년 영국 국민이 되었으며, 왕실 예배당의 작곡가가 되었다. 왕립 음악 아카데미의 음악 감독으로 상연되는 오페라를 대부분 작곡했다. 그는 음악가가 누릴 수 있는 명성을 누리며 부유하게 살았던 음악사에서 가장 축복받은 음악가였다.

헨델의 나이 56세이던 어느 겨울날 하나의 봉투를 받게 된다. 시인 찰스 제네스가 보낸 거였다. 봉투 안에는 '신에게 바치는 오라트리오'라는 글씨가 쓰여 있었다. 오라토리오를 즉시 작업할 수 있는지 여부를 묻는 내용이었다. 헨델이 대충 훑어보고 봉투를 내려놓으려는 순간이었다. 그는 한 대목에서 눈길이 멈추었다. 그의 눈길을 사로잡은 대목은 다음과 같다.

'그는 사람들에게 거절당했으며 또한 비난까지 당했다. 그는 자신에게 용기를 줄 누군가를 찾고 있었다. 그러나 그 어디에도 없었다. 그 누구도 그를 편하게 대해 주지 않았다. 그는 하나님을 믿기로 했다. 하나님은 그의 영혼을 지옥에서 건져 주었다. 하나님은 당신에게 안식을 줄 것이다.'

헨델은 글을 읽고 나서 가슴이 뭉클해졌다. 마치 어려움에 처해 있는 자신을 향한 말처럼 느껴졌다. 그 순간 자신도 모르게 눈물이 흘러내렸고, 가슴이 뜨거워지며 불덩이가 이글거리는 것 같았다. 그의 입에서는 탄성이 터져 나왔고 머릿속에서는 알 수 없는 멜로디가 떠올랐다. 그는 즉시 펜을 들고 악보를 그려나갔다. 그는 작곡을 시작한 지 24일 만에 곡을 완성했다.

그렇게 탄생한 〈메시아〉는 많은 사람들의 기대 가운데 상연되었다. 상연 후 극장에 있던 사람들은 감동에 젖은 얼굴로 들떠 있었다. 당시 국왕이었던 조지 2세가 합창을 듣고 감동한 나머지 벌떡 일어났던 일화는 지금까지 전해져 내려온다. 헨델은 자신에게 주어진 재능을 아낌없이 쓴 천재 작곡가였다.

◆ 게오르크 프리드리히 헨델 1685~1759
작곡가. 주요 작품 〈메시아〉, 〈수상 음악〉, 〈왕궁의 불꽃놀이〉 외 다수가 있다.

DAY
263

불굴의 작곡가

베토벤은 음악가의 가정에서 태어났다. 베토벤이 7살이 되자 그의 아버지는 피아노 연주회를 열었는데, 성인들도 감탄할 만큼 뛰어난 연주 실력으로 수많은 관객으로부터 열렬한 박수갈채를 받았다.

베토벤은 크리스찬 고트로프 네페로 등 여러 스승들로부터 음악을 배웠다. 베토벤은 1782년 궁정예배당 오르간 연주자로, 연주자로서의 첫 출발을 했다. 그리고 2년 후 정식 단원이 되었으나 어머니의 사망으로 집에 돌아왔다. 가난한 집안 생계를 책임져야 했기 때문이다. 힘든 생활을 하던 베토벤은 그의 재능을 아끼고 존중하는, 바르트슈타인 백작을 비롯한 친구들의 후원으로 빈에 유학하여 그곳에서 정착했다.

베토벤은 1795년 피아노 연주자로 데뷔를 했다. 이 시기에 최고의 작품으로 평가받는 〈피아노 3중주곡〉을 발표하며 자신의 위치를 굳건히 했다. 그러나 불행하게도 귓병을 앓게 되자, 연주를 그만두고 그는 오직 작곡에만 전념한 끝에 〈제2 교향곡〉인 오라토리오, 〈제3 교향곡〉 영웅을 작곡하여 자신만의 독창성을 확고히 굳혔다.

베토벤은 그를 후원하는 귀족들과 출판에 따른 인세로 안정된 생활을 꾸리며, 작곡에 전념했다. 베토벤은 안정된 가운데 교향곡과 서곡, 협주곡, 피아노소나타, 바이올린소나타, 실내악 등을 작곡하며 전성기를 보냈다. 이 시기에 만들어진 주요 작품을 보면 〈제5 교향곡〉인 운명, 〈제6 교향곡〉인 전원, 〈피아노 협주곡 제5번〉인 황제, 〈바이올린협주곡〉 3곡, 〈아파시오나토 소나타〉 등이 있다. 이 당시 베토벤은 완전히 귀가 멀어 그 어떤 소리도 들을 수 없었다. 그러나 그런 가운데서도 〈장엄미사곡〉과 〈제9 교향곡〉이 쓰여졌다.

그의 작품은 하이든과 모차르트의 고전성에 비해 매우 다이내믹하고, 힘을 특징으로 한다. 그리고 곡마다 독자적인 스타일을 보이며 하나의 세계를 이루고 있다는 평가를 받고 있다.

◆ 루트비히 판 베토벤 1770~1827
독일 출생. 고전파 음악의 완성자이자 낭만파 음악의 창시자. 음악의 악성.

DAY 264 | 참된 예술가의 정신

카루소는 이탈리아 나폴리의 가난한 집안에서 태어났다. 친구들은 모두 학교에 가서 공부를 하는 동안 카루소는 집안일을 거들어야 했다. 그의 마음속에는 배움에 대한 열망으로 가득 차 있었다. 그는 공장에 취직을 하여 열심히 돈을 모았다.

그가 그토록 하고 싶었던 공부는 바로 노래였다. 하루하루가 힘들고 고달팠지만, 꿈이 있는 그에겐 그 정도의 고생은 얼마든지 참아낼 수 있었다. 카루소는 자신의 꿈을 키워 줄 선생을 찾아갔다. 카루소는 떨리는 마음을 진정시키고, 평소에 갈고 닦은 노래를 멋지게 불렀다. 선생은 그런 목소리로는 좋은 가수가 될 수 없으니 노래에 대한 꿈을 접으라고 했다. 선생의 말을 들은 후 카루소는 다소 의기소침했지만, 개의치 않고 자신의 노래에 대한 열정을 더욱 키워나갔다.

카루소는 노력에 노력을 거듭한 끝에 테너 가수가 되었다. 그는 1894년에 그토록 꿈에 그리던 첫 무대를 열었다. 첫 무대는 그에게 자신감을 듬뿍 심어주었다. 그의 목소리는 남자치고는 매우 미성이었다. 그의 노래를 들은 사람들은 천상의 목소리를 듣는 것 같다고 칭찬을 했다. 그는 연주회를 하며 성악가로서의 자신의 입지를 탄탄히 굳혀 나가 예전의 기계공에서 멋지고 의욕 넘치는, 테너 가수로 화려한 변신에 성공했다.

1902년 몬테카를로의 오페라극장과 런던의 코벤트 가든 왕립오페라극장에 출연하여 성황리에 연주를 마치고, 이듬해에는 뉴욕의 메트로폴리탄 오페라극장에도 출연하여 극찬을 받았다. 그 후 카루소는 테너 가수로서 최고의 영예를 누리며, 메트로폴리탄 오페라극장에서만 무려 607회나 출연하는 영광을 누렸다. 특히 그는 아름다운 미성에 벨칸토창법의 모범으로 인정받는 테너 중에 테너가 되었다.

카루소가 노래뿐만 아니라 더욱 훌륭한 것은 그의 삶의 자세에 있다. 그는 자신의 노래를 듣기 원하는 사람이 있다면, 그곳이 어디였든지 그리고 사람 숫자가 몇 명이든 가리지 않고, 자신의 노래를 들려주었다. 그의 예술가 정신을 잘 알게 하는 말이다.

"내 노래를 사랑하는 사람이 있는 곳이 곧 나의 무대다. 그리고 나는 그들을 위해 노래해야 한다. 그것은 나의 의무다."

그는 벼가 익으면 고개를 숙인다는 말처럼, 진정으로 위대한 성악가였다.

◆ 엔리코 카루소 1873~1921
이탈리아의 전설적인 테너 가수.

DAY 265 최고의 록 그룹

〈예스터데이〉, 〈렛잇비〉, 〈헤이 주드〉 등 수많은 히트곡을 내며, 전 세계인들의 사랑을 한 몸에 받았던, 1960년대 세계 최고의 록 그룹 비틀스. 구성원은 존 레넌, 폴 매카트니, 조지 해리슨, 링고 스타 이 네 명이다. 이들 모두는 공통점이 있었는데 하나같이 음악을 좋아했다는 것과 집이 몹시 가난했다는 점이다. 하지만 가난은 비틀스에게는 아무런 장애가 되지 않았다. 그들은 음악을 좋아했고 자신들의 음악으로 행복했다.

비틀스가 구성되기 전 구성원 각자는 각기 다른 록 그룹에서 활동을 하며, 자신만의 음악 세계를 펼치고 있었다. 모두는 하나같이 음악에 남다른 열정과 음악 세계관을 가지고 있었다. 그렇게 자신의 음악세계를 이루어 가던 그들은 뜻을 모아 1960년 전설의 비틀스 그룹을 탄생시켰다.

비틀스의 적극적인 음악 활동은 음반 업자들의 관심을 끌었고, 1962년과 1963년에 〈플리즈 플리즈 미〉, 〈아이 원트 투 홀드 유어 핸드〉, 〈러브 미 두〉 등의 음반을 냈는데 이 음반이 크게 성공을 하면서 영국 최고의 인기 록 그룹이 되었다. 영국에서 큰 성공을 거두자 비틀스의 음악은 미국이라는 거대한 시장을 잠식해 들어갔다. 미국인들은 영국의 록 그룹 비틀스에 열광했고, 그들의 음반은 대대적인 선풍을 일으키며 '비틀스 마니아'라는 새로운 풍조를 만들어 냈다. 비틀스는 미국 최고 텔레비전 프로그램인 '에드 설리번 쇼'에 등장했고, 이는 많은 미국인과 세계인들에게 자신들의 존재를 확실하게 각인시키는 계기가 되었다.

비틀스의 남다른 열정은 색다른 그 무언가에 대해 관심을 가졌다는 것이다. 그들은 로큰롤의 황제 엘비스 프레슬리의 영향을 받고, 재즈와 록의 장점을 융합하여 매력적인 '리버풀 사운드'를 창조해 냄으로써 자신들을 최고 정상의 그룹으로 올려놓았다. 또한 비틀스는 새로운 음악세계에 도전을 했는데, 자유로운 음악 형식과 편곡을 시도한 발라드풍의 〈예스터데이〉를 비롯해 복잡한 리듬의 〈페이퍼백 라이터〉, 동요풍의 〈옐로 서브머린〉, 사회적 메시지를 담은 〈엘리너 릭비〉 등 아주 다양한 음악을 선보이며, 그들의 폭넓은 음악세계를 보여주었다.

이렇듯 비틀스는 한 곳에 안주하여 머무르는 것을 배격하고, 늘 새로운 것에 대한 도전으로 남다른 모습을 보여줌으로써, 자신들만의 확실한 음악세계를 창조했다.

◆ 비틀스
1960년 결성되어 1970년에 해체. 세계 최고 영국의 록 그룹이다.

로큰롤의 황제

엘비스 프레슬리는 미시시피의 이스트 듀펠로에서 태어났다. 그의 부모는 독실한 크리스천으로, 어린 엘비스는 부모를 따라 열심히 교회를 다녔다. 그의 부모는 가스펠(복음성가) 부르는 것을 매우 좋아했다. 엘비스는 때론 온유한 모습으로 때론 열정에 찬 모습으로, 가스펠을 부르는 부모의 모습을 보고 자신도 열심히 따라 불렀다. 가스펠을 부르며 어린 엘비스는 노래가 주는 기쁨과 흥겨움을 경험했고, 노래 부르는 것을 매우 좋아하게 되었다.

엘비스는 열한 번째 생일을 맞아 기타를 선물로 받았는데, 이때부터 그는 아주 열정적으로 기타를 배웠다. 얼마나 기타를 열심히 쳤는지 그의 손가락엔 늘 피가 맺혀 있었고, 그런 만큼 그의 기타실력은 늘어만 갔다.

1947년 테네시의 멤피스로 이주한 엘비스는 그곳에서 학교를 다니며, 자신의 꿈을 향한 열정을 키워나갔다. 고등학교를 졸업한 엘비스는 잠시 동안이지만 트럭운전을 했는데, 어머니를 위해 〈마이 해피니스〉를 개인적으로 녹음하기 위해 선 레코드사를 찾아갔다가, 그곳 비서인 마리 온 키스커의 눈에 띄어 몇몇 사람들과 팀을 이뤄 연습을 시작했다. 그리고 몇 달 후 〈블루 문 오브 켄터키〉와 〈댓츠 얼 라이트 맘마〉를 녹음했는데 방송을 타고 히트가 되었다. 그는 멤피스 오버 턴 파크에서 직업가수로는 최초로 무대를 가지게 되었다. 그 후 선 레코드사에서 출반된 2, 3차 싱글 앨범이 지역에서 잇따라 히트하는 행운을 얻었다. 이에 힘을 얻은 엘비스는 미국 남부를 순회하며 자신을 알리는 데 최선의 노력을 다했다. 그리고 그해 7월 〈베이비, 레츠 프레이 하우스〉가 최초로 전국적으로 히트를 했고, 9월에는 〈미스테리 트레인〉이 히트되었다. 이 일을 계기로 자신의 이름을 확고히 알린 엘비스는 뉴욕으로 진출하고 텔레비전 프로그램 무대 쇼에 출연하며 세계적인 스타의 길을 걷게 되었다.

세계적인 스타의 문을 연 엘비스는 자신의 성공적인 음악을 위해, 새로운 음악을 시도했는데, 바로 흑인의 리듬 앤 블루스를 로큰롤에 접목시켰던 것이다. 그의 음악적 판단은 적중했고, 많은 사람이 새로운 음악에 빠져 열광하기 시작했다. 그는 최다 차트 앨범, 최다 톱 텐 레코드, 최다 연속 톱 텐 레코드, 24년간 연속 차트 등 그야말로 돌풍을 일으켰다. 엘비스는 로큰롤의 황제에 걸맞은 음악 인생을 살았던 대중음악의 거인이었다.

◆ 엘비스 프레슬리 1935~1977
미국 로큰롤의 황제. 최고의 팝 아티스트이다.

DAY 267 | **다니엘 바렌보임**

　지휘자이자 피아니스트인 바렌보임은 1942년 아르헨티나에서 태어났다. 부모는 유대인으로 둘 다 피아니스트여서 바렌보임은 어릴 적 신동이란 소리를 들을 만큼 음악적 재능이 출중했다. 그 예로 그는 7살 때 베토벤 프로그램으로 독주회를 열어 천재적 가능성을 보여주었다.

　바렌보임 가족은 이스라엘로 이주했고, 10세 때 이스라엘 재단 장학금으로 잘츠부르크 모차르테움 음악원에 입학해 피아니스트의 꿈을 키워나갔다. 그는 이곳에서 피아니스트 에드윈 피셔에게 피아노를 배움과 동시에 당대 지휘자로 정평이 난 이고르 마르케비치로부터 지휘법을 배웠다. 이후 그는 마에스트로 푸르트벵글러에게 인정받아 솔리스트로서 기용되어 음악인들을 놀라게 했다.

　1954년 그는 파리로 유학하여 교수법의 일인자인 나디아 불랑제에게 사사하고, 그 이듬해 로마 성 체칠리아 음악원에서 카를로 체키에게 피아노와 지휘법을 사사했다. 1957년에는 레오폴드 스토코프스키가 지휘하는 '심포니 오브 디 에어'와의 협연을 통해, 정식으로 미국 음악 무대에 데뷔하며 많은 사람들로부터 각광받았다. 이후 그는 이스라엘 필하모닉과 런던 교향악단, 베를린 필하모닉, 뉴욕 필하모닉, 로스엔젤레스 필하모닉, 시카고 교향악단, 런던 필하모닉 등 세계 유수의 악단을 객원 지휘했다.

　1975년 바렌보임은 파리관현악단 4대 음악감독으로 취임해, 자신만의 오케스트라를 이끌며 자신의 능력을 유감없이 보여주었다.

　바렌보임이 지휘자와 피아니스트로 성공할 수 있었던 것은 그의 천재적 재능에도 있지만, 그보다는 자신과의 싸움에서 이겼기 때문이다. 그도 사람이기에 때때로 견딜 수 없을 만큼 힘든 일을 겪었다. 하지만 그는 절대 포기하거나 물러서지 않고 자신과 맞서 싸웠다. 그 또한 유대인의 피가 흐르는 사람이었다. 그는 유대인 특유의 강한 근성으로 자신을 이겨내고, 마침내 세계적인 마에스트로가 되었던 것이다.

◆ 다니엘 바렌보임 1942~
아르헨티나 출생. 지휘자이자 피아니스트이다.

기차는 8시에 떠나네

'기차는 8시에 떠나네'는 그리스 국민작곡가인 미키스 테오도라키스가 작곡하고, 그리스 여자 성악가 아그네스 발차가 불러 널리 알려진 노래다. 이 노래는 나치에 저항했던 그리스의 한 젊은 레지스탕스를 위해 만들어졌다. 노래 속의 레지스탕스인 사랑하는 남자와 함께 저녁 8시 기차로 카타리니로 가기 위해 플랫폼에서 남자를 기다리는 여자, 기차 출발시간은 다 되어가는데도 남자는 나타나지 않는다. 남자가 나타나길 애타게 기다리다 어쩔 수 없이 기차에 오르는데, 사랑하는 여자를 숨어서 지켜보는 남자의 모습은 가슴을 먹먹하게 한다. 오지 않는 남자를 기다리다 처절한 마음으로 기차에 오른 여자의 가련함이 어찌나 가슴을 절절하게 하는지 끝내 눈물짓게 한다.

그리스의 군부 독재로부터 민주화를 위해 목숨을 걸고 싸우는 젊은 레지스탕스의 남자는 동료들과 민중을 배신하고 떠날 수 없어 사랑하는 여자와 이별을 선택할 수밖에 없었다. 그래서 더 절절하고 애달프다.

이 곡을 작곡한 미키스 테오도라키스는 그리스 출신의 세계적인 음악가이다. 그는 클래식은 물론 대중가요, 민요 등 다양한 장르에 능통하다. 그 또한 그리스의 군부 독재와 맞서 싸우다 여러 차례 투옥되었다. '기차는 8시에 떠나네'는 동료인 친구의 죽음을 안타까워하며 쓴 곡이다. 그래서 음악을 듣고 나면 더 진한 슬픔이 남는다.

테오도라키스는 그리스 민족음악인 민요 렘베티카를 즐겨 작곡했다. 특히 그리스 민속악기인 부주키는 그의 음악을 한층 돋보이게 하는 매력적인 악기이다. 그러나 군부 독재에 의해 '기차는 8시에 떠나네'는 금지곡이 되었다. 국민들의 정서를 자극할까 두려웠던 것이다.

테오도라키스는 군부 독재에 의해 군사재판에 넘겨졌고 수감되었다. 그러자 레너드 번스타인 등 세계적인 음악인들이 발 벗고 나서 그의 구명운동을 펼쳤다. 그리고 마침내 1970년 석방된 그는 아쉬움을 남긴 채 프랑스 파리 망명길에 올랐다. 그는 1970년대 말까지 좌파 성향을 지녔으나 1990년 우파 신민주당 의원이 되었다. 그 이유에 대해 국가의 정치적 위기를 막기 위해서라고 했다. 그러나 그는 자신을 스스로 좌파로 규정했다.

◆ 미키스 테오도라키스 1925~
대표곡으로는 〈일요일은 참으세요〉, 〈희랍인 조르바〉, 〈페드라〉 등 다수가 있다.

DAY 269 체칠리아 바르톨리

  21세기 세계 오페라계의 대표적 여성 선두주자인 체칠리아 바르톨리는 이탈리아 로마에서 태어났다. 그녀의 부모는 로마 오페라 단원이었다. 그런 연유로 바르톨리는 어린 시절부터 자연스럽게 음악을 접하게 되었다.

  어느 날 어린 바르톨리가 부르는 노래를 듣고 "바르톨리, 네 목소리가 정말 좋구나. 바르톨리, 오늘부터 노래 공부를 해야겠어. 잘할 수 있겠지?" 그녀의 어머니가 감동한 목소리로 말했다.

  "네, 엄마. 열심히 할게요."

  "그래, 넌 잘할 수 있을 거야."

  그녀의 어머니는 바르톨리가 노래에 소질을 보이자 그녀에게 노래를 가르쳤다. 어린 바르톨리는 가르쳐주는 대로 열심히 노래를 불렀고, 노래는 곧 그녀에게 꿈이 되었다. 바르톨리는 자신의 꿈을 이루기 위해 희망이란 엔진을 장착하고 차근차근 실행해 나갔다.

  그녀 나이 19세 때인 1985년, 그녀는 바리톤 레오 누치와 함께 텔레비전 쇼에서 노래를 부르게 되었다. 바르톨리에겐 더없는 좋은 기회였다. 그녀는 혼신을 다해 노래를 불렀고, 혼이 담긴 노래는 많은 사람들에게 감동을 주었다. 그로 인해 그녀는 오페라 가수로서의 충분한 가능성을 인정받게 되었다. 특히, 헤르베르트 폰 카라얀이나 다니엘 바렌보임과 같은 세계적인 지휘자들로부터 주목을 받았다.

  바르톨리는 오페라 작곡가인 로시니가 작곡한 〈세비야의 이발사〉의 로시나와 〈라 체네렌톨라〉의 타이틀 롤과 모차르트의 〈피가로 결혼〉의 케루비노와 〈코시 판 투테〉의 도라벨리의 역을 맡아 열연했다. 그녀는 메조소프라노임에도 불구하고 소프라노가 맡는 역인 모차르트의 〈돈 조반니〉의 체를리나와 〈코시 판 투테〉의 데스피나도 맡아 자신의 실력을 유감없이 보여주었다. 바르톨리가 부른 노래는 크게 히트하면서 그녀를 세계적인 오페라 가수로 우뚝 서게 했다.

  바르톨리는 노래만 잘한 것이 아니다. 매 시즌마다 출연 횟수를 제한하여 자신을 관리했다. 즉 자신의 가치를 스스로 높일 줄 알았던 것이다. 그만큼 그녀는 자신에게 철저했다. 바르톨리가 세계적인 오페라 가수로 성공한 것은 타고난 재능에다 끊임없는 노력, 그리고 자신을 잘 관리하면서 자신의 진가를 드높였기 때문이다.

◆ 체칠리아 바르톨리 1966~
이탈리아 출생. 성악가. 폴라음악상 수상.

재치 있는 바흐의 복수

바로크시대를 대표하는 음악가이자 음악의 아버지로 불리는 바흐는 시도 때도 없이 자신을 비난하는 한 외국인 음악가로 인해 골머리를 앓고 있었다. 그는 실력도 없으면서 마치 위대한 음악가라도 되는 양 거들먹거렸다.

그러던 어느 날이었다. 그날은 바흐의 제자인 크라우제가 연주회를 하는 날이었다. 이때도 문제의 음악가가 참석하여 크라우제의 연주를 들었다. 연주회가 끝나자 역시나 그는 다음과 같이 말했다.

"저 정도의 연주라면 우리나라에서는 어린아이도 합니다."

이 말을 들은 바흐는 화를 삼키며 '두고 보자. 내가 너의 그 막말하는 버릇을 반드시 고쳐 주마' 하고 이를 갈았다. 어떻게 하면 그의 못된 버릇을 고칠 수 있을지 고심하던 차에 바흐의 친구이자 오르간 연주자인 요한 루트비히 쿠레프스가 찾아왔다. 바흐는 친구에게 사실대로 털어 놓았다. 그러자 그는 주먹을 불끈 쥐며 말했다.

"무슨 그런 사람이 다 있어. 건방진 사람 같으니라고!"

바흐는 쿠레프스와 짜고 얄미운 외국인 음악가를 골려 주기로 했다. 방법은 간단했다. 쿠레프스가 마부의 옷을 입고 연주하는 것이었다. 이 사실을 모르는 외국인 음악가는 연주회에 초대되어 기쁜 마음으로 귀를 열고 연주를 감상했다. 연주를 듣는 표정이 사뭇 진지했다. 그 모습을 본 바흐는 슬며시 미소를 지었다. 자신의 생각이 적중했던 것이다. 그는 쿠레프스의 연주에 깊이 빠져들고 있었다.

연주가 끝나고 바흐가 회심의 미소를 지으며 그에게 다가갔다.

"오늘 연주는 어떻습니까?"

"제가 상상했던 것보다 훨씬 좋았습니다."

외국인 음악가는 진지하게 대답했다.

"그렇습니까? 우리나라에서는 마부라도 보통 이 정도는 칩니다."

바흐의 말을 듣고 외국인 음악가는 그동안 자신이 최고인 척 비난을 일삼던 것이 얼마나 그릇된 일인지 깨닫게 되었다.

이후, 그는 바흐 앞에서 그 누구도 비난하지 않았다. 남을 비난하기 좋아했던 외국인 음악가의 코를 납작하게 해준 바흐의 기지는 사람들의 가슴을 후련하게 했다.

◆ 요한 세바스찬 바흐 1685~1750

바로크시대 독일 작곡가. 음악의 아버지라 불림. 대표곡으로 〈무반주 첼로 모음곡〉, 〈전주곡과 푸가 G단조〉 외 다수가 있다.

DAY 271 몰도바

몰도바를 작곡한 세르게이 트로파노프는 바이올리니스트로 1961년 유럽 동부에 위치한 몰도바공화국에서 태어났다. 몰도바는 1991년 소비에트연방인 구소련이 붕괴하면서 구성된 독립국가 연합공화국 중 하나로 우리나라 경상북도보다 조금 더 크다.

세르게이 트로파노프는 어렸을 때부터 악기에 흥미가 있어 여러 악기를 능숙하게 다뤘다. 특히 바이올린은 5살 때부터 시작했다고 한다. 그의 첫 음반에 수록된 몰도바는 집시들이 거주하는 몰도바를 주제로 한 곡이다. 집시음악엔 짙은 슬픔이 배어 있다. 여기저기 떠돌며 사는 집시들의 태생적인 슬픔과 외로움이 음악의 바탕이 되기 때문인데, 이는 집시음악의 중요한 특징이라고 할 수 있다.

몰도바Moldova를 듣다 보면 끊어질듯 이어지는 바이올린 선율이 가슴을 파고들며 감정샘을 자극한다. 때로는 강렬하고 열정적으로, 또 때로는 끊어질 듯, 이어질 듯 부드럽고 감미롭게 이어진다. 음의 셈여림이 몰도바의 전체를 끌고 간다. 어떻게 보면 단순함 같이 여겨지지만 그 속엔 마치 마그마가 끓어오르는 듯 집시들의 거친 삶이 스며있다. 그래서 몰도바를 듣다 보면 때론 집시들의 자유로움과 또 때론 집시들의 외로움과 슬픔에 동화되는 걸 느낄 수 있다. 그리고 남겨진 그 길을 걸어가는 동안 그 어느 순간에도 고독을, 그리움을, 슬픔을 더욱 뜨겁게 끌어안고 뜨겁게 높이 타오르고 싶은 마음이 든다.

우리 인간은 누구나 태어날 때도 혼자이며 떠날 때도 혼자다. 그런 면에서 우리는 누구나 영혼의 집시인 것이다.

몰도바는 세르게이 트로파노프가 영혼의 집시인 우리 인간들의 삶을 잘 이해하고 썼다는 것을 알게 한다.

◆ 세르게이 트로파노프 1961~
몰도바에서 태어남, 바이올리니스트. 러시아 국립 아미 코러스 & 오케스트라 수석 바이올리니스트 역임. 대표곡으로 〈몰도바〉 외 다수가 있다.

돈데 보이

〈돈데 보이〉는 '나는 어디로 가야 하나'라는 의미를 담은 노래로 멕시코계 불법 미국 이민자들의 애환을 담은 노래다. 이 노래는 1989년에 발표된 노래로 멕시코계 미국인 가수인 티시 이노호사가 불렀는데, 그녀의 떨리는 듯한 애절한 목소리와 타국에서 하루하루를 힘들게 버티며 살아가는 이민자들의 애잔한 삶과 잘 매치가 되어 듣는 이들의 가슴을 울린다.

불법 이민자들은 미국을 향해 꿈을 안고 찾아가지만 그 길은 때론 죽음의 길이 되기도 하는 천형의 길이기도 하다. 바다를 건너다 배가 뒤집혀 죽기도 하고, 미국 국경을 넘다 죽거나 다치는 등 마치 살얼음판을 걷는 길과 같기 때문이다.

인간에게 있어 먹고사는 것은 일차적인 문제다. 먹지 못하면 생명을 부지할 수 없기 때문인데, 이는 본능이기에 불법 이민자들은 목숨을 걸면서까지 모험을 감수하는 것이다. 다행히 미국에 잠입한다고 해도 그것으로 끝이 아니다. 지금부터는 더더욱 힘겨운 고초와 시련의 숲이 기다리고 있다. 막상 미국에 진입을 했다 해도 누가 기다리는 것도 아니고 스스로 먹을 것과 잘 곳을 마련해야 하기 때문이다. 또한 이민국 직원들의 감시를 피해야 하는 등 삶의 장애물이 한두 가지가 아니다.

이 노래를 보면 '태양이여, 내 모습이 드러나지 않게 해주세요. 이민국에 드러나지 않게'라는 가사를 봐도 그들의 두려움을 느낄 수 있다. 희망을 찾는 것이 바람이라는 노래 가사는 불법 이민자들의 꿈을 잘 알게 한다.

조국이 있어도 희망의 꿈을 피우지 못하고, 기대고 쉴 수 없다면 그처럼 비참한 일은 없을 것이다. 〈돈데 보이〉는 우리에게 조국의 소중함과 인간은 진정 무엇을 위해 살아야 하는지, 그리고 어떻게 살아야 하는지를 깊이 생각하게 한다.

나를 지켜주고, 먹을 것과 입을 것, 꿈과 희망을 펼칠 수 있는 조국이 있다는 것은 크나큰 축복이다. 우리는 이를 잊어서는 안 될 것이다.

떨리는 목소리로 부르는 티시 이노호사의 〈돈데 보이〉는 멕시코계 불법 이민자들의 삶은 물론 그곳이 어디든 불법 이민자들의 가련한 삶을 대변하는 노래라고 하겠다.

◆ 티시 이노호사 1955~
멕시코계 미국인 가수. 1989년 1집 앨범 〈Homeland〉로 데뷔했다.

DAY 273 마돈나

역대 여자가수 중 가장 많은 앨범과 싱글의 세일즈를 보유한 가수 마돈나는 1982년에 데뷔하여 지금에 이르기까지 파격적인 스타일로 신곡을 발표할 때마다, 다양한 콘텐츠를 보여주며 늘 변신에 변신을 꾀하며 팝계를 평정해 왔다. 또한 그녀는 탁월한 스타일리스트다. 뿐만 아니라 그녀는 뛰어난 음악적 능력을 갖고 있다. 작곡, 작사, 프로듀서까지 모두 그녀의 손끝에서 이루어진다. 한마디로 싱어송라이터이자 만능 엔터테이너이다.

그녀는 데뷔 전 돈이 궁해 누드모델을 하고 포르노 잡지《플레이보이》에 누드 사진을 실었었다. 그녀의 이력을 알고 있는 당시 일부 평론가들은 그녀를 과소평가하며 하찮게 여겼다. 마돈나는 일부 평론가들의 독설에 입술을 깨물며 독하게 마음먹었다. 그리고 최선을 다한 끝에 그들의 오만하고 안일한 평가를 보란 듯이 되갚아주며 수십 년 넘게 정상을 지켜오고 있다.

그녀가 이렇게까지 롱런할 수 있는 힘은 끝없는 자기 변신, 확고한 음악 철학, 여성들에 대한 자기 혁신을 추구하는 음악적 스타일 때문이라고 할 수 있다.

특히, 여성들의 자기 혁신 추구를 주장하는 그녀의 강한 어필에 동조한 10대, 20대 여성들에게 절대적인 지지를 받았다. 이른바 마돈나 워너비스라는 마돈나 팬클럽이 그것이다. 이들은 마돈나 노래와 패션을 따라 함은 물론, 그녀의 생각과 똑같이 살겠다고 말할 정도였다. 그녀가 가는 곳마다 사람들은 열광했다. 대중들은 그녀에게 새로운 스타일의 노래를 원했고 그녀는 그것을 노래에 반영시켰던 것이다. 그녀는 자신이 추구하는 음악적 스타일을 맘껏 펼쳐나갔다. 언론도 방송도 그 누구도 그녀의 음악적 열정을 막을 수 없었다.

마돈나는 역대 최고의 가수라는 비틀스보다 더 많은 히트곡을 보유하고, 빌보드 핫100에서 가장 상업적으로 좋은 성과를 낸 아티스트 순위 중 비틀스에 이어 역대 2위에 올라있다.

마돈나의 이런 성과는 학문적 연구대상이 되어 마돈나학Madonna studied이라는 학문이 만들어졌다. 예순이 넘은 지금도 그녀는 여전히 변신 중이며, 자신의 역량을 맘껏 펼쳐 보이는 아름다운 도전을 지속하고 있다.

◆ 마돈나 1958~
미국 출생. 가수. 영화배우. 여성 최고의 아티스트.

DAY 274 | 프레드릭 프랑수와 쇼팽

'피아노의 시인'으로 불리는 프레드릭 프랑수와 쇼팽은 폴란드 젤라조바볼라에서 태어났다. 어렸을 때부터 모차르트에 견줄 만큼 실력이 뛰어나 주변 사람들을 놀라게 했다. 그는 여섯 살 때 피아노를 배우고, 일곱 살 때 사단조, 내림나장조의 두 〈폴로네이즈〉를 작곡했으며, 여덟 살 때 연주회를 열었다. 1821년 내림가장조 〈폴로네이즈〉를 작곡해 지브니에게 헌정했는데 현존하는 가장 오래된 쇼팽의 원고이다.

쇼팽은 바르샤바 중학교를 거쳐 바르샤바 음악원에 입학했다. 그는 재학 중 피아노와 가극을 위한 작품 〈라치다램 변주곡〉을 작곡하며 유명해졌다. 이후 1829년에 발표한 〈피아노 협주곡 2번〉으로 유럽 일대에 이름을 알렸고 연주 여행을 통해 자신의 진가를 유감없이 발휘했다.

그가 빈에 도착했을 때였다. 그는 바르샤바에 혁명이 일어났다는 소식을 전해 듣고 돌아가겠다며 아버지에게 편지를 보냈다. 그의 아버지는 음악을 하는 것도 조국을 위한 일이라며 답장을 보냈다. 그 후 쇼팽은 마음껏 꿈을 펼치라는 아버지의 권유로 프랑스행을 다짐했다. 쇼팽이 프랑스로 떠날 때 그의 아버지는 "얘야, 너는 조국의 자랑이 되어야 한다. 그것이 곧 조국을 위해 애국하는 일이라는 것을 명심하여라." 하고 당부했다. 아버지의 당부에 쇼팽은 반드시 그렇게 하겠다고 대답했다.

쇼팽은 주변 사람들의 환송을 받으며 프랑스로 떠났다. 프랑스로 간 쇼팽은 파리에서 연주회를 열었고 성공리에 마치며 유명해졌다. 프랑스에서 쇼팽은 초반에는 작곡가로 일하며 많은 곡을 썼다. 그의 대표적인 곡들은 대개 이 시기에 작곡되었다. 그는 멘델스존, 프란츠 리스트, 로베르트 슈만 등의 음악가와 빅토르 위고, 발자크, 뒤마, 하이네 등과 친분을 쌓으며 음악의 보폭을 넓혀 나갔다.

그러던 중 열일곱 살의 폴란드 소녀인 마리아 보진스키와 비밀 약혼을 했다가 그녀의 부모가 반대하는 바람에 물거품이 되어 상심의 나날을 보내기도 했다. 그 후 소설가 조르주 상드를 만나 9년 동안 연인 관계로 행복한 시간을 보내며 음악 활동에 전념했다. 하지만 그 행복도 길게 이어지지는 못했다. 쇼팽의 건강악화와 조르주 상드와의 문제로 헤어져야 했기 때문이다. 쇼팽은 건강을 회복하지 못하고 39세의 나이로 생을 마감했다.

◆ 프레드릭 프랑수와 쇼팽 1810~1849
작곡가, 피아니스트. 주요 작품 〈녹턴〉, 〈즉흥환상곡〉, 〈왈츠〉 외 다수가 있다.

달빛

〈달빛Clair De lune〉, 〈아라베스크〉로 유명한 프랑스 작곡가 클로드 드뷔시는 인상주의 음악의 창시자로 1862년 프랑스 생제르맹 앙레에서 다섯 남매 중 첫째로 태어났다. 아버지는 도자기를 판매했으며 어머니는 재봉사였다. 그는 7살 때 피아노를 배웠으나 뛰어난 재능을 보이며 관심을 끌었다. 그는 1872년 11살의 나이로 파리음악원에 입학했다. 그 당시 러시아음악과 무소르그스키의 음악은 그에게 큰 영향을 주었다.

1883년 칸타타 〈전투사〉로 로마대상 2등상을 수상했고, 이듬해 칸타타 〈탕자〉로 1등상을 수상했다. 이후 상징파 시인을 비롯해 인상파화가들과 교류하며 인상주의에 대해 몰입했다. 〈목신의 오후에의 전주곡〉은 그의 인상주의 음악이다. 1899년 드뷔시는 로잘리 텍시에와 결혼했지만 이혼 후 1904년 엠마 바르닥과 결혼했다. 그 후 딸 클로드 엠마가 태어나자 피아노 소품 〈어린이 차지〉를 써서 딸에게 헌정했다.

음악활동과 행복한 생활을 영위하던 그는 1918년 병으로 사망했다. 드뷔시의 대표곡 '달빛Clair De lune'은 피아노곡집 '베르거마스크' 모음곡 중 제3곡으로 물결 위에 은은히 달빛이 비추이는 고혹적인 밤을 연상케 한다. 서정성이 탁월하다 보니 드라마와 영화에 자주 등장하는데 특히, 영화 〈트와일라잇Twilight〉에서 주인공인 로버트 패틴슨과 크리스틴 스튜어트의 사랑은 감미로운 '달빛' 선율로 관객들의 가슴을 설레게 하기에 부족함이 없다.

'음악은 선율로 쓴 시'라고도 할 수 있는데 '달빛'은 서정성 가득한, 깔끔하고 담백한 한 편의 고혹적인 서정시라고 할 만큼 매혹적인 곡이다.

모든 예술이 대개 돈이 되어 주지는 않지만, 예술이 주는 가치로 인해 정신과 마음을 한껏 끌어올릴 수 있어 예술은 영혼을 울리는 소리임에는 틀림이 없다는 생각이 드는 것은, 〈달빛〉처럼 탁월한 서정적인 음악은 돈으로는 환산할 수 없는 가치를 지닌 까닭이라고 할 수 있다.

◆ 클로드 드뷔시 1862~1918
프랑스에서 태어남. 작곡가. 대표곡으로 〈달빛Clair De lune〉, 〈아라베스크〉 외 다수가 있다.

DAY 276 | 차이콥스키 피아노 협주곡 1번

1874년부터 1875년에 걸쳐 차이콥스키는 곡을 썼는데 그 곡은 바로 피아노 협주곡 1번 내림 나단조이다. 이 곡은 모스크바음악원 감독이었던 니콜라이 루빈스타인을 위해 쓰여졌다고 한다. 그런데 이 곡을 완성하고 루빈스타인에게 가져갔을 때 그는 진부하고, 촌스럽고, 부적당해 연주를 할 수 없을 만큼 좋지 않다고 혹평했다. 그리고 자신의 생각을 말하며 개작할 것을 권유했다. 하지만 차이콥스키는 그의 권유를 받아들이지 않고, 자신의 음악은 존중해주는 독일의 피아노 연주자이자 지휘자인 한스 폰 뷜러에게 헌정했다. 뷜로는 1875년 10월 보스톤에서 이 곡을 연주했다. 뷜러는 이 곡에 대해 아주 만족해했다. 그로부터 일주일 뒤 이 곡은 러시아 상트페테르부르크에서 피아노 연주가 구스타프 크로스와 지휘자인 에듀아르드 나프라프닉에 의해 초연되었다. 3년 후 루빈스타인은 이 곡을 혹평했던 것에 대해 차이콥스키에게 사과했다.

피아노 협주곡 1번은 3개의 악장으로 되었는데 제1악장은 내림 나단조와 내림 나장조로, 제2악장은 내림 라장조로, 제3악장은 내림 나단조와 내림 나장조이다. 이 협주곡은 피아노 연주가에게 상당한 기량을 요하지만, 당시 러시아의 다른 보수적이고 특유한 유명 협주곡과는 상당히 다른 교향곡적인 특성을 갖고 있다. 그것은 베토벤의 피아노 소나타와 같이 연주가의 손가락이 건반에서 떠나지 않아도 될 악절이 있는가 하면, 연주가의 손가락이 여러 옥타브에 걸친 연주를 계속해야 하는 악절도 있다.

이를 좀 더 부연한다면 첫 번째 악장 도입부의 유명한 주제부는 우크라이나 키예프 근처 카멘카에 있는 시장에서 그가 들었던 길가의 시각장애인 음악가들의 연주에서 기반基盤한 것이다. 그러나 차이콥스키는 이 주제부가 이 곡에서 단 두 번만 들리도록 작곡했다.

이 주제부는 곡 전체를 보았을 땐 독립적인 느낌이 든다. 그 이유는 이 부분에서 곡의 전반적인 조인 내림 나단조를 쓰지 않고 내림 라장조를 썼기 때문이다. 이렇듯 차이콥스키의 피아노 협주곡 1번은 여타의 교향곡과는 다른 특징을 가진 곡으로써 널리 연주되고 있다.

◆ 표트르 차이콥스키 1840~1893
러시아에서 태어남. 러시아 작곡가이자 지휘자. 대표곡으로 〈백조의 호수〉, 〈호두까기인형〉 외 다수가 있다.

DAY 277 프란츠 슈베르트

프란츠 슈베르트는 오스트리아 빈 리히텐탈에서 태어났다. 그의 아버지는 초등학교 교장이었으며 어머니는 요리사였다. 그의 아버지는 슈베르트가 음악에 재능을 보이자 다섯 살 때부터 악기를 가르쳤고, 그가 여섯 살이 되자 음악교육을 받게 했다.

1808년 슈베르트는 궁정신학원에 장학생으로 입학하여 모차르트의 서곡과 교향곡을 접하게 되었는데 그로 인해 모차르트를 좋아했다. 특히 그는 베토벤을 너무도 존경한 나머지 모든 걸 닮기를 원했던 것으로 유명하다.

오스트리아는 군복무 대신 교사로 일정 기간 근무하면 대체복무로 인정해주는 제도가 있어 슈베르트는 아버지가 근무하는 학교에서 보조교사로 근무했다. 이때부터 슈베르트는 작곡활동을 본격적으로 시작했다. 그리고 그해 로마가톨릭에서 장례미사에 사용하는 음악인 바장조 미사곡을 작곡했다.

1815년 18세 때 수백 곡의 가곡을 썼는데, 괴테의 시에 곡을 붙여 〈마왕〉, 〈휴식 없는 사랑〉, 〈들장미〉 등의 명작도 이때 썼다. 그리고 일부 곡을 책으로 펴냈다. 1816년 친구인 프란츠 폰 쇼버의 권유로 친구 집에 머물며 작곡에 몰두했으며, 1818년 가곡 〈죽음과 소녀〉, 〈숭어〉를 작곡했다. 그리고 그의 연상의 이성친구인 포글의 도움으로 그의 곡이 처음으로 연주되었는데 호평을 받았다. 그 후 슈베르트의 명성이 널리 알려졌고, 친구들을 중심으로 모임이 결성되었다.

1823년 〈방랑자의 환상곡〉, 〈아름다운 물레방앗간 처녀〉를 작곡했다. 그 후 〈현악 4중주〉를 작곡했으며, 오스트리아 여행 중에 〈아베마리아〉를 작곡했다. 1827년 〈겨울여행〉을 작곡하고, 1828년 연주회를 열어 대성공을 거뒀다. 그리고 교향곡 9번인 〈대교향곡〉을 완성했다.

슈베르트는 베토벤을 마음 깊이 존경했는데, 한 번도 직접 만난 적이 없었다. 그는 용기를 내 베토벤을 만났는데, 베토벤은 그가 보여준 악보를 보고 크게 감탄했다. 베토벤으로부터 칭찬을 듣고 슈베르트는 감격해했다. 베토벤은 죽은 뒤 그 또한 31세의 나이로 세상을 떠났다.

◆ 프란츠 슈베르트 1797~1828
오스트리아 작곡가. 가곡의 왕. 대표곡으로 〈숭어〉, 〈아베마리아〉, 〈아름다운 물레방앗간 처녀〉, 〈휴식 없는 사랑〉, 〈들장미〉 외 다수가 있다.

DAY 278 | 고전주의 음악

고전주의 음악은 1750년부터 1810년까지 오스트리아 빈을 중심으로 발전한 서양 음악사조를 뜻한다. 고전古典이란 말엔 반듯함, 균형적인 그리고 시대적으로 초월적인 의미를 내포하고 있어 질적인 가치를 담고 있다.

고전주의 음악이란 명칭을 처음 사용한 음악사학자는 하이든, 모차르트, 베토벤의 음악을 독일문학에서의 바이마르 고전주의를 모델로 삼아 고전적이라고 이름 붙였다. 그런데 여기서 한 가지 주목할 것은 고전주의라는 것은 베토벤, 하이든, 모차르트의 음악과 다른 음악을 구별하는 기준 그러니까 질적 개념으로 사용했던 것이다.

이후 고전주의라는 명칭은 이들의 교향곡이 모범적인 음악으로 고정되면서 보케리니, 클레멘티 등의 음악가들도 이들 세 사람과 같은 작곡 스타일을 따라 썼음으로 고전이란 말은 음악사에서 이들 음악가 전체를 뜻하는 시대의 사조로 쓰이게 되었다.

고전주의 음악의 특징으로는 주요 3화음을 중심으로 한 기능 화성법의 확립, 소나타 형식에서의 제1, 제2 주제의 조성을 으뜸음과 딸림음과의 관계에서 파악하여 두 주제의 성격적 대비를 갖게 했다는 것과 주제를 유기적으로 전개하는 주제노작主題勞作, 즉 힘써서 주제를 담은 역작의 원리의 확립, 2관 편성 오케스트라, 소나타 형식에 바탕을 둔 교향곡, 협주곡, 실내악곡, 독주곡과 같은 악곡 형식을 끌어냈다는 점 등을 들 수 있다.

초기 고전파는 18세기 중엽 바흐와 헨델에 의해 완성된 바로크시대에서 하이든과 모차르트에 의한 새로운 정점이 이룩되기까지인 1720년부터 1780년까지의 시기를 말한다. 그런데 이시기는 과도기적인 시기로 소나타가 교향곡이나 실내악에서 알레그로, 안단테, 미뉴에트, 알레그로의 4악장으로 된 구성으로 점차 고정되는 경향을 보였다. 이 가운데 제1악장은 소나타 형식의 성장과 함께 비중이 증대하였고, 제3악장에는 바로크 시대의 춤곡 형식이었던 미뉴에트가 자리를 차지하게 되었다.

빈 고전파는 빈을 중심으로 창작활동을 하여 하이든, 모차르트, 베토벤에 의하여 그 절정을 이루었다. 특히, 이들이 취한 새로운 스타일의 양식은 고전파의 음악에 발전을 이끌었다. 새로운 양식의 원리를 바탕으로 하여 이 시기에는 교향곡 외에 협주곡, 실내악도 현저한 발전을 보였다는 데 그 의미가 크다고 하겠다.

17~18세기 유럽에서 발달한 조화와 균형의 단정한 형식미를 중시하는 예술 사조의 음악을 뜻한다.

DAY 279

낭만주의 음악

서양 음악사에서 1815년부터 1960까지의 음악 사조를 낭만주의 음악이라고 한다. 음악사 학자들 중 어떤 이들은 1890년까지로 주장하기도 하며, 1890년부터 1980년 대까지를 세기 전환기 음악으로 구분하기도 한다.

19세기 음악을 보통 낭만주의 음악으로 지칭했으나, 이는 양식사나 제도사적으로 볼 때 문제가 된다. 현재와 와서 음악사학계 연구에 의하면 '19세기는 낭만주의'라는 등식은 맞지 않는 것으로 간주되고 있다. 이 명칭이 19세기 음악사를 결정짓는 여러 가지 다양한 경향 중에서 낭만주의만을 일방적으로 강조하는 오류를 범하고 있기 때 문이다. 그리고 이 일반화된 명칭은 마치 19세기 전반에 걸쳐 통일된 낭만적 시대정 신과 보편적 시대의 양식이 존재하는 것 같은 오해를 불러일으키기 때문이라는 것이 다. 19세기 음악은 역사주의 음악, 비더마이어 음악, 민족주의 음악, 사실주의 음악, 인상주의 음악 등 다양한 사조의 경향이 혼재되어 있다.

낭만주의는 19세기 전반 주도적인 역할을 담당하긴 했지만 이는 결국 19세기에 다 양한 한 현상에 불과한 것이라고 할 수 있다. 이에 대해 몇 가지를 살펴보기로 하겠다.

첫째, 역사주의 음악은 19세기 음악사조뿐 아니라 작품의 생산과 재생산에 과정에 서 매우 중요한 역할을 했다. 이는 19세기의 지배적 사조 가운데 하나였는데 모든 사상을 역사의 과정으로 분석하고, 그 가치나 진리도 역사과정에서 나타난다고 주 장하는 주의이다. 둘째, 민족주의 음악은 하나의 공통된 음악언어가 존재해왔는데 특히 바흐가 양식과 사상의 통합을 이뤄냈다. 그러나 19세기 후반 자유주의 운동과 민족주의 운동의 전개의 영향으로 음악에서도 서유럽의 음악적 영향과 지배를 받아 자신의 민족적 양식을 확립하지 못했던 동부유럽과 러시아, 북유럽 등을 중심으로 1860년 이후에는 민족주의 음악 경향이 형성되었다. 셋째, 인상주의 음악은 클로드 드뷔시가 상징파 시인을 비롯해 인상파 화가들과 교류하며 인상주의에 대해 몰입하 여 주도함으로써 그는 인상주의 음악의 창시자가 되었다. 넷째, 낭만주의 음악은 독 일 낭만주의로 슈베르트에서 슈만까지를 다루고, 동기의 낭만파로는 프랑스와 이탈 리아의 오페라 작곡가나 쇼팽을 다룬다. 그리고 후기 낭만주의는 베를리오즈, 리스 트, 바그너 등을 든다.

이렇듯 낭만주의 음악은 널리 확산되어 그 시대에 주류를 이루었던 것이다.

서양 음악사에서 낭만의 표출과 심정의 주관적 표현을 중시한 19세기의 유럽 음악을 말한다. 대표적인 음악가로는 바그너, 쇼팽, 슈베르트가 있다.

칸타타

칸타타Cantata는 성악곡의 하나로 독창, 중창, 합창과 악기 반주가 함께 어울려 연주되는 악곡의 형식이다. 칸타타란, 노래한다는 의미로 처음에는 일반적인 성악곡을 의미했다. 칸타타는 몇 개의 악장으로 된 바로크시대의 중요한 성악곡이다. 하나의 연속적인 서술을 가사로 가지고 있으며, 아리아, 레치타티보, 중창, 합창 등으로 노래했다. 그리고 전곡이 독창만으로 된 것도 있고, 합창만으로 된 것도 있다.

칸타타는 내용에 따라 세속(일반적인) 칸타타와 교회 칸타타의 두 가지로 나눈다. 먼저 세속 칸타타는 교회 예배목적이 아닌 일반인들, 즉 가족이나 친지들의 결혼식과 아기 탄생을 축하하기 위해 연주되었다. 역사적으로는 세속 칸타타가 교회 칸타타보다 더 오래되었으며 17세기 초엽 이탈리아에서 탄생하여 발전했다. 이탈리아에서는 특히, 아리아와 레치타티보가 교대로 된 독창용 칸타타가 번성했고, 카리시미, 체스터 등의 손을 거쳐 나폴리 악파의 스키롤라티의 800곡이나 되는 칸타타에 의해 정점을 이뤘다.

두 번째로 교회 칸타타는 일요일에 교회 행사 및 축제일을 위한 예배용 음악으로 작곡된 것이다. 교회 칸타타는 17세기 말부터 18세기에 걸쳐 독일에서 발달했는데, 코랄 가락이 즐겨 쓰였고 합창이 매우 중요시되었다. 교회 칸타타의 종류에는 코랄 가락이 여러 가지 수법에 의하여 마지막 이외의 악장에 들어있는 코랄 칸타타, 시편의 가사로 된 시편 칸타타, 성서의 격언으로 시작하는 격언 칸타타 등이 있다. 교회 칸타타의 작곡가로는 북스테후데, 텔레만, 요한 세바스티안 바흐 등이 있다. 이 중 바흐의 현존하는 200여 곡은 교회 칸타타의 걸작으로 평가받고 있다. 바흐의 칸타타 중에서 〈커피 칸타타〉, 〈농민 칸타타〉는 일반인에게도 널리 알려져 있다.

바흐 시대의 칸타타는 극히 소수의 사람으로 연주되었다. 보통 가수 12명, 악기연주자 13명 정도로 많아도 40명을 넘지 않았다. 바흐 이후 칸타타는 모차르트, 베토벤, 슈베르트, 슈만, 베버, 브람스 등에 의해서도 작곡되었지만, 이러한 칸타타는 오라토리오와 구별하기가 쉽지 않았다.

현대에 와서 칸타타는 전통 칸타타와 확연히 구분되며 한 주제를 가지고 다양한 장르의 음악을 조합한 공연이다. 특히 크리스마스 칸타타는 다양한 장르의 크리스마스 음악과 함께 성탄 메시지를 포함하여 성탄의 의미 전달에도 큰 비중을 두고 있어 그 의미를 더한다고 하겠다.

17~18세기, 바로크시대에 성행했던 성악곡의 한 형식으로 종교적 칸타타, 세속 칸타타, 미사 칸타타, 나르시스 칸타타가 있다.

오라토리오

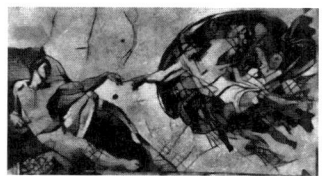

오라토리오는 성악의 일종으로 줄거리가 있는 곡의 모임이지만 배우의 연기 없이 연주된다. 종교적인 내용을 위주로 담고 있다. 독일의 수난곡도 이와 비슷한 형식을 가지고 있다.

오페라에 비하여 오라토리오에서는 독창보다 합창이 중요시되며 테스토 또는 이스토리쿠스라고 이야기하는 사람이 극의 진행을 담당하는 것이 특징이라고 하겠다. 그러나 오라토리오는 때로 교회 칸타타, 수난곡, 종교적 오페라와 구별이 잘 안 되는 경우도 있다. 한편 현대에서는 종교적인 성격을 갖지 않는 세속적 오라토리오도 많이 만들어졌다.

오라토리오의 초기 작곡가로서는 아넬리오, 마조키가 있다. 고전적 오라토리오의 시조는 카리시미이다. 작품으로는 〈예프테〉, 〈솔로몬의 재판〉 등이 있다. 독일의 오라토리오는 슈츠에게서 시작되었다. 그의 작품으로는 〈부활 오라토리오〉, 〈크리스마스 오라토리오〉가 있다. 바흐의 작품으로는 〈크리스마스 오라토리오〉, 〈부활제 오라토리오〉가 있다. 영국의 오라토리오는 헨델이 대표적이며 그의 작품으로는 〈이집트의 이스라엘 사람〉, 〈유다스 마카베우스〉와 세계적으로 가장 널리 알려진 〈메시아〉가 있다.

18세기에서 19세기에는 하이든의 〈천지창조〉, 〈4계〉와 멘델스존의 〈성 바울〉, 〈엘리아〉가 있다. 그리고 리스트의 〈성 엘리자베스의 전설〉, 베를리오즈의 〈어린 예수〉, 브람스의 〈독일 레퀴엠〉이 있다. 이 중 〈독일 레퀴엠〉은 오라토리오와 레퀴엠의 중간적 성격을 가진 것이 특징이다.

20세기의 오라토리오로는 오노게르의 〈다윗 왕〉, 〈화형대의 잔다르크〉, 스트라빈스키의 〈오이디푸스 왕〉, 힌데미트의 〈무한한 것〉, 쇼스타코비치의 〈숲의 노래〉 등이 있다.

오라토리오란 성서나 기타 종교적, 도덕적 내용의 가사를 바탕으로 만든 서사적인 대규모 악곡을 말한다.

DAY 282	바로크시대 음악	MUSIC

바로크시대 음악은 17세기에서 18세기의 유럽음악을 일컫는다. 바로크란, 포르투갈어로 '찌그러진 진주'라는 뜻이다. 바로크는 17~18세기에 있어 미술양식을 말하는 것으로, 17세기에서 18세기의 음악도 자연스럽게 이 명칭으로 불렸다.

바로크 음악을 역사적으로 살펴보면 정치적으로는 왕정으로부터 계몽주의로 나아가는 것을 알 수 있다. 경제적으로는 중상주의, 철학사적으로는 합리주의적 계몽주의적인 사조의 흐름 속에서 볼 수 있다. 이러한 사회적 상황이 여러 번 겹치게 됨으로써 궁정, 도시, 교회 등 세 활동범위를 기초로 하여 바로크 음악이 형성되었다.

바로크 음악은 르네상스 음악의 다음 단계의 음악으로 잠깐의 과도기를 거친 뒤 고전주의 음악으로 이어진다. 바로크 음악은 3단계로 나눌 수 있다. 초기는 1580년에서 1630년이고, 중기는 1630년에서 1680년이며, 말기는 1680에서 1750년이다.

초기 바로크 음악은 르네상스 말기 지오반니 드 바르디의 후원 아래 인문학자, 시인, 음악가들은 카메라타라는 모임을 결성해 음악과 연극 등에 대해 논의를 이어갔다. 이들은 고대 그리스의 음악극을 가장 뛰어난 종류의 예술로 보았으며, 폴리포니와 기악음악을 거부하며 카터라 반주에 독주가가 노래하는 종류의 음악인 모노디에 대한 아이디어를 발전시켜 나갔다. 자코모페리가 이러한 아이디어를 〈디프네〉, 〈에우리디체〉에서 선을 보였는데 이것이 바로크 음악의 효시였다.

중기의 바로크 음악은 루이 14세로 대표되는 절대왕정의 시대가 도래됨에 따라 부와 권력이 궁중으로 집중되기 시작했다. 이로 인해 자연스레 음악의 중심도 교회에서 궁중으로 옮겨졌다. 또한 궁중에서 연주되기에 적합한 실내악이 만들어졌다. 대표적인 작곡가는 장바티스트 륄리이다. 그는 당시 프랑스 궁중에 고용된 유일한 작곡가로 최초의 지휘자 중 한 명이다. 륄리는 현악을 중심으로 오케스트라를 구성했는데, 이 조합은 이후 이탈리아 오페라를 거쳐 현대로 이어졌다.

독일에서는 디트리히 북스테후데가 교회 음악의 전통을 이어갔다. 북스테후데는 교회에 부임하여 각종 전례에 따른 음악을 작곡하는 등 전통을 이어갔다. 교회 이외에는 아벤트뮤지크라는 이름의 연주회가 개최되었는데, 여기서 발표된 종교극들을 오페라와 같은 종류로 보는 시각도 있다.

바로크시대 음악이란 17~18세기 유럽에서 성행한 감각적 풍요, 극적 효과, 생동감을 특징으로 하는 예술양식을 말한다.

DAY 283 | 뉴에이지 음악

뉴에이지란, 20세기 말엽에 나타난 새로운 시대적 가치를 추구하는 영적인 운동 및 사회활동, 문화 활동, 뉴에이지 음악에 대한 총칭이다. 뉴에이지 음악은 뉴에이지 운동을 음악적으로 재해석한 음악 장르이다. 초기에는 뉴에이지 운동에서 영향을 받아 상당히 신비주의적이고 명상음악 같은 느낌을 주었지만, 지금에 와서는 점차 확산되면서 그 범주도 점점 더 넓어지고 있다.

뉴에이지 음악은 그 특성상 어쿠스틱 악기를 많이 사용하지만 신디 패드 같은 전자악기도 시퀀스의 형태로 많이 쓰이기도 한다. 특히, 뉴에이지 사상은 내면의 나를 일깨워 궁극, 초월의 세계에 진입해 내 자신이 신적인 존재가 될 수 있다는 범신론적인 신앙관을 기반으로 하는 사상으로 뉴에이지 음악은 이런 사상을 정신적으로 돕는 도구로써의 음악인 것이다.

뉴에이지 운동에 대해 모르고 이런 음악을 접한 사람들은 단지 듣기 편한 연주 음악이라고 생각하면 그것을 뉴에이지 음악이라고 불렀다. 그래서 이전까지는 뉴에이지로 분류되지 않던 세미클래식이나 피아노 연주곡까지 모두 뉴에이지라고 불리게 되었던 것이다.

일부 음악가들 중엔 뉴에이지의 강한 종교적인 의미 때문에 자신의 음악을 뉴에이지라고 불리는 것을 극도로 꺼린다. 대표적으로 개신교 신자인 이루마, 조지 윈스턴, 정교회 신자인 야니, 반젤리스 등이 있다.

뉴에이지 음악의 특징을 몇 가지로 나누면 다음과 같다. 첫째는 피아노와 같은 전통악기는 물론 신디사이저나 어쿠스틱 악기를 이용해 동서양의 교감을 표현해 편안하고 감미로운 느낌이 든다. 이 때문에 스트레스 해소나 심리치료, 명상음악으로 사용되기도 한다. 둘째로는 1980년대 초부터 시작된 음악으로서 자연의 소리를 표현하기 위하여 만들어진 음악의 장르라고 할 수 있다. 세 번째로는 무드음악, 환경음악, 무공해음악이라고 부르기도 한다. 넷째로는 1986년부터 그래미상에 뉴에이지 음악 부문이 신설됨으로써 하나의 음악 장르로 정착되었다.

대표적인 뉴에이지 음악가로는 조지 윈스턴, 앙드레 가뇽을 들 수 있다.

뉴에이지 음악이란 고전음악, 민속악, 전자음악 등 여러 장르의 음악을 고루 융합시킨 연주음악을 말한다.

DAY 284 포크 음악

포크 음악은 20세기에 새롭게 생긴 대중음악의 장르로, 각 나라와 지역의 민요에서 파생되었으나 전통민요와는 구분이 되는 새로운 장르가 되었다. 포크송은 우리말로 민요를 뜻한다. 이는 미국과 캐나다의 민요와 미국에 대한 영국계 민요 등 앵글로색슨(독일에서 영국으로 건너가 여러 왕국을 세운 게르만 민족의 일부) 국가의 민족민요를 가리키는 것이 대부분이다. 그러나 비영어권 민요는 월드뮤직으로 분류한다.

포크송의 종류로는 트래디셔널 포크송, 셀틱 포크송, 모던 포크송, 민중가요, 포크록이 있다. 트래디셔널송은 구전되어 내려온 작자 불명의 포크송을 말한다. 여기서 중요한 위치를 차지하는 것 중 하나가 발라드이다. 발라드란 이야기를 풀어나가는 문체로 되어 있는 고전 포크송을 말한다.

미국에서 트래디셔널 포크송이 가장 발달한 곳은 켄터키주와 테네시주의 동부와 버지니아주와 노스캐롤라이나주 서부, 사우스캐롤라이나주의 서북부, 조지아주 북부 지역이다. 이 지역의 포크송을 들자면 〈대니 보이〉, 〈페기 고든〉, 〈이즌 잇 그랜드 보이스〉 등이 있다.

셀틱 포크송은 아일랜드와 스코틀랜드의 포크 음악이다. 그런데 이 두 나라는 겔트족으로 그들만의 문화권을 형성하고 있어 아일랜드 포크, 스코틀랜드 포크로 분류한다. 그러나 같은 켈트 문화권이라도 프랑스 북서부 브르타뉴와 스페인 북서부 갈리시아는 언어가 영어가 아니기에 이 지역의 포크송은 월드뮤직으로 분류한다. 특히 이 지역은 민족적 성격이 강하기 때문에 미국 포크에서 사용되는 악기 가운데 리코더는 틴 휘슬로, 드럼은 보린으로 대체되기도 한다.

모던 포크송은 트래디셔널 포크송에 대하여 민요풍인 창작곡을 가리키는 말이다. 신작민요나 새로운 감각으로 편곡된 민요를 전문으로 노래하는 사람들을 모던포크 싱어라고 부른다. 피트 시거, 존 바에즈, 밥 딜런 등 상업적으로 성공한 사람의 대부분이 이에 속한다. 대표곡으로는 밥 딜런의 〈웬 더 십 컴스 인〉, 피터 시거의 〈웨어 해브 올 더 플라워스 건〉, 존 바에즈의 〈다이아몬즈 앤 러스〉 등이 있다. 민중가요는 전쟁, 인종차별 등을 반대하는, 반사회적인 문제를 들어 항거하는 노래이다.

마지막으로 포크록은 포크송적인 감각을 가진 로큰롤을 말하는 것으로 전기기타, 베이스기타, 신시사이저와 드럼세트에 록 비트를 붙인다. 그러나 1967년 이후 지금은 포크록은 잘 쓰지 않는다.

20세기에 새롭게 생긴 대중음악의 장르로, 각 나라와 지역의 민요에서 파생되었으나 전통민요와는 구분이 되는 새로운 장르의 음악을 말한다.

록 음악

　록은 1950년대 로큰롤에서 비롯된 음악의 형식이다. 록은 일반적으로 보컬, 리드전기기타, 베이스기타, 드럼 등 네 개로 구성되었는데, 강렬한 기타와 드럼소리가 특징이라고 할 수 있다. 이 형식은 일반적인 형태는 버디 홀리가 고안해냈으며 비틀스가 완성했다.

　록 음악은 전통적으로는 백 비트가 있는 4분의 4박자의 반복적인 리듬을 자주 사용한다. 록 음악은 스타일적으로 매우 다양한 요소를 가지고 있으며, 복잡한 역사와 다른 장르 요소의 잦은 유입 등의 이유로 '록이란 무엇인가'라는 음악적 정의를 명확하게 내리는 데 한계가 있다.

　록 음악은 처음 시작된 후 급속도로 퍼져나가 전 세계 젊은 세대의 문화를 표현하는 방법으로 자리 잡았다. 록 음악은 1950년대 초 미국에서 처음 생겼을 때 로큰롤이라고 불렸는데, 기성세대들은 로큰롤을 한때 유행으로 받아들여 무시하고 사회에 대한 도전이라고 비난했다. 하지만 1960년 후반에는 록 음악의 뿌리라고 할 수 있는 블루스에서 벗어나 간단히 록 음악이라 부르기 시작했다. 이후 록 음악은 음반사업뿐만 아니라 영화, 패션, 정치 풍조에 이르기까지 영향을 미쳤다. 또 음악의 한계를 뛰어넘어 새로운 음악과 결합하면서 오늘날까지 계속 발전해오고 있다.

　앞에서도 말했듯이 록 음악의 시초는 블루스인데 1930년대 로버트 존슨이 개발했다. 그런데 그가 죽고 1950년대 척 베리 등과 블루스 뮤지션들이 로큰롤의 선구적인 역할을 했다. 엘비스 프레슬리, 제리 리 루이스 등의 로큰롤 뮤지션들의 노래는 젊은 이들을 열광시켰지만, 기성세대에게는 충격을 안겨주었다. 로큰롤은 한때 '악마의 음악'이라 불리며 사회적 비난의 대상이 되었다. 흑인들의 한과 고통이 담긴 블루스는 백인 사회가 가장 꺼리던 음악이었기 때문이다. 여기에 로버트 존슨이 미시시피의 십자로에서 악마에게 음악을 배웠다는 전설까지 겹치며, 블루스는 더욱 음산한 이미지로 소비되었다. 하지만 역설적으로, 그 블루스에서 태어난 로큰롤은 젊은 세대의 열광적인 지지를 받으며 대중음악의 중심으로 떠올랐다.

　이렇듯 록 음악은 많은 우여곡절 속에서도 음악의 한 장르로 굳건히 자리 잡았으며, 강렬하고 열정적인 비트와 리듬으로 젊은이들로부터 많은 사랑을 받고 있다.

록 음악이란 1950년대에 미국에서 발생한 음악으로, 전 세계적으로 퍼진 대중음악 장르를 말한다.

로큰롤

로큰롤은 1940년대부터 1950년대 후반에 생겨 미국에서 발전된 대중음악의 장르로 주로 아프리카계 미국인들의 블루스, 컨트리, 재즈, 가스펠이 혼합된 형태이다. 1950년대까지는 로큰롤이라는 명칭이 존재하지 않았다. 애팔래치아 민요와 가스펠의 영향을 받은 재즈음악을 컨트리와 결합한 로커빌리라는 초기의 로큰롤 양식이다.

1940년부터 1950년대의 원조 로큰롤은 레이스 뮤직, 힐빌리 음악이라 불렸다. 특히, 영향을 준 장르는 재즈와 블루스, 부기우기, 컨트리, 포크, 가스펠이었다. 어떤 음악이 가장 중대한 영향을 끼쳤는가, 그리고 흑인 리듬앤 블루스라는 이름으로 재탄생한 이 새로운 음악이 백인 시장 또는 흑백의 새로운 복합 장르세계에서 어느 정도의 영향력을 가지는가에 대해 전문가들의 의견이 분분하다.

1940년대 후반부터 1950년대 초반의 로큰롤은 주로 피아노나 색소폰이 리드악기로 사용되었다. 그러나 1950년대 후반으로 가면서 기타를 추가하거나 리드악기를 기타로 대체하는 형태를 띠게 되었다. 백 비트가 두드러지는 부기우기, 블루스 리듬을 기본으로 하며, 후기에는 스네어드럼이 빠짐없이 포함되었다. 클래식 로큰롤에서는 일반적으로 두 대의 전기기타, 더블베이스, 전기베이스기타, 드럼을 사용한다.

1960년대에 로큰롤은 큰 인기를 끌기 시작했는데, 전 세계를 사로잡은 로큰롤의 엄청난 인기는 사회의 다양한 분야에 큰 영향을 끼쳤다. 이에 대해 척 베리는 로큰롤을 통해 범세계적인 영혼 해방의 물꼬를 텄다고 말했다.

이때 로큰롤은 단순한 음악양식을 넘어 영화나 텔레비전 등을 통해 라이프스타일과 패션, 사고방식, 언어 등에도 영향을 주었다. 로큰롤은 다양한 하위 장르를 만들어냈으나 초기의 백 비트와 같은 특징을 가지지는 않는다. 현재는 이 하위 장르들을 통칭 '록' 또는 '록 음악'이라고 부른다.

로큰롤이란 1950년대에 미국에서 발생한 음악으로, 이후 전 세계적으로 퍼진 대중음악의 장르를 말한다. 대표적인 가수로는 로큰롤의 황제로 불리었던 엘비스 프레슬리가 있다.

DAY 287 | 교향곡

교향곡은 악곡의 형식 중 하나로 관현악을 위한 음악을 뜻한다. 교향곡은 4악장으로 구성되었으며, 1악장은 소나타 형식으로 되었는데 이에 대해 음악전문가들은 고전파 음악의 구조라고 말한다.

교향곡을 의미하는 심포니는 소리의 조화 혹은 성악 또는 기악곡 연주회를 뜻하는 그리스어 쉼포니아, 그리고 조화로움을 뜻하는 쉼포노스에서 나온 말로 세비야의 이시도르가 처음 썼는데, 북가죽이 두 대인 북을 지칭하는 말이었다. 16세기에서 17세기에 심포니란 말이 함께 소리를 낸다는 의미로 쓰였는데, 조반니 가브리엘의 〈시크라 심포니아〉와 〈심포니아 사크라 리베 세쿤두스〉 등이 그 예이다.

바로크 시대였던 17세기에 심포니와 신포니아는 오페라나 소나타, 협주곡 같은 기악곡 등 다양한 작품에 쓰이는 말이었다. 오페라 신포니아, 즉 이탈리아 풍의 서곡은 18세기에 세 개의 대조되는 부분(빠른-느린-빠른 형식의 춤곡과 유사함)으로 구성된 표준형태를 이뤘다. 이 형식은 종종 관현악 교향곡의 직접적인 시초로 여겨진다. 18세기에는 서곡, 심포니, 신포니아는 서로 바꿔 쓸 수 있는 명칭으로 널리 여겼다.

18세기의 교향곡은 서곡, 리피에노 콘체르토와 더불어 초기 교향곡은 세 악장으로 구성되어 박자는 '빠른-느린-빠른' 구성이었다. 이 시대의 교향곡은 연주 곡목에서 주요한 작품이 아니었다. 다른 작품 사이에 곡을 나누어서 끼워 넣거나 모음곡 혹은 서곡에 뽑아 썼다. 성악이 주였고, 교향곡은 서곡, 간주곡, 후주곡으로 썼다.

19세기의 교향곡은 음악회에서 가장 중요한 위치를 차지했다. 베토벤은 교향곡의 발전에 지대한 영향을 끼쳤다. 그의 교향곡은 우아한 미뉴에트 대신 더 생기 있는 스케르초를 쓰기도 했다. 로베르트 슈만과 펠릭스 멘델스존은 낭만주의 음악의 화성적 표현을 발전시킨 두 지도적인 독일 음악가이다. 19세기 말 교향곡을 쓴 음악가로는 안톤 브루크너, 차이콥스키이다.

20세기 초 구스타프 말러는 규모가 크고 긴 교향곡을 썼다. 요한 슈트라우스는 교향시 형식을 응용한 교향곡을 썼다. 20세기에는 교향곡의 양식과 내용도 많은 변화를 보여주었다. 드미트리 쇼스타코비치나 세르게이 라흐마니노프 같은 음악가들은 전통적인 4악장 형식을 계승했으나, 장 시벨리우스와 알란 호바네스 등은 다른 형식을 취하기도 했다.

교향곡이란 관현악으로 연주되며 여러 악장으로 구성된 소나타 형식의 악곡을 말한다.

레게

레게는 1960년대 후반 남미 자메이카에서 발전한 음악으로, 자메이카의 음악 장르 중 하나인 스카와 록스테디에서 시작하여 여러 음악 장르의 영향을 받아 발전되었다.

레게는 한창 유행하는 옷이란 뜻을 가진 낱말로 음악에서 레게라는 용어가 처음 사용된 것은 자메이카 음악 그룹인 투츠 앤 더 마이탈스의 록스테디 음반으로 1968년 발매돼 큰 성공을 거

둔 후부터다. 이 당시 자메이카의 킹스턴에서는 좀 더 느리게 연주한 록스테디 음악을 레게라고 불렀다.

1960년대 후반 자메이카의 록스테디와 스카에서 발전한 레게는 아프리카 음악과 케러비안 음악 그리고 미국의 리듬 앤 블루스로부터 많은 영향을 받았다. 1959년에서 1961년 사이 자메이카에서 시작된 스카는 자메이카 전통 음악인 멘토를 기반으로 발전한 음악 장르였다. 1960년대 중반 자메이카 음악가들은 스카를 좀 더 느리게 연주하면서 오프 비트를 가미했고, 알톤 엘리스는 이 음악을 자신의 음반에서 록스테디라고 불렀다. 1960년대 말이 되자 음악가들은 리듬을 보다 느리게 하고 다른 여러 가지 효과를 가미하여 레게를 만들었던 것이다. 이후 레게는 미국과 영국에서도 유행했다.

레게음악의 가사는 대개가 가난한 자메이카 사람들이 갖는 사회에 대한 관심과 종교에 대한 믿음을 다루었다. 레게음악은 4분의 4박자에 불규칙하면서 강한 악센트가 특징이다. 짧은 리듬을 전기기타와 드럼 세트로 여러 번 반복하거나 오르간이나 피아노로 반복하기도 한다. 리듬이 복잡한 경우도 있지만 화성은 단순하며 록 음악처럼 강렬한 것이 특징이다.

레게란 중남미 자메이카에서 1960년대에 발생한 음악의 한 장르로, 음악과 춤의 양식을 일러 말한다.

DAY 289 블루스

블루스는 19세기 중엽 미국 노예 해방 선언 이후 미국 남부의 흑인들이 창시한 장르이다. 블루스는 아프리카 전통 음악과 노동요, 그리고 유럽계 미국인 포크송을 뿌리로 한다. 이를 좀 더 구체적으로 살펴보면 스피릿튜얼스, 노동요, 필드홀러, 링 샤우트, 찬트 거기다 리듬이 간단하고 경험을 풀어낸 발라드 등이 합쳐져 개인이 부르는 노래로 바뀌어 블루스가 된 것으로 보는 것이 정설이다.

블루스의 형식은 재즈, 리듬앤블루스, 로큰롤의 안에서도 볼 수 있는데, 주고받기 형식과 블루스 스케일을 이용한 여러 코드 진행, 두 박자 또는 네 박자의 12마디로 진행되는 블루스가 일반적이며 장조와 단조가 뚜렷이 구별되지 않는다. 블루 노트는 보통 3도 혹은 5도 플랫된 음을 말하는데, 이 음들은 블루스에 있어 가장 중요한 소리라고 볼 수 있다. 블루스 스케일, 블루 스 노트, 셔플 블루스 혹은 워킹 베이스를 포함해 그루브가 생겨나게 된다.

처음 발매된 블루스는 1908년 안토니오 마지오의 〈아이 갓 더 블루스〉이다. 그 뒤를 이어 하트 밴드의 〈달라스 블루스〉가 1912년에 발매되었다. 처음으로 녹음된 아프리카계의 미국인 가수는 마미 스미스와 페리 브레드포드의 〈크레이지 블루스〉이다.

블루스는 미국 남부 목화농장의 노예들로부터 시작되었다. 미국 남북전쟁 이후 농장에서 흑인 노예들에 의해 불렸던 할러 혹은 노동요로 불리는 음악들은 농장제가 없어지면서 소멸되었지만, 아프리카의 요소들을 고스란히 도입하고 있던 이런 음악들이 미스트롤 쇼, 교회에서 부르던 복음성가 등과 합쳐지면서 렉타임, 부기우기 등으로 발전되었으며, 블루스의 원류를 형성하는 음악이 된 것이다.

이렇듯 블루스는 본질적으로 아프리카적 요소가 가미된 미국음악이다. 그리고 블루스가 완전한 형태를 이룬 것 역시 농장제의 와해와 맞물린 19세기 후반으로 여겨진다. 또한 오늘날 블루스의 기본적인 형태인 12마디 블루스 역시 이 시기에 나타난 것으로 보이지만, 당시에 주로 쓰이던 형태는 12마디 블루스가 아닌 8마디 블루스가 두 번 나열되는 형태였던 것이다.

블루스가 나타나게 된 경제적, 사회적 이유는 아직도 확실하게 밝혀진 것은 없다. 허나 흑인 노예들이 사회 불만을 이용해 만들어진 블루스의 발전은 노예해방 선언과 연관되어 있다고 본다.

블루스는 19세기 중엽 미국 노예 해방 선언 이후 미국 남부의 흑인들이 창시한 음악의 장르이다.

DAY 290 컨트리 뮤직

  컨트리 음악은 대중음악의 한 장르인 미국의 전통 음악으로, 1920년 초 북아메리카의 남쪽 애팔래치아 산맥에 이주해온 이민자들이 유럽에서 음악과 악기들을 가지고 왔다. 다양한 인종 집단으로부터의 음악 사이의 상호작용은 북아메리카의 지역에 독특한 음악이 생겨나는 데 적합했다. 이 시대에 녹음된 컨트리 음악은 옛날 음악이라고 불렸다.

  19세기 독일, 스페인과 이탈리아에서 텍사스로 이민 온 유럽인들의 그룹은 멕시코인과 인디언 미국인들과 상호작용함으로써 텍사스는 독특한 음악문화를 만들었던 것이다. 1920년대 최초의 상업목적으로 컨트리 음악이 녹음되었으며, 1950년대 들어와서는 많은 컨트리와 조화를 이루는 많은 장르가 생겨났는데 대표적인 것으로는 컨트리 소울, 컨트리 록이 있다.

  2006년 컨트리를 주 장르로 데뷔한 테일러 스위프트의 2008년 싱글 〈러브 스토리〉는 닐슨 'BDS CHRD 탑 40차트'에서 1위를 달성했으며, 많은 국가에서 상위권에 진입하며 세계적인 컨트리 가수가 되었다. 그리고 다음에 나온 싱글 〈유 빌롱 위드 미〉 또한 정상을 차지했다. 이후 2010년 스위프트 앨범 〈피어리스〉는 그래미 시상에서 올해의 앨범상을 받았으며, 아메리칸 뮤직 어워드 등을 수상했다. 그리고 같은 해 후티 앤 더 블로우피셔의 보컬리스트 다리우스 럭커는 컨트리 음악 장르의 두 번째 솔로 앨범인 〈러언 투 라이브〉를 발매했다.

  컨트리 음악은 전통적이지만 비슷한 테마 안에서 무한히 응용할 수 있는 장르이며, 컨트리의 특징이라고 하면 그 형식이 간단하다는 데 있다. 노래의 대부분이 3개의 멜로디와 쉬운 멜로디로 이루진다는 것이다. 그런데 이 형태는 매우 기본적이어서 다양한 스타일로 변형이 가능하다.

  컨트리 음악은 미국 남부 포크 음악에서 파생되었는데, 애팔래치아 산맥과 블루스 그리고 고전 컨트리는 기타와 피들을 사용하는 등 다분히 포크적이다. 장르가 발전해나감에 따라 옛 음악은 전통 컨트리 주도의 리드미컬한 기타와 피들 연주로 발전하여 모던 컨트리 음악의 기초가 되었다. 그리고 홍키 통크, 웨스턴 스윙에서 팝을 기본으로 하는 컨트리 폴리탄과 록에 영향을 받은 베이커 스필드 사운드까지 발전했던 것이다.

컨트리 뮤직이란 미국 남부와 서부 지방에서 발생한 미국 대중음악의 한 장르를 말한다.

DAY 291 칸초네

칸초네는 이탈리아 민요풍의 대중 가곡이다. 그런데 여기서 흔히 칸초네라고 하면 가벼운 음악, 즉 경음악으로 된 노래 파퓰러송을 말한다. 이탈리아 사람들은 그 어느 민족보다도 노래 부르기를 좋아한다. 그러다 보니 이탈리아는 기악곡보다는 노래가 음악의 대부분을 차지한다.

칸초네는 민요적 시대부터 인위적인 요소가 매우 컸다는 특징을 가지고 있는데, 칸초네 페스티벌이란 이름의 경연대회가 그것을 잘 말해준다고 하겠다. 나폴리의 피에디 그룻타 축제에서 거행된 가요제가 이 페스티벌의 시초이며 이 대회에서 나온 칸초네 〈오 솔레 미오〉, 〈5월의 밤〉은 지금도 널리 애창되는 명곡이다.

제2차 세계대전 후 개최된 산 레모 페스티벌은 칸초네 경연대회로 이 페스티벌은 현재도 계속 이어져 수많은 칸초네가 나왔으며 많은 가수들이 유명해지는 데 기여했다. 그리고 칸초네는 전 세계로 널리 퍼져나갔다.

1960년대 이르러서 비로소 도메니코 모두뇨가 재래의 형태의 틀을 벗어나 가사에 중점을 둔 내용이 깊은 작품으로 대중의 관심을 집중시켰다. 운베르토 빈디, 피노 도낫쬬, 지노 파울리 등이 뒤따랐으며, 아보가드르인 칸초네가 젊은 세대들에게 인기를 끌었다.

현재는 칸초네의 형태에 많은 변화가 생겼는데 여러 갈래가 생긴 까닭에 한 마디로 '이것이다'라고 규정하기가 힘들어졌다. 이는 당연한 일로 그로 인해 그 가치가 점점 높아지고 있다는 방증이다. 나아가 내용에 초점을 둔 칸초네는 상당히 어려워져서 파퓰러라고는 생각이 안 드는 것도 있으나, 그 반면에 좋은 곡이 있어 매우 즐겁고 긍정적으로 되고 있다 하겠다.

그렇다면 칸초네가 노래로서 갖는 가치는 어디에 있을까. 그것은 바로 멜로디에 있다는 것이다. 이들 멜로디는 어느 것이라 할지라도 쉽고 활달하고 인상적이어서 친숙하다는 느낌을 갖게 한다.

칸초네의 리듬은 오랜 시간 동안 그 시대의 음악적 유행을 받아들여 왔다는 특징을 지닌다. 예를 들어, 콘티넨탈 탱고가 전성기를 맞았을 때는 탱고 리듬이, 비긴이 유행하던 시기에는 비긴 리듬이 사용되었다. 이처럼 시대의 흐름에는 민감하지만, 칸초네에는 고정된 자국의 리듬이라고 할 만한 것은 없다. 대신 대체로 느리고 완만하게 진행되며, 이러한 점이 오히려 활달한 멜로디를 돋보이게 하는 역할을 한다.

칸초네는 이탈리아 민요풍의 대중가곡으로, 가벼운 음악 즉 경음악으로 된 노래를 말한다.

DAY 292 아카펠라

아카펠라는 악기 없이 목소리만으로 화음을 맞추어 부르는 노래이자 그렇게 부르는 방법을 말한다. 이탈리아어로 '카펠라'는 원래 작은 성당이나 성당 안에 있는 기도실을 뜻한다. 하지만 카펠라는 교회전례를 위한 합창단이나 성가대를 뜻하는 말이기도 하다. 이후에는 교회전례의 합창이나 독창을 반주하는 오케스트라를 가리키는 단어로도 쓰였다.

아카펠라를 시대별로 16세기 아카펠라, 19세기 아카펠라, 20세기 아카펠라, 21세기 아카펠라로 나눌 수 있다.

첫째, 16세기 유럽의 교회와 성당에서는 악기반주 없는 합창곡을 아카펠라라고 불렀다. 악기반주 없이 목소리로만 한 이유는 하나님에 대한 찬미를 더욱 순수하고 경건하게 하려는 의도에서였다. 작곡가 조반니 팔레스트리나는 100곡이 넘는 곡을 작곡했는데, 모두가 무반주 교회음악을 대표하는 작품이었다. 16세기 이전에도 무반주 합창은 있었지만 이의 명칭을 아카펠라로 부른 것은 16세기이다. 둘째, 19세기부터는 악기반주 없는 노래를 교회음악이 아니더라도 아카펠라라고 불렀다. 그 이유는 19세기에 옛 합창 음악들이 발굴되고 인기를 끌었기 때문이었다. 전문 성악가들뿐만 아니라 일반인들로 구성된 합창단이 곳곳에서 생겨났다. 그리고 이들이 악기반주 없이 부르는 노래 역시 아카펠라로 불렀는데, 그로 인해 영역이 크게 확장되었던 것이다. 셋째, 20세기 이후에도 클래식 음악에서는 악기반주 없는 합창곡을 아카펠라라고 불렀다. 특히, 대중음악 분야에서 다양한 발전을 보였다. 1909년 미국에서 예일 위펜푸프스 같은 보컬그룹이 생기면서 '바버샵' 스타일이 생겨났으며, 1927년에는 독일에서 '코미디언 하모니스트'그룹이 만들어졌다. 그리고 1950년대에는 '두왑'을 도입해 대중적으로 인기를 끌었다. 넷째, 오늘날 대중음악의 아카펠라는 더 이상 합창의 개념이 아니다. 4명에서 6명으로 구성된 무반주 중창단들을 아카펠라라고 부른다. 중창단은 남성들로만 이루어진 아카펠라, 여성들로만 이루어진 아카펠라, 남녀로 이루어진 혼성 아카펠라 등 다양하다. 이들은 팝과 록 가운데서 유명한 곡을 가려 뽑아 아카펠라 버전으로 편곡해 부르고, 새로운 곡을 작곡해 부르기도 하는 등 아카펠라의 효과를 극대화시킨다.

이렇듯 아카펠라는 16세기, 19세기, 20세기를 거쳐 현재에 이르기까지 많은 변화를 거치면서 발전을 거듭했던 것이다.

아카펠라란 음악반주 없이 중창으로 혹은 합창으로 부르는 음악의 장르, 즉 곡曲을 말한다.

DAY 293 13개의 관악기를 위한 세레나데

〈13개의 관악기를 위한 세레나데〉는 1882년 리하르트 슈트라우스에 의해 작곡된 초기의 작품으로, 관악합주를 위한 작품이다. 이 곡은 1882년 11월 27일에 프란츠 빌로의 지휘로 드레스덴 국립관현악단에 의해 초연初演되었다. 제1 호른을 연주하는 것은 오스칼 프란츠로 그는 왕립 작센 실내음악가라는 칭호를 가진 사람으로, 이 세레나데를 통해 슈트라우스와 친교를 맺고 그로부터 호른 협주곡 1번을 헌정 받았다.

리하르트 슈트라우스의 세레나데 초연은 대단한 인기를 끌며, 다음 1월에 같은 단원들에 의해 두 번째 연주회가 열렸다. 그리고 1883년 12월 26일에는 마이닝겐에서 빌로의 지휘로 마이닝겐 궁정악단이 연주했다.

세레나데의 총보와 파트보는 1882년 11월 뮌헨의 요제프 아이플 출판사에서 출판되었다. 슈트라우스는 이 곡을 피아노로 편곡하여 브라이트코프 앤 헤르텔에서도 출판했다. 그런데 슈트라우스는 독립된 기악용 세레나데를 이 한 곡만 남겼다. 이는 관악기용 작품으로 모차르트, 베토벤, 멘델스존, 브람스의 영향을 나타내고 있다. 또한 슈트라우스는 초기부터 만년까지 관악기의 앙상블 음악에 무관심하지 않았다. 이 곡은 초연에서 큰 인기를 끌었다. 이후 슈트라우스와 친하게 지내던 한스 폰 빌로의 지휘로 독일 각지에 소개되어 그의 명성은 널리 알려졌다. 이로써 세레나데는 슈트라우스의 출세작 중 하나가 되었다.

슈트라우스는 빌로의 권유로 13개의 관악기를 위한 모음곡의 작곡을 시작했다. 그런데 세레나데는 오리지널에서는 13명의 관악기 주자들에 의해 연주되었다. 다만 그중의 콘트라바순은 당시 독일의 로컬 오케스트라로서는 구하기 어려운 악기로 대신 튜바로 해도 좋다고 되어 있다. 또한 저음에서는 더블베이스를 더해도 좋다고 되어 있다. 그리고 지휘자를 두어야 할지에 대해 슈트라우스는 딱히 지정하지 않았다. 13명이라는 사람 수로만 보면 지휘자를 두는 것이 좋은 데도 말이다. 이는 슈트라우스만의 갖는 그다운 생각이라고 할 수 있다.

리하르트 슈트라우스는 선율적 발상에서는 멘델스존과 브람스적인 면이 많다. 이렇듯 슈트라우스의 〈13개의 관악기를 위한 세레나데〉는 그에게 있어서는 그를 대표하는 곡이자 그의 분신과도 같다고 하겠다.

◆ 리하르트 슈트라우스 1864~1949
독일에서 태어남. 작곡가이다.

DAY 294
무반주 첼로 모음곡

〈여섯 개의 무반주 첼로 모음곡〉은 요한 세바스찬 바흐가 작곡한 역사상 무반주 첼로 솔로를 위해 쓴 작품 중 최고의 작품으로 평가받는다. 이 모음곡은 다양한 기술적 요소와 풍부한 감정적 표현을 담고 있다.

〈여섯 개의 무반주 첼로 모음곡〉은 바이올린, 비올라, 더블베이스, 비올라 다감바, 만돌린, 피아노, 마림바, 클래식기타, 리코더, 프렌치 호른, 색소폰, 베이스 클라리넷, 바순, 트럼펫, 트롬본, 유포니움과 튜바 등의 다양한 악기들로 편곡되어 왔다. 일반적으로 작품들의 형식을 비교하고 분석해볼 때 첼로 모음곡들은 바이올린 소나타들이 작곡된 1720년 이전에 쓰였다는 게 음악연구가들의 중론이다.

첼로 모음곡은 1900년대 이전에는 그다지 알려지지 않았으며, 이 작품이 대개는 에튀드 목적으로 쓰인 것으로 여겼다. 그런데 첼리스트 파블로 카잘스는 13세 때 스페인 바르셀로나 책방에서 그뤼츠마허판본의 첼로 모음곡 악보를 발견했다. 그리고 그의 나이 48세 때 이 곡을 공개적으로 연주했다. 그리고 연주곡을 녹음했는데 이 음반이 널리 알려져 유명해졌으며 지금도 여전히 사랑받고 있다.

슈만은 무반주 첼로 모음곡에 피아노 반주를 작곡해 상당히 진전을 보았으며, 1929년 레오 폴드 고도프스키는 모음곡 2번과 3번, 5번 솔로 피아노를 위해 대위법을 사용한 편곡을 완성했다. 그러나 바흐의 바이올린 소나타와는 달리 무반주 모음곡의 자필 서명된 악보는 존재하지 않는다. 하지만 음악연구가들에 의하면 바흐의 두 번째 부인이었던 안나 막달레나의 자필본을 포함한 2차 자료들을 분석해서 슬러나 기타 아티큘레이션 기호를 제외한 많은 부분에서 원본 악보에 가깝게 복원될 수 있었다.

첼로 모음곡들은 각각 여섯 개의 악장이 다음과 같은 구조와 순서로 배열되었다. 제1악장은 〈프렐류드〉, 제2악장은 〈알르망드〉, 제3악장은 〈쿠랑트〉, 제4악장은 〈사라반드〉, 제5악장은 〈갤런트〉로 (모음곡 1, 2번은 미뉴에트, 모음곡 3, 4번은 부레, 모음곡 5, 6번은 가보트), 제6악장은 〈지그〉이다.

첼로 모음곡들은 파블로 카잘스, 안너빌스마, 므스티슬라프 로스트로포비치, 요요마 등에 의해 녹음되었는데, 요요마는 1985년 그의 〈여섯 개의 무반주 첼로 모음곡〉으로 그래미 어워드 최고의 기악연주자상을 수상했다.

무반주 첼로 모음곡이란 다른 악기의 연주 없이 오직 첼로 연주만으로 이루어진 기악곡을 말한다.

DAY 295

판소리

판소리는 한 명의 소리꾼이 고수의 장단에 맞춰 부르는 우리식 솔로 오페라라고 할 수 있다. 이를 좀 더 부연한다면 소리꾼이 말과 몸짓으로 구연口演하는 형식이다. 판소리는 '판'과 '소리'의 합성어로 판은 여러 사람이 모인 곳을 뜻하는 말이며, 소리는 음악을 말한다. 그러니까 많은 사람들이 모인 놀이판에서 부르는 노래를 의미한다.

판소리는 창唱의 문학의 한 형태로서 한국에서 18세기부터 오늘날까지 전승되어 오는 음악 예능의 한 형태로 판놀음에서 독립해 나온 음악용어이다. 판놀음이란, 산대도감극을 일컫기도 하고 근두, 줄타기 등을 하는 놀이 전체를 말하기도 한다. 순조 때 판놀음에 음곡音曲과 함께 시조와 판소리도 들어갔다. 또 한편으로는 이 판소리의 문학적 조사 내지 문자로 정착된 형태를 판소리 사설이라고 한다. 그런 까닭에 음악적 용어로서의 판소리와 문학적 용어로서의 판소리 사설을 구별해야 하겠지만, 시조처럼 이를 통용하여 판소리라 해도 좋을 것이다.

판소리의 장르적인 유형은 중세기 때 동서양에 편재했던 음악과 문학의 형태이다. 중국에도 설창인設唱人들이 이야기에 창을 섞어 대중에게 고사를 들려주는 서사문학이 있었다. 유럽에서도 중세기 이후 음유 시인들이 있었다. 프랑스의 경우 성당의 수도사들이 토속어로 그 성당의 내력에 대해 순례자를 위해 부른 것이 무훈시인 샹송드 제스트라고 했으며, 로맨스도 살롱에서 여러 사람을 위해 노래 부른 형태에서 발달했다.

판소리가 하나의 민속음악으로 내용과 형식을 갖추고 완성 단계에 이른 시기는 조선왕조 숙종 때부터 영조 때까지이며, 판소리 전성기는 정조 때부터 철종 때까지로 본다. 이 시기에 유명한 판소리 작가이며 이론가인 신재효와 8명창이 배출되었다.

판소리에는 열두 소리가 있는데 이를 열두 마당이라고 한다. 1810년 간행된 송만재의 〈관우희〉 본사가 대목을 보면 판소리 열두 마당을 〈춘향가〉, 〈화용도 타령〉, 〈박타령〉, 〈강릉매화타령〉, 〈변강쇠타령〉, 〈왈자타령〉, 〈심청가〉, 〈배비장타령〉, 〈옹고집타령〉, 〈가짜신선타령〉, 〈토끼타령〉, 〈장끼타령〉 등이라 기록되어 있다.

판소리의 유파에는 동편제와 서편제가 있다. 동편제는 섬진강 동쪽인 운봉, 순창, 흥덕 지역을 기반으로 하는 웅장하고 기교를 부리지 않는다. 서편제는 섬진강 서쪽인 광주, 나주, 해남, 보성 등지에서 전승되는 소리를 지칭하며 정교하고 감칠맛 나는 소리와 슬프고 애절하게 잘 표현하는 게 특징이다.

판소리란 서사적인 이야기를 고수의 북 장단에 맞춰 몸짓을 곁들여 부르는 전통적인 한국 민속악의 한 형식을 말한다. 판소리에는 서편제와 동편제가 있다.

드림 팝

드림 팝은 1980년대에 나타난 얼터너티브 록과 네오사이키델리아의 하위 장르를 말한다. 드림 팝의 용어는 밴드 A. R. 케인의 알렉스 아율 리가 본인들의 음악을 묘사하는 데 처음 사용했다. 그 후 음악평론가 사이먼 레이놀즈가 영국에서 막 생겨나기 시작한 '슈게이징' 장르를 묘사하는 용어로 이를 받아들였다.

드림 팝은 숨소리 섞인 보컬, 풍부한 기타 이펙트, 밀도 높게 프로듀스 된 소리 등이 특징이다. 또한 드림 팝은 멜로디만큼 소리의 질감의 분위기에 몰두하는 경향이 있다. 가사는 내적 성찰이나 실존적인 내용을 담고 있는 경우가 많다.

작가인 네이선 와이즈만 트리우스는 드림 팝에 필수적인 소리의 순수한 물질적 특질에 대한 접근은 필 스펙터와 브라이언 윌슨 등이 팝 음악에서 처음 개척했다고 말했다. 관습적인 노래구조를 반복, 톤, 질감을 실험했던 벨벳 언더그라운드의 1960년대와 1970년대 음악 또한 장르의 발전에서 중요한 이정표라 할 수 있다. 음악저널리스트 존 버그스트럼은 필 스텍터가 프로듀스한 월 오브 사운드와 유동적인 편곡이 특징인 조지 해리슨의 1970년 앨범 〈얼 싱스 머스트 패스〉를 드림 팝 장르의 선구자로 평가한다.

레이놀즈는 드림 팝 밴드를 가리켜 '몽롱한 네오 사이키델릭 그룹들의 물결'이라고 불렀으며, 콕토 트윈스와 같은 밴드들의 '이 세상의 것이 아닌 것 같은 사운드스케이프'의 영향을 지적했다. 《롤링 스톤》의 필진인 코리 그로는 '현대 드림 팝'이 1980년대 초반 콕토 트인스와 동시대 밴드들의 작업에서 기원했다고 하는 반면, 《팝매터스》의 AJ 라미레즈는 고딕 록에서 드림 팝으로 이어지는 변화의 계보가 있다고 지적했다. 그로는 데이비드 린치와 안젤로 바다라멘티가 작곡한 것을 프로듀스한 줄리 크루즈의 1989년 앨범 〈플로우팅 인투 더 나잇〉이 드림 팝의 장르에 중대한 발전이라고 말했다.

1990년대 초반 시필과 같이 마이 블러디 밸런타인의 영향을 받은 몇몇 드림 팝 밴드는 테크노의 특징을 받아들여 샘플과 시퀀서로 만든 리듬 따위의 요소를 사용하기 시작했다. 또한 2009년에 생겨난 용어인 '칠웨이브'로 불리는 음악은 대게 드림 팝으로 볼 수 있다.

드림 팝은 1980년대에 나타난 얼터너티브 록과 네오사이키델리아의 하위 장르로, 몽환적인 사운드에 포스트 펑크와 노이즈를 결합한 멜로디가 특징이다.

DAY
297

스티비 원더

　온 정열을 다 바쳐 영혼을 노래하는 흑인 가수 스티비 원더는 개성이 뚜렷한 뮤지션이다. 그는 1950년 미국 미시건주 새기노에서 태어났다. 그러나 불행하게도 그는 선천적으로 앞을 보지 못하는 장애를 안고 있다. 어린 원더는 장애를 안고 있었지만, 쾌활하고 낙천적인 성격으로 자신의 처지를 잘 극복해 냈다. 원더는 악기 다루는 것을 매우 좋아했는데, 그 수준은 놀라울 정도로 아주 빼어나 그는 어릴 때부터 주위 사람들의 기대를 한 몸에 받았다. 그의 나이 불과 12살 때인 1963년, 모타운 레코드사에서 '리틀 스티비 원더'라는 이름으로 첫 레코드를 냈다. 이 가운데 영혼의 깊은 울림이 깃들어 있는 높은음의 노래와 격렬한 하모니카 연주가 실린 싱글 〈핑거 팁스〉가 인기순위 1위에 오르며 크게 히트했다.

　1966년에는 자신이 작곡한 〈업 타이트: 에브리 싱스 얼라이트〉를 통해 실력 있는 가수로 크게 인정을 받았다. 그리고 이어 프로듀서 헨리 코스비와 함께 작곡한 〈아이 워즈 메이드 투 러브 허〉, 〈포 원스 인 마이 라이프〉가 크게 성공을 거두며 그의 이름은 미국인들의 가슴에 더욱 깊이 각인 되었다.

　그의 음악성은 나이가 들수록 더욱 폭이 넓어지고, 그만큼 울림의 깊이가 더해졌다. 그의 나이 22세 때인 1972년 〈슈퍼스티션〉이 만들어졌고, 1973년엔 〈유아 더 선 샤인 오브 마이 라이프〉가 작곡되었고, 1974년엔 〈리빙 포 더 시티〉가, 그리고 1976년엔 〈아이 위시〉가, 1977년엔 〈서 듀크〉 등이 큰 성공을 거두게 되었다.

　1984년 그의 대표곡이라 할 수 있는 〈아이 저스트 콜드 투 세이 아이 러브 유〉가 공전의 히트를 하며, 원더는 가수로서의 위치를 확고히 하며 자신의 이름을 전 세계에 널리 알렸다. 그의 개성과 끼가 넘치는 음악은 록 음악가들에게 새롭고 신선한 영감을 주었고, 20세기 후반 가장 창조적이고 혁명적인 음악가로 손꼽힌다. 원더의 탁월한 음악적 성향과 업적은 높이 평가되어, 1989년 '로큰롤 명예의 전당' 공연자 부문에 오르는 영광을 누리게 되었다.

　원더의 수많은 히트 작품 중 주요작품으로는 〈업 타이트〉, 〈유 아 더 선 샤인 오브 마이 라이프〉와 〈유 엔드 아이〉, 〈아이 빌리브〉, 〈서 듀크〉, 〈아이 저스트 콜드 투 세이 아이 러브 유〉가 있는데 이들 곡은 전 세계에 널리 알려진, 팝 음악의 진수라 할 수 있다.

◆ 스티비 원더 1950~
미국의 가수. 작곡가. 연주자.

주세페 베르디

주세페 베르디는 1813년 이탈리아 에밀리아로마냐주 파르마 헌에서 태어났다. 베르디는 18세 되던 해인 1832년 고향을 떠나 밀라노로 가서 밀라노 음악원에 입학시험을 봤지만 떨어지고 말았다. 베르디는 밀라노에서 개인 교습을 받으며 작곡 공부를 했다.

이듬해 베르디에게 행운이 찾아왔다. 밀라노 악우협회, 즉 음악인들의 협회에서 하이든의 오페라 〈천지창조〉를 연주했을 때 그에게 지휘를 맡겼던 것이다. 그런데 이때 그의 기량이 인정받는 계기가 되어 악우협회로부터 작곡을 의뢰받았다. 베르디는 최초의 오페라 〈산 보니파치오의 백작 오베르토〉를 작곡하려다, 취직문제로 귀향했으며 결혼까지 하게 되었고, 1839년 가족과 함께 밀라노로 이사했다. 그리고 그해 그의 첫 오페라 〈산 보니파치오의 백작 오베르토〉가 밀라노 스칼라 극장에서 초연되어 좋은 반응을 얻었다. 그때 유명한 악보 출판사 사장인 조반니 리코르다가 이 곡을 출판하겠다며 제의를 했다. 또한 스칼라 극장에서는 3편의 오페라 작곡을 의뢰했다. 그는 〈하루만의 임금님〉을 작곡했지만 실패를 하고 말았다. 그 충격으로 작곡에 대해 자신감을 잃고 말았다.

베르디는 친구들의 도움과 격려로 다시 작곡을 시작하여 1842년부터 1850년에 걸쳐 14곡의 오페라를 썼다. 이 가운데 〈제1회 십자군의 롬바르디안〉, 〈에르나니〉, 〈잔 다르크〉, 〈레냐노의 전쟁〉 등 애국정신을 가미한 곡이 특히 뛰어났으며, 시대와 맞물려 이탈리아 국민들로부터 찬사를 받았다.

1850년 베르디의 나이 37세 때 작곡한 〈리골레토〉는 오페라사상 큰 반응을 불러일으키며 그의 진가를 보여주었다. 그리고 〈여자의 마음〉으로 베르디의 명성은 더욱 치솟았다.

이후 베르디는 1853년 〈일트로바토레〉, 〈라 트라비아타〉를, 1867년 〈돈 카를로스〉, 1871년 〈아이다〉, 1887년 〈오텔로〉, 1893년 〈팔스타프〉 등이 작곡되었다. 그리고 이탈리아 애국시인 알렉산드로 만초니의 죽음을 애도하기 위해 쓴 〈레퀴엠〉은 베르디의 최고의 걸작으로 평가받는다.

◆ 주세페 베르디 1813~1901
이탈리아 출생. 오페라 작곡가이다.

DAY 299

지아코모 푸치니

지아코모 푸치니는 이탈리아 토스카나 지방의 루카에서 5대에 걸쳐 음악을 사랑하고 직업으로 하는 가문에서 태어났다. 6살 때 아버지가 세상을 떠나자 경제적으로 어려움을 겪게 되었다. 푸치니는 오르간과 피아노를 배워 대회에 나가 1등을 했는가 하면, 레스토랑에서 피아노 연주를 하며 돈을 벌었다. 그러던 중 베르디의 오페라 〈아이다〉를 보고 크게 감동하여 오페라 작곡가가 되기로 결심하고, 그의 나이 23세 때 밀라노 음악원에 입학하여 폰키엘리로부터 음악을 배웠다.

1883년 음악원을 졸업한 푸치니는 첫 오페라를 작곡하여 좋은 반응을 얻었다. 그로 인해 밀라노의 유명 출판사 리코르디와 계약이 성사되어 후에 리코르디는 푸치니의 작품 보급에 큰 역할을 했다. 그러나 두 번째 오페라를 작곡하던 중 어머니와 동생을 잃는 슬픔을 겪었다. 푸치니는 슬픔을 억누르고 작품을 썼으나 실패를 하고 말았다. 푸치니는 좌절을 극복하고 〈마농 레스크〉를 썼는데, 1895년 초연이 큰 성공을 거두며 그는 명성을 얻게 되었다.

푸치니는 1896년 〈라 보엠〉을 써서 대성공을 거두었으며 그의 명성은 더욱 높아만 갔다. 푸치니는 1900년 〈토스카〉, 1904년 〈나비부인〉, 1910년 〈서부 아가씨〉 등을 발표했다. 이 중 〈토스카〉와 〈나비부인〉은 초연에 실패했다. 하지만 시간이 지날수록 이 곡을 앞다퉈 상연하는 일이 벌어졌다. 참으로 놀라운 현상이었다. 한편 〈서부 아가씨〉는 미국에서 초연되어 큰 반응을 불러일으켰다.

푸치니는 1918년 1막으로 된 3부작 오페라 〈외투〉, 〈수녀 안젤리카〉, 〈자니 스키키〉를 발표하여 큰 인기를 끌었다. 그리고 중국의 전설을 담은 〈투란도트〉를 쓰는 도중 병으로 사망했다. 그가 죽고 난 후 밀라노 음악원 동기이자 후배인 프랑코 알파노에 의해 완성되어 토스카니니의 지휘로 밀라노 스칼라 극장에서 초연되었다.

푸치니의 대표곡으로는 〈라 보엠〉, 〈토스카〉, 〈나비 부인〉 등을 들 수 있으며, 오페라 중 일부인 아리아 〈잔니 스키키〉에서의 '오 사랑하는 나의 아버지' 〈투란도트〉에서의 '공주는 잠 못 이루고'는 너무도 유명하다. 푸치니는 베르디를 잇는 이탈리아 오페라계의 거장으로 평가받는다.

◆ 지아코모 푸치니 1858~1924
이탈리아 출생. 오페라 작곡가이다.

프란츠 리스트

피아니스트이자 작곡가인 프란츠 리스트는 1811년 헝가리의 라이딩 근처에서 태어났다. 그의 아버지는 피아노, 첼로, 바이올린 등을 연주했다. 리스트는 아버지의 끼를 물려받아 어렸을 때부터 뛰어난 음악적 재능을 보여 6살 때 아버지에게 피아노를 배우고, 베토벤의 제자인 카를 체르니에게 피아노를 배웠다. 그리고 12살 되던 해인 1822년 12월 정식 피아니스트로 데뷔했다.

1823년 리스트는 파리로 갔으며 1824년부터 파에르와 레이하로부터 푸가와 대위법을 배웠다. 그리고 1832년 천재 바이올리니스트인 파가니니의 공연을 다녀온 후 최고의 피아니스트가 되기로 굳게 결심했다.

리스트는 베를리오즈, 로베르트 슈만 등 당대 음악가들과 화가 앵그르, 시인 하이네, 동화작가 한스 크리스티안 안데르센 등과 친분을 다졌다. 그는 연주활동을 하면서 피아노곡을 발표했다. 그리고 〈12개의 연습곡〉을 더 어렵게 편곡했다.

1847년 리스트는 키예프에서 카펠마이스터로 일하며 연주 생활을 했다. 그러다가 1861년 이탈리아 로마로 갔다. 1865년 리스트는 로마 가톨릭 성직자가 되어 교회음악 작곡에 헌신했다.

1869년부터 리스트는 로마, 바이마르, 부다페스트를 돌아다니며 공연을 했다. 리스트는 1876년부터 헝가리 부대페스트에서 음악을 가르쳤는데, 바인가르트너, 실로티, 자우어 등을 길러냈다.

리스트는 피아노연주가로 인정받으며 '피아노의 왕'이라는 별칭으로 불리었다. 또한 그는 '피아노의 신'으로 불리기도 했으며, '피아노의 파가니니'라고도 불렀다. 그리고 리스트는 '교향시의 창시자'라고도 불리는 등 그에게는 많은 별칭이 따랐다. 이는 그만큼 리스트가 피아니스트로서 또 음악가로서 탁월했음을 의미한다고 하겠다.

리스트의 작품으로는 〈파우스트 교향곡〉, 〈파가니니에 의한 6개의 초절기교 연습곡〉, 〈단테 교향곡〉 등이 있다. 리스트는 19세기의 대표적인 피아니스트로 뛰어난 기교와 표현으로 피아노에 오케스트라 색채를 가미해서 생기가 넘치도록 했으며, 작곡가로서는 교향시를 창시하여 음악에 문학적 요소를 도입하는 등 세계 음악사에서 최고의 피아니스트로 평가받는다.

◆ 프란츠 리스트 1811~1886
헝가리 출생. 피아니스트이자 작곡가이다.

뮤지컬

 뮤지컬은 19세기 영국에서 탄생한 노래와 연기, 춤 등이 어우러지는 공연양식을 말한다. 뮤지컬의 근원은 유럽의 대중공연과 오페라에 있다. 1892년 G. 에드워드가 제작한 〈거리에서〉를 첫 뮤지컬로 본다.

 영국은 유럽의 다른 국가들과는 달리 오페라의 전통이 없어 이탈리아, 프랑스, 독일의 오페라 등을 받아들여 뮤지컬로 만들었는데 이때 명칭은 '뮤지컬 화스'였다. 이런 배경에는 영국이 정치적으로 경제적으로 부강한 데 있다. 국민들이 새롭게 즐길 수 있는 새로운 문화가 필요했던 것이다. 그리고 '뮤지컬 코미디'란 명칭이 붙여졌다. 이렇듯 춤과 노래, 연기가 어우러진 뮤지컬은 큰 성공을 거뒀다. 그 후 미국으로 건너가 뿌리를 내리면서 본격적인 뮤지컬 양식이 형성되었다.

 1800년대 미국에는 노래와 춤, 코러스 걸의 군무가 널리 정착되어 있던 중 유럽 이민자 출신의 예능인들이 미국의 양식과 결합하여 만든 것이 바로 뮤지컬이다. 뮤지컬이 미국에서 본격화되었던 이유는 다음과 같다.

 제1차 세계대전 후 대공황을 겪으면서 대중들은 밝고 경쾌한 오락 문화를 갈망했다. 뮤지컬은 그들의 문화적 욕구를 충족하는 데 매우 만족스러운 결과를 낳았으며, 1931년 〈너를 노래한다〉는 퓰리처상을 수상하며 정식 연극의 장르로 인정받았다. 그리고 1943년 공연된 〈오클라호마〉는 2,000회가 넘는 장기공연으로 성공함으로써 자리매김했다.

 제2차 세계대전 후 만들어진 〈아가씨와 건달들〉, 〈왕과 나〉 등의 뮤지컬은 브로드웨이 뮤지컬을 세계적인 뮤지컬로 끌어 올렸으며, 영국 뮤지컬 또한 미국 브로드웨이에서 성공함으로써 뮤지컬은 급성장했다.

 1950년대부터 1960년대 전반까지를 '제2의 뮤지컬 발전기'로 본다. 이때의 뮤지컬 〈사운드 오브 뮤직〉이 대표작으로 손꼽힌다. '제3기'는 '뮤지컬 전환기'로서 1960년대에서 1970년대 까지. 대표작은 〈헤어〉, 〈코러스 라인〉, 〈지붕 위의 바이올린〉 등이다. 제4기에 속하는 오늘날의 뮤지컬은 첨단 메커니즘을 사용한 무대예술로 그 격이 한결 높아졌다.

 세계적으로 대표적인 4대 뮤지컬은 〈캣츠〉, 〈레미제라블〉, 〈미스사이공〉, 〈오페라 유령〉이다.

뮤지컬은 19세기 영국에서 발생한 노래와 연기, 춤 등이 어우러지는 공연양식으로, 미국에서 본격적인 뮤지컬 양식으로 형성된 음악극이다.

세르게이 라흐마니노프

세르게이 라흐마니노프는 러시아계 미국인 작곡가이자 피아니스트이다. 라흐마니노프 가문은 러시아의 오랜 귀족 가문의 하나로 그는 그 가문에서 태어났다. 그는 9살 때 페테르부르크 음악원에 입학했으며, 3년 후 모스크바음악원에서 피아노와 작곡을 공부했다.

1895년 완성된 1번 교향곡은 라흐마니노프의 불안정세 속에 1897년에 발표되었는데 많은 혹평을 받았다. 그는 우울증을 시달려 약 3년간 활동을 하지 못했다. 그러다 다시 활동을 시작했는데, 1901년 완성된 제2번 피아노 협주곡은 니콜라이 달에게 헌정되었다.

라흐마니노프는 1905년에서 1906년까지 모스크바 황실극장 지휘자를 거쳐 미국과 유럽으로 연주여행을 했다. 1917년 러시아에서는 2월 혁명이 일어났으며 라흐마니노프는 재산을 몰수당했다. 그는 가난 속에서 북유럽에 머무르다 미국에서 지휘자 자리를 제안을 받고 미국으로 가 음악활동을 했다.

라흐마니노프는 자신의 곡을 직접 연주하기도 했다. 그는 13도의 음정까지도 연주할 수 있었으며, 당대 가장 위대한 피아니스트이다. 라흐마니노프는 후기 낭만파에 속하는 작품을 썼다. 그의 작품에는 다섯 개의 피아노 협주곡, 세 개의 교향곡, 두 개의 피아노 소나타, 세 개의 오페라, 저녁기도 곡, 피가니니 주제에 의한 광시곡, 올림 다단조를 포함한 스물 네 개의 전주곡, 열일곱 개의 연습곡과 많은 가곡이 있다. 그는 쇼팽과 리스트의 영향을 받았지만, 작품의 대부분은 차이콥스키와 비슷한 후기 낭만파 양식이다.

라흐마니노프의 주요 작품으로는 오페라 〈알레코〉, 〈인색한 기사〉, 〈프렌체스카 다 라미니〉, 교향곡 〈교향곡 라단조〉, 〈교향곡 1번 라단조〉, 〈교향곡 2번 마단조〉 외, 관현악곡 〈스케르초 라단조〉, 〈교향시 로스티슬라브 왕자〉, 〈바위환상곡〉, 〈보헤미안 기상곡〉 외, 협주곡 〈피아노 협주곡 1번 올림 바단조 op. 18〉, 〈피아노 협주곡 2번 다단조 op. 30〉 외, 실내악 〈슬픔의 3중주 1번 사단조〉 외, 피아노 〈환상적 소품 op. 3〉, 〈살롱 소품 po. 10〉, 〈악흥의 순간 op. 16〉 외, 합창 〈칸타타 봄 op. 20〉, 〈철야기도 op. 37〉 외, 가곡 〈6개의 노래 op. 4〉, 〈6개의 노래 op. 8〉, 〈12개의 노래 op. 21〉, 〈15개의 노래 op. 26〉 등 다수가 있다.

◆ 세르게이 라흐마니노프 1873~1943
러시아계 미국인 작곡가. 피아니스트이다.

DAY 303 | 조아키노 로시니

조아키노 로시니는 이탈리아 페사로에서 관악기 연주자인 아버지와 소프라노 어머니 사이에서 태어났다. 그는 14세 때인 1806년 첫 오페라 〈테메트리오와 폴리비오〉를 작곡했다. 그로부터 4년 후인 1810년 단막의 오페라 부파인 〈결혼 보증서〉를 완성하여 베니스에서 초연했다. 이 곡이 성공함으로써 그는 단숨에 유명 오페라 작곡가로 인정받았다. 이때부터 로시니는 37세가 되던 1829년까지 20년 동안 수많은 오페라를 공연했다.

다작가인 로시니는 1812년 한 해 동안 〈행복한 착각〉, 〈바빌로니아의 키로스, 또는 벨사자르의 몰락〉, 〈비단 사다리〉, 〈시금석〉, 〈도둑의 찬스〉 등을 작곡했다. 그리고 1813년에는 〈탄크레디〉, 〈알제리의 이탈리아 여인〉을 작곡하면서 로시니의 명성은 유럽대륙으로 퍼져나갔다.

1816년 그의 나이 24세 때엔 대표곡인 〈세비야의 이발사〉를 13일 만에 작곡했다. 그리고 1817년에는 〈신데렐라〉, 〈도둑까치〉를, 1818년에는 〈이집트 모세〉를, 1819년에는 〈호수의 연인〉을 작곡했다. 이후 1825년에는 〈랭스 여행〉, 1826년에는 〈코린트의 포위〉, 1827년에는 〈모세와 파라오〉, 1828년에는 〈오리 백작〉, 1829년에는 〈빌헬름 텔〉을 작곡했다. 그 후 그는 37년 동안 단 한 편의 오페라도 쓰지 않았다.

로시니는 그동안 부인인 이사벨라 콜브란을 비롯해 안드레아 노자리, 조반니 다비드 등 당시 주요 성악가들에 맞춰 작곡했다. 이들은 모두 벨칸토 창법을 익힌 성악가들이었으나, 다음 세대의 성악가들과 작곡가들이 벨칸토 창법을 멀리하는 관계로 로시니는 오페라 무대를 떠났다고 보는 게 음악연구가들의 정설이다.

이후 로시니는 틈틈이 종교음악과 실내 악곡을 썼다. 사교계의 유명인사로 스페인의 부자였던 돈 바렐라는 로시니에게 작곡을 의뢰했는데, 로시니는 재촉에 못 이겨 후반 부분을 조반니 타돌리니에게 맡겼다. 이 곡은 로시니의 이름으로 발표되었으나, 돈 바렐라가 죽은 후 로시니는 뒷부분을 다시 작곡하여 발표했다. 1842년 〈스타바트 마테르〉는 파리에서 초연되어 큰 성공을 거뒀으며, 그 해 30여 개 도시에서 연주되었다.

로시니는 가에타노 도니체티, 빈첸초 배리이와 더불어 19세기 전반 이탈리아 오페라 무대를 화려하게 빛낸 작곡가로 평가받는다.

◆ 조아키노 로시니 1792~1868
이탈리아 출생. 오페라 작곡가이다.

루치아노 파바로티

세계적인 테너로 큰 사랑을 받았던 루치아노 파바로티는 1935년 이탈리아 모데나 교외에서 태어났다. 가난한 어린 시절을 보냈던 파바로티는 대학에서 교육학을 전공했지만, 아버지의 권유로 성악가의 길을 택했다. 파바로티는 아버지와 함께 모데나 지역의 로시니 말레 합창단에서 활동하면서 음악에 입문했으며, 1961년 레조에밀리아 극장에서 〈라 보엠〉의 로돌포 역으로 오페라에 데뷔했다.

파바로티, 플라시도 도밍고, 호세 카레라스에게 세계 3대 테너라는 영예로운 별칭을 붙여준 콘서트는 '쓰리 테너 콘서트'이다. 1988년 호세 카레라스가 설립한 백혈병 재단이 주최하는 자선 콘서트에서 좋은 반응을 얻은 이후, 1990년 이탈리아 월드컵 결승전 전야제 날, 로마 카라칼라 목욕탕 유적지에서 주빈 메타의 지휘로 공연을 가졌다. 이 공연은 세계적으로 엄청난 호응을 얻었고 데카에서 출시한 공연 음반은 클래식 역사상 가장 많이 팔린 앨범으로 기네스북에 기록되었다.

이후 1994년 미국 월드컵 때 LA 다저스 스타디움에서 열린 공연으로 큰 인기를 얻었으며, 1998년 프랑스 월드컵에서는 파리에서 열려 역시 큰 인기를 끌었다. 그리고 2002년 한일 월드컵 때는 2001년은 한국에서, 2002년은 일본에서 공연을 열어 대성공을 거뒀다. 또한 2006년 독일 월드컵에서 공연을 하기로 했지만 파바로티의 병 때문에 열리지 못했다. 비평가들 중엔 쓰리 콘서트를 하나의 쇼라고 비평하기도 했지만, 쓰리 콘서트는 클래식을 대중화하는 데 크게 기여했다는 평가를 받았다.

파바로티의 최고의 목소리는 1970년부터 1980년대 초반으로 보는데, 이때 파바로티는 도니체티와 벨리니, 로시니와 베르디의 몇몇 작품이 속하는 벨칸토 오페라 음반에서 자신의 진가를 유감없이 발휘했다. 그리고 소프라노 조앤 서덜랜드와 그녀의 남편인 지휘자 리처드 보닝, 이 세 멤버의 드림팀이 결성된 뒤 오페라 음반사에 길이 남을 작품들이 많이 탄생했다. 이후 파바로티의 목소리는 원숙미를 더해 벨칸토 영역에서 벗어나 베르디의 오페라와 푸치니의 오페라 작품에서 매우 좋은 평가를 받았다.

파바로티는 미성의 목소리를 지녀 생전에 하이 C의 제왕, 천상의 목소리라는 찬사를 받았으며, 1998년 그래미 레전드 상을 받은 최고의 테너이다.

◆ 루치아노 파바로티 1935~2007
이탈리아 출생. 성악가이다.

DAY 305 플라시도 도밍고

호세 플라시도 도밍고 엠빌은 1941년 스페인 마드리드에서 태어났다. 그의 아버지와 어머니는 스페인 민속 오페라인 사르수엘라 극단에서 가수로 활동했다. 도밍고가 6세 되던 해 그의 부모는 멕시코로 이주했다.

도밍고는 멕시코시티 음악원에서 피아노와 지휘를 전공했다. 하지만 그는 성악으로 진로를 바꿔 부모처럼 사르수엘라 극단 가수로 활동을 시작했다. 1961년 멕시코시티 오페라 극장에서 바리톤으로 공식 데뷔했다. 그런데 베르디의 오페라 〈라 트라비아타〉에서 남자 주인공인 알프레도 역을 맡아 출연함으로 인해 테너로 전향했다.

1962년부터 1965년까지 이스라엘 국립오페라단에서 활동하다가 1968년 뉴욕 메트로폴리탄 오페라 극장에서 프랑코 코렐리의 대역을 멋지게 해냄으로써 일약 세계적인 스타가 되었다. 이후 도밍고는 세계 각지의 오페라 극장 무대를 휩쓸며 도이체 그라모폰과 RCA등 세계적인 클래식 레이블들에서 음반을 발매하여 엄청난 존재감을 드러냈다.

도밍고는 2009년 메트로폴리탄 극장에서 바리톤의 영역으로 시몬 보카네그라의 타이틀로 재데뷔했다. 시몬 역을 맡아 열연하던 중 병으로 인해 2010년 수술을 받은 뒤, 건강을 회복하여 오페라 무대와 콘서트를 하며 활동 중에 있다.

도밍고는 루치아노 파바로티와 호세 카레라스와 더불어 세계 3대 테너로 불리지만, 파바로티 사후 현존하는 세계 최고의 테너로 평가받고 있다. 그는 영국 옥스퍼드 대학교에서 명예박사학위를 비롯해 여타의 대학에서도 많은 학위를 받았으며, 미국의 자유훈장, 프랑스의 레종 도뇌르 훈장을 비롯해 여러 훈장을 수훈했다. 또한 그는 영국으로부터 명예작위를 받았다. 도밍고는 모국어인 스페인어를 비롯해 영어, 프랑스어, 독일어, 이탈리아어 등 언어에 막힘이 없어 어떤 배역을 맡든 훌륭하게 소화해냈다.

도밍고는 파바로티가 유명 가수들과 공연을 했듯 자신 또한 유명 가수들과 함께 공연한 것을 음반으로 출시하여 큰 성공을 거뒀다. 그는 나이가 들어 공연하기에 무리가 따르면 지휘를 하겠다고 말해왔다. 그는 자신의 말대로 종종 지휘를 하며 지휘자로서의 입지를 확실하게 보여줌으로써 뛰어난 음악가의 기질을 맘껏 드러내고 있다.

◆ 플라시도 도밍고 1941~
스페인에서 태어남. 성악가, 지휘자이다.

DAY
306 | 존 덴버

MUSIC

존 덴버의 본명은 핸리 존 도이첸도르프 2세로 미국의 싱어송라이터이자 음악프로듀서이며, 배우이다. 또한 그는 사회운동가이며 인도주의자로 평가받는다.

존 덴버는 1943년 미국 뉴멕시코주 로스웰에서 태어났다. 그는 12세 때부터 포크송을 연주하며 음악에 대한 열정을 키웠다. 그는 1960년대 말 포크 음악모임에 들어가 노래를 시작했다. 그는 1970년대에 들어 가장 유명한 통기타 아티스트로서 확고하게 자리매김했다. 그렇게 된 데에는 낭만적이고 목가적인 노래와 맑고 감미로운 음색이 사람들을 사로잡았기 때문이다.

1974년 존 덴버는 미국 최고의 베스트셀링 음악가로 불러도 될 만큼 그의 입지는 더욱 탄탄해졌다. 올 뮤직은 생전에 가장 사랑받은 연예인 가운데 한 명으로 그를 평가한다.

존 덴버는 300곡 가까이 녹음을 하고 발표했으며, 이 중 200여 곡을 자신이 직접 작곡했다. 그의 음반은 전 세계적으로 발매가 되었으며 많은 사랑을 받았다. 또한 그의 노래는 컨트리 음악 차트, 빌보드 핫 100, 어덜트 컨템포러리 등 다양한 차트에서 순위에 들었으며, 14장의 골드 앨범과 8장의 플래티넘 앨범 기록을 세웠다.

존 덴버는 1970년대, 1980년대에 영화와 텔레비전에 출연하며 배우로서 활동했다. 그리고 1990년대에 들어서는 사회운동가로 활동했다. 그는 콜로라도주 애스펜을 좋아해, 그곳에서 거의 대부분의 삶을 보냈다. 그런데 1997년 캘리포니아주 몬터레이 공항 인근에서 경비행기를 조종하다 기체가 바다에 추락하여 숨졌다.

존 덴버의 노래는 통기타로 녹음이 되었고, 노래는 자연에 대한 사랑과 예찬을 주제로 한 것이 많다. 그의 대표곡으로는 〈테이크 미 홈 컨트리 로드〉, 〈로키 마운틴 하이〉, 〈선샤인 온 마이 숄더〉, 〈땡큐 갓 아임 어 컨트리 보이〉, 〈피터 폴 앤드 메리〉, 〈백 홈 어게인〉 등이 있다.

존 덴버는 1974년 콜도라도의 계관 시인이 되었으며, 1975년 컨트리 음악협회가 선정하는 올해의 연예인상을 수상했고, 2007년 콜로라도 입법부는 〈로키 마운틴 하이〉를 콜로라도 주가로 지정했다.

◆ 존 덴버 1943~1997
미국에서 태어났다. 미국의 싱어송라이터이자 음악프로듀서이며, 배우이다.

DAY 307 요제프 하이든

프란츠 요제프 하이든은 1732년 오스트리아 로라우에서 태어났다. 그의 아버지는 노래를 무척이나 좋아했으며 마차 수리공으로 12명의 남매를 두었는데, 그중 하이든 은 장남이다.

하이든은 음악에 남다른 재능을 보였는데, 1738년 지인인 프랑크의 집에 맡겨져 교육을 받게 되었다. 그 후 1740년 빈의 성 스테파노 대성당의 소년 합창단에 들어간 그는 오스트리아 여제 마리아 테레지아의 총애를 받았지만, 변성기에 접어들자 합창 단을 나와 불안정한 생활을 시작했다. 그러던 중 하이든은 독학으로 작곡 공부를 하 며, 이탈리아 오페라 작곡가인 포르포라에게 작곡을 배웠으며 음악 마니아 백작부인 인 하프시코드의 가정교사로 일했다. 그리고 퓌른베르크 남작의 실내음악가로 일했 다. 또한 하이든은 스테파노 대성당에서 바이올린을 연주하는가 하면 가수로서 예배 주악에 참가하고, 밤에는 세레나데악단의 일원으로 빈 거리에서 돈을 벌었다.

1759년 하이든은 갖은 고생 끝에 보헤미아의 칼 폰 모르친 백작의 궁정악장으로 취임했다. 그는 그곳에서 초기의 교향악과 관악합주곡인 〈디베르티멘토〉를 작곡했 다. 그러던 어느 날 백작의 재정문제로 악단이 해체되자 하이든은 빈으로 돌아왔다. 그 후 1761년 하이든은 열렬한 음악 애호가인 헝가리의 귀족 파울 안톤 에스테르하 자 후작의 관현악단 부악장으로 취임했다. 후작이 죽은 후 그의 동생이 형의 뜻을 받 들어 관현악단을 후원했다. 그 후 하이든은 악장이 되어 30년 동안 근무했다.

하이든은 악장으로 일하면서 많은 교향곡과 협주곡, 실내악을 작곡했다. 1781년에 는 소나타 형식의 전형인 〈러시안 4중주곡〉 썼으며, 1780년대에는 파리의 오케스트 라를 위한 〈파리교향곡〉, 2곡의 〈토스토교향곡〉, 3곡의 〈도니교향곡〉을 작곡했다.

이후 영국으로 간 하이든은 〈잘로몬교향곡〉(제1기 6곡)을 써서 크게 성공했다. 1794 년 〈잘로몬교향곡〉(제2기 6곡)을 작곡했다. 그리고 〈미사곡〉 6곡을 썼으며, 오라토리 오 〈천지창조〉와 〈사계〉를 작곡했다.

하이든의 대표작으로는 〈천지창조〉, 〈사계〉, 〈도니교향곡〉, 〈잘로몬교향곡〉 등이 있으며, 영국 옥스퍼드 대학교에서 명예음악박사학위를 받았다. 그는 18세기 고전주 의 음악의 중심인물로 교향곡과 현악 4중주곡 등 기악 형식의 완성에 크게 공헌했다.

◆ 요제프 하이든 1732~1809
오스트리아에서 태어났다. 고전주의 음악 작곡가이다.

DAY
308 | **펠릭스 멘델스존** | MUSIC

　야코프 루트비히 펠릭스 멘델스존 바르톨디는 독일의 초기 낭만파 작곡가이자 피아니스트이며 지휘자이다. 보통 그를 펠릭스 멘델스존이라고 부른다. 멘델스존은 1809년 독일의 명망 있는 유대인 가문에서 태어났다. 그의 할아버지 모제스 멘델스존은 유명한 철학자이다.

　멘델스존은 음악에 재능을 보여 바흐의 음악을 좋아하는 칼 젤터에게 음악을 사사했는데, 푸가를 집중적으로 배웠다. 독일의 시성 괴테는 칼 제터의 친구로 어린 멘델스존을 집으로 초대해 연주를 듣곤 했으며, 이는 그가 멘델스존 음악을 좋아하는 데 결정적인 계기가 되었다.

　이후 멘델스존은 20대 초반에 바흐의 〈마테수난곡〉의 연주회에서 지휘를 맡아 큰 호평을 받았다. 그로 인해 바흐의 작품이 유럽에서 다시 각광받으며 널리 연주되었다. 멘델스존은 공연을 위해 스코틀랜드에 가게 되었는데 그곳에서 영감을 받고 〈스코틀랜드 교향곡〉을 비롯해 여러 곡을 작곡했다.

　멘델스존은 27세 때 라이프치히 게반트하우스 관현악단의 지휘가가 되었으며, 1825년 현악 8중주 중 〈요정의 춤〉과 희곡 〈한여름 밤의 꿈〉의 배경 음악을 작곡했다. 이곡들에는 환상적인 표현이 잘 나타나 있는데 그의 음악적 특징을 잘 보여준다고 하겠다. 또한 멘델스존은 결혼식 때 연주되는 〈결혼 행진곡〉을 쓴 것으로 유명하다.

　멘델스존은 여러 해 동안 쉬지 않고 연주회를 하고, 레슨을 하는 등 몸을 혹사할 정도로 음악에 열정적이었다. 이에 대한 이야기를 한 가지 소개하면 1846년 오라토리오 〈엘리아〉 쓰고 초연을 했는데, 옷이 해질 정도였다고 한다. 그만큼 자신의 음악에 깊이 빠졌던 것이다.

　연주회를 마치고 프랑크푸르트에 갔다가 사랑하는 누나 파니가 죽었다는 소식에 큰 충격을 받고 발작을 일으켜 뇌에 심한 장애를 입었다. 그로 인해 작곡은 물론 연주회도 할 수 없었다. 그리고 이듬해 세상을 뜨고 말았다.

　멘델스존의 대표곡으로는 〈한여름 밤의 꿈〉, 〈결혼 행진곡〉, 〈요정의 춤〉, 〈스코틀랜드 교향곡〉, 〈바이올린 협주곡〉, 〈이탈리아 교향곡〉 등이 있다. 멘델스존의 음악적 특징은 당시 음악가들처럼 낭만주의적인 음악을 추구하지 않고, 고전주의 음악의 형식을 따랐다는 데 있다. 멘델스존은 음악사에 자신의 족적을 뚜렷이 남긴 작곡가로 평가받고 있다.

◆ 펠릭스 멘델스존 1809~1847
독일에서 태어남. 작곡가이자 피아니스트이다.

DAY 309 | 안토니오 비발디

  안토니오 루치오 비발디는 이탈리아 베네치아의 성직자이자 작곡가이며 바이올리니스트이다. 비발디의 아버지는 베네치아 산마르코 대성당의 바이올린 연주자로 비발디에게 음악의 기초를 가르쳐주었다. 그 후 레그렌치에게 작곡을 배웠다.

  비발디는 15세에 신학교에 들어가 23세 때 신부서품을 받았다. 그러나 몸이 약해 음악에 전념했다고 한다. 그는 1703년부터 1740년까지 음악학교인 피에타 고아원에서 바이올린 교사로 근무했다. 그는 1716년에 고아원 밴드부 합주장이 되었다. 이곳 학생들의 오케스트라는 당시 유럽에서도 명성을 떨친 실력자들이었다. 그래서 외국인 방문객들이 베네치아에 오면 비발디의 연주회에 참석하는 것을 하나의 코스처럼 여겼다.

  비발디는 자신이 작곡한 오페라를 공연하기 위해 이탈리아 각지를 순회하기도 하고 빈과 암스테르담으로 가기도 했다. 비발디는 공연을 위해 수백곡이 넘는 협주곡을 작곡했다.

  비발디의 작품은 오페라를 비롯해 교회음악과 기악곡이 많은데, 그중 바이올린을 주로 한 협주곡이 유명하다. 비발디의 곡은 리듬이 활발하고 노래하듯 아름다운 선율이 특징이다. 그가 살아있는 동안 출판된 작품들은 그의 명성을 유럽 전역에 알려지게 했으며 요한 세바스찬 바흐를 비롯한 다음 세대 작곡가들에게 본보기가 되었다.

  19세기 중엽 새로운 바흐판을 위해 작업하던 음악학자들은 '비발디의 12개의 협주곡, 바흐 곡 편곡'이라고 적힌 헌사가 포함된 필사본을 찾았다. 바흐가 그의 작품을 건반악기 연주용으로 편곡했던 것이다.

  비발디는 500여 곡이 되는 기악곡 작품과 40곡의 오페라 외에도 독주 바이올린 협주곡, 바순 협주곡, 첼로를 위한 협주곡, 오보에 협주곡, 모데토, 오라토리오, 칸타타 등을 작곡했다. 작곡된 것들은 베네치아와 암스테르담에서 출판되었으나 수고手稿 형태 외에는 남아 있는 것은 없다.

  비발디의 주요 작품으로는 신포니아 23곡, 합주 협주곡 〈화성의 영감〉, 바이올린과 관현악을 위한 〈사계〉 등이 있다. 특히, 〈사계〉는 표제음악의 표본으로 불린다.

◆ 안토니오 비발디 1678~1741
이탈리아에서 태어남. 작곡가이다.

DAY 310 요하네스 브람스

독일의 작곡가이자 피아니스트이며 지휘자인 요하네스 브람스는 1833년 함부르크에서 태어났다. 브람스는 7살 때 오토 프리드리히 빌리발트 코셀에게 피아노를 배웠다. 그 후 브람스는 함부르크에서 몇 번의 연주를 했지만 19세 때 헝가리 바이올리니스트 에두아르트 레메니의 반주를 맡아 연주여행을 하기 전까지 알려지지는 않았다. 이 여행 중에 하노버에서 요세프 요아힘과 리스트를 만났다. 요아힘은 로베르트 슈만에게 브람스에 대한 소개장을 보냈다. 브람스는 라인란트의 연주 여행을 마치고 뒤셀도르프로 가서 슈만을 만났다. 슈만은 20세인 브람스의 재능에 놀라 음악신문에 '이 시대의 이상적인 표현을 가져다 줄 청년음악가'로 소개하여 관심을 집중시켰다. 브람스는 슈만과 알베르트 디트리히와 함께 요아힘을 위한 소나타를 작곡했는데 이것이 〈F-A-E 소나타〉이다. 이후 브람스는 함부르크의 궁정 음악교사이자 지휘자로 봉직하던 데트몰트 공국 두 곳에서 일을 했다.

1863년 브람스는 빈 음악원의 지휘자로 임명되었다. 그 후 1872년부터 1875년까지 빈 익우협회의 연주회 감독을 지냈으며 그 뒤로는 공식 직위를 맡지 않았다.

브람스는 1877년 영국 케임브리지 대학교의 명예박사학위를 거절하고, 1879년 독일 브레슬라우 대학교의 명예박사학위는 받았다. 이때 그는 학위에 대한 감사 표시로 〈대학축전 서곡〉을 작곡했다. 브람스는 1859년에 피아노 협주곡 1번을, 1861년에 피아노 협주곡 2번을 직접 초연했다. 피아노 협주곡 1번은 혹평을 받기도 했다.

1868년 브레멘에서 브람스는 자신의 최대 합창곡인 〈독일 레퀴엠〉을 초연했는데, 이 작품으로 그의 명성이 유럽 전역에 자자했다. 그 후 브람스는 칸타타 〈리날도〉, 첫 〈현악 4중주〉, 세 번째 〈피아노 4중주〉, 가장 유명한 곡인 〈교향곡 1번〉을 작곡했다. 그리고 〈교향곡 2번〉은 1877년에, 〈교향곡 3번〉은 1883년에, 〈교향곡 4번〉은 1885년에 완성했다.

브람스는 세레나데, 교향곡 4곡, 피아노 협주곡 2곡, 바이올린 협주곡 1곡, 바이올린과 첼로 이중 협주곡 1곡, 관현악 서곡 등 수많은 관현악 작품을 남겼다. 또 그는 200곡이 넘는 가곡을 썼다. 브람스는 바흐와 베토벤과 더불어 3B로 칭할 만큼 독보적인 작곡가이다.

◆ 요하네스 브람스 1833~1897
독일에서 태어남. 작곡가이다.

DAY 311 로베르트 슈만

로베르트 알렉산더 슈만은 독일 작곡가이자 피아니스트이며 음악평론가이다. 그는 1810년 독일 작센주 츠비카우에서 출판업자 아들로 태어났다. 슈만은 6세 때 음악은 배우기 시작했으며, 1822년 그의 나이 12세 때 시편 150편을 음악으로 작곡했다.

1828년 슈만은 라이프치히 대학교에서 법률을 공부했는데, 그는 피아노 즉흥 연주곡과 노래를 작곡하는 데 시간을 보냈다. 그는 프리드리히 바크에게 여러 달 동안 피아노를 배웠다. 특히, 슈만은 프란츠 슈베르트의 영향을 받았다.

1829년 슈만은 하이델베르크로 갔다. 그는 법학교수인 안톤 프리드리히 유스투스 티보의 영향으로 합창에 대해 상당한 지식을 쌓았다. 그는 슈베르트의 방식을 따라서 왈츠를 작곡했다. 1830년 슈만은 라이프치히로 가서 프리드리히 바크 교수에게 피아노를 배우며, 그의 작품 1번인 변주곡 모음을 작곡하고 1831년 출판했다.

슈만은 1835년 〈사육제〉와 〈교향적 연습곡〉를 썼다. 그리고 그는 결혼 후 가곡을 작곡했는데 1840년 11개월 동안 〈미르텐〉, 하인리히 하이네와 요제프 아이헨도르프의 시에 곡을 붙인 2개의 〈가곡집〉, 〈여인의 사랑과 생애〉 등 수많은 가곡을 작곡했다. 그는 1841년 교향곡 1번 b장조를 작곡했는데 멘델스존의 지휘로 라이프치히에서 연주되었다. 그리고 〈서곡과 스케르초, 종곡〉과 피아노와 관현악을 위한 〈환상곡〉을 작곡했다. 이 〈환상곡〉은 1845년 두 악장을 추가하여 〈피아노 협주곡 A단조〉로 만들었다.

1842년부터 1843년 1월에 걸쳐 여러 편의 실내악을 작곡했다. 그리고 오라토리오 〈낙원과 요정 페리〉를 작곡했다.

1844년 슈만은 자신이 만든 〈신음악지〉 편집장직을 사임하고, 괴테의 《파우스트》를 오페라로 만들기 위해 곡을 쓰다 건강으로 인해 중단하고 라이프치히로 휴가를 떠났다. 그 후 슈만은 〈첼로 협주곡 A 단조〉와 〈교향곡 3번 E b장조〉, 그리고 〈교향곡 D단조〉를 다시 써 〈4번 교향곡〉으로 출판했다.

슈만의 주요 작품으로는 〈사육제〉, 〈어린이 정경〉, 〈시인의 사랑〉, 〈여인의 사랑과 생애〉를 비롯해 합창곡인 〈유랑의 무리〉가 있다. 그는 가장 대표적인 낭만주의 작곡가라는 평가를 받는 뛰어난 작곡가이다.

◆ 로베르트 슈만 1810~1856
독일에서 태어남. 작곡가이자 음악평론가이다.

DAY 312 리하르트 바그너

빌헬름 리하르트 바그너는 독일의 작곡가이자 극작가이며 음악비평가이다. 바그너는 1813년 독일 라이프치히에서 태어났다. 그는 9세 때 피아노를 배우기 시작했다. 그는 극작가가 되기 위해 1931년 라이프치히 대학교에 입학했다. 그러나 그는 음악에 대한 열정으로 가득했고, 베토벤은 그에게 우상이었으며 음악적으로 큰 영향을 주었다.

1982년 바그너는 첫 교향곡인 〈교향곡 C장조〉를 작곡했으며, 이듬해 첫 오페라인 〈요정〉을 작곡했다. 그리고 두 번째 오페라 〈연애금지〉를 썼다. 1840년 바그너는 세 번째 오페라인 〈리엔치〉를 썼는데, 작센의 드레스덴 왕립극장이 공연하기를 청해 공연 후 큰 성공을 거뒀다. 그 후 바그너는 드레스덴왕립극장 지휘자로 임명되었다. 그리고 오페라 〈방황하는 네덜란드인〉과 〈탄호이저〉를 써서 상연했다. 그런데 작센정부에 대한 불만으로 5월 혁명이 일어나 바그너는 그 일에 연루되어 파리와 취리히로 도망자 신세가 되었다. 그러나 잡히는 바람에 수감되었다.

바그너는 출옥 후 취리히로 망명을 떠났다. 그는 경제적으로 궁핍한 생활을 영위하면서도 수필집 《미래의 예술-작품》을 펴냈다. 그리고 《오페라와 드라마》를 썼는데, 미학에 대한 개념이 주제이다.

바그너는 철학자 쇼펜하우어와 시인 마틸데 베젠동크로부터 영감을 얻어 《트리스탄과 이졸데》를 쓰게 되었다. 바그너는 취리히를 거쳐 파리로 가서 새 〈탄호이저〉 초연을 보게 되었는데 초연에 실패했다. 그는 자신에 대한 독일 정부의 추방이 해제되자 프로이센으로 가 〈뉘른베르크의 마이스터징거〉 작업을 시작했다.

1864년 바이에른 왕국의 루트비히 2세가 즉위하자 바그너는 그의 초청으로 뮌헨으로 갔다. 국왕의 후원으로 〈트리스탄과 이졸데〉를 뮌헨 왕립극장에서 초연했는데 큰 성공을 거뒀다. 이후 〈뉘른베르크의 마이스터징거〉가 1868년 뮌헨에서 초연되었다. 그 후 바그너는 〈라인의 황금〉, 〈발퀴레〉, 〈반지〉, 〈파르지팔〉 등 수많은 곡을 썼다.

바그너의 주요 작품으로는 〈트리스탄과 이졸데〉, 〈탄호이저〉, 〈리엔치〉, 〈나벨롱의 반지〉 등이 있고, 그의 새로운 교향적인 오페라와 화성과 연속적인 대위법, 반음계적 음악언어 등은 고전음악에 큰 영향을 끼치며 독보적인 음악가로 평가받는다.

◆ 리하르트 바그너 1813~1883
독일에서 태어남. 작곡가이자 음악비평가이다.

DAY 313 | 안토닌 드보르작

  안토닌 레오폴트 드보르작은 체코의 작곡가로 낭만주의 음악의 대표적인 음악가 중 하나이다. 드보르작은 체코공화국 넬라호제베스에서 태어나 생애 대부분을 그곳에서 보냈다.

  드보르작은 1857년 16세에 프라하의 오르간학교에 입학하여 음악을 공부했다. 그는 재학 중에 오케스트라 단원으로 바이올린을 연주했다. 바그너가 오케스트라를 지휘했는데 드보르작은 바그너로부터 영향을 받았다. 드보르작은 졸업 후 갈레루 코므자크 악단 단원으로 비올라를 연주하며 지내다 1862년 체코국민을 위한 극장이 건설될 때까지 임시극장이 개관되었는데 극장 전속오케스트라 단원으로 10년 동안 근속했다.

  1866년부터 스메타나가 오페라 감독으로 취임했는데 드보르작은 그로부터 민족주의 음악사상을 배웠다. 그는 틈틈이 작곡을 하여 1865년 〈교향곡 1번 다단조 '즐로니체의 종'〉, 〈교향곡 2번 내림 나장조〉를 썼다. 브람스, 피아니스트이자 지휘자인 한스 폰 뷜로, 평론가 한소리크 등은 드보르작이 독일과 오스트리아 등에서 유명세를 타는 데 큰 힘이 되었다. 그는 영국을 9번이나 방문해 영국을 위해 〈유령의 신부〉와 〈교향곡 7번 D단조〉를 쓰고 케임브리지 대학교에서 명예 음악박사 학위를 받았다.

  드보르작은 1890년부터 프라하 음악원에서 작곡을 가르쳤으며, 1891년 미국으로부터 뉴욕의 국민음악원 원장으로 초빙되었다. 그는 미국에 머무르는 동안 〈교향곡 제 9번 신세계로부터〉, 〈현악 4중주 아메리카〉 등 그의 대표작을 작곡했다.

  1894년 8개의 〈유모레스크〉를 작곡했는데, 그중 7번째 곡이 바이올린으로 편곡되어 큰 인기를 끌었다. 그는 미국에 더 머무르는 것을 중단하고 귀국했다. 이후 드보르작은 교향시에 주력해 오페라 〈루살카〉를 작곡했다. 그리고 피아노 3중주 〈도무키〉를 작곡하는 등 열정적으로 보냈다.

  드보르작의 주요 작품으로는 〈교향곡 제 9번 신세계로부터〉, 〈현악 4중주 아메리카〉, 〈유모레스크〉, 현악 4중주 〈12번 바장조 아메리칸〉, 〈루실카〉 등이 있다. 그는 관현악과 실내악에서 체코의 보헤미안적인 작품성과 선율을 표현하는 등 체코 민족주의 음악을 세계적으로 만든 음악가라는 평가를 받는다.

◆ 안토닌 드보르작 1841~1904
체코에서 태어남. 작곡가이다.

인생의
지혜

고전명언

DAY 314 간담상조 肝膽相照 CLASSIC

당송팔대가의 한 사람인 당나라의 문인 유종원柳宗元이 유주자사柳州刺史로 발령이 났다. 그런데 그때 그의 절친한 친구인 유우석劉禹錫도 좌천되어 파주자사播州刺史로 발령이 났다. 파주(귀주성 준의현)는 멀리 떨어진 척박한 고장이었다. 여든이 넘은 노모를 모시고 있는 유우석은 어머니를 모시고 갈 수 없는 곤란한 상황에 처하게 되었다. 이런 사정을 알게 된 유종원은 눈물을 흘리며 말했다.

"그 친구가 힘들어 하는 것을 차마 볼 수가 없구나. 조정에 상소를 올려 내가 갈 유주자사와 그가 갈 파주자사를 서로 바꾸게 해달라고 간청을 해야겠다. 이 일로 말미암아 내가 죄를 입어 죽는다고 해도 원망하지 않을 것이다."

마침 배도裴度가 유우석의 이런 사정을 황제에게 아뢰어 유우석은 연주자사連州刺史로 가게 되었다. 당성팔대가의 한 사람인 한유韓愈는 〈유자후묘지명柳子厚墓誌銘〉에 이 사실을 기록하며 유종원의 참다운 우정과 의리를 기렸다.

선비는 어려운 일에 처했을 때 비로소 절의節義를 드러내는 법이다. 오늘날 사람들은 평시에 함께 지내면서 서로 그리워하고 좋아하며, 술자리나 잔치 자리에 서로 불려가며 억지웃음을 짓고 서로 겸손을 떨며, 손을 잡고 폐와 간을 보여주며, 하늘의 해를 가리키고 눈물을 흘려 가며 죽으나 사나 서로 배반하지 말자고 마치 진실인 양 맹세를 한다. 하지만 일단 터럭만큼의 이해관계만 얽혀도 서로를 모르는 채 반목을 하고, 함정에 빠지면 손을 뻗어 구해주기는커녕 구덩이 속에 더 밀어넣고 돌까지 던지는 사람이 이 세상에는 널려있다.

한유가 쓴 글로 의리를 헌신짝 버리듯 하는 사람들에 대한 날카로운 충고가 아닐 수 없다. 그렇다. 이해관계가 둘 사이에 놓이게 되면 서로를 감싸주기는커녕 상처를 주고 곤경에 빠트리는 것을 예사로 하는 경우를 많이 보게 된다. 이런 일은 예나 지금이나 크게 다를 바가 없으니, 인간의 무지란 어리석음과 모순덩어리라고 할 수 있다.

참다운 우정이란 서로가 좋을 때나, 곤란할 때나, 슬프고 외로운 경우에 처할 때나 변함이 없어야 한다. 그것이야말로 진정한 친구 사이라고 할 수 있다.

간과 쓸개를 꺼내 보이다. 서로의 마음을 터놓고 격의 없이 친하게 사귐을 일컫는 말이다.
한유韓愈의 〈유자후묘지명柳子厚墓誌銘〉

DAY 315

견마지로

犬馬之勞

한고조 유방이 항우를 이기고 천하를 평정하자 소하를 차후로 봉하고 가장 많은 식읍을 주고 이렇게 말했다.

"우리가 항우를 무찌르고 천하를 평정할 수 있었던 가장 큰 공은 소하에게 있도다."

그러자 공신들은 불만이 가득한 목소리로 투덜거렸다.

"신들은 몸에 갑옷을 입고 손에는 날카로운 무기를 들고 많은 이는 백여 번이 넘게 싸웠으며, 적은 이는 수십 번 싸웠나이다. 그런데 소하는 한 번도 견마지로를 다한 적이 없습니다."

그러자 유방은 신료들을 지그시 바라본 다음 이렇게 말했다.

"사냥에서 토끼를 쫓아가 죽이는 것은 사냥개지만, 개의 줄을 놓아 짐승을 잡으라고 시키는 것은 사람이다. 지금 그대들의 공은 짐승을 잡은 사냥개와 같지만 소하의 공은 개를 시켜 짐승을 잡게 한 사람과 같다."

유방이 말하는 사냥개를 다루는 사람은 바로 책사策士를 의미한다. 무장들은 칼과 창으로 적과 전투를 벌이나 책사는 전투의 모든 전략을 세움은 물론, 나라의 대소사를 관장하는 지략가이다. 책사의 계책에 따라 전쟁에서의 승패가 달려 있고, 나라의 존망이 달려있다. 한 사람의 뛰어난 책사는 손 하나 까딱 안 하고 수십만 대군을 몰살시킬 수도 있다.

유방이 항우를 이기고 천하를 평정할 수 있었던 것은 장량과 소하와 같은 뛰어난 책사가 있었기에 가능했다. 그런데 장수들은 소하가 책사로서 얼마나 중요한 역할을 했는지를 모른다. 힘을 쓰는 사람의 눈에는 힘쓰는 것만 보이는 법이다. 그러나 정작 중요한 것은 머리에서 나온다. 머리에서 나오는 계책과 힘이 만나 조화롭게 작용을 할 때 더 큰 힘을 발휘하는 법이다. 소하 또한 계책을 내느라 많은 연구와 고심을 했음은 물론이다. 그 또한 자신이 맡은 직무를 성공적으로 이끌어 내기 위해 견마지로를 다한 것이다.

훗날 소하는 집과 밭을 장만할 때도 외진 곳에 마련했다. 아무도 탐내지 않는 땅을 사들인 소하의 땅은 탐내는 사람들이 없어 자손들이 화를 당하지 않고 오랫동안 선조의 땅을 지킬 수 있었다고 한다.

견마지로와 비슷한 말로는 말이 달려 수고를 다한다는 '한마지로汗馬之勞'가 있다.

개나 말이 주인을 위해서 일하다. 주인이나 타인을 위해 힘써 일하는 것을 겸손하게 이르는 말을 뜻한다.
《사기史記》〈소상국세가蕭相國世家〉《삼국지연의三國志演義》

DAY 316 · 결초보은 · 結草報恩 · CLASSIC

중국 춘추전국시대 때 진晉나라에 위무자라는 사람이 있었다. 그에게는 후처後妻가 있었다. 어느 날 위무자가 병으로 몸져눕게 되자 아들 위과를 불러 말했다.

"내가 죽으면 저 사람을 다른 사람에게 개가를 시키도록 해라."

그 후 병이 심하여 죽게 되자 정신이 혼미해진 위무자는 아들 위과에게 이렇게 말했다.

"내가 죽으면 저 사람을 순장시켜라."

위무자가 죽음에 이르자 아들 위과는 아버지의 첫 번째 말씀을 좇아 서모庶母를 개가시켜 순사殉死를 면하게 했다. 그러던 어느 날 진晉나라와 진秦나라 사이에 전쟁이 일어났다. 위과는 왕명을 받들고 전쟁에 나갔다. 그는 진秦나라 장수 두회와 싸우다가 위험한 지경에 놓였다. 그런데 두회가 탄 말이 넘어지고 말았다. 그 틈을 타 위과는 두회를 사로잡아 뜻밖에 공을 세우게 되었다. 그날 밤 위과의 꿈에 한 노인이 나타나 말했다.

"나는 그대가 출가시켜 준 여인의 아비올시다. 그대는 그대의 아버님의 바른 정신일 때의 유언에 따라 내 딸을 출가시켜 주었소. 그래서 나는 그대에게 은혜를 갚은 것이라오."

노인은 은혜를 갚기 위해 풀을 엮어서 두회가 탄 말이 넘어지게 했던 것이다.

은혜를 베풀고 은혜를 입은 이야기이다. 마치 아름다운 짧은 동화를 보는 것 같다. 이 이야기는 오늘을 살아가는 우리들에게 뜻하는 바가 크다. 위과는 아버지의 유언을 듣고 생각이 복잡했을 것이다. 아버지 유언을 따르자니 서모에 대한 도리가 아니고, 아버지의 유언을 어기자니 불효인 것만 같았을 것이기 때문이다.

그는 비록 아버지의 유언을 어겼지만, 인간의 도리를 택함으로써 자신의 선택에 대한 응당한 대가를 받은 것이다. 사람이 사람인 까닭은 '인간의 도리'를 아는 존재이기 때문이다.

결초보은과 비슷한 의미를 가진 고사성어로는 죽어서도 은혜를 갚는다는 '백골난망白骨難忘'과 뼛속 깊이 새겨 은혜를 잊지 않겠다는 '각골난망刻骨難忘'이 있다.

풀을 묶어서 은혜를 갚다. 죽어서도 잊지 않고 은혜를 갚음을 비유하는 말이다.
《춘추좌씨전春秋左氏傳》〈선공 15년先公 十五年〉

DAY 317 | 곡학아세 | 曲學阿世

제나라에 원고생轅固生이라는 사람이 있었다. 그는 《시경詩經》에 정통해서 효경제孝景帝 때 박사가 되었다. 원고생은 성품이 강직해 어떤 사람도 두려워하지 않고 직언도 마다하지 않았다.

어느 날 노자老子의 글을 좋아하던 효경제의 어머니 두태후가 원고생을 불러 노자의 글에 대해 물었다.

"그대는 노자의 말에 대해 어떻게 생각하시오?"

"그것은 다만 하인들의 말뿐이라고 생각합니다."

"무엇이라, 하인들의 말이라고?"

두태후는 격노해서 그에게 날카로운 칼을 주며 돼지를 찌르게 했다. 원고생은 돼지의 심장을 정확하게 찌르자 돼지는 단칼에 쓰러졌다. 두태후는 아무 말 없이 더 이상 죄를 묻지 않았다. 그 후 효경제는 원고생을 정직하고 청렴한 사람으로 여겨 청허왕의 태부로 임명했다. 오랜 세월이 흐른 뒤 그는 병으로 벼슬을 그만두었다.

금상今上이 즉위해 원고생을 불렀으나, 아첨하는 선비들이 그를 헐뜯으며 원고생이 늙었다고 말해 황제는 그를 돌려보냈다. 원고생은 이미 아흔이 넘은 나이였다.

그가 부름을 받았을 때 설薛 사람 공손홍公孫弘도 부름을 받았는데, 곁눈질을 하며 원고생을 못마땅한 눈초리로 바라보곤 했다. 이에 원고생이 공손홍에게 말했다.

"이보시게, 힘써 학문을 바르게 하여 세상에 옳은 말을 하고, 학문을 굽혀 세상에 아부하는 일이 없도록 하시게."

그 뒤로 제나라에서 《시경》을 논하는 사람들은 모두 원고생의 말을 근본으로 삼았는데 《시경》으로 구하게 된 제나라 사람들은 모두 원고생의 제자였다.

원고생이 공손홍에게 충고한 말에서 학문을 굽혀 세상에 아부한다는 곡학아세가 유래되었다.

학문은 바르고 옳은 삶을 살아가도록 하는 빛과 같은 것이다. 그런데 어떤 이들은 학문을 팔아 출세를 하려는 데 혈안이 되어 있다. 그들은 학자가 아니라 학문을 파는 사이비에 불과하다 하겠다.

학문을 굽히어 세상에 아첨하다. 정도를 벗어난 학문으로 시세나 권력에 아부하여 출세하려는 태도나 행동을 의미한다.

《사기史記》〈유림열전儒林列傳〉

과유불급

過猶不及   CLASSIC

과유불급過猶不及이라는 말이 있다. 정도가 지나친 것은 오히려 모자람만 못 하다는 의미로 중용中庸을 강조한 말이다. 이 말이 생긴 유래이다.

춘추시대 위나라의 유학자 중에 자공子貢이라는 이가 있다. 그의 본명은 단목사이지만 그는 자공으로 불렸다. 그는 정치적 능력이 뛰어나 노나라, 위나라의 재상을 지냈다. 그는 공자孔子의 제자로 공자가 무척이나 아끼는 제자였다.

어느 날 자공이 공자에게 물었다.

"선생님, 동문의 자장子張과 자하子夏는 어느 쪽이 어집니까?"

이에 공자가 말했다.

"자장은 지나치고, 자하는 미치지 못한다."

이에 자공이 또다시 물었다.

"선생님, 그럼 자장이 낫다는 말씀입니까?"

이에 공자가 말했다.

"지나친 것은 미치지 못한 것과 다를 바가 없다."

공자의 말은 너무 한쪽으로 넘치거나 치우치는 것은 오히려 아니함만 못함을 의미한다.

군자는 대범하여 작은 것에 연연하지 아니하고, 넘쳐도 내색을 하지 아니하며, 모자라도 또한 내색하지 아니한다. 사물의 이치를 깨우친 까닭이다. 그러나 소인은 한쪽으로 넘치든 치우치든 상관치 아니하고, 소심하여 작은 일에도 연연해하며, 부족하면 근심이 쌓이고 넘치면 좋아라 하고 내색하기를 주저하지 않는다. 사물의 이치를 깨우치지 못한 까닭이다.

누구나 군자가 될 수 없다. 군자가 되기 위해서는 많은 수련을 쌓아야 하고, 많은 공부를 통해 삶의 본질을 터득해야 한다. 또한 사물의 이치를 깨우쳐야 한다. 군자가 되는 길은 지극히 어렵다. 하지만 군자적 삶을 흉내 낼 수는 있다. 물론 이것 또한 많은 공부와 수련을 필요로 한다. 사람답게 살아가기 위해서는 그 정도의 수고는 감수해야 함이 마땅하다 하겠다.

지나친 것은 미치지 못한 거와 같다. 정도가 지나친 것은 오히려 모자람만 못하다는 의미로 중용中庸을 강조한 말이다.
《논어論語》〈선진편先進篇〉

DAY
319

과이불개

過而不改

과이불개過而不改라는 말이 있다. 잘못한 것을 알고도 잘못을 고치지 않으면 그 또한 잘못이라는 것을 뜻한다. 이 말에는 다음과 같은 이야기가 담겨있다.

중국 춘추전국시대 사상가이자 학자이며, 유교의 시조인 공자는 《논어論語》의 〈위령공편衛靈公篇〉에서 다음과 같이 말했다.

"잘못을 하고도 고치지 않는 것 또한 잘못이다."

그리고 《논어》의 〈학이편學而篇〉과 〈자한편子罕篇〉에서 이르기를 '과즉물탄개過則勿憚改', 즉 '잘못을 하면 고치기를 꺼리지 말라.' 했으며 또한 〈자장편子張篇〉에서 이르기를 '소인지과야 필문小人之過也必文' 즉 '덕이 없는 자는 잘못을 저지르면 그것을 고칠 생각은 하지 않고 꾸며서 둘러대려고 한다'고 말했다.

이렇듯 공자가 잘못한 것에 대해 바로잡아야 한다고 강조한 것은 '인仁'을 사람의 근본으로 삼았기 때문이다. '인'은 그의 사상과 철학의 본질이며 목적이다. 그가 유난히 '인'을 강조한 것은 인간답게 사는 길은 잘못을 하지 않고, 도덕과 예로 말미암아 서로에게 '덕이 있는 삶'을 추구하려는 데 있다고 보았던 것이다. 그런 까닭에 공자는 가르침을 중요하게 생각했고 평생을 가르침에 전념했다.

공자는 교육의 기능을 군자君子로 훈련되는 방법을 가르치는 데 있다고 생각했다. 그에게 교육, 즉 가르침은 삶의 근간이었다. 가르침을 통해 유교 사상을 확립하는 것은 그에게 소명이나 마찬가지였다. 그의 주변에는 항상 제자들과 배움을 청하는 이들로 넘쳐났다.

그의 제자를 자처하는 이들이 3,000여 명에 이르렀다는 것은 공자야말로 교수의 근본이라고 할 수 있다. 공자는 배우고자 하는 이들에게 가르침을 아끼지 않았다.

공자는 모든 사람은 자기 수양을 통해 덕을 쌓을 수 있다고 말했다. 그는 배움이 지식뿐만 아니라 인격을 수양하는 수단이라고 정의했다. 덕이 있는 세상, 덕이 있는 사람들이 함께 이루는 사회야말로 유토피아가 아닐까 한다.

잘못을 저지르고도 고치지 않다. 잘못한 것을 알면서도 고치지 않으면, 그것 또한 잘못이라는 말이다.
《논어論語》〈위령공편衛靈公篇〉

DAY 320 구불응심

口不應心　CLASSIC

서주徐州를 근거지로 차지하고 있던 유비劉備는 조조曹操에 의해 남양의 원술을 토벌하기 위해 출정하게 되었다. 자신의 유일한 근거지인 서주를 지키기 위해 장비張飛에게 말했다.

"이보게 아우, 서주는 우리의 유일한 근거지이니 만일 이곳을 빼앗기면 우리는 갈 곳이 없네. 그러니 절대 술을 마시지 말고 부하들을 때리지 말게. 또한 다른 사람의 말을 잘 듣고 신중히 처신하게나. 내 자네를 믿겠네."

전에도 장비가 술을 먹고 부하 장졸들을 때린 일이 있어 이와 같이 부탁을 한 것이다. 장비는 유비의 말에 걱정하지 말라며 단언하듯 말했다. 그때 옆에 있던 미축이 유비에게 말했다.

"폐하, 장비 장군이 말은 저렇게 하지만 말과 행동이 다를까 하여 심히 걱정이 되옵니다."

장비가 떠나고 나서 얼마 후 좋지 않은 소식이 들려왔다. 아니나 다를까, 미축의 말대로 장비는 술을 마시고 취해 여포에게 서주를 빼앗기고 말았다.

장비는 유비와의 약속을 잊고 평소에 자신이 하던 대로 행동함으로써 유비를 곤경에 빠뜨리게 하는 우를 범했다. 한 사람의 바르지 못한 언행이 나라를 위급에 빠뜨린 꼴이 되고 말았다. 지키지 못할 약속은 하지 않는 것이 상대에게도 자신을 위해서도 좋다.

지금 우리 사회는 말과 행동이 다른 이들로 인해 시끄럽다. 뇌물을 받아놓고도 안 받았다, 기억이 안 난다고 발뺌을 하다 증거를 대면 그제야 빳빳이 세운 목을 축 늘어뜨리며 자신의 그릇된 언행에 대해 인정한다. 이는 어디까지나 우리 사회의 현실 중 지극히 일부에 지나지 않는다. 평범한 사람들 중에도 말과 행동이 달라 사람들로부터 원성을 사는 경우도 많다. 이렇듯 말과 행동을 일치시키는 삶은 쉽지 않다. 하지만 그럼에도 말과 행동이 같은 삶을 살도록 해야 한다. 그것이야말로 자신을 진정으로 위하는 일이기 때문이다.

입에서 나온 말에 마음이 응하지 못하다. 입에서 나온 말이 행동과 다름을 일러 하는 말이다.
《삼국지三國志》

DAY 321

구시화문

口是禍問

　당나라 때 풍도馮道라는 사람이 있었다. 그는 882년 당나라 말기 하북성 영주의 평범한 가정에서 태어났다. 어릴 때부터 책과 글을 좋아하고 문학적 재능이 뛰어나 사람들로부터 미래가 촉망되는 기재라는 말을 들었다. 그는 당나라 말기 유주절도사 휘하의 속리로 첫 관직생활을 시작했다. 비록 미관말직이었지만 그는 절도와 원칙에 따라 행동하여 상관들은 물론 동료들도 그를 함부로 대하지 않았다.

　당시 당나라는 황제의 권위가 추락하고, 국가로써의 조직력이 약해질 대로 약해져 지방의 절도사들이 각 지역을 마치 왕처럼 통치했다. 그러다 907년 당나라는 절도사 주전충에 의해 멸망하고 주전충은 후량을 건국했다. 주전충은 황제로 등극하고 그의 동지인 이극용은 진왕이란 칭호와 함께 후량을 다스렸다. 그러다 이극용이 1년 만에 죽고 그의 아들인 이존욱이 진왕이 되었다.

　이때 풍도는 유주절도사 유수광 밑에서 있었다. 유수광은 야심가였다. 그는 이존욱과 전쟁준비를 했다. 이때 풍도는 진왕은 물론 후량과 싸울 수 없다고 말하다 옥에 갇히고 말았다. 유수광은 이존욱과 전쟁을 벌였지만 패하고 말았다. 바로 이때 풍도는 자신의 운명을 바꿀 사람을 만났다. 그는 바로 장승업이다. 그는 환관 출신이지만 이존욱이 그를 형이라고 부를 만큼 절친한 사이였다. 그는 풍도가 옥에 갇힌 사실을 잘 알고 있어 그를 이존욱에게 소개했고, 그의 능력을 간파한 이존욱은 그를 자신의 참모로 삼았다.

　그 후 후당의 황제가 된 이존욱은 풍도를 재상으로 임명했다. 풍도는 백성을 지극히 위하는 마음으로 비난을 받으면서까지 위기 때마다 자신을 지켜나가면서 5대 10국이 교체되는 혼란기에 다섯 왕조 여덟 성씨 열한 명의 천자를 섬기며 무려 50여 년 동안이나 고위관직에 있었다. 난세에 30년은 고위관리로 20년은 재상으로 지내면서 천수를 누리고 73세에 죽은 그야말로 전무후무한 처세의 달인이었다.

　풍도는 자신의 처세관을 남겼는데 그중 하나가 구시화문口是禍問이다. 항상 말을 조심해야 한다. 모든 흉복凶服은 말에서 비롯됨을 잊지 말아야겠다.

입은 재앙의 문이다. 말을 조심해서 해야 한다는 것을 경계하여 이르는 말이다.
《전당서全唐詩》〈설시편舌詩篇〉

권토중래 　　　　　　　　捲土重來 　CLASSIC

초나라 항우가 한왕 유방과 벌인 해하전투에서 패하고 말았다. 한신은 항우를 잡기 위해 구리산 곳곳에 병사들을 매복시키고 그를 찾는 데 혈안이 되었다. 항우는 그물처럼 얽힌 매복을 뚫고 혼자 무사히 탈출했다. 하지만 앞에는 오강이 흐르고 있어 강을 건너야만 살 수 있었다. 마침 오강의 정장亭長이 배를 강 언덕에 대고 기다리다가 항우에게 말했다.

"강동이 비록 작으나 땅이 사방 천 리이며, 백성들의 수가 수십 만에 이르니 그곳 또한 족히 왕이 되실 만한 곳입니다. 대왕께서는 빨리 건너십시오. 지금 신에게만 배가 있어 한나라 군사가 온다 해도 강을 건널 수 없을 것입니다."

그러자 항우가 웃으며 말했다.

"하늘이 나를 망하게 하려는데 내가 강을 건너서 무얼 하겠소. 내가 강동의 젊은이 8천 명과 함께 강을 건너 서쪽으로 갔었는데, 지금은 한 사람도 돌아오지 못했소. 설령 강동의 부모형제들이 불쌍히 여겨 왕으로 삼는다고 한들 무슨 면목으로 대하겠소. 그들이 아무 말도 하지 않는다 해도 내 양심에 부끄럽지 않을 수 있겠소."

그러고는 용맹스럽게 싸우다 자결했다. 항우가 죽은 지 천 년이 지난 어느 날 당나라 시인 두목杜牧은 오강의 객사에서 비록 31세의 나이로 죽었지만 일세를 풍미했던 항우가 그의 애인 우미인虞美人과 헤어질 때 보여준 인간적인 매력을 생각했다. 그리고 강동의 부형父兄에 대한 부끄러움을 참고 힘을 일으키면 충분히 재기할 수 있는 기회를 저버리고 자결한 그를 애석해하며 지은 시 〈제오강정題烏江亭〉을 읊었다.

그가 지은 시 마지막 구절이다. '권토중래미가지捲土重來未可知'이는 '권토중래는 아직 알 수 없네'라는 뜻으로 마지막 구절에 '권토중래'라는 말이 나옴을 볼 수 있다. 이 시는 항우에 대해 쓴 시 중에서 가장 잘 알려진 시이다.

비록 항우는 권토중래할 수 있는 기회를 스스로 저버렸지만, 만일 그가 정장의 말을 따랐다면 중국의 역사는 달라졌을 것이다. 인간의 일이란 알 수 없는 것이어서 항우가 그런 선택을 한 것 또한 그의 운명이자 중국의 역사인 것이다.

흙먼지를 날리며 다시 오다. 한 번 실패한 사람이 다시 세력을 되찾아 돌아옴을 의미한다.
두목杜牧의 시詩 〈제오강정題烏江亭〉

DAY 323 금의환향

錦衣還鄕

항우項羽는 진秦나라 수도 함양을 먼저 점령한 유방을 몰아내고 자신이 차지했다. 그는 먼저 관중에 입성했던 유방이 살려 둔 나이 어린 왕자 자영을 죽이고, 진시황이 세운 아방궁을 불태우고, 시황제의 무덤을 파헤치고, 금은보화를 약탈하고, 궁녀들을 겁탈하는 등 사람으로서는 할 수 없는 온갖 만행을 저질렀다. 승리에 취해 민심을 어지럽히고 무모한 일을 일삼는 항우에게 책사인 범증이 자중하기를 간언했지만 듣지 않았다. 민심은 뒤숭숭하고 초토화시킨 함양은 맘에 들지 않았다. 이에 항우는 자신의 고향인 팽성으로 수도를 옮길 생각에 들떠 있었다. 이때 간의대부 한생이 말했다.

"관중은 산과 강으로 가로막혀 있는 요새이자 비옥한 땅이 있는 곳입니다. 이곳을 거점으로 하여 천하를 호령하소서."

그러나 항우는 고향으로 돌아가 출세한 자신을 자랑하고 싶은 마음에 화를 내며 말했다.

"지금 길거리에서 떠도는 노래를 들어보니 내용이 이러하다. '성공하고도 고향으로 돌아가지 못하면 비단옷을 입고 밤길을 다니는 것과 다르리.' 이것은 바로 나를 두고 하는 노래가 아니겠는가. 어서 길일을 잡고 천도하도록 하라."

이 말을 듣고 한생이 "세상 사람들이 이르기를 초나라 사람들은 원숭이에게 옷을 입히고 갓을 씌었을 뿐이라고 하더니 그 말이 정말이구나!" 하고 중얼거렸다. 이에 크게 진노한 항우는 한생을 끓는 기름 속에 넣어 죽였다.

사실 노래는 유방의 책사 장량이 지어 퍼트린 것으로 항우가 천하의 요새인 함양에 있는 한 유방의 패업을 이룰 수 없음에 어떻게든 항우를 함양에서 몰아내어야 했던 것이다. 결국 항우는 팽성으로 도읍을 옮겼다. 하지만 함양을 차지한 유방에게 해하 전투에서 패함으로써 천하를 넘겨주고 자결하고 말았다.

항우가 유방에게 패해 천하를 쟁취할 수 있는 기회를 놓친 것은 그의 그릇된 처신에 있다. 그가 처신을 올바르게 했으면 천하를 손에 쥐고 그야말로 금의환향이 되었을 것이다. 하지만 지나친 탐욕과 방자함이 도를 넘었으니 그가 천하를 놓친 것은 지극히 마땅하다 하겠다. 진정한 금의환향은 자신에게도 고향 사람들에게도 기쁨이 되고 의미가 될 때 가치가 있는 법이다.

비단 옷을 입고 고향으로 돌아오다. 출세하여 비단 옷을 입고 고향으로 돌아옴을 의미하는 말이다.
《한서漢書》〈항적전項籍傳〉

DAY
324 | **기인지우** | 杞人之憂 | CLASSIC

중국 주왕조周王朝 시대 기나라에 어떤 사람이 있었다. 이 사람은 갑자기 공포를 느끼게 되어 하늘이 무너지면 피하지 못해 죽는 것은 아닐까, 생각하자 공연히 걱정 근심이 더 커져 도저히 잠을 잘 수가 없었다. 걱정이 얼마나 큰지 식음마저도 잊을 정도였다. 어떤 친구가 나날이 몸이 수척해져 가는 그를 보고 말했다.

"만약 하늘이 무너지거나 땅이 꺼진다면 몸을 피할 곳이 없지 않은가?"

"하늘은 기가 쌓였을 뿐이네. 그래서 기가 없는 곳이지. 우리가 몸을 굴신하고 호흡을 하는 것도 늘 하늘 안에서 하고 있다네. 그런데 왜 하늘이 무너진단 말인가?"

"하늘이 정말이지 기가 쌓인 것이라면 해와 달과 별이 떨어져 내릴 게 아닌가?"

"해와 달과 별이라는 것도 역시 쌓인 기 속에서 빛나고 있는 것일 뿐이네. 설령 떨어져 내린다 해도 다칠 염려는 없다네."

"그럼 땅이 꺼지는 일은 없을까?"

"땅은 흙이 쌓였을 뿐이네. 그래서 사방에 흙이 없는 곳이 없지. 우리가 뛰고 달리는 것도 늘 땅 위에서 하고 있질 않은가? 그런데 땅이 왜 꺼진단 말인가. 그러니 지금부터라도 쓸데없는 걱정일랑은 하지 말게."

그러나 그의 고집은 막무가내였다. 할 말이 없어진 친구는 돌아갔고, 그는 결국 하늘, 해, 달은 반드시 떨어질 것이라고 믿고, 일생을 근심걱정 속에서 지냈다.

이 이야기에서 보듯 깊은 걱정과 근심에 빠지다 보면 주위에서 아무리 좋은 이야기를 해주어도 걱정과 근심의 울타리에서 빠져나올 수 없게 된다. 사서 하는 걱정은 백해무익할 뿐 전혀 도움이 되지 않는다. 걱정 근심을 하는 대신 마음을 굳게 하고 직접 몸으로 부딪혀 걱정과 근심거리를 몰아내야 한다. 가령, 시험을 잘 보고 싶다면 열심히 시험공부를 하면 되고, 몸이 약하다면 당장 운동을 시작해 꾸준히 하면 된다.

또한 모든 것은 마음에서 온다고 했다. 마음을 강건하고 굳게 하면 긍정적이고 적극적인 에너지가 발생하여 걱정과 근심으로부터 해방될 수 있다.

자신의 원하는 것을 얻고 싶다면 걱정과 근심을 마음으로부터 몰아내라.

기나라 사람의 쓸데없는 걱정. 걱정하지 않아도 될 일을 이것저것 사서 걱정함을 말한다.
《열자列子》〈천서편天瑞篇〉

남가지몽

南柯之夢

당唐나라 9대 황제인 덕종德宗 때 광릉에 순우분淳于棼이라는 사람이 살고 있었다. 어느 날 그가 술에 취해 집 앞에 있는 큰 홰나무 밑에서 잠이 들었다. 그러자 남색 관복을 입은 두 사나이가 나타나서 말했다.

"저희는 괴안국왕槐安國王의 명을 받고 대인을 모시러 온 사신입니다."

이에 순우분은 사신을 따라나섰다. 사신이 홰나무 구멍으로 들어가자 순우분도 따라 들어갔다. 그러자 기다렸다는 듯이 국왕이 성문에서 반가이 맞이했다. 순우분은 부마駙馬가 되어 궁궐에서 호화롭게 지내다 남기태수를 제수 받고 부임했다. 남기군을 다스린 지 20년, 그는 그간의 치적을 인정받아 재상이 되었다.

그러나 때마침 침공해온 단라국군檀羅國軍에게 참패를 하고 말았다. 설상가상으로 아내까지 병으로 죽자 관직을 버리고 상경했다. 얼마 후 국왕은 천도해야 할 조짐이 보인다며 순우분을 고향으로 돌려보냈다.

잠에서 깨어난 순우분은 꿈이 하도 기이해서 홰나무 뿌리 부분을 살펴보았다. 그곳에 구멍이 있었다. 그 구멍을 더듬어 나가자 넓은 공간에 수많은 개미의 무리가 두 마리의 왕개미를 둘러싸고 있었다. 여기가 괴안국이었고, 두 마리의 왕개미는 국왕 부부였던 것이다. 또 거기서 남쪽으로 뻗은 가지에 나 있는 구멍에도 개미떼가 있었는데 그곳이 바로 남기군이었다. 순우분은 개미구멍을 원상태로 고쳐놓았지만 그날 밤에 큰비가 내렸다. 이튿날 구멍을 살펴보았으나 개미는 흔적도 없이 사라지고 없었다. 천도해야 할 조짐이란 바로 이 일이었던 것이다.

이 이야기는 인생에 대해 많은 생각을 하게 한다. 순우분은 비록 꿈이었지만 달라진 자신의 모습에서 아주 만족함을 누렸던 것이다. 왕의 사위가 되고, 남기군의 태수가 되어 20년 동안 호사를 누리다가 끝내는 일인지하 만인지상의 재상이 된다. 이는 생각만으로도 얼마나 신나고 즐거운 일인가.

그러나 그는 모든 것을 잃고 돌아오고 만다. 헛된 꿈이란 바로 이를 두고 하는 말이다. 노력 없이 무엇이 되기를 바란다거나, 한 방을 믿고 게임에 빠지거나 사행성에 몰입한다면 그것이야말로 헛된 꿈인 것이다.

남가지몽과 같은 의미로 '남가일몽南柯一夢'이 있다.

남쪽으로 뻗은 나뭇가지 아래에서 꾼 꿈. 일생의 부귀영화가 한낱 꿈에 지나지 않는다는 의미이다.
이공좌의《남가기南柯記》

눌언민행

訥言敏行　　　CLASSIC

공자는《논어論語》〈이인편里人篇〉에서 다음과 같이 말했다.

"군자욕눌어언이민어행君子欲訥於言而敏於行이라."

즉 군자는 말에는 둔하여도 민첩해야 한다는 뜻이다. 공자는 이에 대한 말을《논어》 곳곳에서 자주 언급하고 있다. 그는《논어》의 〈위정편爲政篇〉에서 자신이 그토록 아끼는 수제자 안회顔回에 대해 이렇게 말했다.

"오여회언종일 불위여우吾與回言終日 不違如愚이라."

'내가 안회와 하루종일 이야기를 하여도 어기지 않음이 못난이와 같구나'라는 뜻이다.

공자는 '안회가 겉보기에는 어기지 않음이 못난이 같지만, 마음속으로는 내가 한 말을 충분히 터득하고 있을 것이다'라고 말했던 것이다. 또한 제자인 자공子貢이 이에 대해 물었을 때 공자가 이르기를 "군자선행기언君子先行其言이라." 즉 군자는 말하기 전에 이미 실천하는 사람이라고 말했다.

공자는 제자 중 가장 언변이 뛰어난 사람으로 재여宰予와 자공을 꼽았다. 재여는 말만 잘하는 것이 아니라 공자의 가르침에 대해 따지길 좋아했다. 그런데 그는 학업에 열중하겠다고 하고는 낮잠을 잤다. 이에 공자가 말했다.

"썩은 나무에는 조각을 할 수 없고, 거름흙으로 쌓은 담장은 흙손질을 할 수 없다. 재여에게 무엇을 꾸짖겠는가."

그리고 이어 다음과 같이 말했다.

"나는 처음에 사람의 말을 들으면 그대로 행동하리라 믿었지만 이제는 사람의 말을 듣고 나서 어떻게 행동하는지 살펴봐야겠다. 재여에게서 이것이 바뀐 것이다."

공자의 제자 중 안회顔回, 자로子路, 증자曾子는 언행일치를 생명처럼 여겼지만, 재여는 자신의 입장을 드러내는 수단으로 여겼다 한다. 소인小人이 군자와 다른 것은 말만 앞세우고 행동에 옮기는 것은 더디다. 실천이 없이 말뿐인 것을 구두선口頭禪이라고 한다.

말은 더디지만 행동은 민첩하다. 말하기는 쉬워도 행하기는 어려우니 말은 느리게 하되 행동은 민첩하게 함을 의미한다.
《논어論語》〈이인편里人篇〉

단사표음

簞食瓢飲

단사표음簞食瓢飲이라는 말이 있다. 이는 대로 만든 그릇의 밥과 표주박의 물로 소박하고 청빈하게 생활함을 의미하는 말이다.

공자의 제자는 무려 3천 명이나 된다. 그중 학문과 덕이 뛰어난 제자만 77명이었다. 그 가운데 자공子貢은 이재에 밝았으며, 자로子路는 벼슬길에서 성공을 했지만 안회顏回 같은 이는 학문을 매우 좋아했다. 제자들이 많다 보니 같은 가르침을 받았지만 제각각 추구하는 삶의 가치관은 달랐다. 공자는 제자들 중에 안회를 가장 아끼고 총애했다.

그는 학문에 정진해 스물아홉에 백발이 되었으며, 높은 학문 못지않게 덕행에 뛰어나 공자도 그로부터 배울 점이 많았다고 한다. 이런 그가 하도 가난하여 대나무로 된 그릇에 밥을 먹고 표주박으로 물을 떠먹는 빈궁한 삶이어서 평생을 끼니조차 제대로 잊지 못하고 지게미조차 배불리 먹어보지 못했다. 하지만 그는 주변 환경을 탓하거나 자신의 처지를 비관한 적이 한 번도 없었다.

가난하고 구차한 자신의 환경을 탓하거나 원망하지 않고 학문의 즐거움을 최고의 기쁨으로 여겼다. 공자는 안회에 대해 이렇게 말했다.

"어질도다 안회여, 대그릇에 밥을 먹고 표주박에 물을 마시며 누추한 곳에 살면서도 다른 이들 같으면 근심을 견디어 내지 못할 텐데 학문을 즐거이 하며 도를 따르니 장하고도 장할지어다."

공자는 안회가 서른한 살에 요절하자 그를 잃은 슬픔이 너무도 커 하늘이 자신을 버렸다면서 대성통곡을 했다고 하니 안회의 청빈한 삶은 스승인 공자도 감복하게 했다.

가난은 부끄러운 게 아닌데, 부끄럽게 만드는 이 사회가 심히 유감스럽다 아니할 수 없다.

대로 만든 그릇의 밥과 표주박의 물. 매우 소박하고 청빈하게 생활함을 의미하는 말이다.
《논어論語》〈옹야편雍也篇〉

DAY 328 대기만성 大器晚成 CLASSIC

"지혜로운 사람은 도를 들으면 힘써 행한다. 보통 사람은 도를 들으면 그게 맞나 안 맞나 주저한다. 못난 사람은 도를 들으면 크게 비웃는다. 세속적인 사람이 듣고 비웃지 않는다면 그건 도라 할 수 없다. 그래서 옛사람들은 이렇게 말했다. 도를 체득한 사람은 오히려 우매해 보이고, 도에 가까이에 있는 사람은 오히려 도와 상관없는 사람처럼 보이고, 도에 따라 자연스럽게 사는 사람은 오히려 힘든 방식으로 사는 사람처럼 보이고, 온전한 덕을 지닌 사람은 오히려 아무 생각이 없는 사람처럼 보이고, 티 없이 맑은 사람은 오히려 바보처럼 보이고, 덕스러운 사람은 오히려 무엇인가 모자라는 사람처럼 보이고, 강한 덕을 지닌 사람은 오히려 약한 사람처럼 보이고, 정직한 사람은 오히려 어리석은 사람처럼 보인다. 하지만 아주 큰 사각형은 모서리가 없는 것 같고, 큰 그릇은 더디게 만들어지는 것 같고, 아주 큰 소리는 들을 수 없는 것 같고, 아주 큰 현상은 모양이 없는 것처럼 보인다. 도는 크면서도 형체와 이름을 갖지 않는다. 그런데도 도는 만물을 돕고 이루게 해준다."

이는 노자老子의《도덕경》41장에 나오는 말로, 여기서 만성晚成이란, 더디게 만들어져 아직 이루어지지 않았다는 말인데, 후대에 와서 늦게 이루어진다는 뜻으로 쓰인다.

또한《삼국지三國志》의〈위서魏書〉최염전에는 다음과 같은 이야기가 있다.

삼국시대에 위魏나라의 장군 최염은 건장하고 성격이 호탕한 사람으로, 그의 외모와 재능에 반한 무제가 특별히 그를 총애했다. 그러나 그의 사촌 동생 최림은 외모가 별로여서 출세를 못하고, 친인척들에게도 무시를 당했다. 하지만 최염은 최림의 인물됨을 알아보고는 "최림은 대기만성할 사람이다. 틀림없이 큰 인물이 될 것이다"라고 말했다.

마침내 최림은 최염의 말대로 훗날 천자를 보좌하는 삼공三公이 되었다.

이밖에도《후한서後漢書》에 마원이란 인물이 나오는데 형인 마황이 말하기를 "너는 큰 재목이라 더디게 이루어지리니, 너도 재능을 살려 노력하거라." 하고 말했는데 훗날 마원은 이름난 장수가 되어 '복파장군'의 칭호를 받았다.

큰 그릇은 늦게 만들어진다. 큰 인물이 되기 위해서는 많은 노력과 시간이 필요하다는 것을 비유하여 하는 말이다.
《삼국지三國志》《후한서後漢書》

DAY 329

대의멸친

大義滅親

춘추시대 주周나라의 환왕 원년(B.C 719년) 위衛나라에서는 공자公子 주우가 환공을 시해하고 스스로 군후의 자리에 올랐다. 주우와 환공은 이복 형제간으로서 둘 다 후궁의 소생이었다.

선군先君 장공 때부터 충의지사로 이름난 대부 석작은 일찍이 주우에게 역심이 있음을 알고 아들인 석후에게 주우와 절교하라고 했으나 듣지 않았다. 석작은 환공의 시대가 되자 은퇴했다. 그 후 얼마 안 돼 자신이 우려했던 주우의 반역이 현실로 나타난 것이다. 반역은 성공했지만 백성과 귀족들로부터의 반응이 별로 좋지 않았다. 이에 석후는 아버지 석작에게 그에 대한 지혜를 구했다. 석작은 "천하의 종실宗室인 주 왕실을 예방하여 천자天子를 배알하고 승인을 받는 게 좋을 것이다"라고 말했다. 그리고 이어 주왕실과 각별한 사이인 진陳나라 진공을 통해서 청원하도록 하라고 말했다. 이에 주우와 석후가 진나라로 떠나자 석작은 진공에게 밀사를 보내 주군을 시해한 주우와 석후를 잡아 죽여 대의를 바로잡아달라고 부탁했다. 이에 진나라에서는 그들 두 사람을 잡아 가둔 뒤 위나라에서 파견한 입회관이 지켜보는 가운데 처형했다.

이 이야기를 통해 석작의 대의멸친함을 잘 알 수 있다. 그는 자신의 아들이라고 해도 불의에 가담한 죄를 도저히 용서할 수 없었던 것이다. 자신과 가족의 안위보다도 나라를 먼저 생각하는 진정성을 잘 알 수 있다.

우리 사회에 경종을 울리는 일이 가끔씩 벌어지는 일이 있다. 자기 아들이 위협을 받았다고 해서 사람들을 동원해 그 대상자를 응징한 어느 대기업 회장의 행태가 한때 매스컴을 타며 국민들의 입에 오르내렸다. 또한 자신의 아이가 담임으로부터 불합리한 처우를 받았다고 트집을 잡고는 담임을 구타한 어느 학부모의 행태는 사람들의 눈살을 찌푸리게 했다.

물론 자기 자식은 다 예쁘고 사랑스럽다. 그런데 그렇다고 해서, 해서는 안 될 행위를 한다는 것은 지나치다 못해 못난 사람들이나 하는 어리석은 일과 다름없다. 조국을 위해 대의멸친한 선열들의 숭고한 정신을 마음에 새겨 성숙한 시민으로 거듭남이 마땅하다 하겠다.

큰 뜻을 지키기 위해 가족을 생각지 아니하다. 국가와 사회를 위하는 대의명분 앞에는 사사로운 정을 버려야 함을 뜻한다.

《춘추좌씨전春秋左氏傳》

대의명분

大義名分 CLASSIC

대의명분大義名分이란, 사람이 마땅히 지켜야 할 도리나 본분을 일러 하는 말로, 이를 벗어나는 행위는 그 어떤 이유로도 용납될 수 없다. 그 사람이 어떤 자리에 있든, 얼마나 많이 배웠든, 얼마나 많은 부를 축적했든, 얼마나 인격이 뛰어나든 대의명분에 벗어나면 아무것도 아닌 것이 되고 만다.

어느 날 맹자孟子의 제자인 진대陳代가 스승에게 물었다.

"스승님, 왕도정치의 실현을 꾀하는 그에게 다소 전도에서 벗어나, 절개의 일부를 훼손시키는 한이 있더라도 제후들에게 찾아가 유세를 해야 하는 것이 좋은 일입니까?"

이에 맹자가 말했다.

"비굴한 타협으로 명분을 손상시킬 수 없고, 그런 타협을 통해 얻는 실리實利 역시 본질적 기본이 부실할 수밖에 없는 한계가 있음으로 그것을 따라서는 아니된다."

이 말은 정도를 벗어나는 것은 그것이 어떤 것이라 할지라도 대의명분에 어긋남을 말한다. 맹자의 말에서 보듯 명분을 손상시켜서는 안 된다고 분명히 했던 것이다.

맹자에 의하면 《춘추春秋》라는 사서史書는 공자가 편찬한 것으로써 공자의 역사비판이 잘 나타난다고 말했다. 공자는 오직 객관적인 사실에만 입각하여 기록함으로써 춘추시대 노魯나라 은공隱公 원년(B.C 722년)부터 애공哀公 14년(B.C 481년)에 이르기까지 12대에 걸친, 242년간의 사적史的에 대하여 간결한 사실을 기록하고, 선악을 논하고 대의명분을 밝혀 그것으로써 후세의 존왕尊王의 길을 가르쳐 천하의 질서를 유지하려는 데 도움을 주기 위한 것이라고 전해진다.

이 책이 더 의미가 있는 것은 정사를 기록한다는 신념으로 그 어떤 외압에도 굴하지 않고 편년체의 효시인 《춘추》를 완성했다는 데 있다. 맹자의 말을 통해 인仁과 덕德을 중요시했던 공자의 사상과 철학을 엿볼 수 있는데, 역시 공자다운 어질고 의로운 품격을 잘 알 수 있어 대의명분이 왜 인간의 삶에 필요한 것인지를 공감하게 된다.

그 어떤 것도 대의명분에 벗어난다면 하지 말아야 한다. 그것은 곧 자신을 죽이는 일이다.

행동에 기준이 되는 도리나 명백한 근거. 사람이 마땅히 지켜야 할 도리나 본분을 일러 하는 말이다.
《춘추春秋》

DAY 331 도리성혜 桃李成蹊

중국 한나라 무제 때 전한前漢의 장군 이광李廣은 농서의 사람이다. 그는 어린 시절부터 무예가 뛰어났는데 특히, 활쏘기가 매우 탁월했다. B.C 166년 흉노가 침입해왔을 때 그는 탁월한 무예로 그들을 격퇴했다. 그는 연이어 공을 세움으로써 북쪽 변방에 태수가 되었다.

이광의 탁월한 무예와 용맹스러움을 잘 아는 흉노는 그를 존경하고 두려워하여 감히 침공하지 못했다. 그의 용병술은 쉬워 전투에 적용하기가 수월했으며, 행군 중에 물이 있으면 병사들을 쉬게 하고, 소수의 정찰병을 보내는 등 부하를 사랑했으므로 모두가 그를 존경하고 충성했다.

B.C 121년 이광은 사천 명의 병사를 이끌고 사만의 흉노와 맞섰지만 중과부적으로 포위를 당하고 말았다. 그는 병사들에 명하여 원을 이루게 하고 화살로 공격하게 하고 자신도 활로 공격했다. 화살이 떨어져 가자 병사들은 당황했지만, 그는 침착하게 적의 부장을 쏘아 쓰러뜨렸다. 그러자 적은 두려워서 접근하지 못했다. 그리고 지원군에게 구출되었다.

이광은 선전했으나 많은 병사를 잃어 후侯에 봉해지지 않았다. 그 후 대장군 위청과 곽거병이 종군할 것을 원했으나 무제는 그가 노령이라 허락하지 않았다. 그러나 거듭 간청함으로 이광을 위청의 부장으로 임명했다. 위청은 무제의 명에 따라 그를 우장군으로 삼아 동쪽 길로 가게 하여 막북에서 합류하기로 했다. 하지만 이광은 도중에 길을 잃는 등 악재가 겹쳐 기한 내에 막북에 도착하지 못했다. 흉노에게 어려움을 겪고 있던 위청은 이광을 의심하여 무제에게 그를 벌하라고 상소를 올렸다. 이광은 모든 잘못은 자신에게 있다며 병사들을 위로하고 막사로 돌아왔다. 그리고 그는 이런 말을 남기며 자결했다.

"60이 넘어 심판 받는 치욕은 견딜 수 없구나."

이광의 죽음을 들은 병사들은 물론 그의 덕행을 아는 사람들이나 모르는 사람들도 깊이 애도했다.

인품이 뛰어나고 몸가짐이 바른 사람은 그가 말하지 않아도 깊은 관심으로 존경하고 따르는 법이다. 덕행은 무언의 말인 것이다.

복숭아와 자두는 열매와 꽃이 아름다워 그 아래 저절로 길이 생긴다. 덕이 있는 사람은 가만히 있어도 그 덕을 사모하여 사람들이 모인다.

《사기史記》〈이장군열전李將軍列傳〉

DAY 332 독서삼여

讀書三餘 | CLASSIC

독서삼여讀書三餘라는 말이 있다. 책 읽기 좋은 시간은 겨울철 농한기와 밤, 그리고 비 오는 날이라는 의미이다. 이 말이 생긴 데에는 다음과 같은 이야기가 담겨있다.

후한 말의 학자이자 《노자와 춘추좌씨전老子春秋左氏傳》의 주석서를 쓴 동우董遇는 독서를 매우 즐겨 한 것으로 유명하다. 그는 어려서부터 책 읽는 것을 좋아했다. 때와 장소를 불문하고 그의 손에는 언제나 책이 들려져 있었다. 한시도 그는 손에서 책을 놓지 않았다. 그에게 책은 가난을 견디는 희망이었고, 친구이며, 스승이며, 연인이며, 인생의 목적이며, 즐거움이며, 삶의 보람이며, 보석과도 같은 것이었다.

책을 통해 그의 지식은 나날이 깊어졌고 각지에서 명성이 자자했다. 그럼에도 그는 자신의 학문을 자랑하지 않았고 군자의 자세를 잃지 않았다. 동우를 둘러싼 자자한 명성이 헌제의 귀에까지 들어갔다. 헌제는 그를 궁으로 불러들였다. 헌제는 동우를 자신의 글 선생으로 삼으며 황문시랑이라는 벼슬을 내렸다. 벼슬을 할 때도 그의 생활은 별로 달라지지 않았다. 궁궐에서도 그의 손에는 언제나 책이 들려져 있었다.

그러던 어느 날 벼슬에서 물러나 있던 동우에게 한 젊은이가 찾아왔다. 그는 자신을 제자로 삼아달라고 간청했다. 그러자 동우는 담담한 표정으로 말했다.

"몇 번이고 책을 읽다 보면 스스로 뜻을 알게 되는 법이오."

"선생님, 저는 농사일로 바빠 책 읽을 시간조차 없습니다."

젊은이의 말을 듣고 동우가 말했다.

"그것은 핑계에 불과하오. 책 읽을 시간은 얼마든지 있소. 첫째는 농사철이 끝나 일이 없는 겨울이며, 둘째는 밤, 셋째는 비 오는 날이오. 이때를 잘만 활용하면 얼마든지 책을 읽을 수 있소."

결국 젊은이는 간청을 거두고 물러났다.

동우는 거창하게 뜻만 품고 시작하지 않는 것은 진정한 공부가 아니라고 생각했다. 공부나 독서는 혼자서도 얼마든지 할 수 있다. 문제는 마음이다. 독서는 그 자체로 공부이며 좋은 스승과의 만남이다. 동우가 당대 최고의 지식인이 된 것 역시 독서 덕분이었다.

독서하기 좋은 세 가지 여가. 책 읽기 좋은 시간은 겨울철 농한기와 밤, 그리고 비 오는 날이다.
《삼국지三國志》〈위지魏志〉

DAY
333

등고자비

登高自卑

등고자비登高自卑라는 말이 있다. 높은 곳에 오르기 위해서는 낮은 곳에서부터 올라가야 한다는 말로 모든 것에는 순서가 있음을 의미한다.
《중용中庸》15장에 다음과 같은 말이 있다.

군자의 도는 비유하건대 먼 곳을 감에는 반드시 가까운 곳에서 출발하고, 높은 곳에 오름에는 반드시 낮은 곳으로부터 출발함과 같다.

군자는 절대로 순리를 거스르지 않는다는 말이다. 순리를 거스르는 것은 곧 삶을 그르친다는 것을 잘 알기 때문이다. 역으로 말해 순리를 거스르고 질서를 무너뜨리는 행위는 소인배들이나 하는 짓거리에 불과하다.

《시경詩經》에는 다음과 같은 말이 나온다.

처자의 어울림이 거문고를 타듯 하고, 형제는 뜻이 맞아 화합하니 즐겁도다. 이로써 너의 집안이 화목해하며, 너의 처자가 즐거워하리라.

공자孔子는 이 시를 읽고 "부모는 참 편안하시겠다"고 말했다. 이는 무엇을 의미하는가. 부모가 편안하고 집안이 편안하다는 것은 곧 식구들의 뜻이 잘 맞아 화합을 잘 함으로써 서로에게 의지가 되고, 사랑이 되고, 우애가 됨을 말한다. 이 또한 순리를 따르는 일이다. 이렇듯 순리를 따르는 것은 모두를 평탄케 하는 일이다.
등고자비와 비슷한 말로는 '행원자이行遠自邇'가 있다.

높은 곳에 오르기 위해서는 낮은 곳에서부터 올라가야 한다. 모든 것에는 순서가 있음을 의미하는 말이다.
《중용中庸》

DAY 334 마부작침 磨斧作針 CLASSIC

중국 당唐나라 때 시인으로 두보杜甫와 함께 중국 역사상 최고의 시인으로 추앙받는 이백李白. 이백이 집을 떠나 상의象宜산에 들어가 글공부에 전념하던 시절이었다. 문재에 뛰어난 그도 매일 똑같은 일을 반복하는 것이 때로는 지겹고 고리타분했다. 참다못한 그는 집에 돌아가기 위해 산을 내려가기로 결심했다. 집에 간다는 생각에 그의 마음은 들떠 있었다. 그가 시냇가에 이르렀을 때였다. 그는 바위에 도끼를 갈고 있는 한 노파와 만났다. 그 모습이 하도 이상하여 이백은 가던 길을 멈추고 무슨 일로 도끼를 바위에 가느냐고 물었다.

"할머니, 무엇을 하시기에 도끼를 바위에 가시는 겁니까?"

"바늘을 만들려고 한다."

노파는 바늘을 만들기 위해서라고 말했다. 의아한 생각에 어떻게 도끼가 바늘이 될 수 있느냐고 재차 물었다.

"바늘을요? 그렇게 해서 언제 바늘을 만들 수 있어요?"

노파는 빙그레 웃으며 말했다.

"그 이유는 간단하단다. 도끼를 갈 때 힘들다고 중간에 포기하지 않으면 되지."

중간에 포기만 하지 않으면 만들 수 있다는 노파의 말에 이백의 가슴은 뜨끔거렸다. 꼭 자신을 두고 하는 말 같았기 때문이다. 순간 열심히 공부를 해야겠다고 생각을 굳힌 이백은 자신에게 깨달음을 준 노파에게 절을 올리고 산으로 되돌아갔다. 이후 그는 이전과는 다른 자세로 학문에 정진한 끝에 최고의 시인이 되었다. 이백이 자신의 뜻을 이룰 수 있었던 것은 자신을 이겨냈기 때문이다.

극기克己라는 말이 있다. 자신을 이겨낸다는 말이다. 자신을 이겨낸다는 것은 매우 어려운 일이다. 왜 그럴까. 어떤 일을 하다 힘들면 중도에서 그만두는 일이 많기 때문이다. 이럴 때 자신을 이기는 힘이 필요하다. 그것은 끝까지 해내야겠다는 강력한 의지이다. 강력한 의지만 있다면 아무리 어렵고 불가능한 일도 능히 해낼 수 있다.

마부작침과 같은 뜻의 고사성어로는 '마부위침磨斧爲針'이 있다.

도끼를 갈아 바늘을 만들다. 불가능해 보이는 것도 포기하지 않고 끝까지 하면 해낼 수 있음을 의미한다.
《신당서新唐書》〈문예전文藝傳〉,《방여승람方輿勝覽》

막역지우

莫逆之友

《장자莊子》〈내편대종사內篇大宗師〉에 나오는 우화이다.

어느 날 자사子祀, 자여子輿, 자려子犁, 자래子來 네 사람이 모여 이야기를 나누었다.

"누가 없는 것으로써 머리를 삼고, 삶을 등으로 삼으며, 죽음을 엉덩이로 삼을 수 있을까. 누가 삶과 죽음, 있음과 없음의 일체를 알겠는가. 내 이런 사람과 벗이 될 것이다."

네 사람이 서로 보며 웃고 마음에 거슬리는 게 없어서 마침내 벗이 되었다. 그리고 이들의 우정은 늙고 병들어 죽는 순간까지도 이어졌다.

다음은 이에 대한 또 다른 이야기이다.

어느 날 자상호子桑戶, 맹자반孟子反, 자금장子琴張 세 사람이 함께 어울리며 말했다.

"누가 서로 사귀는 게 아니면서도 서로 사귀고, 서로 위하지 아니면서도 서로 위할 것인가. 누가 능히 하늘에 올라 안개 속에서 노닐고, 끝이 없는 곳에서 자유롭게 다니며, 삶을 잊고 끝이 없는 경지에 들어갈 수 있을까?"

세 사람이 서로 보며 웃고 마음에 거슬리는 데가 없어 비로소 서로 벗이 되었다.

앞의 두 이야기에서처럼 좋은 친구란 생사고락을 함께할 수 있는 친구, 서로에게 거슬림이 없는 친구, 서로에게 막힘이 없는 친구, 더불어 함께함으로써 서로에게 득이 되고 의미가 되고 꿈이 되어 줄 수 있는 친구야말로 진실한 친구라 할 수 있다.

세계사적으로 볼 때 이런 친구는 영국 수상을 두 번이나 지낸 윈스턴 처칠과 페니실린을 발명한 알렉산더 플레밍을 들 수 있다. 그리고 우리나라에서는 조선의 백사 이항복과 한음 이덕형을 들 수 있다.

이들의 공통점은 앞에서 말했듯이 함께함으로써 서로에게 의미가 되고, 삶이 되고, 기쁨이 되고, 생사고락을 함께할 수 있는 친구라는 것이다. 그랬기에 이들은 지금도 인구에 회자됨은 물론 바람직한 친구의 정형으로 교훈을 주고 있다.

친구에 관한 고사성어로는 관포지교管鮑之交, 죽마고우竹馬故友, 간담상조肝膽相照 등이 있다.

서로를 거스르지 않는 친구. 아무런 허물없이 친한 친구를 의미하는 말이다.
《장자莊子》〈내편대종사內篇大宗師〉

DAY 336 맹모단기

孟母斷機   CLASSIC

맹모단기孟母斷機라는 말이 있다. 맹자의 어머니가 베틀의 날실을 끊음을 말함인데, 학문을 중도에서 그만두는 것은 짜던 베의 날실을 끊어버리는 것과 같다는 의미이다. 이 말에는 다음과 같은 이야기가 담겨 있다.

중국의 고대 철학자로 추나라 사람인 맹자는 사람은 누구나 태어날 때부터 착하다는 '성선설'을 주장한 것으로 유명하다. 그의 주요 저서로는 어록《맹자孟子》가 있다. 공자에 버금가는 맹자가 그렇게 될 수 있는 데에는 그의 어머니의 헌신적인 뒷받침이 있었다.

맹자의 어머니 장仉 씨는 남편이 일찍 죽은 후 홀로 맹자를 키웠다. 그녀는 자식을 잘 기르겠다는 일념으로 세 번이나 이사를 한 것으로 유명하다. 이른바 맹모삼천지교孟母三遷之教라는 유명한 고사성어를 탄생시킨 주체이기도 하다. 맹자의 어머니는 맹자가 자라자 집을 떠나게 하여 학문 탐구에 힘쓰게 했다.

집을 떠나 학문 탐구에 몰두하던 맹자는 시간이 흐를수록 어머니와 집이 그리웠다. 책을 펼쳐 들고 있어도 그의 머릿속에는 어머니에 대한 생각으로 가득찼다. 그는 학문을 멈추고 자신을 반겨줄 어머니를 생각하며 집으로 돌아왔다. 자식을 보고 싶은 마음이야 어머니인들 오죽할까마는 맹자의 어머니는 아들을 반기기는커녕 베를 짜다 베틀에 앉은 채 말했다.

"그래, 공부는 어느 정도나 익혔느냐?"

"많이 나아진 게 없습니다."

이에 맹자의 어머니는 화를 내며 칼로 베틀의 실을 끊어버리면서 말했다.

"공부를 중도에서 그만두는 것은 베틀의 실을 끊어버리는 것과 같다."

반겨줄 줄 알았던 어머니의 냉혹함에 맹자는 아무런 말도 할 수 없었다. 그는 그 길로 다시 집을 떠났다. 그러고는 학문 탐구에 집중함으로써 자기만의 사상과 철학을 길러 공자에 버금가는 학자가 되었던 것이다.

맹모단기와 동의어로는 '학업을 중도에서 멈춤은 베의 날실을 끊는 것과 같이 아무 소용이 없다'는 '단기지교斷機之教'와 '학문을 하다가 중도에서 그만두면 아무 쓸모가 없다'는 '단기지계斷機之戒'가 있다.

맹자의 어머니가 베틀의 날실을 끊다. 학문을 중도에서 그만두는 것은 짜던 베의 날실을 끊어버리는 것과 같다는 의미이다.
유향劉向의《열녀전烈女傳》

명목장담

明目張膽

　중국 송나라 때 유안세라는 이가 있었다. 장부라면 누구나 바라는 것이 출사를 하는 것으로 그 역시 뜻한 바가 있어 노력 끝에 진사進士에 합격했다. 학문이 뛰어난 그를 송나라 황제 철종은 매우 총애하여, 황제를 보필하는 중요 직책인 간의대부에 임명했다.

　유안세는 성품이 강직하고 신의가 강해 일의 옳고 그름을 명확하게 판단하는 능력도 탁월했다. 간의대부로 임명된 지 얼마 지나지 않았을 때, 그의 어머니는 그의 직책이 그에게 이롭지 못해 혹시 나쁜 일이라도 겪을까 봐 노심초사했다. 그런 어머니를 보고 유안세가 말했다.

　"황제께서는 제가 무능하다고 버리시지 않으시고, 간의대부에 임명해주셨습니다. 제가 특별한 능력이 없다는 것을 스스로 잘 알고 있습니다. 하지만 황제의 명을 따르지 않을 수 없습니다. 이제 이처럼 관직을 맡게 되었으니, 눈을 밝게 하고 담(쓸개)을 크게 함으로써, 신하로서의 책임을 다하고자 합니다. 혹시라도 소자가 어머니를 모시는 데 소홀함이 있을지라도 저를 용서해주세요."

　유안세는 걱정하는 어머니에게 이렇게 말한 후 자신의 본분에 대해 최선을 다할 것을 굳게 했다. 그는 자신의 말대로 직무를 수행함에 있어 강직하게 처신했으며, 자신의 이득을 취하기 위해 그 어떤 것도 하지 않았다. 옳지 않다고 여기는 일엔 주저하지 않고 간언을 했으며, 그릇된 생각과 행동으로 일관하는 대신들을 탄핵함으로써 조정의 대신들은 그를 두려워한 나머지 어전의 호랑이라는 별칭으로 그를 대했다고 한다.

　예로부터 마음이 바른 사람은 '정도正道'에서 벗어난 길을 가지 않았다. 아무리 그길이 비단으로 깔려있고, 금은보화가 넘치고, 권세가 드높다 하더라도 절대 가지 않았다. 그와는 반대로 그 길을 가면 자신에게 불리한 일이 생기고, 어려움이 따르는 것이 눈에 보여도 그 길을 걸어갔다. 그 길은 정도를 지키는 길이며 자신을 바르게 하는 길이기 때문이었다.

　옳은 일은 두려움 없이 하되 옳지 않은 일엔 눈길도 두지 말아야 할 것이다.

눈을 밝게 하고 담을 크게 펴다. 두려워하지 않고 담대하게 일을 해 나감을 의미한다.
《송사宋史》〈유안세전劉安世傳〉

DAY 338 명약관화

明若觀火　CLASSIC

명약관화明若觀火라는 말이 있다. 어떤 일에 있어 불을 보듯이 매우 명백함을 의미하는 말로 어떤 경우에도 사실을 벗어나서는 안 된다는 것을 뜻한다.

기원전 14세기경 중국 상商나라는 열아홉 번째 임금인 반경盤庚이 통치를 하고 있었다. 그런데 분쟁이 일어나고 정치는 부패하여 매우 혼란스러웠다. 거기에다 자연재해까지 발생하여 동요와 불안이 가중되었다. 이에 반경은 혼란스러운 상황에서 벗어나 통치기반을 공고히 하기 위해 도읍을 종엄에서 은殷지방으로 옮기려고 했다. 그러나 이 계획은 많은 대신들의 반대에 놓이게 되었다. 뿐만 아니라 백성들이 원하지 않았다. 반경은 근심하는 백성들에게 호소하며 맹세했다.

"임금인 내가 와서 이미 이곳에 정착하고 있는데, 이는 우리 백성들을 중히 여기어 모두 죽게 되지 않게 하기 위한 것이었소. 그런데 서로 바로 잡아주며 살 수 없게 되었소. 이에 과인은 점을 쳐 이르기를 '이 일을 어찌하면 좋겠소' 하고 물었던 것이요. 먼저 임금께서는 일이 있으시면 하늘의 뜻을 받들어 삼가셨으나 그래도 언제나 편안치 못하여 일정한 도읍을 갖지 못했으니 지금껏 다섯 번 도읍을 옮겼소. 지금 옛일을 따르지 아니하면 하늘이 명을 끊을지도 모르겠소. 나는 그대들이 반대하는 이유를 잘 모르겠소. 내가 스스로 덕을 버린 것이 아니라 그대들이 덕을 버리어 나 한 사람을 두려워하지 않고 있소. 나는 불을 보는 것처럼 잘 알고 있으나, 나도 성급히 일을 계획하여 그대들에게 허물이 되었소. 그물에 줄이 있어야 조리가 있어 문란해지지 않는 것과 같으며 농사꾼이 밭에서 일하고 힘들게 농사를 지어야 또한 풍성한 가을이 있는 것과 같은 것이요."

반경은 대신들과 백성을 설득함으로써 도읍을 은으로 옮기고 이와 더불어 상商이라는 국명을 은慇으로 바꾸었다.

반경은 자신의 심정을 거짓 없이 분명히 함으로써 대신들과 백성들에게 신뢰를 심어주었기에 자신의 계획을 성사시켰던 것이다.

불을 보는 것처럼 분명하다. 어떤 일에 있어 불을 보듯이 매우 명백함을 비유하는 말이다.
《서경書經》〈제3편 상서 9장 반경상第三篇 商書 九章 盤庚上〉

DAY
339

목불식정

目不識丁

　목불식정目不識丁이란 말이 있다. 우리 속담에도 있듯 낫 놓고 기역자도 모르는 일자무식장이를 가리키는 말이다. 낫 놓고 기역자도 모른다는 것은 무식의 극치를 보여주는 것이라고 할 수 있다.

　당나라 헌종 때 장홍정長弘靖은 부유한 집에서 자라 버릇이 없고 성품이 오만불손할 뿐만 아니라 방자하기가 그지없었다. 하지만 그의 부친인 장연상長延賞이 나라에 끼친 공적으로 인하여 벼슬길에 나가게 되었다. 중서랑이란 벼슬을 지내다 이부상서, 검교우복사, 선무군 절도사를 지내는 등 그야말로 탄탄대로였다.

　그러던 장홍정은 노룡의 절도사로 부임했는데 제 버릇 개 못 준다는 말이 있듯, 방자하게 굴며 부하들을 괴롭혔다. 그를 따라온 막료들도 군사들을 함부로 대하고 백성들을 능욕했다. 전임 절도사는 검소함은 물론 부하와 백성들을 함부로 여기지 않았다. 그러다 보니 여기저기서 불만이 터져 나왔다.

　이를 알게 된 장홍정은 오히려 "지금 천하가 태평한데 너희들이 포와 활을 당기는 것보다 고무래 정丁자 하나라도 아는 것이 더 낫다"고 말하며 억압했다. 이에 참다못한 군사들이 반란을 일으켜 중앙에서 파견된 막료들을 죽이고 장홍정을 잡아 가두었다. 이 소식을 들은 황제는 노하여 "그놈이야말로 목불식정이로구나"라고 말하며 직책을 박탈했다.

　이 이야기에서 보듯 제대로 배우지 못한 장홍정은 무식함으로 인해 함부로 부하들을 대하고 백성들을 능욕함으로써 삭탈관직 됨은 물론 만천하에 조롱거리가 되었다. 배우지 못했으면 성품이라도 좋으면 되는데 성품마저 오만방자하니 그 꼴을 지켜본다는 것은 여간 곤혹스러운 일이 아님은 명약관화하다.

　안다는 것과 무식하다는 것은 하늘과 땅 차이만큼 크다. 안다는 것은 자신을 명예롭게 하지만 무식하다는 것은 자신을 수치스럽게 만드는 최악의 병폐라고 할 수 있다.

　목불식정과 비슷한 말로 '일자무식一字無識'과 '불학무식不學無識'이 있다.

쉬운 글자인 정丁 자도 알아보지 못하다. 낫 놓고 기역자도 모르는 일자무식장이를 가리키는 말이다.
《당서唐書》〈장홍정전張弘靖傳〉

DAY
340 | **미생지신** 尾生之信 CLASSIC

《장자莊子》의 〈도척편盜跖篇〉에 보면 다음과 같은 이야기가 나온다.

춘추전국시대에 노魯나라에 미생尾生이라는 사람이 있었다. 그는 평범한 시골 젊은 이로 학식이 많지는 않았다. 하지만 그는 신의와 의리, 약속을 소중히 여겼다.

그러던 어느 날 미생에게 자신의 목숨보다 사랑하는 여인이 생겼다. 미생은 여인만 생각하면 일을 하다가도 밥을 먹다가도 자리에 누워서도 저절로 미소가 지어졌다. 그만큼 여인은 그에겐 전부였다. 미생은 어떻게 하면 사랑하는 여인을 행복하게 해 줄까, 늘 생각하며 즐거운 상상에 빠지곤 했다. 그는 여인과 행복하게 살 것을 꿈꾸며 열심히 일한 끝에 비록 멋지거나 크지는 않지만 집도 한 채 장만했다. 낮에는 열심히 일하며 밤에는 먼 길을 걸어가 여인을 만나 행복한 시간을 보냈다. 사랑하는 여인과의 만남은 낮에는 열심히 일하고 밤에는 연정을 꽃 피우는 그야말로 주경야애晝耕夜愛라 그 사랑의 감정은 점점 더 깊어져만 갔다.

그러던 어느 날 미생은 여인의 동네에 있는 다리 밑에서 여인을 만나기로 약속하고 헤어졌다. 미생은 여인과의 만날 날을 그리며 열심히 일했다. 하루라도 안 보면 입에 가시가 돋을 것처럼 여인이 보고 싶었다.

드디어 약속한 날이 되었다. 그런데 야속하게도 천둥 번개가 치며 장대와 같은 비가 내렸다. 하지만 미생은 장대비에도 아랑곳하지 않고 여인을 만나러 길을 떠났다. 여인과 만나기로 한 다리 밑에서 여인이 오기를 기다렸지만 여인은 만날 시간이 지났는데도 오지 않았다. 그러나 미생은 여인을 기다리며 그 자리에서 꼼짝도 안 했다. 비는 점점 더 거세게 퍼부었다. 굵어진 빗줄기는 거센 물줄기로 변해 그가 있는 다리로 흘러내렸다. 물은 점점 더 다리까지 찼지만 그는 눈 하나 깜짝 하지 않았다. 그는 생명의 위협을 느꼈지만 여인과의 약속을 지키기 위해 그 자리를 지켰다. 그러나 안타깝게도 불어난 물에 휩쓸려 그는 죽고 말았다. 여인은 폭우가 내리자 미생이 나오지 않을 것으로 여기고 약속장소에 나가지 않았던 것이다.

어지러운 세상에는 미생과 같은 사람이 필요하다. 어쨌든 미생지신이라는 말은 부정적인 뜻으로 쓰이는 말이지만 신의와 우직은 반드시 필요한 마인드라고 할 수 있다.

미생의 신의. 신의가 두텁고 우직하여 융통성이 없음을 뜻하는 말이다.
《장자莊子》〈도척편盜跖篇〉《사기史記》〈소진열전蘇秦列傳〉

박이부정

博而不精

동한東漢 때 경학가로 이름난 정중이란 이가 있었다. 그는 《주역周易》,《모시毛詩》,《주례周禮》 등의 경전에 대해 깊이 연구했으며, 학문이 뛰어나 사대부 사이에서는 명성이 자자했다. 광무제 건무建武년 황태자 유강과 산양왕 유형은 정중의 재능을 존경했기에 광무제의 사위인 호분중랑장 양송에게 많은 재물을 갖고 가게 해서 정중의 마음을 사게 했다. 그러나 정중은 양송이 찾아온 뜻을 알고는 거절하며 말했다.

"황태자께서는 제위를 계승할 분이고, 산양왕께서는 제후이시니 규정에 따라 사사롭게 빈객賓客과 내왕할 수 없습니다. 명에 따를 수 없음을 용서바랍니다."

양송은 정중의 태도에 화를 내며 협박했지만, 그는 굴복하지 않고 강하게 거절했다. 양송은 돌아와서 태자와 산양왕에게 사실대로 말했다. 태자와 산양왕은 정중이 이처럼 단호하게 거절할 줄을 몰랐기에 단념할 수밖에 없었다. 그 후 양송은 범죄를 저질러 관직을 박탈당하고 감옥에서 죽었다. 이에 따라 많은 사람이 양송과 연루되어 처벌을 받았다. 그러나 정중은 양송의 청을 단호하게 거절했기 때문에 그와 연루되지 않았다.

몇 년이 지나 정중은 벼슬길에 나섰다. 그는 월기사마越騎司馬를 지내면서, 흉노에 사신으로 간 적이 있으며 후에는 무위武威로 승진하여 많은 공적을 쌓았다. 정종은 관직생활 틈틈이 경서연구에 몰두했으며,《춘추좌씨전春秋左氏傳》에 주석을 달았다. 이 책은 나오자마자 널리 전해졌다. 그러자 가규라는 학자도 자신이 주석을 가한 책을 완성했다.

당시 유명한 경학자 마융馬融은 그의 명성이 정중이나 가규보다도 훨씬 높았다. 그는 일찍이 《주역》,《상서》,《시경》,《논어》,《노자》 등에 주석을 달았으며,《춘추좌씨전》을 연구하여 주석본을 준비했다. 그러나 그는 정중과 가규의 저작을 읽은 후 이렇게 평가했다.

"가규의 주석은 정밀하나 넓지 못하고, 정중의 주석은 넓으나 정밀하지 못하다. 두 종류의 주석본을 합친다면 정밀하고 넓게 될 것이다. 내가 다시 무슨 주석을 달겠는가."

다방면에서 알되 대충 안다면 별 도움이 되지 않는다. 살아가는 데 있어 적어도 도움이 되려면 폭넓게 알되 깊이 아는 것이 무엇보다 중요하다.

다방면에 널리 알지만 정통하지는 못하다. 널리 알지만 깊이 얕고 세밀하지 못함을 의미한다.
《후한서後漢書》 90권 〈열전列傳〉 〈마융전馬融傳〉

DAY 342

반식재상

伴食宰相

CLASSIC

당나라 6대 황제인 현종玄宗을 보좌하며 당대 최고의 전성기인 '개원의 치'를 연 요숭姚崇이란 유능한 재상이 있었다. 개원 2년이던 713년, 현종이 망국의 뿌리인 사치를 몰아내기 위해 문무백관의 호사스러운 비단 관복을 정전 앞에 쌓아놓고 불사른 일을 비롯해, 조세와 부역을 감하여 백성들의 부담을 줄이고, 형벌제도를 바로 잡음으로써 억울한 죄인들이 없이 함은 물론, 농병農兵제도를 모병募兵제도로 고친 것도 모두 요숭의 진언에 따른 혁신적인 개혁이다.

요숭은 백성들의 안녕이 곧 나라를 안정시키고 발전시키는 지름길이라고 굳게 믿어 원칙으로 삼고 이를 지키기 위해 힘썼다. 특히, 정무재결에 있어서 신속 적확함에는 그 어느 재상도 요숭을 따르지 못했다. 당시 황문감黃門監(환관의 감독부서의 수장)인 노회신도 예외는 아니었다.

노회신은 청렴결백하고 근면한 사람이었으나, 휴가 중인 요숭의 직무를 10여 일간 대행할 때 요숭처럼 신속하게 해결하지 못함으로 해서 정무에 큰 지장을 초래했다. 이때 자신의 능력이 요숭에 미치지 못함을 알게 되었다.

현종은 양귀비와의 일로 나라를 망친 황제로 널리 알려졌지만, 즉위 초에는 현인을 등용하고 문예를 장려하는 등 '개원의 치'라 불리며 전성기를 이루었는데 재상 요숭의 공이 절대적이었다. 그런데 요숭이 병으로 정사를 돌보지 못하자 노회신이 국정을 살피게 되었는데, 능력의 부족으로 중요한 국사를 결정지을 때마다 요숭을 찾아가 상의하여 처리했다. 이에 사람들은 노회신을 일러 말하기를 '자리만 차지하는 무능한 재상'이라고 혹평했다.

능력이 없으면서 능력 있는 사람에게 빌붙어 자리를 보존하는 것은 남들에게 부끄러울 뿐만 아니라 스스로에게도 치명적인 수치가 아닐 수 없다. 밥값을 제대로 하기 위해서는 그에 맞는 능력을 갖춰야 한다. 그러기 위해서는 절치부심 노력해서 능력을 끌어올려야 한다. 능력이 없으면서 밥을 축낸다는 것은 비생산적이고 무가치한 일임을 알아야 할 것이다.

반식재상과 같은 뜻으로 '반식대신伴食大臣'이 있다.

유능한 재상의 곁에 붙어 자릴 보전하는 무능한 재상. 자리만 차지하고 있는 무능한 대신을 비꼬아 하는 말이다.
《구당서舊唐書》〈노회신전盧懷愼傳〉

DAY 343 발본색원 拔本塞源

발본색원拔本塞源이라는 말이 있는데, 이는 폐단의 근원이 되는 요인을 아주 없애 버리는 것을 일러 하는 말이다. 이 말이 전해지는 데에는 다음과 같은 이야기가 담겨있다.

주周나라와 진晉나라가 작은 땅을 사이에 두고 서로 차지하려고 다투었다. 그러던 중 진나라 왕이 군대를 보내 주나라를 공격했다. 이에 주나라 경왕景王이 진나라에 사신을 보내 다음과 같이 말했다.

"나에게 백부가 계신 것은 마치 옷에 갓이 있는 것과 같다. 나무와 물에 근원이 있어야 하듯 백성들에게 지혜로운 임금이 있어야 한다. 만일에 백부께서 갓을 찢어버리고 뿌리를 뽑고 근원을 막으며 오로지 지혜로움을 버린다면 비록 오랑캐들이라도 나라는 사람을 어찌 볼 것인가."

경왕의 말에서 보듯 '뿌리를 뽑고 근원을 막으며'라는 말은 아예 문제가 되는 근원의 싹을 잘라 없애버림을 의미하는 것으로 발본색원을 뜻한다.

이에 대한 또 다른 이야기이다. 명나라의 왕양명王陽明은 그의 저서《전습록傳習錄》에서 발본색원에 대해 말했다.

"발본색원론이 천하에 밝혀지지 않는다면 세상에 성인聖人을 흉내 내는 무리들이 갈수록 늘어나고, 세상이 점점 어지러워져 사람들이 금수나 오랑캐 같이 되어 성인의 학문을 이루려 하지 않을 것이다."

왕양명은 자신의 주장에 대해 이렇게 말하며 전형적인 이상 사회는 고대국가인 요堯, 순舜, 우禹나라를 예로 들었다.

인류의 모든 재앙이나 잘못된 일은 반드시 그 근원의 문제가 야기되어서다. 이처럼 불미스러운 일로 인해 어려움에 직면하지 않으려면 그것이 개인적인 일이든, 직장의 일이든, 정부나 정치적인 것이든 그 무엇이든 사전에 뿌리 뽑아야 뒤탈이 없는 법이다.

근본을 뽑아내고 근원을 막아버리다. 폐단의 근원이 되는 요인을 아주 없애버리는 것을 일러 하는 말이다.
《춘추좌씨전春秋左氏傳》〈소공구년조昭公九年條〉

발산개세

拔山蓋世　　CLASSIC

　진시황제가 중국 최초로 통일을 이루지만 그 기간이 고작 13년밖에 안 된다. 그가 죽자 진나라는 곳곳에서 군웅들이 활개를 치며 패왕을 꿈꾸며 다시 혼돈 속에 빠져들었다. 진승과 오광을 비롯한 군웅들이 활개를 치며 들고 일어났지만 최후까지 남은 사람은 한나라의 유방劉邦과 초나라의 항우項羽이다. 이들의 싸움은 늘 그랬듯이 항우가 우세함 속에 있었고, 유방은 늘 쫓기는 입장이었다. 하지만 항우는 기상과 기백이 뛰어난 반면 포용력이 부족하고 난폭했다. 그러나 유방은 여러 면에서 항우에게 뒤처졌으나 참모들의 말을 귀담아들을 줄 아는 포용력이 뛰어났다. 유방에게는 지략의 귀재 장량과 뛰어난 장수 한신과 장량 못잖은 지략을 지닌 소하가 있었다.

　이들은 오랜 싸움 끝에 마지막 싸움터인 해하에서 맞붙었다. 장량의 전략에 따라 한신이 이끄는 병력이 마침내 항우가 이끄는 병력을 완전히 포위했다. 사면초가로 진퇴양난에 빠진 항우는 자신의 운명이 다했다는 것을 직감하고는 비록 한밤중이었지만 장수들과 마지막 만찬을 열었다. 술을 몇 잔 마시고 난 항우는 비분강개의 마음을 시로 읊었다.

　힘은 산을 뽑을 만하고 기운은 세상을 덮을 만한데
　때가 불리하니 추마저 가지 않는구나
　추마저 가지 않으니 난들 어찌 하겠는가
　우미인아, 우미인아, 너를 어찌하면 좋단 말이냐

　이 시를 듣고 항우의 애첩 우미인虞美人은 자신의 심정을 담아 화답하는 시를 남기고는 그 자리에서 자결을 했다. 그토록 사랑하는 우미인을 먼저 보낸 항우는 자신 또한 오강에 몸을 던져 자결하고 말았다.

　발산개세拔山蓋世는 항우의 시 〈해하가垓下歌〉의 역발산개세力拔山蓋世에서 온 말이다. 힘과 무예로는 항우를 따를 장수가 없을 만큼 그는 기상과 기백이 출중했다. 하지만 그 반면에 어질지 못하고 덕이 부족했다.

　결국 덕과 힘과의 싸움은 덕의 승리로 끝이 났다.

힘은 산을 뽑고 기상은 세상을 덮을 만하다. 아주 뛰어난 기상과 기백을 일러 하는 말이다.
《사기史記》

DAY
345 | 백절불요 | 百折不撓

후한後漢시대에 교현橋玄은 청렴하고 강직했으며, 언제나 옳지 않은 일과 맞서 싸웠다. 젊은 시절 현에서 근무할 땐 외척 양기의 비호를 받던 진왕陳王의 상국相國 양창의 죄를 적발한 적이 있다. 또 한양漢陽태수로 있을 때 상규 현령 황보정이 횡령죄를 범하자 즉각 사형에 처했다. 교현은 영제靈帝 때 성서령이 되었는데, 이때 태중대부 개승蓋升이 황제와 가깝다는 것을 믿고 백성을 착취했다. 이에 교현이 개승을 옥에 가두고 뇌물로 받은 재산을 몰수하라고 황제에게 소를 올렸으나 황제가 듣지 않고 개승을 시중으로 임명했다. 황제에게 실망한 교현은 병을 핑계로 사직했다. 그 후 영제가 태위라는 벼슬을 내렸으나 끝내 받아들이지 않았다.

하루는 아들이 혼자 밖에 놀러 나갔다가 강도 세 명에게 납치를 당했다. 양구라는 장수가 즉시 군사들을 이끌고 구출하러 갔지만, 교현의 아들이 다칠까 봐 더 이상 어찌지 못하고 있었다. 교현은 아들을 살리려면 돈을 내놓으라는 강도의 말에 응하지 않고, 출동한 관병들에게 "어서 잡지 않고 뭣들 하느냐! 강도가 날뛰는데 내가 어찌 자식의 목숨이 아까워 도적을 따르겠느냐!"며 호령했다. 강도는 잡혔으나 안타깝게도 아들은 죽고 말았다.

그 후 교현은 조조曹操를 만난 적이 있었는데 그때 조조에게 "지금 세상이 어지러워지고 있는데 백성을 살릴 사람은 그대 조조입니다" 하고 말했다. 조조는 자기를 알아보는 교현에 감격하여, 교현이 죽자 후하게 제사를 지냈다고 전한다.

같은 시대 채옹이 교현을 위하여 지은 비문 〈태위교공비太尉橋公碑〉에 '유백절불요有百折不撓, 임대절이불가탈지풍臨大節而不可奪之風', 즉 '백 번 꺾일지언정 휘어지지 않는다'라는 뜻으로 그 어떤 어려움과 시련에도 굽히지 않는 불굴의 정신을 말하는데, 이 말에서 딴 것이 백절불요百折不撓이다.

강직하고 의지가 강한 사람은 그 어떤 일에도 흔들리지 않는다. 백 번 꺾일지언정 휘어지지 않는 강한 의지와 근성은 그 어떤 불의에도 굴하지 않고 자신의 소신대로 밀고 나간다. 그리고 마침내 자신이 원하는 것을 이루고 만다.

백절불요와 비슷한 말로는 '백절불굴百折不屈', '불요불굴不撓不屈'이 있다.

백 번 꺾일지언정 휘어지지 않는다. 그 어떤 어려움과 시련에도 굽히지 않는 불굴의 정신을 의미하는 말이다.
《후한서後漢書》〈교현전橋玄傳〉

DAY
346

백아절현

伯牙絶絃

백아절현伯牙絶絃이란 말이 있는데, 자기를 알아주는 참다운 벗을 잃은 슬픔을 비유하여 이르는 말이다. 이 말이 생긴 유래이다.

춘추전국시대 진晉나라에서 벼슬을 지낸 유백아兪伯牙는 거문고를 잘 연주했다. 그의 친구 종자기鍾子期는 백아의 연주를 듣는 것을 무척이나 좋아했다. 친구가 거문고 뜯는 소리를 들으면 세상 부러울 것이 없었다. 백아가 높은 산을 오르는 듯 기품 있게 연주를 할 때면 종자기가 가만히 듣고 있다 이렇게 말했다.

"하늘 높이 우뚝 솟는 느낌은 마치 태산처럼 웅장하구나."

또한 고요하게 흐르는 물을 생각하며 연주를 하면 이렇게 말했다.

"아주 훌륭해! 물결이 출렁이는 것이 마치 황하와 같구나."

종자기는 백아의 연주를 높이 평가하며 그의 마음을 정확히 읽었다.

백아와 종자기가 산에 놀러 갔는데, 갑자기 소나기를 만나 바위 아래에 머물게 되었다. 백아는 슬픈 감정에 사로잡혀 연주를 했다. 처음에는 비가 내리는 곡조를 타다 다시 산이 무너지는 가락으로 이어나갔다. 종자기는 연주의 흐름을 정확히 짚어냈다. 이에 감동한 백아는 자신의 심정을 이렇게 말했다.

"자네가 나의 뜻을 이리도 깊이 알아주다니, 마치 내 마음과 같네. 내 음악을 알아주는 이가 세상에 어디 또 있겠는가."

그러던 어느 날 종자기가 병으로 세상을 떠나고 말았다. 자신의 음악을 들어줄 그가 없음을 크게 슬퍼하고 상심하던 백아는 슬픈 마음을 가누지 못하고 거문고의 줄을 끊어버리고 다시는 연주를 하지 않았다.

자신의 음악을 알아주던 친구의 죽음이 얼마나 애통하고 괴로웠으면, 자신이 그렇게도 즐겨 연주하던 거문고의 줄을 끊고, 다시는 연주를 하지 않았을까, 생각하니 참다운 친구는 자신을 알아줄 때 진정으로 빛난다는 것을 알 수 있다.

백아절현과 비슷한 말로는 '높은 산과 그곳에 흐르는 물'이라는 뜻의 '고산유수高山流水'와 '자신의 가치와 속마음을 알아주는 참다운 친구'라는 뜻의 '지기지우知己之友'가 있다.

백아가 거문고 줄을 끊다. 자기를 알아주는 참다운 벗을 잃은 슬픔을 비유하여 이르는 말이다.
《열자列子》〈탕문湯問〉

DAY 347 병가상사 兵家常事

　병가상사兵家常事라는 말이 있다. 싸움에서 이기기도 하고 지기도 하는 것처럼 성공과 실패에 개의치 말고 최선을 다하라는 말이다. 즉 실패를 두려워하지 말라는 말이다.

　당나라 헌종憲宗은 궁중의 환관宦官과 지방 번진藩鎭의 절도사를 비롯한 여러 난제들로 인해 국운이 쇠약해질 대로 쇠약해진 상황에서 즉위했다. 이에 헌종은 개혁을 통해 국정을 탄탄히 다지기 위해 문제가 되었던 환관들과 절도사들의 규율을 엄격히 통제했다. 그러던 중 회서지방의 절도사 오원제와의 싸움에서 장수 배도가 패하고 돌아오자 대신들은 오원제와의 싸움에 두려움을 느껴 이 싸움을 멈추자고 간언했다.

　"폐하, 지금 이 상황에서 더 이상의 싸움은 무리가 될 수 있습니다. 그러하니 싸움을 멈춤이 합당한 줄 압니다."

　"그 무슨 소리요. 싸움을 여러 번 하다 보면 이길 수도 있고 질 수도 있는 것인데, 한 번 졌다고 포기하면 대의를 이룰 수 없소이다. 나는 이 싸움을 계속해서 할 것이오. 그러니 더 이상 거론하지 말기 바라오."

　헌종은 승패병가지상사勝敗兵家之常事라는 말로 대신들의 뜻을 누르고 계속해서 개혁의 의지를 불태웠다. 이에 대신들은 더 이상 반대하지 않고 헌종의 뜻을 따랐다. 헌종의 강한 의지 앞에 더 이상 반대를 한다는 것은 그를 분노하게 하는 일임은 물론, 황제의 의지를 꺾을 수 없음을 알았기 때문이다.

　헌종은 강한 의지로 개혁을 추진한 끝에 국력을 쇠퇴하게 한 난제들을 해결함으로써 비록 일시적이기는 하나 강력한 황제의 권위를 세울 수 있었다. 삶은 성공과 실패의 반복에서 더욱 탄탄하게 영글어간다. 성공은 크게 기뻐할 일이지만, 실패 또한 좌절할 일이 아님을 가슴에 깊이 새길 일이다.

싸움에서 항상 있는 일. 싸움에서 이기기도 하고 지기도 하는 것처럼 성공과 실패에 개의치 말고 최선을 다하라는 말이다.

《당서唐書》〈배도전裴度傳〉

DAY 348 불치하문 不恥下問 CLASSIC

흔히 하는 말로 배움에는 왕도가 없다는 말이 있다. 물론 배움에 따라 격식을 갖추어야 할 때도 있다. 하지만 근본적인 관점에서 볼 땐 어떤 식으로 배우든 배움은 그 자체만으로도 매우 소중한 것이다.

배움에는 나이를 따지지 않는다. 잘 살고 못 살고도 따지지 않는다. 외모도 따지지 않는다. 배우고자 하는 열의만 있다면 언제든지 배울 수 있고, 언제든지 배운 것을 활용할 수 있는 게 배움의 가치이자 목적이며 '앎'에 근본이다.

불치하문不恥下問이라는 말이 있다. 손아랫사람이나 지위나 학식이 자신만 못한 사람에게 묻는 것을 부끄러워하지 않는다는 뜻이다. 이 말이 전해오는 데에는 다음과 같은 이야기가 있다.

위衛나라의 대부 공어孔圉가 죽자 위나라 황제가 그에게 문文이라는 시호를 내렸다. 사람들은 그를 공문자라고 불렀다. 공자의 제자 자공子貢은 공어의 평소 행실이 그처럼 높이 평가를 받기에는 부족하다고 여겼다. 공어는 태숙질을 부추켜 본처를 쫓아내고 자기 딸을 아내로 삼도록 했다. 그런데 태숙질이 자신의 첫 번째 부인과 간통을 하자 공문자는 태숙질을 시해하려고 공자에게 어떻게 해야 할지를 물었다. 공자는 대꾸도 하지 않고 수레를 타고 떠나 버렸다.

태숙질이 송나라로 달아나자 공문자는 자기 딸 공길을 데려와서 태숙질의 동생 유遺에게 아내로 맞도록 했다. 이런 사람의 호학정신을 배우고 계승하도록 하기 위하여 문文이란 시호를 내린 것을 이해할 수 없었던 자공은 그 이유를 공자에게 물었다.

"선생님, 공문자는 어떻게 시호를 문이라고 했습니까?"

이에 공자가 말했다.

"그는 일을 민첩하게 처리하고 공부하기를 좋아했으며, 아랫사람에게 묻는 것을 부끄러워하지 않았다. 그런 까닭에 시호를 문으로 한 것이다."

이 이야기는《논어論語》〈공야장公冶長〉에 기록되어 있다.

배우고자 하는 마음만 있다면 배움을 주는 대상이 그 누구든 꺼리지 말고 배워야 한다. 진정한 배움의 가치는 아는 데 있는 것이다.

아랫사람에게 묻는 것을 부끄러워하지 않는다. 손아랫사람이나 지위나 학식이 자신만 못한 사람에게 묻는 것을 부끄러워하지 않는다는 뜻이다.
《논어論語》〈공야장公冶長〉

DAY
349

사면초가

四面楚歌

사면초가四面楚歌라는 말이 있는데 궁지에 몰린 상황을 비유하여 이르는 말이다. 사람이 궁지에 몰려 위기를 맞게 되면 암울한 심정에 사로잡혀 자포자기를 하게 된다. 사면초가는 그런 경우를 잘 보여주는 말이라고 할 수 있다.

진秦나라가 멸망한 후 초패왕 항우와 한나라 왕 유방이 천하를 다투면서 5년 동안 싸움을 벌였다. 싸움에 지친 이들은 4년째 되던 해 가을, 항우가 인질로 잡고 있던 유방의 가족들을 돌려보내는 조건으로 하는 휴전협정을 맺었다. 항우는 약속대로 철수했지만, 유방은 장량의 계책에 따라 협정을 위반하고 항우를 공격했다. 항우는 해하에서 진을 치고 한나라 군대와 대치했다. 이때 항우의 군사는 10만이었고, 한나라는 한신이 이끄는 30만 대군, 유방의 20만, 팽월의 3만, 경포와 유가의 군대를 합쳐 60만 대군이었다. 이 중 주력군은 한신의 군대였다. 중과부적으로 한신의 군대에 포위가 된 항우의 군대는 군량마저 떨어지자 의기소침해졌다.

대치하고 있던 어느 날 밤 초나라의 노랫소리가 들려왔다. 장량이 계책에 따라 한나라 군사들이 펼치는 심리전이었다. 초나라의 노래를 초가楚歌라고 하는데, 감상적이고 애잔한 것이 특징이어서 그 노래를 듣고 있으면 구슬프기가 그지없었다. 오랫동안 부모형제와 고향산천을 떠나온 항우의 군사들은 모두 애잔한 마음에 사로잡혔다. 그러는 가운데 초나라 군사들이 한나라 군대에게 모두 항복한 줄 알고는 전의戰意를 잃고 말았다. 그 결과 항우의 군대는 처참히 무너졌고, 항우는 오강에 이르러 자결함으로써 승리는 한나라에게 돌아갔다.

이 이야기에서 보듯 사면초가라는 말은 사방이 가로막혀 이러지도 저러지도 못하는 극한 상황, 즉 진퇴양난의 어려움을 일러 하는 말이라는 것을 알 수 있다. 그 누구에게도 패한 적이 없던 천하의 무적 항우가 한나라의 장량이라는 걸출한 지략가가 세운 전략에 의해 처참히 무너지고 말았다. 힘은 천하를 휘어잡을 수 있으나, 그 또한 지혜 없이는 불가능하다. 힘은 지혜를 이길 수 없음을 알게 하는 이야기이다.

사방에 초나라의 노랫소리. 궁지에 몰린 상황을 비유하여 이르는 말이다.
《사기史記》〈항우본기項羽本紀〉

DAY
350

삼고초려

三顧草廬

CLASSIC

삼고초려三顧草廬라는 말이 있다. 유능한 인재를 자신의 곁에 두기 위해 참을성 있게 노력하는 것을 일러 하는 말이다. 이 말이 유래된 데에는 흥미로운 이야기가 담겨 있다.

후한後漢 말기, 유비는 관우와 장비를 도원결의桃園結義을 통해 의형제로 맺었다. 유비는 이들과 더불어 기울어져 가는 한나라의 부흥을 꾀하기 위해 군사를 일으켜 전력을 투구했지만, 능력을 발휘할 수 있는 기회를 잡지 못하고 여기저기를 떠돌며 세월을 허송했다. 그리고 마지막에는 형주자사 유표에게 몸을 의탁하는 처량한 신세로 전락했다. 하지만 그의 마음속에서는 여전히 뜻을 펼쳐야 한다는 울림이 끊이지 않았다. 유능하고 능력 있는 사람이 자신 곁에 있어야 한다는 것을 잘 알았던 그는 여러 사람을 통해 양양에 은거하고 있는 제갈량에 대해 알게 되었다.

유비는 즉시 관우와 장비와 함께 제갈량을 찾아갔다. 제갈량은 15세가 되기 전에 부모를 여의어 한동안 백부 제갈현의 보살핌을 받다가, 백부가 죽자 형주로 옮겨갔다. 그는 양양의 융중이란 마을에서 농사를 지으며 학문을 연마했다. 당시 형주에는 전란을 피해온 명망 높은 문인들이 많이 살고 있었는데, 제갈량은 그들과 활발히 교류했다. 그는 양양 지역의 유명한 문인이며 대부호였던 황승언의 사위로, 20대 중반의 나이에 이미 재야의 현인으로 명성이 자자했다.

첫 번째, 두 번째 만남에 실패한 유비는 세 번째 제갈량을 찾아갔다. 제갈량은 유비가 자신을 세 번째로 찾아온 날 그에게 앞으로 일어날 일에 대해 일목요연하게 말하며 유비와 뜻을 함께하기로 했다. 그 후 제갈량은 유비와 함께하며 자신의 능력을 십분 발휘함으로써 유비가 촉나라를 세우고 제위에 오르는 데 기여했다.

유비가 몰락한 한나라 왕족 출신으로 촉나라를 세우고 왕이 될 수 있었던 것은 제갈량과 같은 현인을 곁에 두기 위해 취했던 그의 처신에 있다. 그는 자신보다 무려 20세나 아래인 제갈량을 곁에 두기 위해 나이와 체면을 내려놓고 정성을 다했던 것이다. 진정성 앞에 무너지지 않는 사람은 없다. 진정성이야말로 사람의 마음을 얻는 데 있어 최선의 방책이다.

초가집을 세 번 돌아보다. 유능한 인재를 곁에 두기 위해 참을성 있게 노력하는 것을 일러 하는 말이다.
《삼국지三國志》《촉지蜀志》〈제갈량전諸葛亮傳〉

DAY 351

상전벽해

桑田碧海

상전벽해桑田碧海라는 말이 있는데, 뽕나무밭이 변하여 푸른 바다가 되었다는 뜻으로, 세상이 몰라보게 놀랍도록 바뀐 것을 비유하는 말이다.

한나라 환제 때, 자를 방평方平이라 하는 신선 왕원王遠이 채경의 집에 강림했다. 방평은 채경의 부모, 형제와 서로 인사한 후 오랫동안 홀로 앉아 있다가 사람을 시켜 마고麻姑를 오게 했다. 얼마 후 마고가 오자 채경의 전 가족이 그녀를 맞이했다. 마고는 아름다운 처녀로 나이는 18세 혹은 19세 정도였으며, 머리에 쪽을 꼈는데 머리카락이 허리까지 내려왔다. 옷에는 채색의 무늬가 있었는데, 비단은 아니었지만 광채가 눈부셨으며, 그녀의 형태를 형용하기가 어려웠다. 마고는 들어와 왕방평에게 절을 했고, 왕방평은 일어나 그녀를 맞았다. 자리에 앉은 다음 마고는 지니고 온 음식물을 가져오게 했는데, 금 쟁반에 옥으로 만든 잔이었고 음식은 모두 과일 종류로 그 향기가 실내에 가득 퍼졌다. 그녀는 고기 말린 것을 모두에게 나누어 주며 기린의 포라고 했는데 마치 측백나무의 열매 같았다.

마고가 다소곳이 말했다.

"제가 신선님을 모신 이래로 동해東海가 세 번이나 뽕나무밭으로 변하는 것을 보았답니다. 지난번에 봉래蓬萊에 갔더니 바다가 이전의 반 정도로 얕아져 있었습니다. 다시 육지가 되려는 것일까요?"

왕방평이 말했다.

"동해는 다시 흙먼지를 일으킬 것이라며 성인들이 말씀했소."

이 이야기는 갈홍葛洪의 〈신선전神仙傳〉에 나오는 것으로, 동해가 여러 번 뽕나무밭으로 변했다는 마고의 말에서 상전벽해라는 말이 유래되었다.

세상은 변하게 되어 있다. 어떤 모습으로 변화하는지는 오직 사람들의 노력에 달려 있다. 이는 개인에게 있어서도 마찬가지다. 자신이 어떻게 하느냐에 따라 자신의 삶을 획기적으로 바꿀 수 있다. 여기엔 실력과 능력은 물론 그 사람만의 운도 작용해야 한다. 이 모든 것을 골고루 갖추었을 때 상상 이상의 변화가 그림처럼 펼쳐진다고 하겠다.

뽕나무밭이 푸른 바다로 변하다. 세상이 몰라보게 놀랍도록 변한 것을 비유하는 말이다.
갈홍葛洪의 〈신선전神仙傳〉《유정지有劉之》〈대비백발옹代悲白髮翁〉

DAY 352 선공후사

先公後私

춘추전국시대 때 조趙나라에 인상여라는 사람이 있었다. 그는 환관 우두머리인 무현의 사인舍人이었다. 조나라 혜문왕惠文王이 화씨지벽(유명한 옥)을 손에 넣었는데 진秦나라 소공이 이를 알고 진나라 성 열다섯 개와 바꾸자고 했다. 화씨지벽을 주자니 진나라 성을 받지 못할 것 같고, 주지 않으면 침공을 할 것 같아 걱정이었다. 그런데 인상여가 이를 해결했으며 진 소왕과 혜문왕과 회담에서도 진 소왕을 압도했다. 혜문왕은 인상여를 상경上卿을 삼으니 지위가 조나라 명장군 염파보다도 높았다. 이에 염파가 말했다.

"나는 조나라 장군이 되어 성의 요새나 들판에서 적과 싸워 큰 공을 세웠다. 그러나 인상여는 겨우 혀와 입만을 놀렸을 뿐인데도 지위가 나보다도 높다. 또한 인상여는 미천한 출신이니 나는 부끄러워 차마 그의 밑에 있을 수 없다. 내가 인상여를 만나면 반드시 모욕을 줄 것이다."

인상여가 그 말을 듣고 염파와 마주치지 않으려고 했다. 조회 때마다 늘 병을 핑계로 염파와 서열을 다투지 않았으며 외출하다 염파를 보면 즉시 피했다. 그러다 보니 인상여의 사인들이 그를 부끄럽게 여겼다. 그래서 그들이 떠난다고 하니 인상여가 그들을 말리며 말했다.

"염 장군과 진나라 왕 가운데 누가 더 무섭습니까?"

"염 장군이 진나라 왕에 못 미칩니다."

이에 인상여가 말했다.

"진나라 왕의 위세에도 불구하고 나는 그를 궁정에서 꾸짖고 그 산하들을 부끄럽게 만들었습니다. 내가 아무리 어리석기로 염 장군을 겁내겠습니까? 곰곰이 생각하건대 강한 진나라가 조나라를 치지 못하는 것은 나와 염 장군 두 사람이 있기 때문입니다. 만일 지금 우리 둘이 싸우면 다 살지 못할 것입니다. 내가 염 장군을 피하는 것은 나라의 위급함을 먼저 생각하고 사사로운 원망을 뒤로하기 때문입니다."

염파는 이 말을 듣고 인상여를 찾아와 사과하고 죽음을 같이 하기로 약속한 벗이 되었다. 선공후사를 잘 알고 행한 인상여야말로 올바른 공작자의 표상이라고 할 수 있다.

사보다 공을 앞세우다. 공적인 일은 먼저 하고 사적인 일은 뒤에 한다는 말이다.
《사기史記》

DAY 353

소탐대실

小貪大失

소탐대실小貪大失이라는 말이 있다. 작은 것에 탐을 내다 보면 큰 것을 잃을 수도 있다는 말이다. 이 말의 유래는 다음과 같다.

춘추전국시대 촉蜀나라는 드넓은 평야지대에 곡식이 잘 되었을 뿐만 아니라 많은 보화寶貨를 지닌 강국이었다. 그러나 촉나라 왕은 욕심이 많아 보화를 축적하는 데 온 심혈을 기울였다. 진秦나라는 촉나라의 이웃나라로 혜왕惠王은 일찍이 촉나라의 부유함을 보고 촉나라를 쳐서 빼앗고 싶은 야심으로 가득했으나, 지형이 험난해서 쉽게 침공을 할 수 없었다.

그러던 어느 날 혜왕은 매우 그럴듯한 아이디어를 떠올렸다. 그것은 촉나라 왕의 탐욕을 이용하기 위한 계책으로 석수장이에게 대리석으로 커다란 소를 만들게 했다. 그러고는 이 소가 황금 똥을 눈다는 소문을 퍼트렸다. 그리고 사신을 보내어 촉나라 왕에게 두 나라가 협력해서 길을 뚫는다면 황금 똥 누는 금소를 촉나라 왕에게 선물로 보내겠다고 말했다. 이에 촉나라 왕은 그 말을 굳게 믿고 힘센 백성들을 동원하여 산을 뚫고 계곡을 메워 금소가 지날 수 있는 큰길을 만들었다. 길이 뚫리자 진나라 왕은 곧바로 촉나라를 공격하여 쉽게 정복했다. 촉나라 왕은 작은 이익에 욕심을 부리다 나라를 잃고 말았다.

이 이야기는 작은 이익에 연연하는 탐욕이 얼마나 어리석은 일인지를 잘 알게 한다. 촉나라 왕은 부유함에도 더 많은 것을 탐하다, 결국 진나라에 멸망당함으로써 가졌던 것을 모두 잃고 마는 우를 범하고 말았다.

인간의 생사화복生死禍福을 결정짓는 것은 각자의 타고난 복에도 있지만, 각자의 성격은 물론 그 사람의 마인드가 어떤가에 따라 결정지어진다. 그만큼 삶에 대한 마음자세는 매우 중요한 것이다.

과유불급이라고 했다. 뭐든지 지나치면 화가 되는 법이다. 왜 그럴까. 지나침은 옳고 그름을 판단하는 능력을 상실하게 함으로써 사람들의 이성을 마비시키는 경향이 있다. 이런 상황에 빠지지 않으려면 탐욕을 내려놓고 자신을 냉정하게 살필 줄 아는 눈을 길러야 한다. 그것이야말로 자신의 인생을 바르게 하고, 가치 있게 한다는 것을 잊지 말아야 할 것이다.

작은 것을 탐하다 큰 것을 잃다. 작은 것에 탐을 내다 보면 큰 것을 잃을 수도 있다는 말이다.
_유주劉晝《신론新論》

DAY 354

승풍파랑

乘風波浪   CLASSIC

승풍파랑乘風波浪이라는 말이 있다. 바람을 헤치고 물결을 타고 나간다는 뜻으로, 뜻한 바를 이루기 위해서는 온갖 난관을 극복하고 나아가야 함을 의미한다. 이 말에는 다음과 같은 이야기가 전해져 온다.

남북조시대 송宋나라의 예주자사와 옹주자사를 역임한 종각이란 사람이 있다. 그는 어려서부터 무예가 출중하고 용감했다. 종각이 어렸을 때 그의 숙부 종병이 종각에게 무엇이 되고 싶으냐고 물었다.

종각이 말했다.

"거센 바람을 타고 만 리 거센 물결을 헤쳐 나가고 싶습니다."

그러자 숙부는 그에게 말했다.

"너는 부귀하게 되지 못하겠구나. 우리 집안의 문풍을 무너뜨리다니."

종각의 형인 종필이 혼례를 치렀는데 집에 들어오는 첫날 밤에 강도가 들이닥쳤다. 당시 종각은 열네 살이었는데 조금도 두려워하지 않고 용감하게 강도들과 맞서 싸웠다. 강도 십여 명 모두 흩어져 집 안으로 들어오지 못했다.

그 일이 있고 종각은 임읍林邑(지금의 베트남)을 정벌하기 위해 원정길에 부관으로 수행했다. 임읍의 왕이 코끼리 무리를 앞세워 공격하자 송나라 군대는 곤경에 처했다. 이때 종각이 묘책을 내어 병사들을 사자처럼 꾸며 코끼리 무리 앞에서 춤을 추게 했다. 그러자 코끼리 무리는 놀라 달아났다. 이에 송나라 군대는 그 틈을 놓치지 않고 임읍을 공략했다. 이처럼 종각은 지식과 용기를 겸비한 뛰어난 인물이었다.

종각은 숙부로부터 부귀하지 못하겠다는 수모를 겪었지만, 그는 당당하게 참고 나아감으로써 자신의 말대로 의지를 떨쳐 보일 수 있었다. 만일 그가 숙부의 말에 자신을 포기했다면 그처럼 뛰어난 결과를 낼 수 없었을 것이다.

자신의 인생을 승리로 이끌었던 대표적인 인물인 에이브러햄 링컨, 마하트마 간디, 넬슨 만델라 등은 수많은 실패와 좌절을 극복하고 나아감으로써 찬란한 금자탑을 이루었다. 자신의 꿈을 이루기 위해서는 그 어떤 난관도 뚫고 나아가야 한다.

바람을 타고 물결을 헤쳐 나가다. 뜻한 바를 이루기 위해서는 온갖 난관을 극복하고 나아가야 함을 이르는 말이다.
《송서宋書》〈종각전宗愨傳〉《남사南史》〈종각전宗愨傳〉

DAY
355 | **연목구어** 　　　　　　　　　　　　　　　　　　 縁木求魚

　춘추전국시대 양梁나라 혜왕惠王과 헤어진 맹자孟子는 제齊나라로 갔다. 맹자는 당시 나이가 50이 넘었지만, 제후들을 찾아다니며 인의仁義 치세를 근본으로 삼는 왕도정치王道政治를 유세遊說했다.

　동쪽 제나라는 서쪽의 진나라, 남쪽의 초나라와 함께 대국이었으며, 선왕宣王은 역량이 있는 군주였다. 맹자가 선왕에게 기대하는 것은 그런 이유에서다. 그러나 시대가 바라는 것은 왕도정치가 아니라 무력武力과 책략策略을 수단으로 하는 패도정치覇道政治였기에 선왕이 맹자에게 말했다.

　"춘추시대의 패자였던 제나라 환공桓公과 진나라 문공文公의 패업에 대해 듣고 싶소이다."

　"전하께서는 패도에 따른 전쟁으로 백성들이 목숨을 잃고, 또 이웃 나라 제후들과 원수가 되기를 원하십니까?"

　"아니오. 그렇지 않소. 그러나 과인에게는 대망이 있소이다."

　"무릇 전하의 대망이란 무엇입니까?"

　선왕은 웃기만 할 뿐 말하지 않았다. 맹자 앞에서 패도를 말하기가 쑥스러웠기 때문이다. 그래서 맹자는 선왕의 대답을 유도하는 질문을 던졌다.

　"전하, 맛있는 음식과 따뜻한 옷이 아니면 아름다운 색이 부족하기 때문입니까?"

　"과인에게는 그런 사소한 욕망은 없소이다."

　맹자는 다시 물었다.

　"그러시다면 전하의 대망은 천하를 통일하고 사방의 오랑캐들까지 복종하게 하시려는 게 아닙니까? 하지만 종래의 방법으로 천하를 통일하려는 것은 마치 나무에서 물고기를 구하는 것과 같습니다."

　맹자의 말을 듣고 선왕은 놀라워하며 그것이 그렇게 무리한 일이냐고 물었다. 이에 맹자는 나무에 올라가 물고기를 구하는 일은 물고기만 구하지 못할 뿐이지만, 패도를 쫓다 실패하는 날엔 멸망을 면치 못할 거라고 말했다. 선왕은 맹자의 말을 진지하게 경청했다고 한다.

나무에서 물고기를 구하다. 불가능한 일을 하려고 하는 것을 비유하여 하는 말이다.
《맹자孟子》〈양혜왕편梁惠王篇〉

DAY 356 오월동주

吳越同舟　　CLASSIC

《손자병법孫子兵法》〈구지편九地篇〉에 이런 말이 있다.

병兵을 쓰는 법에는 아홉 가지의 지地가 있다. 그 구지 중 마지막 것을 사지死地라고 한다. 주저하지 않고 일어나 싸우면 살길이 있고, 기가 꺾이어 망설이면 패망하고 마는 것이 필사必死의 지이다. 이런 이유로 사지에 있을 때는 싸워야 활로活路가 열린다. 나아갈 수도 물러설 수도 없는 필사의 장에서는 병사들이 한마음, 한뜻이 되어 필사적으로 싸울 것이기 때문이다. 이때 뛰어난 장수의 용병술用兵術은 상산常山에 서식하는 솔연率然이란 큰 뱀의 몸놀림과 같아야 한다. 머리를 치면 꼬리가 날아오고 꼬리를 치면 덤벼든다. 그리고 몸통을 치면 머리와 꼬리가 한꺼번에 공격한다. 이처럼 세력을 하나로 합치는 것이 중요하다.

예로부터 서로 적대시해온 오나라 사람과 월나라 사람이 같은 배를 타고 강을 건넌다고 하자. 강 한복판에 이르렀을 때 강풍이 일어 배가 뒤집히려고 한다면 오나라 사람이나 월나라 사람은 평소의 적개심을 잊고, 서로 왼손, 오른손이 되어 필사적으로 도울 것이다. 바로 이것이다. 전차戰車의 말들을 서로 단단히 붙들어 매고 바퀴를 땅에 묻고서 적에게 그 방비를 파괴당하지 않으려 해 봤자 최후의 의지가 되는 것은 전차가 아니다. 의지가 되는 것은 오직 필사적으로 뭉친 병사들의 마음이다.

《손자병법》〈구지편〉의 말은 매우 합당하고 적확한 지적이라고 할 수 있다. 사람은 위급에 처하게 되면 두려움을 느끼고 그 위급에서 속히 벗어나려는 심리를 가지고 있다. 이런 절박한 심리가 원수지간도 그 순간만큼은 아주 다정한 친구가 그렇듯 서로에게 의지함으로써 위급한 상황으로부터 벗어난다.

그런데 그 절박한 상황에서도 서로를 원수처럼 여겨 소 닭 보듯이 한다면 어떻게 될까. 그것은 둘 다 죽음을 자초하는 일이 되고 말 것이다. 그러나 이런 일은 거의 없다고 보는 것이 옳다. 사람이란 그처럼 어리석은 존재가 아니기 때문이다. 특히 절박한 순간에는 더욱 기지를 발휘하는 것이 사람이란 동물의 특성이다.

오나라 사람과 월나라 사람이 같은 배를 타다. 서로 원수지간이라도 공동의 목적을 위해 서로 협력하는 것을 비유하는 말이다.

《손자병법孫子兵法》〈구지편九地篇〉

DAY 357

와신상담

臥薪嘗膽

중국 춘추전국시대 월越나라 왕 구천句踐과의 싸움에서 크게 패한 오吳나라 왕 합려閤閭는 적의 화살에 부상당한 손가락의 상처가 악화되는 바람에 죽고 말았다. 임종 때 합려는 태자인 부차夫差에게 반드시 구천을 공격해서 원수를 갚으라는 유언을 남겼다.

오나라 왕이 된 부차는 아버지의 원수를 잊지 않으려고 장작 위에서 자고, 자기 방을 드나드는 신하들에게는 드나들 때마다 이렇게 말하게 했다.

"부차, 너는 월나라 왕 구천이 너의 아버지를 죽였다는 것을 잊어서는 안 된다."

그러면 부차는 임종 때의 부왕에게 한 그대로 대답했다.

"예, 결코 잊지 않고 3년 안에 원수를 갚겠습니다."

이처럼 복수를 맹세한 부차는 밤낮없이 비밀리에 군사를 훈련시키면서 기회를 엿보았다.

부차가 복수를 맹세하고 있다는 말을 들은 참모인 범려가 월나라 왕 구천에게 간언했으나 이를 듣지 않고 선수를 쳐 오나라를 쳤으나 거꾸로 오나라에 대패하여 회계산으로 도망쳤다. 오나라 군사가 포위를 하자 진퇴양난에 빠진 구천은 범려의 계책에 따라 오나라 재상 백비에게 많은 재물을 준 뒤 부차의 신하가 되겠다며 항복을 청원했다. 이때 오나라의 중신 오자서가 후환을 남기지 않으려면 지금 구천을 쳐야 한다고 말했으나 부차는 백비의 진언에 따라 구천의 청원을 받아들이고 살려주었다.

화의和議하여 목숨을 구한 구천은 돌아가 쓸개를 앉은 자리 옆에 놓고 핥으며 자신에게 "회계의 치욕을 잊었느냐"라고 밤낮으로 되뇌었다.

그로부터 20년 후 부차는 용동에서 여생을 보내라는 구천의 호의를 사양하고 자결했다. 이후 구천은 부차를 대신해서 천하의 패자가 되었다. 부차는 구천에게 패한 부왕의 유명에 따라 절치부심하여 구천을 대패시켰으나, 재물에 넘어간 재상 백비의 간언을 듣고 구천을 살려주는 바람에 그 대가를 혹독하게 치러야만 했다. 목숨을 구한 구천 또한 절치부심한 끝에 오나라 왕 부차를 패퇴시키고 지난날의 패배를 되갚았다.

땔나무 위에 누워 쓸개를 맛보다. 원수를 갚기 위해 이를 물고 분발하거나, 큰 뜻을 이루기 위해 전력을 다함을 비유하는 말이다.

《사기史記》〈월세가越世家〉

DAY 358 왕좌지재

王佐之才 CLASSIC

　왕좌지재王佐之才라는 말이 있는데, 왕을 보좌하여 큰 공을 세울 만한 능력을 가진 인재를 비유하는 말이다. 오늘날로 치면 킹메이커를 말한다. 이 말이 생긴 데에는 다음과 같은 이야기가 전해온다.

　순욱荀彧은 명문가의 가문에서 태어났다. 조부 순숙은 순자荀子의 11세손이라고 《후한서後漢書》에 기록되어 있다. 그는 당시 조정을 쥐고 흔들며 권세를 떨치던 양기의 일족을 비판하는 당당함과 용기로 백성들로부터 신군神君이라 불리었다. 아버지 순곤은 상서尙書에서 제남상제후국의 장관이 되었다. 그리고 숙부 순상은 동탁으로부터 사공에 임명되었다. 순욱은 명문가의 자제답게 용모가 단정하고 수려했으며, 겸허하고 검소한 인품으로 사람들로부터 칭송이 자자했다.

　어느 날 남양에 사는 하옹何顒이란 이가 순욱을 보고 이렇게 말했다.

　"왕을 보필할 만한 재주를 지녔구나."

　순욱은 자신의 고향이 침략자들로 인해 쑥대밭이 될 것을 알고는 가족을 이끌고 기주로 갔다. 기주를 장악한 원소袁紹는 순욱의 명성에 대해 익히 아는지라 예우를 했으나, 순욱은 그가 큰일을 도모할 인물이 되지 않음을 보고는 조조에게로 갔다. 조조는 "나의 자방이여, 어서 오시게." 반겨 맞으며 크게 기뻐했다.

　순욱은 지혜가 출중하고 선견지명의 지략으로 조조에게는 천군만마보다도 더 큰 자산이었다. 순욱은 내는 계책마다 조조에게 승리를 안겨주었다. 이렇듯 순욱은 뛰어난 지략과 공정한 자세로 조조를 보좌하여 위나라가 중원의 패권을 차지하는 데 큰 공을 세웠다. 무엇보다 그는 조조가 맘 놓고 전투에 임할 수 있도록 조정을 안정시켰으며, 곽가와 순유, 종요 등의 인재를 천거하여 조조에게 큰 힘이 되게 했다.

　킹메이커가 되기 위해서는 지혜가 출중하고, 도덕성과 뛰어난 인품을 지녀야 한다. 또한 상황에 따라 정확한 판단력을 갖춰야 하며, 어떤 상황에서도 흔들림이 없는 냉철한 이성을 지녀야 한다. 그리고 나아가 일인자에 대한 충성심이 절대적이어야 한다.

왕을 도울 만한 재능. 왕을 보좌하여 큰 공을 세울 만한 능력을 가진 인재를 비유하는 말이다.
《후한서後漢書》〈순욱전荀彧傳〉

DAY 359 | **우공이산** 愚公移山

　먼 옛날 나이가 아흔인 우공牛公이라는 노인이 살고 있었다. 노인이 사는 마을 앞뒤로 태형산太形山과 왕옥산王屋山이 있었는데 산은 사방 칠백 리에 높이는 만 길이나 되는데 기주의 남쪽과 하양의 북쪽 사이에 있다. 그런데 북산北山이 막고 있어서 출입을 하려면 길을 우회해야 하는데 여간 불편한 게 아니었다. 우공이 가족에게 말했다.

　"나와 너희들이 힘을 합해 험준한 산을 평평하게 만들면 예주의 남쪽으로 직통할 수 있고, 한수의 남쪽에 다다를 수 있는데, 할 수 있겠느냐?"

　모두들 할 수 있다고 말했다. 그런데 부인이 어떻게 그 힘든 일을 할 수 있으며, 흙과 돌을 어디에다 버리느냐고 말했다. 그러자 모두들 "발해의 끝과 은토의 북쪽에 버리면 된다."고 말했다. 우공은 짐을 질 수 있는 자손 셋을 데리고 돌을 깨고 흙을 파서 삼태기로 발해의 끝까지 운반했다. 겨울과 여름이 바뀌는 동안 한 번 왕복했다. 이를 보고 하곡의 지수가 "당신의 총명하지 못함은 아주 심하구려. 당신의 남은 생애와 힘으로 산의 풀 한 포기도 없애기 어려울 텐데 흙과 돌을 다 어떻게 한단 말이오."라고 비웃으며 말했다.

　우공이 탄식을 하며 "당신 생각이 막혀 있어 그 막힘이 고칠 수가 없을 정도니, 과부네 어린아이만 못하구려. 내가 죽더라도 아들이 있고, 손자를 낳으며, 손자가 또 자식을 낳으며, 그 자식이 또 자식을 낳고 자식에 손자를 낳으면 자자손손 끊이지 않지만, 산은 더 커지지 않으니 어찌 평평해지지 않는다고 걱정할 필요가 있겠소이까." 이에 하곡의 지수는 대꾸조차 할 수가 없었다. 조사신操蛇神이 이를 듣고 그치지 않을까 두려워하여 상제에게 호소했다. 상제는 그 정성에 감동하여 과아씨의 두 아들에게 명해 두 산을 업어다 하나는 삭동에 두고, 하나는 옹남에 두게 했다. 이로부터 기주의 남쪽과 한수의 남쪽에는 언덕조차 없게 되었다고 한다.

　이 이야기는 매우 황당무계荒唐無稽하지만, 우공의 그 의지와 신념은 상제의 마음을 감동시키기에 충분했다. 말도 안 되는 일도 하고자 하는 마음만 있다면 그리 불가능한 일만은 아니라는 것을 잘 알게 한다. 무엇을 하겠다는 의지와 신념이 그만큼 중요함을 일깨운다.

우공이 산을 옮기다. 하고자 하는 마음만 굳게 먹으면 못할 것도 없음을 비유하는 말이다.
《열자列子》〈탕문湯問〉

읍참마속

泣斬馬謖

읍참마속泣斬馬謖이라는 말은 바로 이를 두고 하는 말로, 공정한 법 집행과 대의를 위해서는 사사로운 정을 버려야 함을 일러 하는 말이다.

건흥 6년(228년) 제갈량은 군사를 이끌고 위魏나라를 공격했다. 위나라를 공격하기 위해 한중을 나와 장안을 향해 진격했다. 한중에서 기산을 향해 우회하면서 천수, 안정, 남안 등 3개 군을 공략하고, 기산에 도착한 다음 장안으로 진격하는 전략이었다. 이때 위연은 자오곡을 가로질러 곧바로 장안을 기습하자고 했지만, 제갈량은 이를 받아들이지 않았다. 국력을 총동원한 이 전투에서 성공하면 좋겠으나 만일 패하기라도 하면 국력이 약화될 만큼 큰 타격을 입기 때문이었다.

제갈량은 전략상 요충지인 가정을 지킬 장수로 마속을 보내면서 가정의 길목을 잘 막으라고 명했다. 그러나 마속은 적을 끌어들여 역습을 하려다 참패를 하고 말았다. 그로 인해 제갈량은 퇴각을 해야만 했다. 진노한 제갈량은 마속을 옥에 가뒀다. 마속은 자신의 죄를 뉘우치는 글을 올렸다.

승상께서는 저를 자식처럼 거둬주셨고, 저는 승상을 아버지처럼 대했습니다. 곤鯀을 죽이고 우禹를 흥하게 한 뜻을 깊이 생각하시어 평생의 사귐이 이 때문에 무너지지 않도록 하시면 저는 비록 죽지만 황천에서도 여한이 없을 것입니다.

제갈량은 마속에게 자신이 한 행동에 대해 엄히 물었고, 마속은 자신의 잘못을 인정했다. 이에 제갈량은 공명정대公明正大한 군율을 위해 마속을 참하라 명했고 마속은 처형을 당했다. 그 일이 있은 후 장졸들은 제갈량의 엄격함에 게으름을 피우는 일이 없었고, 맡은 일에 책임을 다하는 자세를 갖추었다. 결과적으로 촉나라는 제갈량의 엄격함으로 더욱 강성해졌다.

이 이야기를 통해 나라의 질서를 위태롭게 하거나 법을 어기는 자는 그가 누구든 정에 매이지 말고, 준엄하게 심판함으로써 기강을 바로 잡아야 부국강성을 이룬다는 것을 알 수 있다. 공과 사를 엄격하게 구분했던 제갈량, 그가 제일의 지략가가 될 수 있었던 것은 탁월한 지혜에도 있지만 매사에 공명정대했기 때문이다.

울면서 **마**속을 베다. 공정한 **법** 집행과 대의를 위해서는 사사로운 정을 버려야 함을 일러 하는 말이다.
《삼국지三國志》〈촉지마량전蜀志馬良傳〉

절차탁마

切磋琢磨

학문은 단순히 지식을 위한 것이 아니라 인간의 도를 깨치고 실천하는 데 있었다. 그런 까닭에 학문을 한다는 것은 도를 닦듯이 해야 한다. 제대로 실행하지 않으면 진정한 학문을 했다고 볼 수 없다. 그래서 이런 사람들 중엔 박이부정博而不精, 즉 다방면에 널리 알되 깊이가 얕아 진정한 학자가 될 수 없다.

절차탁마切磋琢磨라는 말이 있는데, '끊고 갈고 쪼고 갈다'라는 뜻으로 학문이나 덕행을 갈고닦는 것을 비유하는 말이다. 그러니까 학문과 덕은 수행하는 마음으로 해야 제대로 할 수 있다는 말과 같다 하겠다.

《논어論語》〈학이편學而篇〉에 보면 공자가 제자인 자공과의 문답에서 《시경詩經》의 절차탁마를 인용하여 말하는 대목이 나오는데, 위衛나라 무왕武王의 덕을 칭송한 위풍衛風이 지은 〈기오淇奧〉라는 시의 일부이다.

자공이 스승 공자에게 물었다.

"선생님, 가난하더라도 비굴하지 않으며 부유해도 오만하지 않은 사람이 있다면 그는 어떤 사람입니까?"

"옳긴 하지만 가난하면서도 도를 즐기고, 부유하면서 예를 좋아하는 사람만은 못하느니라."

자공이 또다시 물었다.

"시경에 '선명하고 아름다운 군자는 뼈나 상아를 잘라서 줄로 다듬은 듯 또한 옥과 돌을 쪼아서 갈고닦는 듯하다'고 했는데 이는 선생님께서 말씀하신 '수양에 수양을 쌓아야 한다'는 것을 말하는 것이옵니까?"

공자가 말했다.

"자공아, 이제야 너와 시경을 말할 수 있게 되었구나. 지나간 것을 알려주면 미래의 것을 안다고 했듯이 너야말로 이를 알아냈구나."

뼈를 자르는 것을 절切이라 하고, 상아를 다듬는 것을 차磋라고 한다. 옥을 쪼는 것을 탁琢이라 하고, 돌을 가는 것을 마磨라고 한다. 이는 무엇을 말하는가. 귀한 것을 만들 듯 학문을 높이 쌓기 위해서는 뼈를 깎는 노력과 열정이 함께해야 함을 말한다.

끊고 갈고 쪼고 갈다. 학문이나 덕행을 갈고닦는 것을 비유하는 말이다.
《논어論語》〈학이편學而篇〉《시경詩經》위풍衛風의 시 〈기오淇奧〉

촌철살인

寸鐵殺人　CLASSIC

　남송南宋시대 때 학자 나대경羅大徑이 지은《학림옥로鶴林玉露》에 보면 종고선사가 선禪에 대해 말한 기록이 있다.

　"한 수레의 무기를 가득 싣고 와서 하나를 놀려 마치면, 또 다른 하나를 꺼내 가지고 와서 놀리는 것 같지만, 이것이 사람을 죽이는 수단은 아니다. 나는 단지 손가락 마디만 한 쇳조각이 있지만 이것으로 사람을 죽일 수 있다."

　사람을 죽이기 위해서는 한 수레의 무기가 필요치 않다. 손가락 마디만 한 쇳조각만으로도 충분하다는 뜻이다. 여기서 말한 살인이란, 무기로 사람을 죽이는 것이 아니라 마음속에 속된 생각을 없애는 것을 의미한다. 그러니까 '촌철살인'이란 선의 핵심을 말하는 바 살인이란 마음속에 잡된 생각을 없앰으로써 깨달음에 이르는 것을 의미한다고 하겠다.

　정신을 집중하면 못 이룰 것이 없다는 정신일도하사불성精神—到何事不成라는 말이 있듯, 정신을 집중하여 수양하면 비록 작은 터득이라 할지라도 그 작은 것 하나가 사물을 변화시키고 사람을 감동시킬 수 있다는 것을 뜻한다. 당나라 당태종唐太宗의 책사인 위징魏徵은 물처럼 풀처럼 부드럽지만, 대나무처럼 강직한 성품을 지녔다. 때론 너무 강해서 주변 사람들이 보기에 위태로울 지경이었다. 하지만 그는 자신이 옳다고 믿는 대로 간언하고, 관료들에게도 주변 사람들에게도 그리했다. 한마디로 그는 거칠 것이 없는, 스스로에게 정직하고, 강직한 인물이었다.

　위징은 사람의 가슴을 뒤흔드는 촌철살인의 화법으로 유명하다. 그는 상대가 태종이라 할지라도 잘못하거나 잘못 판단하는 것에 대해서는 촌철살인의 거침없는 말도 마다하지 않았다. 그의 거침없는 말에 화가 난 태종은 그를 처단하려고까지 했을 정도였다. 그러나 태종은 그렇게 하지 못했다. 위징만큼 자신에게 필요한 인물이 없다는 걸 잘 알았던 것이다. 그래서 어떤 땐 자신이 하고 싶은 것도 위징이 두려워 하지 못했다고 고백할 정도였다. 촌철살인의 화법의 위력을 잘 알게 하는 예라고 할 수 있다.

한 치의 쇳조각으로 사람을 죽이다. 짧막한 경구나 말로 사람을 감동시키거나 진의眞儀의 핵심을 찌르는 것을 비유하는 말이다.
나대경羅大徑의《학림옥로鶴林玉露》

DAY 363

쾌도난마

快刀亂麻

쾌도난마快刀亂麻라는 말이 있다. '잘 드는 칼로 헝클어진 삼의 가닥을 자르다'라는 뜻으로 얽히고설킨 문제를 명쾌하게 처리함을 비유하여 이르는 말이다.

남북조시대南北朝時代, 북조 위나라 효정제孝靜帝 때 승상으로 있던 고환高歡에게는 아들이 여럿 있었다. 어느 날 고환은 아들들의 지혜와 재능을 알아보기 위해 시험을 해보고 싶은 마음에 아들들을 불러 모았다.

"자, 여기 삼이 있으니, 한번 추려 보거라!"

고환은 이리저리 얽힌 삼을 한 줌씩 주며 말했다. 아들들은 느닷없는 아버지 말에 당황스럽기도 했지만, 모두들 얽힌 삼을 한 가닥씩 추려내기 시작했다. 고환은 그 모습을 물끄러미 바라보고 있는데 고양高洋이라는 아들은 다른 형제와는 달리 날카로운 칼로 얽힌 삼 가닥을 단숨에 잘라버렸다. 고양은 아버지에게 다 했다고 말했다. 고환은 헝클어진 삼이 잘려진 것을 보고 고양에게 물었다.

"너는 어째서 이렇게 삼을 잘랐느냐?"

고양이 말했다.

"헝클어진 것은 잘라버려야 합니다."

아들의 말을 듣고 고환은 놀라워하면서 이 아이가 장차 크게 될 거라고 생각했다. 훗날 고양은 효정제의 제위를 빼앗고 황제가 되었다. 그가 세운 나라는 제齊나라였으며 그는 북제의 문선제文宣帝가 되었다.

이 이야기에서 보듯 다른 아들들은 얽힌 삼을 한 가닥씩 뽑아 정리하는 것만 생각했지 고양과 같은 생각은 전혀 하지 못했다. 그런데 고양은 그들과는 전혀 다른 생각을 함으로써 고환으로부터 크게 될 인물로 인정받았으며, 고환의 생각대로 그는 왕이 되었다.

이렇듯 같은 문제도 어떻게 해결하느냐에 따라 그 사람의 능력이 평가받는다. 자신에게 주어진 인생의 문제를 슬기롭게 풀어가는 것, 그것이 자신을 윤택하게 하는 것이다.

잘 드는 칼로 헝클어진 삼의 가닥을 자르다. 얽히고설킨 문제를 명쾌하게 처리함을 비유하여 이르는 말이다.
《북제서北齊書》〈문선제기文宣帝紀〉

파죽지세

破竹之勢 CLASSIC

《진서晉書》〈두예전杜預傳〉에 나오는 이야기이다.

위나라 사마염司馬炎은 원제元帝를 내쫓고 스스로 제위에 올라 국호를 진晉이라 했는데 이 사람이 곧 무제武帝이다. 이제 위나라, 촉나라, 오나라 삼국 가운데 남은 것은 오나라였다. 무제는 진남대장군 두예杜預에게 오나라를 치게 했다. 두예는 20만 대군을 거느리고 호복의 강릉으로 진격했으며, 왕준은 수군을 이끌고 장강을 거슬러 진격했다. 그리고 왕혼은 수도 건업으로 쳐들어갔다.

280년 2월 무창을 공략한 두예의 군대는 왕준의 군대와 합류하여 전열을 정비하고 향후의 공격에 대해 회의를 열었다. 한 장수가 말했다.

"곧 강물이 범람할 시기가 다가오고 언제 전염병이 발생할지 모르니 일단 후퇴를 했다가 겨울에 다시 공격하는 것이 어떻습니까?"

이에 두예가 단호하게 말했다.

"지금 우리 군사들의 사기는 하늘을 찌를 듯이 높아 마치 대나무를 쪼개는 것과 같다고 할 수 있다. 몇 마디가 쪼개지기만 하면 그다음부터는 칼날을 대기만 해도 저절로 쪼개져 다시 손댈 곳조차 없게 된다."

두예는 곧바로 군사를 재정비하여 오나라 도읍인 건업으로 쳐들어가 단숨에 함락시켜버렸다. 오나라 왕 손호孫皓는 손을 뒤로 묶고 수레에 관을 싣고 항복했다. 두예는 오나라를 평정한 공으로 당양후에 봉해졌다. 두예는 나이 들어서는 학문과 저술에 힘을 쏟아 《춘추석례春秋釋例》, 《좌전집해左傳集解》 등의 저서를 남겼다.

이 이야기를 보면 두예와 한 장군의 생각의 차이를 크게 느끼게 된다. 한 장군의 말은 이론상으로는 맞는 말이다. 그러나 당시 군사들의 사기나 상황에 대한 판단력이 미흡하다는 걸 알 수 있다. 그와 반면에 두예는 상황판단에 정확했으며 일을 대처하는 해결방법 또한 능수능란하여 다른 장수들과는 확연히 달랐음을 알 수 있다. 두예처럼 자신 앞에 놓여진 어떤 문제에도 주눅 들지 말고 힘차게 밀고 나가는 힘을 길러야 한다.

대나무를 쪼개는 기세. 세력이 강하여 적을 향해 거침없이 쳐들어가는 기세를 일러 하는 말이다.
《진서晉書》〈두예전杜預傳〉

DAY 365 해불양수 海不讓受

초楚나라 사람으로 이사李斯라는 이가 있었다. 그는 춘추전국시대 진秦나라의 정치가인 순경荀卿으로부터 제왕의 통치술을 배웠다. 통치술을 배운 이사는 초나라 왕은 섬길 만한 인물이 못 되며, 나머지 나라도 모두 약소국이어서 서쪽 진나라로 갔다. 진나라에 이르렀을 때 마침 장양왕이 죽었으므로 이사는 진나라의 재상 문신후 여불위의 가신이 되었다. 이사는 이로써 유세할 기회를 얻어, 진나라 왕에게 유세하여 큰 신임을 받고 객경의 자리에 올랐다. 객경이란 다른 나라의 인사를 등용하여 공경에 해당하는 직위를 주는 것을 말한다. 그런데 한나라에서 온 정국鄭國이 관계수리시설로 운하를 건설하며 진나라의 인력과 비용을 과다하게 소비함으로써 동쪽 정벌을 못하도록 도모하다가 발각되었다. 이에 이사는 상소를 올렸는데 다음은 그 핵심내용이다.

"신이 들자온데 땅이 넓으면 곡식이 많게 되고, 나라가 크면 백성이 많으며 병력이 많으면 병사가 용감해진다고 합니다. 태산은 한 줌의 흙도 사양하지 않았으므로 그 높음을 이룰 수 있었으며, 하해는 작은 물줄기라도 가리지 않았으므로 그 깊음을 이룰 수 있었던 것입니다. 제왕들은 뭇백성들을 물리치지 않았으므로 그 덕망을 높일 수 있었던 것입니다. 그로써 국토는 사방으로 끝이 없고, 백성에게는 이국異國이 없으며, 사시사철 아름다움이 충만하고 귀신이 복을 내립니다. 이는 오제五帝와 삼왕三王께 적이 없었던 바와 같습니다. 지금에 이르러 진나라는 백성을 버려서 적국을 이롭게 하고, 빈객을 물리쳐서 제후에게 공을 세우게 하며, 천하의 인재로 하여금 물러나 서쪽 진나라로 향하지 못하게 하고, 발을 묶어 진나라로 들어오지 못하게 합니다. 이것은 이른바 '적에게 병사를 빌려주고 도적에게 양식을 보내주는 격'입니다. 진나라에서 생산되지 않은 물건들 중에는 보배로운 것이 많으며, 진나라에서 태어나지 않은 인재들 중에 충성하려는 자가 많습니다. 지금 빈객들을 축출하여 적국을 이롭게 하고, 백성을 줄여서 적국에게 보태주어 나라 안은 텅 비고 나라 밖으로는 제후들에게 원한을 사게 되면, 나라를 구하고 위기를 일소하려 해도 어찌할 수가 없게 됩니다."

진나라 왕은 이사의 상소를 보고 빈객에 대한 축출 명령을 취소했다. 이사의 말의 핵심은 해불양수海不讓受, 즉 모두 다 품어 격려하고 다독일 줄 아는 사람, 포용의 미를 갖춰야 함을 의미한다고 하겠다.

바다는 어떤 물도 마다하지 않고 받아들인다. 모든 사람을 포용할 수 있는 인물됨이 큰 사람을 비유하여 하는 말이다.
《사기史記》〈이사열전李斯列傳〉

1일 1페이지
짧고 깊은 지식수업
365
◆ 통찰력 편 ◆

초판 1판 1쇄 발행 2021년 11월 25일
개정 1판 1쇄 발행 2026년 02월 12일

지은이 | 김옥림
펴낸이 | 임종관
펴낸곳 | 미래북
편집 | 정윤아
본문 디자인 | 디자인 [연:우]
등록 | 제 302-2003-000026호
주소 | 경기도 고양시 덕양구 삼원로73 고양원흥 한일 윈스타 1405호
전화 031) 964-1227(대) | 팩스 031) 964-1228 | 모바일팩스 02) 2179-8220
이메일 miraebook@hotmail.com

ISBN 979-11-92073-88-0 (03300)